21世纪应用型本科会计系列规划教材

U0792396

JICHU KUAIJI

基础会计

第四版

秦欣梅　主编

东北财经大学出版社
Dongbei University of Finance & Economics Press　大连

图书在版编目（CIP）数据

基础会计 / 秦欣梅主编. —4版. —大连：东北财经大学出版社，2023.8（2025.2重印）

（21世纪应用型本科会计系列规划教材）

ISBN 978-7-5654-4919-2

Ⅰ.基… Ⅱ.秦… Ⅲ.会计学-高等学校-教材 Ⅳ.F230

中国国家版本馆CIP数据核字（2023）第143449号

东北财经大学出版社出版

（大连市黑石礁尖山街217号 邮政编码 116025）

网 址：http://www.dufep.cn

读者信箱：dufep@dufe.edu.cn

大连雪莲彩印有限公司印刷 东北财经大学出版社发行

幅面尺寸：185mm×260mm 字数：480千字 印张：19.75

2023年8月第4版 2025年2月第2次印刷

责任编辑：孙 平 刘贤恩 责任校对：吴 奂

封面设计：原 皓 版式设计：原 皓

定价：49.00元

教学支持 售后服务 联系电话：（0411）84710309

如有印装质量问题，请联系营销部：（0411）84710711

第四版前言

《基础会计》（第四版）是在2019年12月第三版的基础上，吸收其他优秀教材的精华，结合课堂教学心得，顺应会计理论发展而修订完成的。为体现财政部新发布和修订的企业会计准则及相关法规规章制度的最新变化，更好地服务于教学，本教材全面梳理和修改了有关增值税会计处理的内容，并对第三版教材中的收入及报表格式等相关内容进行了全面修改，使内容更加完整、准确。

《基础会计》（第四版）在概括阐述会计基本理论和会计工作组织的基础上，以借贷记账法的原理和实务为重点，系统介绍了会计核算方法的原理和操作流程，并绘制了大量的账户图，也呈现了许多会计实务中的凭证图和账簿图，目的是通过本课程的学习，从理论、方法和操作技能上为系统掌握会计核算业务打下坚实的基础。本次修订添加了思政元素，突出了思政教育的功能，通过教材内容引导学生建立核心价值取向。同时，将党的二十大精神和课程教学内容进行深度融合，确保二十大精神进教材、进课堂、进头脑。注重价值塑造、知识传授与能力培养相统一，确保学生既能掌握专业技能，又能树立看待问题的正确角度，从而更好地培养学生在分析问题和解决问题中的精益求精的工匠精神和创新能力，同时激发学生的爱国情怀和使命担当意识。

本书主要内容分为以下四大部分：（1）会计的基本原理（第一章至第四章），其中第一章至第三章为会计基本原理的介绍，第四章为会计基本原理的运用；（2）会计的实务操作（第五章至第八章），具体包括会计凭证的填制、会计账簿的登记、财产清查以及财务报告的编制；（3）会计的实务管理（第九章至第十章），具体包括会计核算组织程序和会计工作的组织。（4）大数据会计概论（第十一章）。

同时，本次修订也对各章后面的习题进行了整理和更新，习题与内容在时效性上保持了高度的一致。相关电子课件和课后练习题答案请登录东北财经大学出版社网站（www.dufep.cn）下载。

本书修订工作由秦欣梅主持，负责全书写作大纲的拟定和编写的组织工作，并对全书进行了总纂。具体编写分工如下：第一章到第四章由秦欣梅、李芊芊负责修订，第五章到第六章由付晶负责修订，第七章到第八章由秦欣梅、刘红梅负责修订，第九章、第十章由喻璇、朱微晔负责修订，新增加的第十一章由孙晓男负责编写。本书在修订和统稿过程中得到了南昌大学科技学院财经学科部领导和同事们以及大连财经学院老师的鼎力协助，出版过程中得到了东北财经大学出版社的大力支持，在此一并表示衷心的感谢！编者在修订过程中参阅了大量的文献资料，谨向相关作者深表谢意。

由于时间仓促，加之水平有限，书中错误之处在所难免，欢迎广大读者批评指正。

编　者

2023年6月

目　录

第一章

总　论

学习目标

1. 了解会计的产生和发展；
2. 掌握会计的含义；
3. 理解会计的职能与作用；
4. 掌握会计的对象与方法；
5. 掌握会计信息质量特征；
6. 了解会计准则体系。

会计的产生是基于人们管理社会生产生活的需要，会计的变迁是适应会计环境的需要。不同时期会计内容的变化，折射了不同会计环境的差异，体现了客观环境对会计的共性与个性的要求。在经济高速发展的今天，了解会计的产生与发展并清晰理解相应的知识原理是非常有必要的。

第一节　概　述

一、会计的产生和发展

人类的会计行为是社会生产发展到一定阶段的产物，它随着社会生产而产生，并适应经济管理的客观需要而不断发展、完善。当社会生产发展到一定水平，剩余产品开始经常性出现并不断增多时，私有制逐步产生，以交换为目的的商品和商人也逐渐形成并发展起来，对用货币形式计量和记录的需求逐步增加，使会计从整个生产职能中分离出来，成为一项独立的职能。因此，会计的发展和完善与社会生产力的发展和管理要求的不断提高紧密相关。

（一）我国会计的产生与发展

据有关史料记载，会计在我国源远流长。我国会计的产生和发展经历了以下几个主要阶段：

1.上古时代的“结绳记事”

在原始社会，由于生产过程十分简单，生产力水平很低，又没有文字，人们只能靠记忆或者诸如“结绳记事”之类很简单的方法，记录生产过程中的劳动耗费和取得的劳动成果。这个时期的所谓会计只是生产职能的附带部分，在生产时间之外附带地把收、支等记载下来。在原始社会末期，社会生产力发展到一定水平，出现了剩余产品，社会再生产活动日益复杂，人们单凭头脑记忆或用简单的方法来记录生产过程中的各项耗费和所得，已不能适应社会需要。为了对生产过程中生产资料和劳动时间的消耗以及劳动成果的数量进行记录和计算，会计逐渐从生产职能中分离出来，独立成为具有特定职能的专职会计，于是就产生了最早的会计。

2.西周时期的“司会”

西周时期，出现了“月计岁会”，有了“会计”的命名和较为严格的会计机构，设立了专管钱粮赋税的官员，并建立“日成”“月要”“岁会”等报告文书，初步具备了旬报、月报、年报等会计报表的作用。对账簿的设置，从单一流水账发展成为“草流”（也叫底账）、“细流”、“总清”三账，一直使用到明清时期。

3.唐宋时期的“四柱清册”

唐宋时期，生产力发展，逐步形成了一套记账、算账的古代会计结算法，即“四柱结算法”，亦称“四柱清册”。所谓“四柱”，是指旧管（相当于“期初结存”）、新收（相当于“本期收入”）、开除（相当于“本期支出”）、实在（相当于“期末结存”）四个部分。“四柱结算法”把一定时期内的财物收支记录，通过“旧管+新收=开除+实在”（即期初结存+本期收入=本期支出+期末结存）这一平衡公式，加以总结，既可检查日常记账的正确性，又可系统、全面和综合地反映经济活动的全貌。这是我国古代会计的一个杰出成就，即使在现代会计中，这一平衡关系仍然在运用。

4.明清时期的“龙门账”

以四柱为基础的“龙门账”用以计算盈亏。把全部账目分为“进”（相当于各项收入）、“缴”（相当于各项支出）、“存”（相当于各项资产）、“该”（相当于资本、各项负债）四大类，运用“进-缴=存-该”的平衡公式计算盈亏，分别编制“进缴表”和“存该表”。在两表中计算求出的盈亏数应当相等，称“合龙门”，以此钩稽全部账目的正误。

5.清朝中期的“四脚账”（天地合账）

在这种方法下，账簿采用垂直书写，直行分为上下两格，上格记收，称为“天”，下格记付，称为“地”，上下两格所登记的数额必须相等，即所谓“天地合”。后又产生了“四脚账”，对每一笔账项既登记“来账”，又登记“去账”，以反映同一账项的来龙去脉。“龙门账”与“四脚账”都是我国固有的复式记账方法。

6.计划经济时期的行业会计制度

中华人民共和国成立后的几十年中，我国会计理论和制度主要是借鉴苏联的会计模式，采用行业会计制度，实行各行各业有明显区别的会计制度，如按所有制分类有国家所有制企业会计制度、集体所有制企业会计制度、个体所有制企业会计制度；按行业分类有工业企业会计制度、商品流通企业会计制度、施工企业会计制度等。

7.会计的法制化与会计的国际趋同

1984年3月5日国务院发布了《国营企业成本管理条例》，1985年1月2日全国人大常委会通过并颁布了《中华人民共和国会计法》，1986年7月3日国务院发布了《中华人民共和国注册会计师条例》，标志着我国会计工作开始进入法制阶段。1993年7月1日我国的《企业会计准则——基本准则》和《企业财务通则》的颁布与实施，促进了我国会计与国际会计接轨，这是我国会计历史性的转变。1998年后我国陆续发布与实施《企业财务会计报告条例》、《企业会计制度》、《金融企业会计制度》和《小企业会计制度》，并陆续发布实施16项具体会计准则。2000年7月1日起执行新修订的《中华人民共和国会计法》，2006年2月对《企业会计准则——基本准则》又进行了修订，同时发布了38项具体准则，自2007年1月1日起实施，大大促进了我国改革开放和建立社会主义市场经济体系的进程。至2017年，我国财政部颁布了42项具体准则。我国企业会计准则与国际会计准则是实质性趋同。为了适应我国企业和资本市场发展的实际需要，实现我国企业会计准则与国际财务报告准则的持续趋同，陆续对《企业会计准则——基本准则》进行了修订。2017年财政部发布修订后的《企业会计准则第22号——金融工具确认和计量》《企业会计准则第23号——金融资产转移》《企业会计准则第24号——套期会计》《企业会计准则第37号——金融工具列报》《企业会计准则第16号——政府补助》《企业会计准则第14号——收入》。2017年12月，财政部针对2017年施行的《企业会计准则第42号——持有待售的非流动资产、处置组和终止经营》和《企业会计准则第16号——政府补助》的相关规定，发布了《关于修订印发一般企业财务报表格式的通知》，对一般企业的财务报表格式进行了修订。2018年6月，财政部再次修订了一般企业财务报表格式，并规范了执行新金融准则和新收入准则的企业财务报表格式及未执行新金融准则和新收入准则的企业财务报表格式。2018年财政部、国家税务总局发布了《关于调整增值税税率的通知》，调整了增值税税率；发布《关于统一增值税小规模纳税人标准的通知》，调整工业企业和商业企业小规模纳税人的年销售额标准。2019年财政部发布了《关于修订印发2019年度一般企业财务报表格式的通知》和《企业会计准则解释第13号》，发布修订的《企业会计准则第7号——非货币性资产交换》和《企业会计准则第12号——债务重组》；同年财政部、国家税务总局、海关总署发布了《关于深化增值税改革有关政策的公告》。2020年财政部印发了《关于印发〈新冠肺炎疫情相关租金减让会计处理规定〉的通知》，发布了收入准则和租赁准则的应用案例。2021年财政部印发了《企业会计准则解释第14号》，并开通了会计准则实施问答和会计准则实务问答。

（二）国外会计的产生和发展

在国外，会计的产生和发展中最具意义的是复式记账制度的确立。复式记账在1250年至1440年间首先产生于意大利的佛罗伦萨、热那亚、威尼斯等城市。当时，在意大利地中海沿岸的若干城市就稀疏地出现了资本主义生产的萌芽，生产力的发展推动了生产关系的变革和发展，也促使了会计由单式簿记到复式簿记的变革。1494年是会计发展史上极为辉煌的一年，这一年的11月10日，意大利数学家、会计学家卢卡·帕乔利的数学专著《数学大全》（又译为《算术、几何、比及比例概要》）一书在威尼斯出版发行。当时，这部由其潜心研究多年的著作不仅轰动了意大利数学界，而且引起了会计学界人士的关注。后世人们认为，这部著作不仅是意大利数学发展史和欧洲数学发展史的光辉篇章，而且开创了会计发展史的新纪元，是目前发现的人类最早的关于复式簿记的文献。会计史学家认为，自从帕乔利的《数学大全》问世，整个世界才从会计实务的研究中摆脱出来，向着会计的理论研究方面发展，会计方能称为一门科学。帕乔利在《数学大全》一书的“计算与记录要论”中，以账簿设置和财产清查为起点，以“总账记账规则和记账方法之纲要”为全书总结束语，较为系统并风趣地论述了以威尼斯式簿记为主的意大利借贷记账簿记。自1494年至今，尽管社会几经变革，不同行业的企业得到了很大的发展，企业组织愈来愈复杂，各国仍采用这种记账方法，不论形式上如何变化，但复式记账法的基本内容并没有发生本质的改变。

二、会计的概念和基本特征

（一）会计的概念

会计是以货币为主要计量单位，以提高经济效益为主要目标，运用专门方法对企业、机关、事业单位和其他组织的经济活动进行全面、系统、连续的核算和监督，提供会计信息，并随着社会经济的日益发展，逐步开展预测、决策、控制和分析的一种经济管理活动。

（二）会计的基本特征

1.会计是一种经济管理活动

在商品经济条件下，由于存在商品生产和商品交换，经济活动中的财产物资都是以价值形式表现的，会计是利用价值形式对财产物资进行管理的一种活动。

2.会计以货币为主要计量单位

会计主体在会计核算过程中采用货币作为计量单位，记录、反映会计主体的经营情况。经济活动中通常使用劳动量度、实物量度和货币量度三种量度（如图1-1所示）。会计要求对企业发生的经济业务采用同一种货币作为统一尺度予以记录、计量，并把企业财务状况的数据转化为按统一货币单位反映的会计信息，同时，还要假定币值稳定。这种在会计账务处理中统一使用的货币被称为记账本位币。

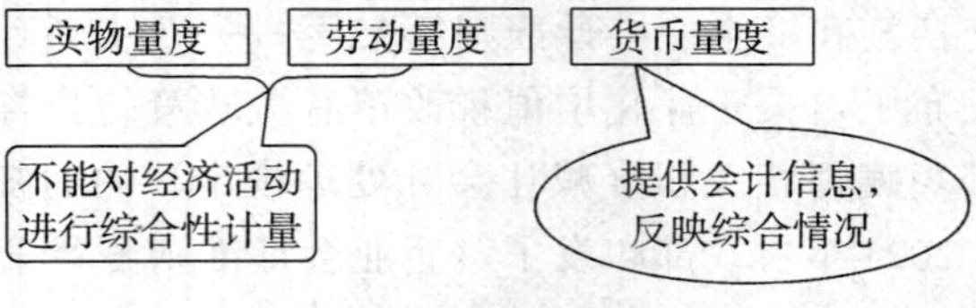

图1-1 三种计量单位

3.会计是一种经济信息系统

会计将一个公司分散的经营活动转化成一组客观的数据，反映有关公司的业绩、问题，以及企业资金、劳动力、所有权、收入、成本、利润、债权、债务等信息，向有关方面提供相关的信息咨询服务，任何人都可以通过会计提供的信息了解企业的基本情况，并作为其决策的依据。可见，会计是以提供财务信息为主的经济信息系统，是企业经营的记分牌，因而会计又被人称为“企业信息语言”。

三、会计的职能与作用

（一）会计的职能

会计的职能是指会计在经济管理过程中所具有的功能，是会计本质的体现。通俗地说，会计的职能就是会计能做些什么。

1. 会计的反映职能

会计的反映职能也称会计的核算职能，是指会计通过确认、计量、记录、报告这一系列核算环节，运用一定的方法和程序，利用货币形式，从价值量方面反映企业已经发生或完成的客观经济活动情况，为经济管理提供可靠的会计信息。会计的反映职能在客观上体现为通过会计信息系统对会计信息进行优化。

会计的反映职能具体体现为记账、算账和报账三个阶段。它们之间的关系如图1-2所示。

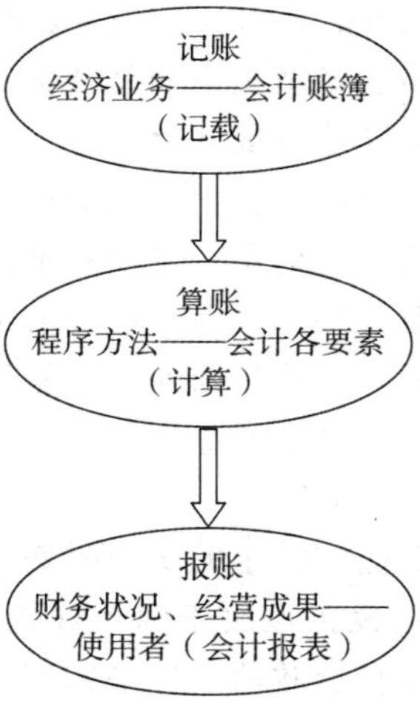

图1-2 会计的记账、算账和报账三个阶段的关系图

记账就是把一个会计主体所发生的全部经济业务运用一定的程序和方法在账簿上予以记载；算账就是在记账的基础上，运用一定的程序和方法来计算该会计主体在生产经营过程中的资产、负债、所有者权益、收入、成本、费用以及损益情况；报账就是在记账和算账的基础上，通过编制会计报表等方式将该会计主体的财务状况和经营成果向会计信息使用者报告。

反映职能是会计核算工作的基础。它通过会计信息系统所提供的信息，既服务于国家的宏观调控部门，又服务于会计主体的外部投资者、债权人和内部经营管理者。这种服务作用是具有能动性的，从这一角度来看，会计的反映职能也在一定程度上体现了管理精神。

2. 会计的监督职能

会计的监督职能也称控制职能，是指会计机构、会计人员对特定主体经济活动和相关会计核算的真实性、完整性、合法性和合理性进行审查，使之达到预期经济活动和会计核算目标的功能。其要求会计按照一定的目的和要求，利用会计信息系统所提供的信息，对会计主体的经济活动进行控制、监察和督促，使之达到预期的目标。监督职能贯穿于经济业务的全过程，在会计行为实施之前就能发挥作用，同时又是会计工作的落脚点。它通过会计信息系统与会计控制系统的有机结合，突出地表现了会计在企业经营管理中的能动性作用，在一定程度上体现了会计是一种管理活动的基本思想。

3. 两大基本职能的关系

就会计两大基本职能的关系而言，反映职能是监督职能的基础，没有反映职能提供的信息，就不可能进行会计监督，因为没有会计反映提供可靠、完整的会计资料，会计监督就没有客观依据；而监督职能又是反映职能的保证，没有监督职能进行控制及提供有力的保证，会计就不可能提供真实可靠的会计信息，也就不能发挥会计管理的能动作用，会计反映也就失去了存在的意义。因此，会计的反映职能和监督职能是紧密结合、密不可分、相辅相成的，同时又是辩证统一的。会计的反映职能和监督职能的关系如图1-3所示。

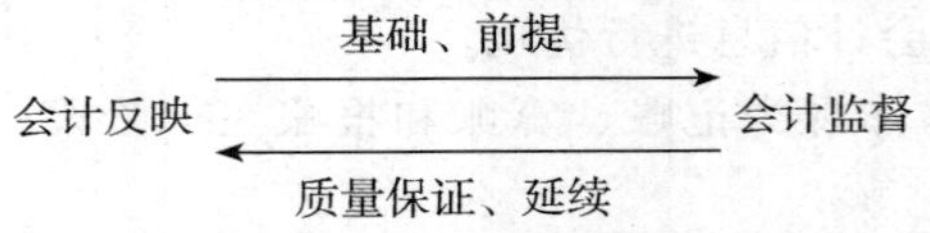

图1-3　会计的反映职能和监督职能的关系图

随着社会的发展、技术的进步、经济关系的复杂化和管理理论的提高，会计的地位和作用越来越重要，会计的职能也不断地发展变化。

除上述基本职能外，还有拓展职能。会计职能的拓展，是指会计基本职能的延伸与扩展。拓展职能表现为：第一，预测经济前景：判断和推测经济活动的发展变化规律，以指导和调节经济活动，提高经济效益。第二，参与经济决策：根据信息对备选方案进行可行性分析，提供决策相关信息。第三，评价经营业绩：做出真实、客观、公正的综合评判。

随着会计的发展，这些拓展职能日益凸显。

（二）会计的作用

会计的作用是指会计的各项职能在特定的历史时期、特定的社会经济制度下实现和利用之后所产生的效果。会计作用的发挥取决于两个重要因素：一是会计所处的外部环境，即会计工作所处的社会历史时期及社会政治、经济制度；二是与会计自身的内在本质有关的因素，即会计的职能被人们所认识和利用的程度。

从我国目前的会计实践来看，会计的作用包括两方面的内容：一方面是会计的正面作用、积极作用；另一方面是会计的负面作用、消极作用。也就是说，会计工作既能加强经济管理，也能弱化经济管理。

会计的正面作用从目前来看主要表现为以下四点：

（1）为国家进行宏观调控、制定经济政策提供信息；

（2）加强经济核算，为企业经营管理提供数据；

（3）保证企业投入资产的安全和完整；

（4）为投资者提供财务报告，以便于其进行正确的投资决策。

会计的消极作用当前主要表现为会计信息的失真。会计信息失真直接导致企业资产流失、偷逃税款等现象的出现。会计信息失真是会计工作所产生的一种负效应。这一点是认识会计作用时不应忽视的。

第二节　会计的对象与方法

一、会计的对象

（一）会计对象的含义

会计对象是指会计反映和监督的内容。会计需要以货币为主要计量单位，对特定单位的经济活动进行反映和监督，因此，凡是特定单位能够以货币表现的经济活动，都是会计反映和监督的内容，也就是会计的对象。以货币表现的经济活动，通常又称为资金运动或价值运动。

（二）会计对象的具体内容

由于各单位的性质不同，经济活动（资金运动）的内容也不同，因此会计的具体对象也就不尽相同。根据企业的经济性质，可以将企业分为制造业企业、商品流通业企业和服务业企业。

1.制造业企业的会计对象

制造业是对原材料（采掘业的产品和农产品）进行加工或再加工，为国民经济其他部门提供生产资料，为全社会提供日用消费品的生产部门。其资金运动表现为资金投入、资金运用和资金退出三个过程，如图1-4所示。

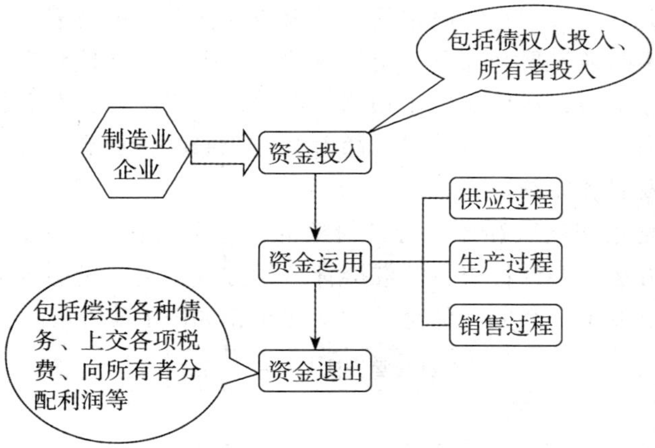

图1-4　制造业企业资金运动示意图

值得注意的是，不是企业生产经营过程的全部内容都是会计核算的对象，只有能以货币表现的经济活动才是会计核算的内容。

2.商品流通业企业的会计对象

商品流通业企业是指通过低价格购进商品、高价格出售商品的方式实现商品进销差价，以此弥补企业的各项费用和支出，获得利润的企业。和制造业企业等其他行业企业的经营活动相比较，商品流通业企业有三个特点：一是经营活动的主要内容是商品购销；二是商品在企业全部资产中占有较大的比例，是企业资产管理的重点；三是企业营运中资金运动的轨迹是"货币→商品→货币"，具体表现如图1-5所示。

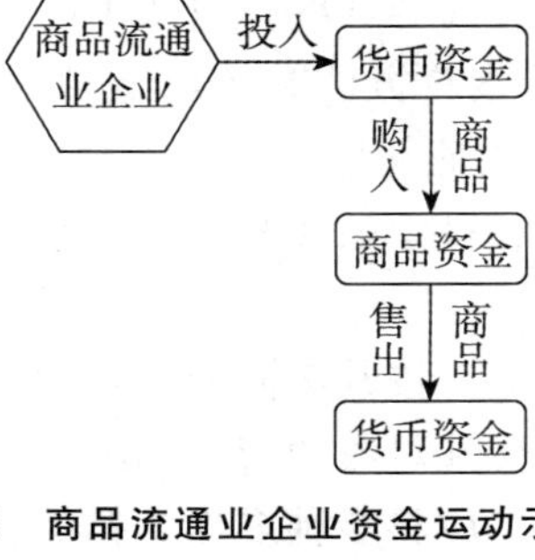

图1-5　商品流通业企业资金运动示意图

3.服务业企业的会计对象

服务业一般认为是生产和销售服务产品的生产部门和企业的集合。

服务业与其他产业部门的基本区别是，服务业生产的是服务产品，服务产品具有非实物性、不可储存性和生产与消费同时性等特征。在我国国民经济核算实际工作中将服务业视为第三产业，即将服务业定义为除农业、工业之外的其他所有产业部门。因此，服务业经济活动（资金运动）最基本的特点是服务产品的生产、交换和消费紧密结合。

二、会计方法

（一）会计方法的含义与内容

会计方法是用来反映和监督会计对象，实现会计职能的手段。研究和运用会计方法是为了实现会计的目标，更好地发挥会计的作用。

会计方法是从会计实践中总结出来的，并随着社会实践的发展、科学技术的进步以及管理要求的提高而不断地发展和完善。会计方法是用来反映和监督会计对象的，由于会计对象多种多样、错综复杂，从而决定了预测、反映、监督、检查和分析会计对象的手段不是单一的，而是由一个方法体系所构成。随着会计职能的扩展和管理要求的提高，这个方法体系也将不断地发展和完善。

会计方法主要是用来反映和监督会计对象的，它是由各个具体的经济活动来体现的，具体包括会计核算方法、会计检查方法和会计分析方法。这三种会计方法紧密联系，相互依存，相辅相成，形成了一个完整的会计方法体系，如图1-6所示。

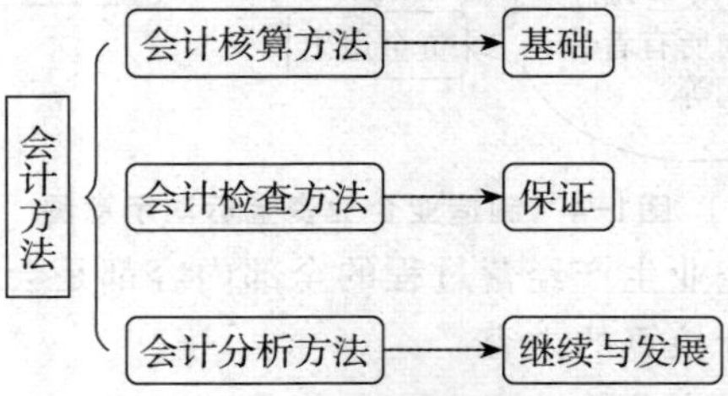

图1-6　会计方法体系示意图

我们学习会计首先应从基础开始，即要从掌握会计核算方法入手。在“基础会计”这门课程中主要是学习会计核算方法，至于其他会计方法将在以后的专业课中陆续学习。

（二）会计核算方法

会计核算方法是指会计对企业已经发生的经济活动进行连续、系统和全面的反映和监督所采用的方法。会计核算方法是用来反映和监督会计对象的，由于会计对象的多样性和复杂性，用来对其进行反映和监督的会计核算方法不能采用单一的形式，而应该采用方法体系的模式来进行，因此，会计核算方法具体由七种方法所构成，它们分别是：设置账户、复式记账、填制和审核会计凭证、登记账簿、成本计算、财产清查和编制会计报表。七种核算方法构成了一个完整的、科学的核算方法体系。

1.设置账户

账户是对会计对象的具体内容，按其不同的特点和经济管理的需要，分门别类地进行反映的项目。设置账户就是根据会计对象的特点和经济管理的要求，科学地确定这些项目的过程。进行会计核算之前，首先应将多种多样、错综复杂的会计对象的具体内容进行科学的分类，通过分类反映和监督，才能提供管理所需要的各种指标。每个会计账户只能反映一定的经济内容，将会计对象的具体内容划分为若干项目，即设置若干个会计账户，就可以使所设置的账户既有分工又有联系地反映整个会计对象的内容，提供管理所需要的各种信息。

2.复式记账

复式记账就是对每笔经济业务都以相等的金额在相互关联的两个或两个以上账户中进行登记的一种专门方法。

复式记账使每项经济业务所涉及的两个或两个以上的账户之间产生对应关系，同时，在对应账户中所记录的金额又相等。通过账户的对应关系，可以了解经济业务的内容；通过账户的相等关系，可以检查有关经济业务的记录是否正确。复式记账既可以相互联系地反映经济业务的全貌，也便于检查账簿记录是否正确。

3.填制和审核凭证

填制和审核凭证是为了审查经济业务是否合理合法，保证账簿记录正确、完整而采用的一种专门方法。会计凭证是记录经济业务、明确经济责任的书面证明，是登记账簿的重要依据。经济业务是否发生、执行和完成，关键看是否取得或填制了会计凭证。取得或填制了会计凭证，就证明该项经济业务已经发生或完成。对已经完成的经济业务还要经过会计部门、会计人员的严格审核，在保证符合有关法律、制度、规定而又正确无误的情况下，才能据以登记账簿。填制和审核会计凭证可以为经济管理提供真实可靠的会计信息。

4.登记账簿

登记账簿亦称记账，就是把所有的经济业务按其发生的顺序分门别类地记入有关账簿。账簿是用来全面、连续、系统地记录各项经济业务的簿籍，也是保存会计信息的重要工具。它具有一定的结构、格式，应该根据审核无误的会计凭证序时、分类地进行登记。在账簿中应该开设相应的账户，把所有的经济业务记入账簿中的账户后，还应定期计算和累计各项核算指标，并定期结账和对账，使账证之间、账账之间、账实之间保持一致。账簿所提供的各种信息是编制会计报表的主要依据。

5.成本计算

成本计算是指归集一定计算对象上的全部费用，借以确定各对象的总成本和计算单位成本的一种专门方法，通常是指对制造业产品进行的成本计算。例如，按制造业企业供应、生产和销售三个过程分别归集生产经营所发生的费用，并分别与其采购、生产和销售材料、产品的品种、数量联系起来，计算它们的总成本和单位成本。通过成本计算，可以考核和监督企业经营过程中所发生的各项费用是否节约，以便采取措施降低成本，提高经济效益。通过成本计算，还可以为确定生产补偿尺度，正确计算和分配国民收入，确定价格政策等起到重要作用。

6.财产清查

财产清查就是通过盘点实物、核对账目来查明各项财产物资和资金的实存数，并查明实存数与账存数是否相符的一种专门方法。在日常会计核算中，为了保证会计信息真实准确，必须定期或不定期地对各项财产物资、货币资金和往来款项进行清查、盘点和核对。在清查中，如果发现账实不符，应查明原因，调整账簿记录，使账存数额与实存数额保持一致，做到账实相符。通过财产清查，还可以查明各项财产物资的保管和使用情况，以便采取措施挖掘物资潜力和加速资金周转。总之，财产清查对于保证会计核算资料的正确性和监督财产的安全与合理使用等都具有重要的作用，它是会计核算必不可少的方法之一。

7.编制会计报表

会计报表是根据账簿记录，以一定的表格形式，定期总括地反映企业、事业单位一定时期的经济活动情况和期末财务状况的书面报告。编制会计报表是对日常会计核算资料的总结，就是将账簿记录的内容定期地加以分类、整理和汇总，形成经营管理所需要的各种指标，再报送给会计信息使用者，以便据此进行决策。会计报表所提供的一系列核算指标，是考核和分析财务计划与预算执行情况以及编制下期财务计划和预算的重要依据，也是进行国民经济综合平衡所必不可少的资料。完成会计报表编制，就意味着这一期间会计核算工作的结束。

上述会计核算的各种方法是相互联系、密切配合的，在会计对经济业务进行记录、反映的过程中，不论是采用手工处理方式，还是使用计算机数据处理系统方法，对于日常所发生的经济业务，首先要取得合法的凭证，然后按照所设置的账户进行复式记账，此后根据账簿的记录进行成本计算，最后是在财产清查保证账实相符的基础上编制会计报表。会计核算的七种方法相互联系，环环相扣，缺一不可，形成一个完整的方法体系，如图1-7所示。

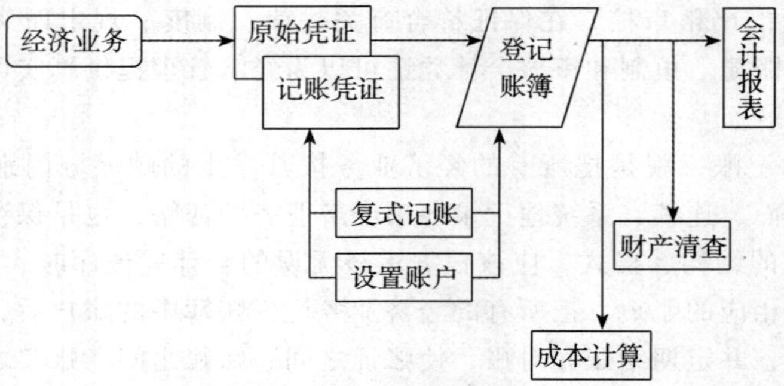

图1-7　会计核算方法关系图

第三节　会计核算的基本前提与会计核算基础

会计核算的对象是资金运动，在市场经济条件下，经济活动的复杂性决定了资金运动也是一个复杂过程。因此，面对变化不定的经济环境，摆在会计人员面前的一系列问题必须首先得到解决，例如会计核算的范围有多大，会计为谁核算，给谁记账；会计核算的资金运动能否持续不断地进行下去；会计应该在什么时候记账、算账、报账，以及在核算中应该采用什么计量手段等。这些都是进行会计核算的前提条件。

一、会计核算的基本前提

会计核算的基本前提是指为了保证会计工作的正常进行和会计信息的质量，对会计核算的范围、内容、基本程序和方法所做的基本假定。由于这些假定都是以合理推断或人为规定而作出的，所以也称为会计假设。在我国，企业在组织会计核算时，应遵循的会计假设包括：会计主体假设、持续经营假设、会计分期假设、货币计量假设，如图1-8所示。

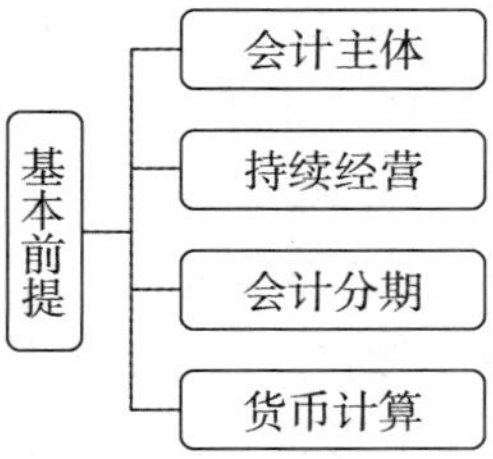

图1-8　会计核算基本前提（四大假设）

（一）会计主体假设

会计主体是会计工作为其服务的特定单位或组织。会计主体假设是指会计核算应当以企业发生的各项经济业务为对象，记录和反映企业本身的各项生产活动。也就是说，会计核算是反映一个特定企业的经济业务。尽管企业本身的经济活动总是与其他企业、单位或个人的经济活动相联系，但从会计核算角度来说，其核算的范围既不包括企业所有者本人的经济活动，也不包括其他企业的经济活动，而只记本企业的账。会计主体假设明确了会计工作的空间范围。

会计主体与法律主体不是同一个概念。会计主体可以是一个有法人资格的企业，也可以是由若干家企业通过控股关系组织起来的集团公司，还可以是企业、单位下属的二级核算单位，独资、合伙形式的企业都可以作为会计主体，但都不是法人。

会计主体假设是持续经营假设、会计分期假设和全部会计原则的基础，如果不划定会计的空间范围，会计核算工作就无法进行，指导会计核算工作的原则也就失去了存在的意义。

（二）持续经营假设

持续经营是指会计主体的生产经营活动将无限期地延续下去，在可以预见的未来不会因破产、清算、解散等而不复存在。持续经营假设是指会计核算应当以企业持续、正常的生产经营活动为前提，而不考虑企业是否破产清算等，在此前提下选择会计程序及会计处理方法，进行会计核算。尽管客观上企业会由于市场经济的竞争而面临被淘汰的危险，但只有假定作为会计主体的企业是持续、正常经营的，会计原则和会计程序及方法才有可能建立在非清算的基础之上。只有不采用破产清算的处理方法，才能保持会计信息处理的一致性和稳定性。持续经营假设明确了会计工作的时间范围。

会计核算所使用的一系列原则和方法都是建立在会计主体持续经营的基础之上的。例如，只有在持续经营的前提下，企业的资产才区分为流动资产和非流动资产，企业的资产计价才能采用历史成本原则进行计价。

（三）会计分期假设

会计分期是指把企业持续不断的生产经营过程人为划分为较短的、相对等距的会计期间。会计分期假设的目的在于通过会计期间的划分，分期结算账目，按期编制会计报表，从而及时地提供反映财务状况和经营成果的会计信息，满足使用者的需要。从理论上来说，在企业持续经营的情况下，要反映企业的财务状况和经营成果只有等到企业所有的生产经营活动结束后，才能通过收入和费用的归集与比较，进行准确的计算，但那时提供的会计信息已经失去了应有的作用，因此，必须人为地将这个过程划分为较短的会计期间。

会计分期假设是对会计工作时间范围的具体划分，主要是确定会计年度。中外各国所采用的会计年度一般都与本国的财政年度相同。我国以公历年度作为会计年度，即从每年的1月1日至12月31日为一个会计年度。会计年度确定后，一般按公历确定会计半年度、会计季度和会计月度，这种划分在实务中称为会计中期。

会计分期假设有着重要的意义。有了会计分期，才产生了本期与非本期的区别，才产生了收付实现制和权责发生制，才有了划分收益性支出和资本性支出、收入与费用配比等方法的应用条件。只有正确地划分会计期间，才能准确地提供财务状况和经营成果资料，才能进行会计信息的对比。

（四）货币计量假设

货币计量是指会计主体在会计核算过程中应采用货币作为统一的计量单位，记录、反映会计主体的经营情况。企业使用的计量单位较多，为了全面、综合地反映企业的生产经营活动，会计核算客观上需要一种统一的计量单位作为计量尺度。货币作为商品的一般等价物，能用以计量一切资产、负债和所有者权益，以及收入、费用和利润，也便于综合比较。因此，会计必须以货币计量为前提。其他计量单位，如商品数量、劳动工时等，在会计核算中也要使用，但不占主要地位。

若企业的经济业务用两种以上的货币进行计量，应该选用一种作为基准，称为记账本位币。记账本位币以外的货币则称为外币。我国有关会计法规规定，企业会计核算以人民币为记账本位币。业务收支以外币为主的企业，也可以选定某种外币作为记账本位币，但编制会计报表时应当折算为人民币。

在市场经济条件下，货币的价值也在发生变动，币值很不稳定，甚至有些国家出现较严重的通货膨胀现象，对货币计量提出了挑战。因此，一方面，我们在确定货币计量假设时，必须同时确立币值稳定假设，即假设币值是稳定的，不会有大的波动，或前后波动能够被系统性抵销；另一方面，如果发生通货膨胀现象，就需要采用特殊的会计原则，如物价变动会计来处理相关的经济业务信息。

综上所述，会计假设虽然是人为确定的，但完全是出于客观的需要，有充分的客观必然性，否则，会计核算工作就无法进行。这四项假设缺一不可，既有联系也有区别，共同为会计核算工作的开展奠定了基础，也是确定会计原则的基础。但是，随着会计信息化、智能化的发展，会计假设也受到了一定程度的影响。

二、会计核算基础

进行会计核算的基础主要有两种——收付实现制和权责发生制。

（一）收付实现制

收付实现制亦称现收现付制，它以款项是否实际收到或付出作为确定本期收入和费用的标准。凡是本期实际收到或付出的款项，不论其是否归属于本期，都作为本期的收入和费用处理；反之，凡是本期没有实际收到或付出的款项，即使应归属于本期，也不作为本期的收入和费用处理。由于款项的收付实际上以现金收付为准，所以一般称为现金制。举例说明如下：

（1）大新有限责任公司于8月10日销售商品一批，8月25日收到款项，存入银行，按照收付实现制要求，应作为8月份的收入记账。

（2）大新有限责任公司于7月10日销售商品一批，8月10日收到款项，存入银行，按照收付实现制要求，应作为8月份的收入记账。

（3）大新有限责任公司于7月10日收到对方购货单位一笔款项，存入银行，但按合同规定于9月份交付商品，按照收付实现制要求，应作为7月份的收入记账。

（4）大新有限责任公司于12月30日预付第二年全年的保险费，按照收付实现制要求，应作为12月份的费用记账。

（5）大新有限责任公司于12月30日购入办公用品一批，但款项在第二年的3月份支付，按照收付实现制要求，应作为第二年3月份的费用记账。

（6）大新有限责任公司于12月30日用银行存款支付本月水电费，按照收付实现制要求，应作为12月份的费用记账。

从上面的举例可以看出，无论收入的权利和支出的义务归属于哪一期，只要款项的收付在本期，就应确认为本期的收入和费用。到会计期末根据账簿记录确定本期的收入和费用，因为实际收到和付出的款项必然已经登记入账，所以不存在对账簿记录期末进行调整的问题。这种方法核算手续简单，但强调财务状况的切实性，不同时期缺乏可比性，所以它主要适用于行政、事业单位。

（二）权责发生制

权责发生制亦称应收应付制，是指企业按收入的权利和支出的义务是否归属于本期来确认收入、费用的标准，而不是按款项的实际收支是否在本期发生，也就是以应收应付为标准。在权责发生制下，凡是属于本期实现的收入和发生的费用，不论款项是否实际收到或实际付出，都应作为本期的收入和费用入账；凡是不属于本期的收入和费用，即使款项在本期收到或付出，也不作为本期的收入和费用处理。由于它不管款项的收付，而以收入和费用是否归属本期为准，所以又称为应计制。仍以前面所举例事项说明如下：

在权责发生制下，（1）和（6）收入与费用的归属期和款项的实际收付同属相同的会计期间，确认的收入和费用与收付实现制相同；（2）应作为7月份的收入，因为收入的权利在7月份就实现了，尽管款项在8月份收到；（3）应作为9月份的收入，因为7月份只是收到款项，并没有实现收入的权利；（4）应作为第二年的费用，因为支出的义务应在第二年履行；（5）应作为12月份的费用，因为12月份已经有发生支出的义务了。

与收付实现制相反，在权责发生制下，必须考虑预收、预付和应收、应付。由于企业日常的账簿记录不能完全反映本期的收入和费用，因而需要在会计期末对账簿记录进行调整，正确归属于相应的会计期间，以便正确地计算本期的经营成果。采用权责发生制核算比较复杂，但反映本期的收入和费用比较合理、真实，所以适用于企业单位。

【例1-1】大新有限责任公司1月份发生下列经济业务：本月预收款项2 000元；本月预付全年的租金48 000元；本月销售货物5 000元，实际收到款项2 000元；本月赊购办公用品1 000元。分别采用权责发生制和收付实现制确认本月的收入和费用。

（1）在权责发生制下，本月预收款项不确认收入；预付全年的租金，本月应承担1/12的费用；销售货物无论是否全额收到款项，均确认收入；款项尚未支付的购入，受益期间是本期，所以确认为本期的费用。根据以上确认收入与费用的依据，本月的收入为5 000元，本月的费用=48 000÷12+1 000=5 000（元）。

（2）在收付实现制下，本月实际收到的款项和实际付出的款项均作为本期的收入和费用处理。本月的收入=2 000+2 000=4 000（元），本月的费用为48 000元。

第四节 会计信息质量特征和会计准则体系

一、会计信息质量特征

会计作为一项管理活动，其主要目的之一是向企业的信息需求者提供对决策有用的会计信息。要达到这个目的，就必须要求会计信息具有一定的质量特征。会计信息质量特征也称会计信息质量要求、会计信息质量标准。根据我国现行《企业会计准则——基本准则》的规定，会计信息质量特征包括以下八项：可靠性、相关性、可理解性、可比性、实质重于形式、重要性、谨慎性、及时性。

（一）可靠性

可靠性质量特征的实质，是要求企业以一种客观、公正、中立的立场来披露其财务会计信息，而不以某一信息使用者的意志为转移。

《企业会计准则——基本准则》第十二条规定："企业应当以实际发生的交易或者事项为依据进行会计确认、计量和报告，如实反映符合确认和计量要求的各项会计要素及其他相关信息，保证会计信息真实可靠、内容完整。"会计信息的可靠性质量特征要求在对企业所发生的经济交易或事项进行会计确认、计量、记录和报告时，应当揭示企业经济活动的本来面目。只有具有可靠性的会计信息，才不会误导信息使用者的决策。

（二）相关性

相关性，也称有用性，它也是会计信息质量的一项基本要求。

《企业会计准则——基本准则》第十三条规定："企业提供的会计信息应当与财务会计报告使用者的经济决策需要相关，有助于财务会计报告使用者对企业过去、现在或者未来的情况作出评价或者预测。"信息要成为有用的，就必须与使用者的决策需要相关。当信息通过帮助使用者评估过去、现在或未来的事项以影响使用者的经济决策时，信息就具有相关性。这就要求信息具有预测价值和反馈价值。

（三）可理解性

可理解性，也称明晰性，是会计信息质量的一项重要要求。

《企业会计准则——基本准则》第十四条规定："企业提供的会计信息应当清晰明了，便于财务会计报告使用者理解和使用。"提供会计信息的目的在于使用，使用者要利用会计信息就必须了解其内涵，明确会计信息的内容，如果无法做到这一点，就谈不上信息对决策有用。信息是否被使用者所理解，取决于信息本身是否易懂，也取决于使用者理解信息的能力。可理解性是决策者与决策有用性的连接点。如果信息不能被决策者所理解，那么这种信息就毫无用处。因此，可理解性不仅是信息的一种质量标准，也是一个与信息使用者有关的质量标准。会计人员应尽可能传递易被人理解的会计信息，而使用者也应设法提高自身的综合素养，以增强理解会计信息的能力。

（四）可比性

可比性是会计信息质量的一项重要要求。它包括两个方面的含义，即同一企业在不同时期的纵向可比和不同企业在同一时期的横向可比。要做到这两个方面的可比，就必须做到：同一企业不同时期发生的相同或者相似的交易或者事项，应当采用一致的会计政策，不得随意变更。确需变更的，应当在附注中说明。不同企业发生的相同或者相似的交易或者事项，应当采用规定的会计政策，确保会计信息口径一致、相互可比。

《企业会计准则——基本准则》第十五条规定："企业提供的会计信息应当具有可比性。"为了明确企业财务状况和经营业绩的变化趋势，使用者必须能够比较企业不同时期的财务报表。为了评估不同企业相对的财务状况、经营业绩和现金流量，使用者还必须能够比较不同企业的财务报表。因此，对整个企业及其不同时点以及对不同企业而言，同类交易或其他事项的计量和报告都必须采用一致的方法。

（五）实质重于形式

实质重于形式就是要求在对会计要素进行确认和计量时，应重视交易的实质，而不管其采用何种形式。

《企业会计准则——基本准则》第十六条规定："企业应当按照交易或者事项的经济实质进行会计确认、计量和报告，不应仅以交易或者事项的法律形式为依据。"如果要真实地反映拟反映的交易或其他事项，那就必须根据它们的实质和经济现实，而不是仅仅根据它们的法律形式进行核算和反映。交易或其他事项的实质并非与它们法律形式的外在面貌相一致。实质重于形式最典型的例子当数对融资租入固定资产的确认与计量。从形式上看，该项固定资产的所有权在出租方，企业只是拥有使用权和控制权。也就是说，该项固定资产并不是企业购入的固定资产，因此，从形式上不能将其作为企业的固定资产加以核算。但是，由于融资租入固定资产的租赁期限一般是固定资产可使用期限的大部分，而且到期企业可以以一定的价格购买该项固定资产，因此，为了正确地反映企业的资产和负债状况，对于融资租入的固定资产，一方面应作为企业的自有固定资产加以核算，另一方面应作为企业的一项长期负债加以反映。

（六）重要性

重要性是指财务报告在全面反映企业的财务状况和经营成果的同时，应当区别经济业务的重要程度，采用不同的会计处理程序和方法。

《企业会计准则——基本准则》第十七条规定："企业提供的会计信息应当反映与企业财务状况、经营成果和现金流量等有关的所有重要交易或者事项。"具体来说，对于重要的经济业务，应单独核算、分项反映、力求准确，并在财务报告中作重点说明；对于不重要的经济业务，在不影响会计信息真实性的情况下，可适当简化会计核算或合并反映，以便集中精力抓好关键。

（七）谨慎性

谨慎性，又称稳健性，是指在处理不确定性经济业务时，应持谨慎态度，如果一项经济业务有多种处理方法可供选择，应选择不导致夸大资产、虚增利润的方法。

《企业会计准则——基本准则》第十八条规定："企业对交易或者事项进行会计确认、计量和报告应当保持应有的谨慎，不应高估资产或者收益、低估负债或者费用。"在进行会计核算时，应当合理预计可能发生的损失和费用，而不应预计可能发生的收入和过高估计资产的价值。谨慎性要求体现于会计核算的全过程，在会计上的应用是多方面的。例如，对应收账款提取坏账准备，就是将预计不能收回的款项先作为本期费用，计入当期损益，以后确实无法收回时冲销坏账准备；对固定资产采用加速折旧法计提折旧也是典型的谨慎性原则的应用。

遵循谨慎性原则，对于企业存在的经营风险加以合理估计，对防范风险起到预警作用，有利于企业作出正确的经营决策，有利于保护投资者和债权人的利益，有利于提高企业在市场上的竞争能力。但是，企业不能滥用谨慎性原则，不能以谨慎性原则为由任意计提各种准备，即秘密准备。例如，按照有关规定，企业应当计提坏账准备、存货跌价准备等减值准备。但是，在实际执行时，有些企业滥用会计准则给予的会计政策，在前一年度大量计提减值准备，待后一年度再转回来操纵利润。这种行为属于滥用谨慎性原则，计提秘密准备是会计准则所不允许的。

（八）及时性

《企业会计准则——基本准则》第十九条规定："企业对于已经发生的交易或者事项，应当及时进行会计确认、计量和报告，不得提前或者延后。"信息的报告如果存在不适当的拖延，就可能失去其相关性。当然，及时提供可能会损坏可靠性。企业可能需要权衡及时报告与提供可靠信息的优缺点。为了在及时的基础上提供信息，在了解某一交易或其他事项的所有方面之前，就可能有必要作出报告，这就会损害可靠性。相反，如果推迟到了解所有方面之后再报告，信息可能极为可靠，但是对于必须在事中决策的使用者，用处可能很小。要在相关性和可靠性之间达到平衡，决定性的问题是如何最佳地满足使用者的经济决策需要。

在上述八项会计信息的质量特征中，可靠性、相关性、可理解性和可比性是会计信息的首要质量要求，是企业财务报告中所提供会计信息应具备的基本质量特征；实质重于形式、重要性、谨慎性和及时性是会计信息的次级质量要求，是对可靠性、相关性、可理解性和可比性等首要质量要求的补充和完善，尤其是在对某些特殊交易或者事项进行处理时，需要根据这些质量要求来把握其会计处理原则。另外，及时性还是会计信息相关性和可靠性的制约因素，企业需要在相关性和可靠性之间寻求一种平衡，以确定信息及时披露的时间。会计信息质量特征层次如图1-9所示。

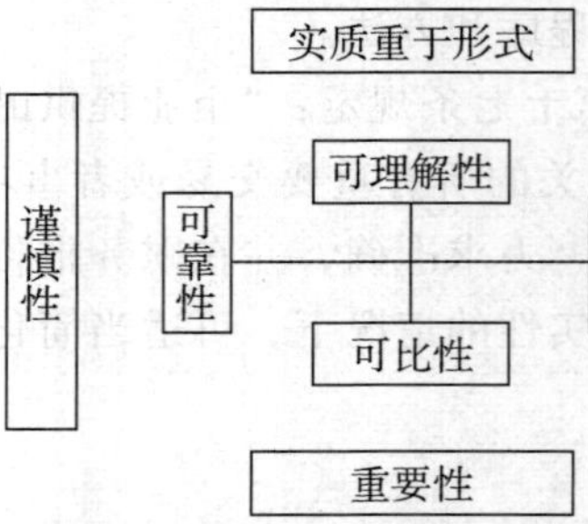

图1-9　会计信息质量特征层次图

这些质量特征要求会计人员在处理会计业务、提供会计信息时，遵循这些对会计信息的质量要求，增强职业判断，在各特征之间科学权衡或取舍。其目的一般是达到质量特征之间的适当平衡，以便实现财务报告的目标。

二、会计准则体系

会计准则是反映经济活动、确认产权关系、规范收益分配的会计技术标准，是生成和提供会计信息的重要依据，是企业进行会计确认、计量、记录和报告必须遵守的基本规则，也是政府调控经济活动、规范经济秩序和开展国际经济交往等的重要手段。

（一）会计准则体系的构成

会计准则有严密和完整的体系，我国已颁布的会计准则有《企业会计准则》《小企业会计准则》，如图1-10所示。

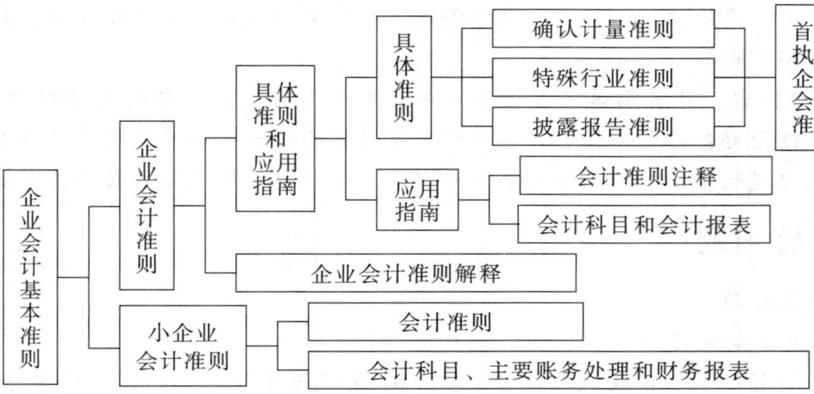

图1-10 我国企业会计准则体系的框架结构图

（二）会计准则体系的主要内容

我国会计准则体系的主要内容包括：报告目标、基本假设、会计基础、质量要求、会计要素、科目变更、财务报告。

（1）基本准则明确了我国财务报告的目标是向财务报告使用者提供决策有用的信息，并反映企业管理层受托责任的履行情况。

（2）基本准则强调了企业会计确认、计量和报告应当以会计主体、持续经营、会计分期和货币计量为会计基本假设。

（3）会计基础，企业会计的确认、计量和报告应当以权责发生制为基础。

（4）质量要求，会计信息质量要求是对企业财务报告中所提供会计信息质量的基本要求，是使财务报告中所提供会计信息对投资者等使用者决策有用应具备的基本特征，根据基本准则规定，它包括可靠性、相关性、可理解性、可比性、实质重于形式、重要性、谨慎性和及时性等。

（5）会计要素是根据交易或者事项的经济特征所确定的财务会计对象的基本分类。

（6）科目变更，指科目名称发生变化。

（7）财务报告是企业对外提供的反映企业某一特定日期的财务状况和某一会计期间的经营成果、现金流量等会计信息的文件。

思政课堂

坚持全面依法治国，推进财会监督法治建设

党的二十大报告指出："要坚持全面依法治国，推进法治中国建设。全面依法治国是国家治理的一场深刻革命，关系党执政兴国，关系人民幸福安康，关系党和国家长治久安。"

2023年2月中共中央办公厅、国务院办公厅印发了《关于进一步加强财会监督工作的意见》(以下简称《意见》),《意见》以习近平新时代中国特色社会主义思想为指导，深入贯彻党的二十大精神，坚持以完善党和国家监督体系为出发点，以党内监督为主导。《意见》中指出，财会监督是依法依规对国家机关、企事业单位、其他组织和个人的财政、财务、会计活动实施的监督。近年来，财会监督作为党和国家监督体系的重要组成部分，在推进全面从严治党、维护中央政令畅通、规范财经秩序、促进经济社会健康发展等方面发挥了重要作用。

《意见》的出台，是贯彻落实习近平总书记关于财会监督重要论述精神的具体行动，对新时代建立健全财会监督体系、完善工作机制等方面做出了顶层设计，对推进国家治理体系和治理能力现代化，对进一步健全财政职能、维护财经秩序等方面都具有重要意义。

课后练习题

一、单项选择题

1.会计的基本职能是（　　）。

A.控制与监督　　B.反映与监督　　C.反映与核算　　D.反映与分析

2.会计的对象是指（　　）。

A.资金的投入与退出

B.企业的各项资金运动

C.社会再生产过程中发生的、能用货币表现的经济活动

D.预算资金运动

3.下列不属于会计核算方法的是（　　）。

A.成本计算与复式记账　　B.错账更正与评估预测

C.设置账户与填制、审核会计凭证　　D.编制报表与登记账簿

4.会计是对特定单位的经济活动进行确认、计量和（　　），实施监督，通过所提供的会计资料参与预测、决策和评价。

A.计算　　B.分析　　C.记账　　D.报告

5.限定会计核算空间范围的基本会计假设是（　　）。

A.持续经营　　B.货币计量　　C.会计分期　　D.会计主体

6.以下不可能属于会计主体的是（　　）。

A.企业　　B.车间　　C.企业集团　　D.会计人员

7.会计在反映各单位经济活动时主要使用（　　）。

A.劳动量度　　B.实物量度　　C.货币量度　　D.其他量度

二、多项选择题

1.下列关于会计的表述中，正确的有（　　）。

A.会计的职能是指会计在经济管理过程中所具有的功能

B.会计采用一系列专门方法

C.会计是一种经济管理活动

D.会计是一个经济信息系统

2.我国企业对外提供的中期报告包括（　　）。

A.季报　　B.旬报　　C.月报　　D.半年报

3.会计对象可以描述为（　　）。

A.经济活动　　B.会计要素　　C.资金运动　　D.会计科目

4.会计核算方法包括（　　）。

A.成本计算和财产清查　　B.设置会计科目和复式记账

C.填制和审核会计凭证　　D.登记账簿和编制会计报表

5.会计核算基础包括（　　）。

A.永续盘存制　　B.权责发生制　　C.定期盘存制　　D.收付实现制

6.谨慎性要求会计人员在选择会计处理方法时（　　）。

A.不高估资产和收益　　B.不低估负债和费用

C.高估资产和收益　　D.低估资产和收益

三、判断题

1.会计主要是反映过去已经发生的经济活动和预测未来的经济活动。（　　）

2.根据收付实现制要求，当期已经实现的收入和已经发生的费用，无论款项是否收付，都应当作为当期的收入和费用列入利润表。（　　）

3.没有会计监督，会计反映便失去了存在的意义。（　　）

4.会计七大核算方法是一个完整的方法体系。（　　）

5.企业应当按照交易或事项的法律形式进行会计确认、计量、记录和报告。（　　）

6.我国企业只能采用人民币作为记账本位币，用于记账和编制会计报表。（　　）

7.可比性要求企业采用的会计处理方法和程序前后各期应当一致，不得变更。（　　）

四、核算题

1.目的：了解会计对象、职能等。

资料：

①会计对象　　A.货币计量

②会计职能　　B.会计信息失真

③会计目标　　C.资金运动

④会计方法　　D.可靠性

⑤会计假设　　E.成本计算

⑥会计信息质量要求　　F.货币、实物

⑦会计的消极作用　　G.提供信息

⑧会计计量单位　　H.会计核算

要求：请将左右两边相关的内容用线连接起来。

2.目的：练习权责发生制、收付实现制的核算。

资料：假设大新有限责任公司2022年12月份发生以下业务：

（1）1日，收到上月货款1 000 000元。

（2）5日，预付下年度财产保险费80 000元。

（3）8日，赊销商品2 000 000元。

（4）15日，支付设备日常修理费120 000元。

（5）18日，计提本月短期借款利息50 000元。

（6）25日，计提产品质量保证费用100 000元。

（7）30日，收到本月8日赊销商品款1 200 000元。

（8）31日，支付本季度短期借款利息150 000元。

（9）31日，销售原材料一批，售价400 000元，价款约定下月结算。

要求：分别采用权责发生制、收付实现制计算本月收入和费用。

3.目的：练习会计假设的处理。

资料：大新有限责任公司是一家制造业企业，生产A产品，适用权责发生制。刘某为公司聘用的会计人员，他对该公司7月份发生的经济业务进行如下处理：

（1）原以直线法计提折旧，2023年为少计利润、少交税改为双倍余额递减法；

（2）经营租赁一台生产用设备，视为企业自有的固定资产进行核算；

（3）结转上月销售的A产品的成本，已于上月确认收入；

（4）C企业前欠货款10 000元，已接到通知C企业经营情况不佳，货款大部分不能收回，之前未计提坏账准备；

（5）收到B企业因违约而支付的罚款5 000元，计入其他业务收入；

（6）购入管理用固定资产，价值50 000元，计入管理费用；

（7）预付下半年的财产保险费，全部计入本月费用；

（8）销售A产品100件，货款将于2024年3月份支付，故作为2024年3月份的收入；

（9）融资租入一台设备，不入账。

要求：请问会计人员刘某对上述业务处理正确与否，并说明理由。若涉及会计假设或会计原则，请说明刘某的会计处理遵循或违反了哪项会计假设或会计原则。

第二章

会计科目与账户

学习目标

1.掌握会计要素的基本内容；
2.掌握会计等式；
3.了解会计科目的作用；
4.掌握会计科目的具体分类；
5.理解账户的概念；
6.掌握账户的基本结构。

上一章谈到了会计方法，包括会计核算方法、会计检查方法和会计分析方法。会计核算方法又包括设置会计科目及账户、复式记账、填制与审核会计凭证、登记账簿、成本计算、财产清查和编制财务报表。从本章开始将陆续介绍会计的具体核算方法。

第一节 会计要素

会计核算是一个确认、计量、记录和报告经济业务的过程，而经济业务是错综复杂的，为了全面、系统、综合地记录、反映经济活动状况，以取得各种经济指标，应该按照会计准则的要求，对经济业务的具体内容即会计对象进行科学的分类。会计要素就是对会计对象按其特征归类的项目，是对会计对象的基本分类，是构成会计内容的主要因素，也是设置账户用来编制会计报表的基本依据。

一、会计要素的含义与分类

《企业会计准则——基本准则》规定，企业会计要素分为资产、负债、所有者权益、收入、费用和利润，如图2-1所示。其中，资产、负债、所有者权益三项要素反映企业一定日期的资产及权益情况，即财务状况，是资金运动相对静止状态的表现。收入、费用、利润三项要素反映企业一定时期内从事生产经营活动所取得的最终成果，即经营成果，是资金运动的动态表现。

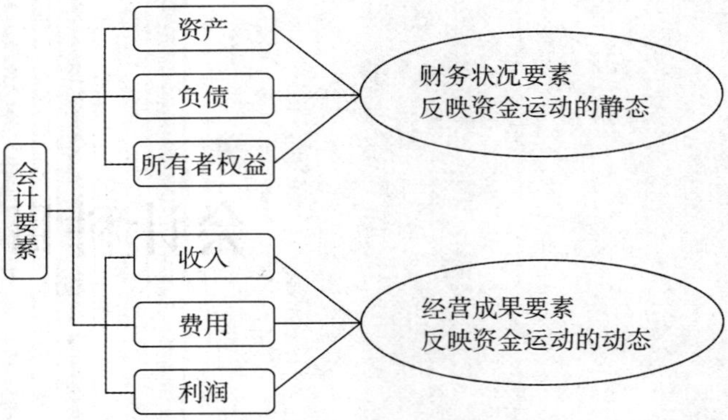

图2-1　会计要素示意图

二、会计要素的确认

会计要素的确认是指决定将交易或事项中的某一项目作为一项会计要素加以记录和列入财务报告的过程，是财务会计的一项重要程序。确认主要解决某一个项目应否确认、如何确认和何时确认三个问题，它包括在会计记录中的初始确认和在财务报表中的最终确认。

（一）资产

1.资产的含义与特征

资产是指企业过去的交易或者事项形成的、企业拥有或者控制的、预期会给企业带来经济利益的资源。资产是企业从事生产经营活动的物质基础，并以各种具体形态分布在生产经营过程的不同方面。资产包括各种财产、债权和其他权利。

根据资产的定义，资产具有以下几个方面的特征：

（1）资产由企业过去的交易、事项形成。

资产是企业过去的交易、事项形成的。企业过去的交易或者事项包括购买、生产、企业建造或其他交易或者事项。这里的资产必须是现实的资产，而不能是预期的资产，预期在未来发生的交易或者事项不形成资产。

（2）资产为企业拥有或者控制。

资产为企业拥有或者控制，是指企业拥有某项资源的所有权，或者虽然不拥有某项资源的所有权，但该资源能被企业所控制。

企业拥有资产的所有权通常表明企业拥有从资产中获取预期经济利益的权利。在有些情况下，虽然企业不拥有一些资源的所有权，但能实际控制这些资源，同样也能够从这些资源中获取经济利益。根据实质重于形式的原则，这部分经济资源也应作为企业的资产。例如，融资租入的固定资产应当作为自有资产进行确认、计量、记录、报告。

（3）资产预期会给企业带来经济利益。

资产预期会给企业带来经济利益，是指直接或者间接导致现金和现金等价物流入企业的潜力。这种潜力既可以来源于企业的日常经营活动，也可以来源于非日常经营活动。带来的经济利益既可以是现金和现金等价物的直接流入，也可以是转化为现金和现金等价物的间接流入，还可以是现金和现金等价物流出的减少。

预期会给企业带来经济利益是资产最重要的特征。凡预期不能给企业带来经济利益的，均不能作为企业的资产确认。前期已确认的资产项目，如果预期不再为企业带来经济利益的，也不能再作为企业的资产。例如，已报废的设备，它们已经不能给企业带来未来经济利益，就不应该再作为资产出现在资产负债表中。

2.资产的确认条件

符合资产定义的资源，在同时满足以下条件时确认为资产：

（1）与该资源有关的经济利益很可能流入企业；

（2）该资源的成本或者价值能够可靠地计量。

符合资产定义和资产确认条件的项目，应当列入资产负债表；符合资产定义，但不符合资产确认条件的项目，不应当列入资产负债表。

3.资产的分类

企业的资产按其流动性可以分为流动资产和非流动资产（如图2-2所示）。

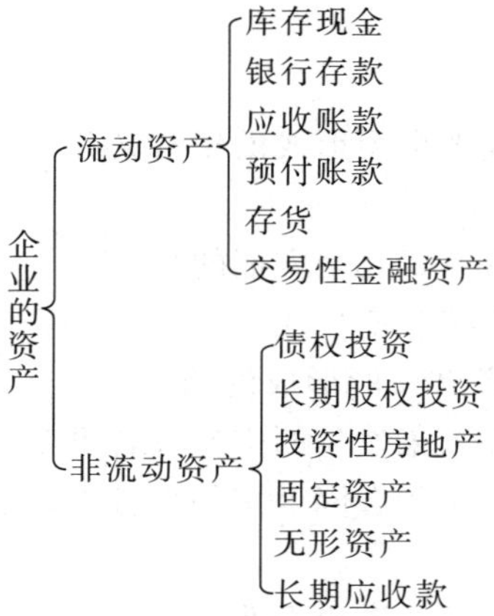

图2-2 常用资产按流动性分类示意图

（1）流动资产。流动资产是指可以在一年或者超过一年的一个营业周期内变现或者耗用的资产。正常营业周期是指企业从购买用于加工的资产起至实现现金或现金等价物的期间。正常营业周期通常短于一年，在一年内有几个营业周期。但是，也存在正常营业周期长于一年的情况，在这种情况下，与生产循环相关的产成品、应收账款、原材料尽管是超过一年才变现、出售或耗用，仍应作为流动资产。当正常营业周期不能确定时，应当以一年（12个月）作为正常营业周期。流动资产主要有：

① 库存现金，即企业存放在财会部门的零星库存现金。

② 银行存款，即企业存放在银行或其他金融机构的各种存款。

③ 交易性金融资产，即以公允价值计量且其变动计入当期损益的金融资产，是指企业为了近期内出售而持有的、以赚取差价为目的所购的有活跃市场报价的股票、债券、基金投资等。

④ 应收及预付账款，包括应收票据、应收账款、预付账款、应收股利、应收利息、其他应收款等。

⑤ 存货，即企业在生产经营过程中为销售或者耗用而储存的各种资产，包括库存商品、半成品、在产品，以及各类原材料、周转材料等。

（2）非流动资产。非流动资产是指不能在一年或者超过一年的一个营业周期内变现或者耗用的资产，主要有：

① 债权投资，即以摊余成本计量的金融资产，是指债券购买人（投资人、债权人）以购买债券的形式投放资本，到期向债券发行人（借款人、债务人）收取固定的利息以及收回本金的一种投资方式。

② 长期股权投资，是企业为获取另一企业的股权所进行的长期投资，通常为长期持有，不准备随时变现。

③ 投资性房地产，即为赚取租金或资本增值，或两者兼有而持有的房地产。

④ 固定资产，即为生产商品、提供劳务、出租或经营管理而持有的，使用寿命超过一个会计期间的有形资产，包括房屋及建筑物、机器设备、运输设备、工具器具等。

⑤ 无形资产，即企业拥有或者控制的，没有实物形态的可辨认非货币性资产，包括专利权、非专利技术、商标权、著作权、土地使用权等。

（二）负债

1.负债的含义与特征

负债是指企业过去的交易或者事项形成的现时义务，履行该义务预期会导致经济利益流出企业。

根据负债的定义，负债具有以下几个方面的特征：

（1）负债由过去的交易或者事项所形成。

负债是企业过去的交易或者事项所形成的结果。过去的交易或者事项包括购买商品、使用劳务、接受贷款等。预期在未来发生的交易或者事项不形成负债。正在筹划的未来交易或事项，如企业的业务计划、购货合同（例如准备3个月后购入一台10万元的设备）不属于负债。

（2）负债的清偿会导致经济利益流出企业。

负债是企业所承担的现时义务，履行义务时必然会引起企业经济利益的流出；否则，就不能作为企业的负债来处理。

（3）负债是企业承担的现时义务。

负债是企业目前承担的现时义务。现时义务是指企业在现行条件下已承担的义务。未来发生的交易或者事项形成的义务不属于现时义务，不应当确认为负债。

2.负债的确认条件

符合负债定义的义务，在同时满足以下条件时，确认为负债：

（1）与该义务有关的经济利益很可能流出企业；

（2）未来流出经济利益的金额能够可靠地计量。

符合负债定义和负债确认条件的项目，应当列入资产负债表；符合负债定义，但不符合负债确认条件的项目，不应当列入资产负债表。

3.负债的分类

负债按其流动性可分为流动负债和非流动负债（如图2-3所示）。

（1）流动负债，即在一年或超过一年的一个营业周期内偿还的债务，包括短期借款、应付票据、应付账款、预收账款、应付职工薪酬、应交税费、应付利息、应付股利、其他应付款等。

- 企业的负债
  - 流动负债
    - 短期借款
    - 应付（预收）账款
    - 应付职工薪酬
    - 应交税费
  - 非流动负债
    - 长期借款
    - 应付债券
    - 长期应付款

图2-3　常用负债按流动性分类示意图

（2）非流动负债，即偿还期在一年或超过一年的一个营业周期以上的债务，包括长期借款、应付债券、长期应付款等。

（三）所有者权益

1.所有者权益的含义与特征

所有者权益是指投资者在企业资产中享有的经济利益，其金额为资产减去负债后的余额。公司的所有者权益又称为股东权益。

根据所有者权益的定义，所有者权益具有以下几个方面的特征：

（1）所有者权益是投资者对企业净资产的所有权。

（2）投资者有权分享企业利润并承担经营风险，能够参与企业利润的分配。

（3）投资者有法定的管理企业或委托他人管理企业的权利。

（4）除非发生减资、清算或分派现金股利，企业不需要偿还所有者权益。

（5）企业清算时，只有在清偿所有的负债后，所有者权益才返还给所有者。

2.所有者权益的分类

所有者权益按其构成的内容可以分为以下项目（如图2-4所示）：

- 所有者权益
  - 1.所有者投入的资本：实收资本
  - 2.资本公积包括资本溢价（股本溢价）和其他资本公积
  - 3.企业发行的除普通股以外的归类为权益工具的各类金融工具：其他权益者工具
  - 4.未在当期损益中确认的各项利得和损失：其他综合收益
  - 5.留存收益：企业历年实现的净利润留存于企业的部分：盈余公积、未分配利润

图2-4　所有者权益按内容分类示意图

（1）实收资本（股本），即所有者投入的、构成注册资本或股本的部分。

（2）资本公积，包括：投资人投入的资本溢价或股本溢价；持股比例不变的情况下，被投资单位除净损益、其他综合收益及利润分配以外的所有者权益的变动。

（3）其他综合收益，是指企业根据企业会计准则规定未在损益中确认的各项利得和损失扣除所得税影响后的净额。

（4）盈余公积，即按国家有关规定从税后利润中提取的各种积累资金等。

（5）未分配利润，即企业留存以后年度分配的利润或待分配的结存利润。

（四）收入

1.收入的定义与特征

收入是指企业在日常活动中形成的、会导致所有者权益增加的、与所有者投入资本无关的经济利益的总流入。企业非日常活动所形成的经济利益的流入不能确认为收入，应作为利得。

根据收入的定义，收入具有以下几个方面的特征：

（1）收入是在企业日常活动中形成的。日常活动是指企业为完成其经营目标所从事的

经常性的活动以及与之相关的活动，如工业企业制造并销售产品，商业企业销售商品等。

（2）收入会导致经济利益的流入。收入使企业资产增加或者负债减少，但这种经济利益的流入不包括由所有者投入资本的增加所引起的经济利益流入。

（3）收入最终导致所有者权益增加。因收入引起的经济利益流入使得企业资产的增加或者负债的减少，最终会导致所有者权益增加。

2.收入的确认条件

企业应当在履行了合同中的履约义务，即在客户取得相关商品或服务控制权时确认收入。取得相关商品的控制权是指能够主导该商品的使用并从中获得几乎全部的经济利益。

3.收入的分类

收入按其取得的来源分为（如图2-5所示）：

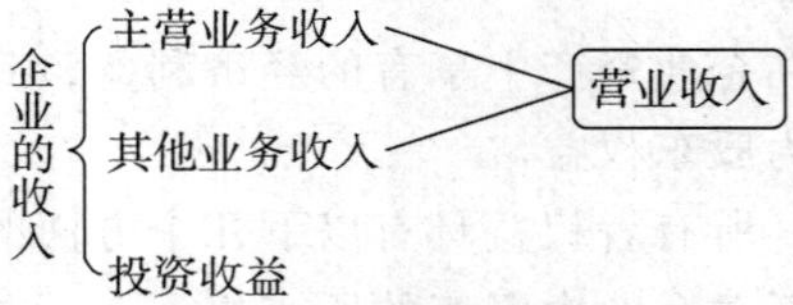

图2-5　收入按取得来源分类示意图

（1）主营业务收入，又称基本业务收入，是指企业在主要的生产经营业务中取得的收入。例如工业企业在生产和销售商品的过程中所取得的收入。

（2）其他业务收入，是指企业在主营业务以外的生产经营活动中取得的收入。例如，原材料的销售收入、技术转让收入、固定资产的出租收入等。

（3）投资收益，是指企业进行投资所获得的经济收益。

（五）费用

1.费用的定义与特征

费用是指企业在日常活动中形成的、会导致所有者权益减少的、与向所有者分配利润无关的经济利益的总流出。非日常活动中形成的经济利益的流出不能确认为费用，应当作为损失。

根据费用的定义，费用具有以下几个方面的特征：

（1）费用是在企业日常活动中发生的。日常活动中所发生的费用包括销售成本、职工薪酬等。

（2）费用会导致经济利益的流出。费用使企业资产减少或者负债增加，但这种经济利益的流出不包括向所有者分配利润引起的经济利益流出。

（3）费用最终导致所有者权益减少。因费用所引起的经济利益流出使得企业资产减少或者负债增加，最终会导致所有者权益减少。

2.费用的确认条件

在符合费用定义的情况下，确认费用要同时满足以下条件：

（1）与费用相关的经济利益很可能流出企业；

（2）经济利益流出企业的结果会导致企业资产减少或者负债增加；

（3）经济利益的流出额能够可靠计量。

符合费用定义和费用确认条件的项目，应当列入利润表。

费用的确认应当注意：企业为生产产品、提供劳务等发生的可归属于产品成本、劳务成本等的费用，应当在确认产品销售收入、劳务收入等时，将已销售产品、已提供劳务的成本等计入当期损益。企业发生的支出不产生经济利益的，或者即使能够产生经济利益但不符合或者不再符合资产确认条件的，应当在发生时确认为费用，计入当期损益。

3.费用的分类

费用按其是否归属于产品成本，分为生产费用与期间费用（如图2-6所示）。

- 费用
  - 生产费用
    - 直接费用
      - 直接材料
      - 直接人工
      - 其他直接费用
    - 间接费用——制造费用
  - 期间费用
    - 管理费用
    - 财务费用
    - 销售费用

图2-6　费用分类示意图

（1）生产费用。生产费用是指与企业日常生产经营活动有关的费用，包括直接费用和间接费用。

直接费用是指为生产产品发生的直接人工、直接材料和其他直接费用。

间接费用是指各生产单位为管理和组织生产而发生的费用，这些费用同产品有一定的因果关系，但需要采用一定的标准分配计入成本。

（2）期间费用。期间费用是指企业本期发生的、不能直接或间接归入产品生产成本，而应直接计入当期损益的各项费用，包括企业行政管理部门为组织和管理生产经营活动而发生的管理费用、为筹集资金等而发生的财务费用、为销售商品和提供劳务而发生的销售费用。由于期间费用与会计期间直接相联，则期间费用与其发生期的收入相配比，在当期的利润中应全额予以抵减。

（六）利润

1.利润的定义与特征

利润是指企业在一定会计期间的经营成果。

利润具有以下几个方面的特征：

（1）利润是企业在一定会计期间的经营成果；

（2）利润与收入和费用有直接关系；

（3）利润在未分配前属于所有者权益。

2.利润的确认

利润的确认主要依赖于收入、费用、利得和损失的确认。利润金额取决于收入和费用、直接计入当期利润的利得和损失金额的计量。利润项目应当列入利润表。

3.利润的构成

利润包括收入减去费用后的净额、直接计入当期利润的利得和损失等。其中，收入减去费用后的净额反映企业日常活动的经营成果；直接计入当期利润的利得和损失反映企业非日常活动的业绩。

直接计入当期利润的利得和损失是指应当计入当期利润、最终会引起所有者权益发生增减变动的、与所有者投入资本或者向所有者分配利润无关的利得或者损失，如接受捐赠。

需要注意的是，直接计入所有者权益的利得和损失是指不应计入当期利润、会导致所有者权益发生增减变动的、与所有者投入资本或者向所有者分配利润无关的利得或者损失，如其他综合收益。

利润通常可以包括以下项目（如图2-7所示）：

利润
- 营业利润——营业收入－营业成本－税金及附加－期间费用－资产减值损失＋公允价值变动净收益＋投资净收益＋资产处置净收益
- 利润总额——营业利润＋营业外收入－营业外支出
- 净利润——利润总额－所得税费用

图2-7　利润构成示意图

（1）营业利润，即营业收入减去营业成本、税金及附加、期间费用和资产减值损失，加上公允价值变动收益（减损失）、投资收益（减损失）和资产处置收益（减损失）后的余额。

（2）利润总额，即营业利润加营业外收支差额后的余额。

（3）净利润，即利润总额减去所得税费用后的差额。

以上六个会计要素，在《企业会计准则——基本准则》中分别作了详细说明。会计要素的划分是设置会计科目和账户、构筑基本会计报表框架的依据，在会计核算上具有重要的意义。

三、会计要素的计量

会计通常被认为是一个对会计要素进行确认、计量、记录和报告的过程，其中，会计计量在会计确认和报告之间起着十分重要的作用。

（一）会计计量属性的种类

《企业会计准则——基本准则》第四十二条规定，会计计量属性主要包括：

1.历史成本

在历史成本计量下，资产按照购置时支付的现金或者现金等价物的金额，或者按照购置资产时所付出的对价的公允价值计量。负债按照因承担现时义务而实际付出的款项或者资产的金额，或者承担现时义务的合同金额，或者按照日常活动中为偿还负债预期需要支付的现金或者现金等价物的金额计量。例如，设备价款为300万元，运杂费为2万元，安装调试费用为13万元，则设备成本为315万元。

2.重置成本

在重置成本计量下，资产按照现在购买相同或者相似资产所需支付的现金或者现金等价物的金额计量。负债按照现在偿付该项债务所需支付的现金或者现金等价物的金额计量。重置成本常用于盘盈固定资产的计量。

3.可变现净值

在可变现净值计量下，资产按照其正常对外销售所能收到现金或者现金等价物的金额扣减该资产至完工时估计将要发生的成本、估计的销售费用以及相关税费后的金额计量。可变现净值常用于存货的期末计量。

4. 现值

在现值计量下，资产按照预计从其持续使用和最终处置中所产生的未来净现金流入量的折现金额计量。负债按照预计期限内需要偿还的未来净现金流出量的折现金额计量。

5. 公允价值

公允价值是指市场参与者在计量日发生的有序交易中，出售一项资产所能收到或转移一项负债所需支付的价格。公允价值常用于交易性金融资产的计量。

如何更好地理解这些定义？以资产为例，实际上可以这样理解：在某一个时点上对资产进行计量时，历史成本是这项资产取得时的公允价值；重置成本是这个时点上取得这项资产的公允价值；可变现净值是这个时点上出售这项资产的公允价值；现值是这个时点上，不重新购买，也不出售，继续持有会带来的经济利益的公允价值；公允价值是在任何时候只要是公平交易中双方愿意收到或支付的价值。

对五种计量属性的理解如表2-1所示。

表2-1 **对五种计量属性的理解**

计量属性	对资产的计量	对负债的计量
历史成本（过去的流出）	按照购置时的金额	按照承担现时义务时的金额
重置成本（现在的流出）	按照现在购买时的金额	按照现在偿还时的金额
可变现净值（现在的流入）	按照现在销售时的金额	
现值（将来的流入）	按照将来的金额折现	
公允价值（现在的流入）	公允价值是指市场参与者在计量日发生的有序交易中，出售一项资产所能收到或转移一项负债所需支付的价格	

（二）会计计量属性的选择

《企业会计准则——基本准则》第四十三条还规定：“企业在对会计要素进行计量时，一般应当采用历史成本，采用重置成本、可变现净值、现值、公允价值计量的，应当保证所确定的会计要素金额能够取得并可靠计量。”这是对会计计量属性选择的一种限定性条件，一般应当采用历史成本，如果要用其他计量属性，必须保证金额能够取得并可靠计量。

第二节 会计等式

会计等式又称会计恒等式，是表明企业会计诸要素之间相互关系的代数方程表达式。会计等式揭示了会计要素之间的内在联系，因而成为会计核算的理论基础。

一、会计等式概述

一个企业要开展生产经营活动，首先必须拥有一定数量的资产，如库存现金、银行存款等货币资金，或是材料、机器设备等实物资产等等。资产是企业正常经营的物质基础。权益是指资产的提供者对企业资产所拥有的权利。

资产和权益密切相联，是对同一企业的经济资源从两个不同的角度所进行的表述。资产表明的是企业经济资源存在的形式及分布情况，而权益表明的是企业经济资源所产生的利益的归属。因此资产与权益在数量上总是相等的，有多少资产就应有多少权益。用公式表示即为：

资产=权益

由于企业资产的出资人包括投资者和债权人，因而对资产的要求权自然分为投资者权益和债权人权益。投资者权益或所有者权益，是指所有者对企业资产抵减负债后的净资产所享有的权利。债权人权益，即负债，是指要求企业到期还本付息的权利。债权人权益基于法律优先于所有者权益。投资者与债权人享有的索偿权在性质上完全不同，债权人对企业资产有索偿权，投资者提供的资产一般不规定偿还期限，也不规定企业应定期偿付的资产报酬，但投资者享有在金额上等于投入资本加上企业自创立以来所累计的资本增值。因此，所有者权益又称净权益，权益由债权人权益和所有者权益组成。用公式表示即为：

权益=债权人权益+所有者权益

资产=负债+所有者权益

企业运用债权人和投资者所提供的资产，经其经营运作后获得收入，同时以发生相关费用为代价。将一定期间实现的收入与费用配比，就能确定该期间企业的经营成果，用公式表示如下：

收入-费用=利润

如前所述，凡是收入增加，就会引起资产的增加或是负债的减少，进而使所有者权益增加；凡是费用增加，就会引起资产的减少或是负债的增加，进而使所有者权益减少。因此在会计等式表达中，会计恒等式又有如下的转化形式：

资产＝负债＋所有者权益＋（收入－费用）

资产＋费用＝负债＋所有者权益＋收入

收入与费用两大会计要素记载的经济业务事项依据配比原则并通过结账形成利润，最终转化为所有者权益。因此，在会计期末，会计恒等关系又恢复至其基本形式，即：

资产=负债+所有者权益

这一平衡关系构建了资产负债表的基本框架，可以总括地反映企业某一特定时点的财务状况。例如，表2-2是大新有限责任公司2022年12月31日的资产负债表的简化格式。

表2-2　　资产负债表

2022年12月31日　　单位：元

资产		负债及所有者权益	
货币资金	900 000	应付账款	500 000
应收账款	600 000	短期借款	1 000 000
存货	2 500 000	实收资本	7 000 000
固定资产	6 000 000	盈余公积	1 500 000
资产总计	10 000 000	负债及所有者权益总计	10 000 000

从上述的资产负债表中，可以了解到这家公司的资产合计为10 000 000元。这一资产总额由两个方面的权益构成：债权人提供的1 500 000元（负债）和所有者提供的8 500 000元（所有者权益）。资产负债表的重要特征就是企业的资产总计与负债及所有者权益总计相等。

二、经济业务的发生对会计等式的影响

企业的经济业务事项复杂多样，各项经济业务的发生必然会引起资产和负债及所有者权益发生增减变动。但是，无论发生什么经济业务，资产和负债及所有者权益怎样变动，都不会破坏资产总额等于负债及所有者权益总额的平衡关系。企业发生的任何经济业务引起的资产与权益变化关系无非存在四种类型（如图2-8所示）：

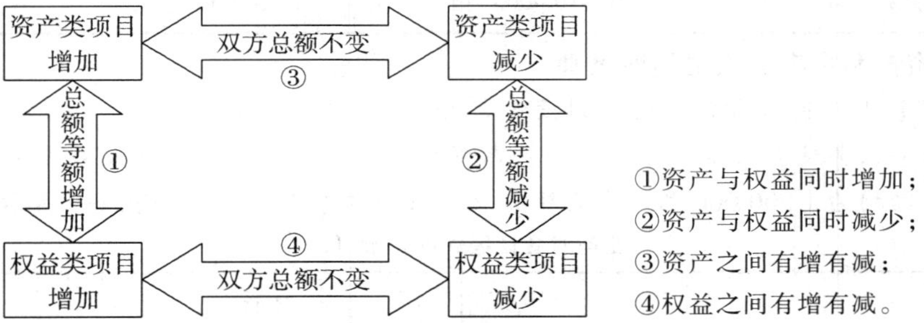

图2-8　经济业务的发生对会计等式的影响

从对资产、负债和所有者权益影响的角度考察，上述四种业务类型具体化，可以表现为九种情况：资产项目此增彼减；资产和负债同时增加；资产和所有者权益同时增加；资产和负债同时减少；资产和所有者权益同时减少；负债增加，所有者权益减少；负债减少，所有者权益增加；负债项目此增彼减；所有者权益项目此增彼减。现以大新有限责任公司2023年1月份发生的部分经济业务事项为例，对上述九类基本业务事项作出具体说明。

（一）资产项目此增彼减

【例2-1】大新有限责任公司以银行存款30 000元购入设备一台。

这笔经济业务使该企业资产中的固定资产增加30 000元，该企业因这一项投资使资产中的银行存款减少，两者金额均为30 000元。这笔经济业务对会计等式的影响如表2-3所示。

表2-3　**业务对会计等式的影响（1）**　单位：元

	资产	=	负债	+	所有者权益
经济业务事项发生前	10 000 000		1 500 000		8 500 000
经济业务事项引起的变动	+30 000				
	−30 000				
经济业务事项发生后	10 000 000		1 500 000		8 500 000

（二）资产和负债同时增加

【例2-2】大新有限责任公司赊购材料10 000元。

这笔经济业务增加了材料，即资产存货，同时也使企业负债中的应付账款项目增加，两者的金额均为10 000元。这笔经济业务对会计等式的影响如表2-4所示。

表2-4　业务对会计等式的影响（2）　单位：元

	资产	=	负债	+	所有者权益
经济业务事项发生前	10 000 000		1 500 000		8 500 000
经济业务事项引起的变动	+10 000		+10 000		
经济业务事项发生后	10 010 000		1 510 000		8 500 000

（三）资产和所有者权益同时增加

【例2-3】大新有限责任公司收到投资者投入资金1 000 000元。

这笔经济业务使企业资产中的银行存款增加，同时也使得所有者权益中的实收资本增加，两者金额均为1 000 000元。这笔经济业务对会计等式的影响如表2-5所示。

表2-5　业务对会计等式的影响（3）　单位：元

	资产	=	负债	+	所有者权益
经济业务事项发生前	10 010 000		1 510 000		8 500 000
经济业务事项引起的变动	+1 000 000				+1 000 000
经济业务事项发生后	11 010 000		1 510 000		9 500 000

（四）资产和负债同时减少

【例2-4】大新有限责任公司以银行存款40 000元偿还前欠的购材料款。

这笔经济业务使企业资产中的银行存款减少，而这一减少的存款正好予以弥补应付账款，使负债也发生减少，两者金额均为40 000元。这笔经济业务对会计等式的影响如表2-6所示。

表2-6　业务对会计等式的影响（4）　单位：元

	资产	=	负债	+	所有者权益
经济业务事项发生前	11 010 000		1 510 000		9 500 000
经济业务事项引起的变动	−40 000		−40 000		
经济业务事项发生后	10 970 000		1 470 000		9 500 000

（五）资产和所有者权益同时减少

【例2-5】大新有限责任公司以银行存款20 000元分配股利。

这笔经济业务使企业资产中的银行存款减少，同时利润分配导致所有者权益减少，两者金额均为20 000元。这笔经济业务对会计等式的影响如表2-7所示。

表2-7 业务对会计等式的影响（5） 单位：元

	资产	=	负债	+	所有者权益
经济业务事项发生前	10 970 000		1 470 000		9 500 000
经济业务事项引起的变动	−20 000				−20 000
经济业务事项发生后	10 950 000		1 470 000		9 480 000

（六）负债增加，所有者权益减少

【例2-6】大新有限责任公司宣告分派现金股利25 000元。

这笔经济业务由于股利未付，使企业负债中的应付股利增加，同时通过利润分配导致所有者权益减少，两者金额均为25 000元。这笔经济业务对会计等式的影响如表2-8所示。

表2-8 业务对会计等式的影响（6） 单位：元

	资产	=	负债	+	所有者权益
经济业务事项发生前	10 950 000		1 470 000		9 480 000
经济业务事项引起的变动			+25 000		−25 000
经济业务事项发生后	10 950 000		1 495 000		9 455 000

（七）负债减少，所有者权益增加

【例2-7】大新有限责任公司与某债权人达成协议，将其100 000元应付账款转为对本企业的投资。

这笔经济业务使企业负债中的应付账款减少，同时所有者权益中的实收资本增加，两者金额均为100 000元。这笔经济业务对会计等式的影响如表2-9所示。

表2-9 业务对会计等式的影响（7） 单位：元

	资产	=	负债	+	所有者权益
经济业务事项发生前	10 950 000		1 495 000		9 455 000
经济业务事项引起的变动			−100 000		+100 000
经济业务事项发生后	10 950 000		1 395 000		9 555 000

（八）负债项目此增彼减

【例2-8】大新有限责任公司向银行取得3个月的短期借款，直接偿还应付账款80 000元。

这笔经济业务使企业增加了负债中的短期借款，同时取得的短期借款直接用以冲减应付账款，使应付账款金额减少，两者金额均为80 000元。这笔经济业务对会计等式的影响如表2-10所示。

表2-10 业务对会计等式的影响（8） 单位：元

	资产	=	负债	+	所有者权益
经济业务事项发生前	10 950 000		1 395 000		9 555 000
经济业务事项引起的变动			+80 000		
			−80 000		
经济业务事项发生后	10 950 000		1 395 000		9 555 000

（九）所有者权益项目此增彼减

【例2-9】大新有限责任公司以盈余公积300 000元转增资本。

这笔经济业务一方面使企业所有者权益中的盈余公积减少，另一方面使企业所有者权益中的实收资本增加，两者金额均为300 000元。这笔经济业务对会计等式的影响如表2-11所示。

表2-11　　业务对会计等式的影响（9）　　单位：元

	资产	=	负债	+	所有者权益
经济业务事项发生前	10 950 000		1 395 000		9 555 000
经济业务事项引起的变动					+300 000
					−300 000
经济业务事项发生后	10 950 000		1 395 000		9 555 000

上述九种基本业务类型可作如下汇总（如表2-12所示）：

表2-12　　会计汇总类型一览表　　单位：元

	资产	=	负债	+	所有者权益
1	增减				
2	增加		增加		
3	增加				增加
4	减少		减少		
5	减少				减少
6			增加		减少
7			减少		增加
8			增减		
9					增减

上述会计事项的九种基本类型使得会计基本等式两边发生同增或同减的数目变化（第2、3、4、5），或是会计基本等式一边发生此增彼减数目变化（第1、6、7、8、9）。但无论是上述哪一种情况，均不会破坏资产、负债及所有者权益之间的数量恒等关系。实际中，还可能涉及一些更为复杂的情形。

【例2-10】大新有限责任公司购买机器设备一台，价值50 500元，其中50 000元以转账支票支付，余款以库存现金付讫。

这笔经济业务使企业资产项目中的固定资产增加50 500元，银行存款减少50 000元，库存现金减少500元。这笔经济业务对会计等式的影响如表2-13所示。

表2-13　　业务对会计等式的影响（10）　　单位：元

	资产	=	负债	+	所有者权益
经济业务事项发生前	10 950 000		1 395 000		9 555 000
经济业务事项引起的变动	+50 500				
	−50 000				
	−500				
经济业务事项发生后	10 950 000		1 395 000		9 555 000

虽然这笔经济业务涉及两个以上的项目，但总体上仍属于资产项目此增彼减的基本业务类型，对会计等式的数量平衡关系没有任何影响。

【例 2-11】大新有限责任公司向银行取得600 000元的长期借款，其中500 000元直接用于偿还短期借款，余款存入银行。

这笔经济业务使企业负债中的长期借款增加600 000元，短期借款减少500 000元，资产项目中的银行存款增加100 000元。这笔经济业务对会计等式的影响如表2-14所示。

表2-14　业务对会计等式的影响（11）　单位：元

	资产	=	负债	+	所有者权益
经济业务事项发生前	10 950 000		1 395 000		9 555 000
经济业务事项引起的变动	+100 000		+600 000		
			-500 000		
经济业务事项发生后	11 050 000		1 495 000		9 555 000

这笔经济业务同时包含了负债项目此增彼减和资产与负债同时增加两种基本业务类型，这一类会计事项称为复合业务。同时，正如上述分析所示，复合业务同样不对会计恒等关系产生任何影响。

第三节　会计科目

一、会计科目的概念

企业在经营过程中发生的经济业务多种多样，会引起各项会计要素发生增减变动。由于企业的经营业务错综复杂，即使涉及同一种会计要素，也往往具有不同性质和内容。例如，存货和无形资产虽然都属于资产，但是它们的经济内容以及在经济活动中的作用不相同。又如应付票据和长期借款，虽然都是负债，但它们形成的原因和偿付期限也是不相同的。再如所有者投入的实收资本和企业的利润，虽然都是所有者权益，但它们形成的原因与用途大不一样。为了实现会计的基本职能，从数量上反映各项会计要素的增减变化，就不仅需要取得各项会计要素增减变化及其结果的总括数字，而且要取得一系列更加具体的分类和数量指标。为此，还必须对会计要素作进一步分类。

会计科目，简称科目，是对会计要素的具体内容进行科学分类的名称。每一个会计科目都明确地反映一定的经济内容。通过设置会计科目，可以把各项会计要素的增减变化分门别类地记在账上，清楚地为企业内部经营管理和企业外部有关方面提供一系列具体的分类数量指标。对企业的资产来说，通过设置会计科目，还可以把价值形式的综合核算和财产物资的实物核算有机地结合起来，从而有效地控制财产物资的实物形态。

二、设置会计科目的意义

设置会计科目是会计方法体系中的一种重要方法，在会计核算中具有重要意义。

（一）会计科目可以明晰反映资金运动

由于一个会计科目反映一类经济业务，各个会计科目就能从不同方面反映资金运动的总体，因此，我们就能通过多个会计科目去认识资金运动的各个方面。

（二）会计科目是编制记账凭证的基础

会计科目作为基本的会计制度，它规定了核算范围、具体内容、核算方法、编制会计分录方法、明细核算等。例如，购买材料，应记入“原材料”科目并按该科目的规定进行账务处理；银行存款减少应记入“银行存款”科目并按该科目的规定进行账务处理。

（三）会计科目为成本计算与财产清查提供了前提条件

通过会计科目的设置，进一步控制了成本核算的范围和具体内容，有助于成本核算，使各种成本计算成为可能，而通过账面记录与实际结存的核对，又为财产清查及保证账实相符提供了必备的条件。

（四）会计科目为编制会计报表提供了方便

会计报表是提供会计信息的主要手段，为了保证会计信息的质量及提供的及时性，会计报表中的许多项目与会计科目是一致的，并根据会计科目的本期发生额或余额填列。

三、会计科目的设置

（一）会计科目设置的原则

会计科目作为反映会计要素的构成及其变化情况，为投资者、债权人、企业管理者等提供会计信息的重要手段，在设置过程中应努力做到科学、合理、适用。在设置会计科目时应遵循下列基本原则（如图2-9所示）：

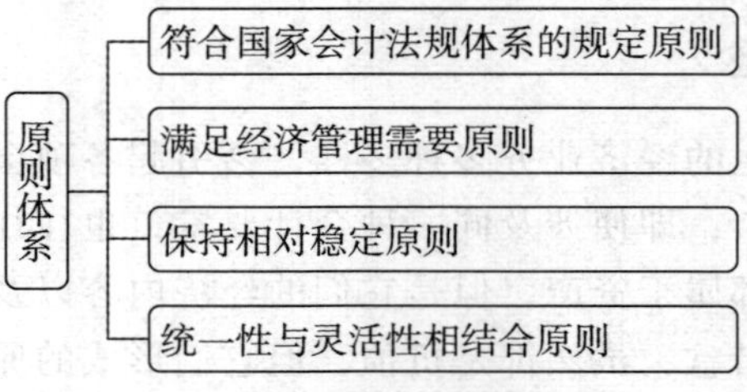

图2-9　会计科目设置的原则

1.设置会计科目要符合国家的会计法规体系的规定

国家的会计法规体系体现了国家对财会工作的要求，因此设计会计科目首先要以此为依据，所设置的会计科目应尽量符合《会计法》、《企业会计准则》以及《企业会计准则——应用指南》的规定。

2.设置会计科目必须与企业的业务规模相适应，满足经济管理的需要

由于企业的组织形式、所处行业、经营内容及业务种类等不同，必须根据各企业的具体情况设置一些适合各自特点的会计科目，这样才能全面、完整、系统地反映各单位会计对象的具体内容，满足经营管理的需要。

3.统一性和灵活性相结合，并保持相对稳定

会计科目要保持相对稳定。一方面，为了保持会计信息的可比性，所设置的会计科目就要尽量符合《企业会计准则》并保持相对稳定，以体现统一性原则。另一方面，由于各具体单位之间存在很大的差异，会计核算要求难以一致，为了适应各单位的具体特点，在

设置时必须具有灵活性。

（二）会计科目的具体设置

考虑到会计信息的社会公众性，企业所使用的会计科目一般应以《企业会计准则——应用指南》中的统一规定为基准，可根据企业自身的生产经营特点增加或减少某些会计科目。目前，企业常用的会计科目及编号如表2-15所示。

表2-15　**常用会计科目名称和编号**

顺序号	编号	名称	顺序号	编号	名称
一、资产类			44	2202	应付账款
1	1001	库存现金	45	2203	预收账款
2	1002	银行存款	46	2211	应付职工薪酬
3	1012	其他货币资金	47	2221	应交税费
4	1101	交易性金融资产	48	2231	应付利息
5	1121	应收票据	49	2232	应付股利
6	1122	应收账款	50	2241	其他应付款
7	1123	合同资产	51	2401	合同负债
8	1131	预付账款	52	2501	递延收益
9	1132	应收股利	53	2502	长期借款
10	1221	应收利息	54	2701	应付债券
11	1231	其他应收款	55	27010	长期应付款
12	1401	坏账准备	56	27011	未确认融资费用
13	1402	材料采购	57	2801	专项应付款
14	1403	在途物资	58	2901	预计负债
15	1404	原材料	59	2902	递延所得税负债
16	1405	材料成本差异	三、共同类（略）		
17	1406	库存商品	四、所有者权益类		
18	1407	发出商品	60	4001	实收资本
19	1408	商品进销差价	61	4002	资本公积
20	1411	委托加工物资	62	4003	其他综合收益
21	1471	周转材料	63	4101	盈余公积
22	1501	存货跌价准备	64	4103	本年利润
23	1502	债权投资	65	4104	利润分配

续表

顺序号	编号	名称	顺序号	编号	名称
24	1511	债权投资减值准备		五、成本类	
25	1512	长期股权投资	66	5001	生产成本
26	1521	长期股权投资减值准备	67	5101	制造费用
27	1531	投资性房地产	68	5201	合同履约成本
28	1601	长期应收款	69	5301	研发支出
29	1602	固定资产		六、损益类	
30	1603	累计折旧	70	6001	主营业务收入
31	1604	固定资产减值准备	71	6051	其他业务收入
32	1605	在建工程	72	6101	公允价值变动损益
33	1606	工程物资	73	6111	投资收益
34	1701	固定资产清理	74	6301	营业外收入
35	1702	无形资产	75	6401	主营业务成本
36	1703	累计摊销	76	6402	其他业务成本
37	1801	无形资产减值准备	77	6403	税金及附加
38	1811	长期待摊费用	78	6601	销售费用
39	1901	递延所得税资产	79	6602	管理费用
40	1902	待处理财产损溢	80	6603	财务费用
	二、负债类		81	6701	资产减值损失
41	2001	短期借款	82	6711	营业外支出
42	2101	交易性金融负债	83	6801	所得税费用
43	2201	应付票据	84	6901	以前年度损益调整

会计科目编号是以数码确定会计科目所属类别及在类别中的位置。会计科目编号可使会计科目体系科学化，以便于对会计科目的识别和使用，为在会计工作中应用电子计算机创造条件。

一级会计科目的编号一般由财政部统一编号，编号一般采用四位数字（见表2-15）。第一位数表示会计科目的六大类，即资产类为1，负债类为2，共同类为3，所有者权益类为4，成本类为5，损益类为6；第二位数表示各大类下的小类，如资产类中的货币资金数为0，应收款项数为1；第三、四位数表示某类科目排列的顺序，如货币资金类中的“库存现金”科目的排列顺序为01，所以“库存现金”科目的编号为1001，“其他货币资金”科目的编号为1012。

对于二级会计科目的编号，目前财政部也有规定，但企业可以根据自身情况编号，一般采用六位数字，其中前四位属一级科目，后二位为二级科目，如“101201”是指“其他货币资金”科目下的二级科目“外埠存款”，101202表示“其他货币资金”科目下的二级科目“银行本票”。

四、会计科目的分类

会计科目的分类是将全部会计科目按照一定标准划分的类别。分类的标准不同，划分的类别也不相同，但划分要有利于核算和分析，要能表明会计科目的性质和作用。

（一）按反映的经济内容分类

会计科目按反映的经济内容分类，可以分为资产类科目、负债类科目、共同类科目、所有者权益类科目、成本类科目、损益类科目六大类。

1.资产类科目

资产类科目是对资产要素的具体内容进行分类核算的科目，按资产的流动性可分为流动资产类科目和非流动资产类科目。

流动资产类科目的特点是资产的变现周期在一年以内或不超过一个营业周期，例如“库存现金”“银行存款”“应收账款”“原材料”等科目。

非流动资产类科目的特点是变现周期超过一年或一个营业周期，例如“固定资产”“无形资产”等科目。

2.负债类科目

负债类科目是对负债要素的具体内容进行分类核算的科目，按负债的偿还期限可分为流动负债类科目和非流动负债类科目。

流动负债类科目的特点是负债的偿还期限在一年以内，如“短期借款”“应付票据”“应付账款”等科目。

非流动负债类科目的特点是负债的偿还期在一年以上，如“长期借款”“应付债券”“长期应付款”等科目。

3.共同类科目（略）

4.所有者权益类科目

所有者权益类科目是对所有者权益要素的具体内容进行分类核算的科目。此类科目用于反映所有者权益增减变动情况。按所有者权益的来源不同和构成，又可分为以下三类：

一是反映所有者原始投资的科目，如“实收资本”科目。

二是反映积累的科目，如“资本公积”“盈余公积”等科目。

三是反映未分配利润的科目，如“本年利润”“利润分配”等科目。

5.成本类科目

成本类科目是对可归属于产品生产成本、劳务成本等的具体内容进行分类核算的科目。此类科目的特点是所发生的费用要计入产品成本。按成本的内容和性质不同，可分为反映制造成本的科目、反映劳务成本的科目。其中，反映制造成本的科目主要有“生产成本”“制造费用”等科目，反映劳务成本的科目主要有“合同履约成本”等科目。

6.损益类科目

损益类科目是对收入、费用等的具体内容进行分类核算的科目。此类科目的特点是其项目均是形成利润的要素。其中，反映损益收益类科目主要有“主营业务收入”“其他业务收入”等科目，反映费用类科目主要有“主营业务成本”“管理费用”等科目。

（二）按其所提供会计信息的详细程度分类

会计科目按其所提供会计信息的详细程度，可分为总分类会计科目和明细分类会计科目。

1.总分类会计科目

总分类会计科目也称为“总账科目”或“一级科目”，它是对会计要素的具体内容进行总括分类，提供总括信息的会计科目，如“应收账款”“固定资产”等科目。《企业会计准则》规定，总分类会计科目由财政部统一制定。

2.明细分类会计科目

明细分类会计科目也称“明细科目”或“细目”，是对总账科目所属经济内容作详细分类的类别名称。例如“原材料”科目按原材料的种类、规格、品种等设明细科目，反映各种原材料的具体构成情况。明细分类会计科目除了按会计制度规定设置以外，企业还可以根据实际需要自行设置，对于明细科目较多的科目，可以在总分类会计科目和明细分类会计科目设置二级或多级科目，但并不是所有的总账科目都有明细科目，有的总账科目如“库存现金”“累计折旧”等，就不需要设置明细科目。

下面以“原材料”和“应付账款”为例说明总分类会计科目和明细分类会计科目的设置，如表2-16和表2-17所示。

表2-16 **“原材料”科目设置**

总分类会计科目（一级科目）	明细分类会计科目	
	二级科目（子目）	三级科目（细目）
原材料	原材料及主要材料	甲材料
		乙材料
	辅助材料	油漆
		石炭酸
	燃料	原煤
		汽油

表2-17 **“应付账款”科目设置**

总分类会计科目（一级科目）	明细分类会计科目	
	二级科目（子目）	三级科目（细目）
应付账款	明月公司	销售部
		劳动服务公司
	恒达公司	一分公司
		二分公司

总分类会计科目和明细分类会计科目的关系是：总分类会计科目对其所属的明细分类会计科目具有统驭和控制的作用，而明细分类会计科目是对其所归属的总分类会计科目的补充和说明。

第四节　会计账户

一、设置账户的意义

会计科目只是对会计要素的具体内容进行了分类，但不能进行具体的会计核算，不能反映经济业务发生所引起的会计要素各项目的增减变动情况和结果。账户是根据会计科目设置的，具有一定的格式和结构，用于分类反映会计要素增减变动情况及结果的载体。

设置账户就是对会计要素加以分类，并使用具有一定格式的账页，将每笔经济业务及其对诸会计要素的影响予以记录。同时，设置账户可以提供该账户的期初余额、本期增加额、本期减少额。

二、账户与会计科目的联系和区别

（一）账户与会计科目的联系

账户与会计科目都是对会计对象具体内容的科学分类，两者口径一致，性质相同。会计科目是账户的名称，也是设置账户的依据，账户是会计科目的具体运用。没有会计科目，账户便失去了设置的依据；没有账户，就无法发挥会计科目的作用。

（二）账户与会计科目的区别

会计科目仅是账户的名称，不存在结构；而账户则具有一定的格式和结构，并通过账户的结构反映某项经济内容的增减变动情况。

在实务工作中，对会计科目和账户通常不加以严格区分，而是相互通用。

三、账户的分类

账户可根据其核算的经济内容、提供会计信息的详细程度进行分类。

（一）按账户反映的经济内容分类

按经济内容分类是账户最基本的分类。所谓账户的经济内容，就是账户要反映的经济业务的内容。在企业中，这些具体内容就是资产、负债、所有者权益、收入、费用和利润。因此，账户按其经济内容可分为资产类、负债类、共同类、所有者权益类、成本类、损益类六种。

（二）按账户提供会计信息的详略程度分类

账户按其提供会计信息的详略程度，可分为总分类账户和明细分类账户。如果总分类账户所属的明细账户较多，可增设二级账户。二级账户是介于总分类账户和明细分类账户之间的账户，比总分类账户提供的信息详细，但比明细分类账户提供的信息更概略。

四、账户的功能

账户的功能在于连续、系统、完整地提供企业经济活动中各会计要素增减变动及结果的具体信息。

会计要素在特定会计期间增加和减少的金额，分别称为账户的“本期增加发生额”和“本期减少发生额”，二者统称为账户的“本期发生额”。

会计要素在会计期末的增减变动结果，称为账户的“余额”，具体表现为期初余额和期末余额，账户上期的期末余额转入本期，即为本期的期初余额。账户本期的期末余额转入下期，即为下期的期初余额。

例如，大新有限责任公司库存现金月初余额为10 000元，收入现金60 000元，现金支付40 000元，月末余额为30 000元。

其中：期初余额=10 000元

本期增加发生额=60 000元

本期减少发生额=40 000元

期末余额=30 000元

还可以利用账户的基本结构反映其增减变动情况。“库存现金”账户的记录如图2-10所示。

左方（借方）	库存现金		右方（贷方）
期初余额	10 000		
本期增加	60 000	本期减少	40 000
本期左边发生额	60 000	本期右边发生额	40 000
期末余额	30 000		

图2-10 “库存现金”账户的记录

会计要素金额增减变动表现为：

期末余额=期初余额+本期增加发生额-本期减少发生额

具体运用时也可以表现为下列几种形式：

1.期末余额-期初余额=本期增加发生额-本期减少发生额

2.期末余额+本期减少发生额=期初余额+本期增加发生额

3.本期减少发生额=期初余额+本期增加发生额-期末余额

4.本期增加发生额=期末余额+本期减少发生额-期初余额

五、账户的结构

为了反映经济业务的具体内容，账户不但要有明确的经济内容，而且要有一定的结构。账户作为记录和反映经济业务活动的一种形式，其基本功能是便于对各项经济业务所引起的资产、负债、所有者权益、成本、损益的变动数额，分门别类和有条不紊地进行归集、汇总。要使账户发挥其功能，不仅要确定其名称和进行分类，还要使其具备相应的结构。

（一）基本结构（如图2-11所示）

（1）账户名称（即会计科目）；

（2）日期（用以说明经济业务记录的日期）；

（3）凭证字号（表明账户记录所依据的凭证号数）；

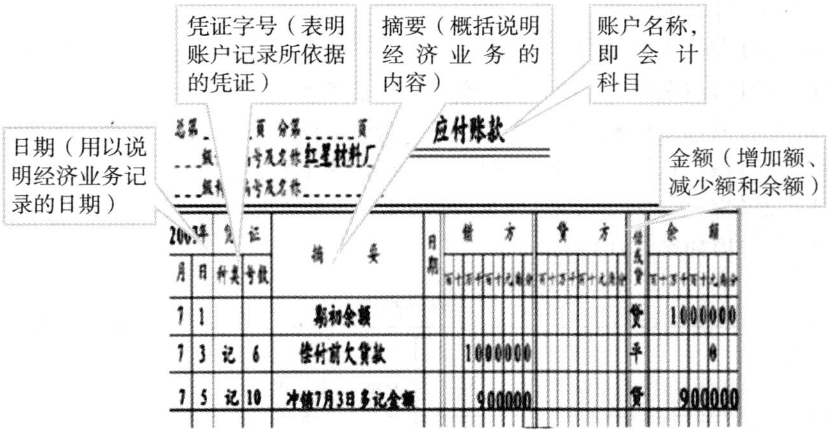

图2-11　账户的基本结构

（4）摘要（概括说明经济业务的内容）；

（5）金额（增加额、减少额和余额）。

（二）简化结构

所有经济业务的发生所引起的企业资产、负债、所有者权益等的变动，从数量上看，不外乎“增加”和“减少”两种情况。因此，每个账户起码要划分出两个方位：一方登记增加额，另一方登记减少额，这是一切账户的基本结构。为了便于说明问题，账户的基本结构可简化为“T”形左右两方，如图2-12所示。

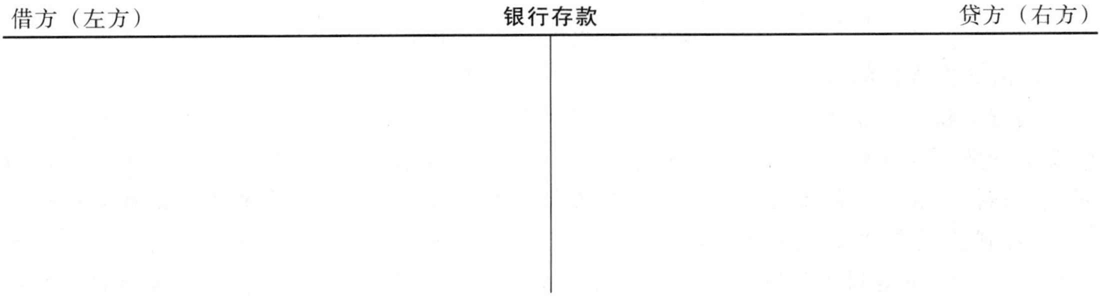

图2-12　“T”形账户

账户的左方和右方，究竟哪一方用来记录增加数，哪一方用来记录减少数，期初、期末的余额在左方还是右方，这要根据各账户记录和反映的经济内容来确定。

1.资产类账户的结构

由于会计上通常在资产负债表的左方反映资产项目，所以，人们习惯于在资产类账户的左方登记资产的期初余额和本期增加额，在资产类账户右方登记减少数。期末余额一般在左方，因此资产类账户的期末余额可按下列公式计算：

期初余额（左方）+本期左方发生额-本期右方发生额=期末余额（左方）

即：期末借方余额=期初借方余额+本期借方发生额－本期贷方发生额

资产类账户结构如图2-13所示。

左方（借方）	**资产类账户名称**　　　右方（贷方）
期初余额 本期增加（借方）发生额	本期减少（贷方）发生额
本期借方（资产增加）发生额合计	本期贷方（资产减少）发生额合计
期末余额	

图2-13　资产类账户的结构

2.权益类账户的结构

权益类账户包括负债类账户和所有者权益类账户。人们习惯于在负债类账户和所有者权益类账户的右方登记负债和所有者权益的期初余额和本期增加额，在负债类账户和所有者权益类账户的左方登记减少数，期末余额一般在右方，因此负债类账户和所有者权益类账户的期末余额可按下列公式计算：

期初余额（右方）+本期右方发生额-本期左方发生额=期末余额（右方）

即：期末贷方余额=期初贷方余额+本期贷方发生额－本期借方发生额

权益类账户如图2-14所示。

左方（借方）	**权益类账户名称**　　　右方（贷方）
本期减少（贷方）发生额	期初余额 本期增加（借方）发生额
本期借方（权益减少）发生额合计	本期贷方（权益增加）发生额合计
	期末余额

图2-14　权益类账户的结构

3.损益类账户的结构

损益类账户包括损益类收入账户和损益类费用账户。企业一定时期内取得的收入与该期发生的费用相比较，便可以确定该期的企业利润，因此，损益类收入账户与损益类费用账户在结构上相反。损益类收入账户的右方登记本期取得的收入，即收入的增加数；左方登记本期收入的转出，即收入的减少数。右方合计大于左方合计的差额，通过损益类收入账户的左方结转至利润账户，期末没有余额（如图2-15所示）。损益类费用账户的左方登记本期发生的费用，即费用的增加额；右方登记本期费用的转出，即费用的减少额。左方合计大于右方合计的差额，通过损益类费用账户的右方结转至利润账户，期末没有余额（如图2-16所示）。

左方（借方）　　　　损益类收入账户名称　　　　右方（贷方）

本期减少发生额及转出	本期增加发生额
本期借方（收入减少）发生额合计	本期贷方（收入增加）发生额合计

图2-15　损益类收入账户的结构

左方（借方）　　　　损益类费用账户名称　　　　右方（贷方）

本期增加发生额	本期减少发生额及转出
本期借方（费用增加）发生额合计	本期贷方（费用减少）发生额合计

图2-16　损益类费用账户的结构

利润类账户的右方登记由收入类账户转入的本期收入，左方登记由费用类账户转入的本期费用，右方合计数与左方合计数进行比较，如本期右方合计数大于左方合计数，差额在右方列示，表示企业本期实现的利润；如本期左方合计数大于本期右方合计数，则差额在左方列示，表示本期发生的亏损。实现的利润或发生的亏损期末均转入“利润分配”账户。利润类账户如图2-17所示。

左方（借方）　　　　利润类账户名称　　　　右方（贷方）

本期费用发生额合计转入	本期收入发生额合计转入
发生的亏损	实现的利润

图2-17　利润类账户的结构

课后练习题

一、单项选择题

1.会计要素是（　　）。

A.账户名称　　B.核算工具　　C.会计对象　　D.会计科目

2.下列不属于企业资产的是（　　）。

A.经营性租入的设备　　B.长期经营性出租的房屋

C.融资性租入的设备　　D.长期待摊费用

3.下列项目不属于流动资产的是（　　）。

A.货币资金　　B.交易性金融资产　　C.存货　　D.固定资产

4.下列属于所有者权益的是（　　）。

A.长期股权投资　　B.投资收益　　C.主营业务收入　　D.留存收益

5.下列各项中，不属于收入的是（　　）。

A.投资收益　　B.销售材料的收入

C.报废固定资产的净收益　　D.出租无形资产使用权收入

6.下列不能作为费用核算的是（　　）。

A.已销产品的成本　　B.职工薪酬　　C.罚款支出　　D.利息支出

7.资产按照购买时所支付的现金或者现金等价物的金额计量的价值或者按照购置资产时所付出的对价的公允价值计量的价值，称为（　　）。

A.历史成本　　B.重置成本　　C.公允价值　　D.现值

8.大新有限责任公司的资产总计为3 600万元，流动负债合计为900万元，所有者权益合计为1 200万元，则当日新华公司的非流动负债应当为（　　）万元。

A.2 700　　B.2 400　　C.2 100　　D.1 500

9.下列会计业务中会使企业月末资产总额发生变化的是（　　）。

A.以银行存款购买交易性金融资产　　B.购买原材料，货款未付

C.购买原材料，货款已付　　D.以银行存款预付货款

10.下列关于账户和会计科目的表述中，错误的是（　　）。

A.账户是会计科目的名称，会计科目是账户的具体应用

B.两者之间的区别在于账户具有一定的格式和结构

C.实际工作中，对账户和会计科目不加严格区别，而是互相通用

D.账户能反映会计要素增减变化的情况及其结果，而会计科目不能

11.大新有限责任公司2023年初资产总额1 200万元，负债总额500万元，当年借入资金700万元；用存款购买设备200万元；偿还借款300万元。2023年年末大新有限公司资产为（　　）万元。

A.1 600　　B.1 800　　C.2 100　　D.1 200

12.下列选项中不属于所有者权益项目的是（　　）。

A.股本　　B.资本公积　　C.盈余公积　　D.投资收益

13.下列选项中会引起收入增加的是（　　）。

A.销售原材料　　B.报废生产用固定资产

C.出售无形资产　　D.罚款净收入

二、多项选择题

1.下列各项属于会计要素的是（　　）。

A.收入　　B.利得　　C.利润　　D.未分配利润

2.下列项目中，属于资产要素特点的有（　　）。

A.预期能给企业带来未来经济利益的资源

B.由过去的交易或事项形成

C.必须拥有所有权

D.必须是有形的

3.下列各项表述中正确的有（　　）。

A.负债按其流动性不同，分为流动负债和非流动负债

B.负债通常在未来某一时日通过交付资产或提供劳务来清偿

C.正在筹划的未来交易或事项，也会产生负债

D.负债是预期会导致经济利益流出企业的潜在义务

4.下列表述中，错误的有（　　）。

A.费用会导致资产的增加或负债的减少

B.企业处置非流动资产发生的净损失应确认为企业的费用

C.费用最终会导致所有者权益的减少

D.企业向投资者分配利润发生的现金流出应确认为企业的费用

5.属于利得，不能确认收入的包括（　　）。

A.接受捐赠　　　　　　　　　　　　B.报废设备净收益

C.出售专利权净收入　　　　　　　　D.罚款收入

6.根据会计恒等式的原理，下列表述中，正确的有（　　）。

A.债权人权益增加，所有者权益减少，资产不变

B.资产有增有减，权益不变

C.资产增加，负债减少，所有者权益不变

D.资产不变，负债增加，所有者权益增加

7.下列会计科目中，属于资产类科目的有（　　）。

A.坏账准备　　B.合同资产　　C.累计折旧　　D.资本公积

8.按反映经济内容的性质不同，下列科目属于损益类科目的有（　　）。

A.主营业务成本　　B.生产成本　　C.制造费用　　D.管理费用

9.下列说法正确的有（　　）。

A.账户的期末余额等于期初余额

B.余额一般与增加额在同一方向

C.账户的借方发生额等于贷方发生额

D.如果一个账户的左方记增加额，右方就记减少额

10.我国企业可以采用的计量属性包括（　　）。

A.市价　　B.历史成本　　C.现值　　D.估计成本

三、判断题

1.在可变现净值计量下，资产按照其正常对外销售所能收到的现金或现金等价物的金额计量。（　　）

2.资产和权益在金额上一定是相等的。（　　）

3.资产和负债偶尔会发生一增一减的变化，但不会影响会计等式的恒等关系。（　　）

4.明细分类账户是根据明细分类科目设置的，用于对会计要素具体内容进行总括分类核算的账户。（　　）

5.所有会计科目均由国家统一规定。（　　）

6.会计科目就是账户的名称。（　　）

7.账户的左方用来登记增加数，右方用来登记减少数。（　　）

四、核算题

1.目的：练习会计科目的分类。

资料：

（1）固定资产　　（2）生产成本　　（3）财务费用　　（4）机器设备

（5）一车间　　（6）汇兑损益　　（7）机床　　（8）A产品

（9）利息　　（10）运输工具　　（11）应交税费　　（12）轿车

（13）原材料　　（14）销项税额　　（15）货车　　（16）主要材料

（17）辅助材料　　（18）应交增值税　　（19）甲材料　　（20）乙材料

要求：指出以上会计科目中，哪些属于总分类科目，哪些属于明细分类科目。

2.目的：练习会计科目的设置。

资料：大新有限责任公司发生下列经济业务：

（1）从银行提取现金500元；

（2）采购材料，材料已入库，料款60 000元未付；

（3）所有者投入资本300 000元，存入银行；

（4）从银行取得3个月贷款40 000元，存入银行；

（5）生产产品领用材料2 000元；

（6）生产完工，产品入库6 000元；

（7）以银行存款购买固定资产200 000元；

（8）销售产品80 000元，货款尚未收到。

要求：根据上述业务设置相关的会计科目。

3.目的：练习会计等式的变化。

资料：大新有限责任公司2023年6月30日的资产负债表显示资产总计175 000元，负债总计76 000元，该公司7月份发生以下经济业务：

（1）用银行存款购入材料50 000元；

（2）向银行借入半年期借款10 000元，存入银行；

（3）用现金偿还前欠货款4 000元；

（4）收到所有者投入资金50 000元；

（5）收到客户欠款70 000元，存入银行；

（6）购入生产用固定资产一台，价值80 000元，增值税10 400元，款项未付；

（7）用固定资产抵偿债务20 000元；

（8）计提盈余公积1 000元；

（9）企业的一笔应付账款60 000元转为对企业的投资。

要求：请指出以上业务对资产、负债、所有者权益的影响，并计算本月资产、负债、所有者权益余额，验证会计等式是否相等。

4.目的：练习会计要素变化的核算。

资料：大新有限责任公司2023年9月30日的资产总额为400 000元，负债总额为160 000元。该公司10月份发生下列经济业务：

（1）用银行存款购入全新、不需要安装的机器一台，价值80 000元，增值税10 400元；

（2）投资者投入原材料，价值12 000元；

（3）以银行存款偿还所欠供应单位货款10 000元；

（4）收到购货单位所欠账款9 000元，存入银行；

（5）将一笔长期负债50 000元转为对企业的投资；

（6）按规定将20 000元资本公积转增为投资资本。

要求：（1）根据10月份发生的经济业务，分别分析说明引起会计要素及会计等式变动的情况。

（2）计算10月末该公司的资产总额、负债总额和所有者权益总额。

第三章

复式记账

学习目标

1.理解复式记账法概念及特点；

2.掌握借贷记账法的基本内容；

3.掌握试算平衡表的编制。

设置会计科目，进而开设账户，以便连续、系统地反映特定会计主体的经济活动及其结果。但是，账户仅是记录经济业务的工具，要把经济业务所引起的会计要素增减变化登记在账簿中，以取得经营所需资料，还必须运用科学的记账方法。

第一节 复式记账概述

一、会计记账方法的种类

记账方法，就是在账簿中登记经济业务的方法，即以会计凭证为依据，运用一定的记账原理和规则，把经济业务记到账簿中去，并通过试算平衡来检查账簿记录是否准确的一种专门方法。会计上所采用的记账方法最初是单式记账法，随着社会经济的发展，人们逐渐对记账方法加以改进，从而演变为复式记账法。

（一）单式记账法

单式记账法是最早出现的一种记账方法，它是指对发生的经济业务只在一个账户中进行记录的记账方法。例如，用银行存款1 000元购买原材料，只在银行存款账户中记录银行存款减少1 000元，而对原材料增加了1 000元，却不在相关的账户中进行记录。

单式记账法对会计对象反映不完整，它在选择单方面记账时，通常只将现金、银行存款的收付款业务和债权、债务等往来结算业务在账户中进行登记，而对实物的收付业务一般不作登记。因此，单式记账法不可避免地存在单方面记录的弊病，难以从会计记录中考察经济业务事项的全貌，无法形成连续、系统且又严密的会计信息记录，所以单式记账法现在已很少使用。

（二）复式记账法

复式记账法是指对每一项经济业务都以相等的金额，同时在相互联系的两个或两个以上的账户中进行登记的记账方法。因为任何一项经济业务的发生都会引起资产或权益中至少两个项目发生变化，涉及两个或更多的账户。对发生的每一项经济业务，都在其涉及的相关账户中进行登记，既能反映每一项经济业务的来龙去脉，又能将某一会计期间发生的全部经济业务作为一个有机整体在整个账户体系中进行反映，全面、系统地了解资本运动的过程及结果。同时，每项经济业务发生时，以相等的金额进行记录，对账户记录的内容及结果可以利用账户之间的相互关系进行试算平衡，以检查账簿记录的正确性。例如，上述用银行存款1 000元购买原材料业务，在复式记账法下，在“银行存款”账户登记减少1 000元，同时在“原材料”账户登记增加1 000元，说明银行存款减少的原因是用于购买原材料。

二、复式记账原理

（一）复式记账的理论依据

复式记账法是一种科学的记账方法。它是建立在会计等式的基础上，并以此作为理论依据。

前已述及，基本的会计等式为：资产=负债+所有者权益。若加以扩展，将收入和费用进行综合，则会计等式变为：资产=负债+所有者权益+（收入-费用）。会计等式反映了企业资金运动的内在规律性，任何经济业务的发生都会对会计要素产生影响，但都不会破坏会计等式的平衡，即遵循资金运动的规律。复式记账针对任何经济业务的发生都在两个或两个以上账户中以相等的金额加以记录，也同样遵循资金运动的规律。因此，复式记账的理论依据是会计等式。

（二）复式记账法的特点

复式记账法是以资金平衡理论为依据建立的一种记账方法，它与单式记账法相比较，具有下列特点（如图3-1所示）：

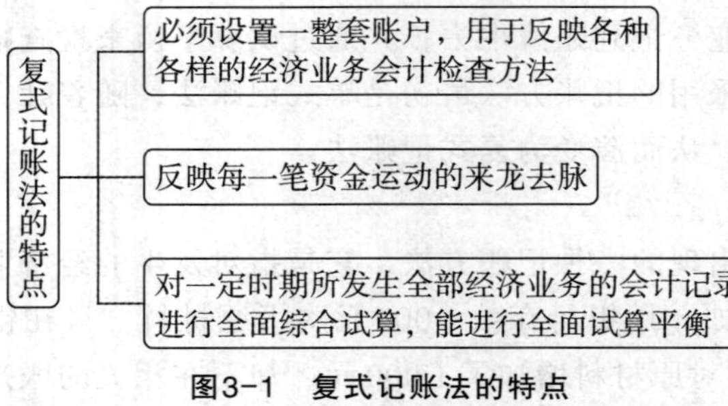

图3-1　复式记账法的特点

（1）复式记账法必须设置完整的账户体系。复式记账法作为一种科学的记账方法，它不仅要对每一笔经济业务进行全面反映，而且对单位所发生的全部经济业务都要进行记录，因此，就必须设置一整套账户，用于反映各种各样的经济业务。

（2）复式记账法对每一笔经济业务都要反映其来龙去脉两个方面，这是复式记账法的最基本特点。只有这样，通过复式记账法才能全面了解每一笔经济业务的内容。

（3）采用复式记账法可以对一定时期所发生全部经济业务的会计记录进行全面综合的

试算，因为所有经济业务在各个账户中都有反映，而每一笔经济业务金额又是相等的，所以，一定时期全部经济业务必然能进行全面的试算平衡。

从会计实践的历史看，我国会计实务采用的复式记账法包括借贷记账法、增减记账法、和收付记账法三种。目前，我国《企业会计准则——基本准则》第十一条规定："企业应当采用借贷记账法记账。"

第二节 借贷记账法

一、借贷记账法的产生和发展

"借"和"贷"最初是从借贷资本家的角度来解释的。借贷记账法起源于13—14世纪的意大利，借贷资本家以经营货币资金为主要业务，对于收进来的存款，记在贷主的名下，表示自身的债务即"欠人"的增加；对于付出去的放款，记在借主的名下，表示自身的债权即"人欠"的增加。"借"和"贷"也就是表示债权（应收款）和债务（应付款）的增减变动。

随着社会经济的发展，经济活动的内容日益复杂，记录的经济业务已不局限于货币资金的收付业务，而逐渐扩展到财产物资、经营损益和经营资本等的增减变化。这时，为了求得账簿记录的统一，对于非货币资金的收付活动也利用"借""贷"两字的含义来记录其增减变动情况。这样，"借""贷"两字逐渐失去了原来的含义，而转化为纯粹的记账符号。需要说明的是，"借""贷"尽管没有原来的含义，但是在借贷记账法中，"借""贷"可以表示账户两个对立的部位，而且还可以表示会计要素的数量变化情况，即增加还是减少。

二、借贷记账法的定义

借贷记账法指的是以会计等式作为记账原理，以借、贷作为记账符号，来反映经济业务增减变化的一种复式记账方法。随着商品经济的发展，借贷记账法得到了广泛的应用，记账对象不再局限于债权、债务关系，而是扩大到记录财产物资增减变化和计算经营损益。

三、借贷记账法的账户结构

账户的基本结构可简化为左、右两方，在借贷记账法下，一般规定，账户的左方为"借"方，账户的右方为"贷"方。

确定借贷记账法下的账户结构，就是要规定账户的借方与贷方所登记的内容以及可能存在的账户余额的方向。采用借贷记账法时账户的借贷两方必须作相反方向的记录，即对每一个账户来说，如果规定借方用来登记增加额，则贷方就用来登记减少额；如果规定借方用来登记减少额，则贷方就用来登记增加额。至于账户的哪一方用来登记增加额，哪一方用来登记减少额，则要看账户的性质。

若用简化的账户格式表示其结构，则如图3-2所示。

借方	会计账户	贷方

图3-2　借贷记账法的账户结构

不同性质的账户其结构中所反映的资金数量的增减方向也有所不同，下面就不同性质的账户说明在借贷记账法下账户的结构。

（一）资产类账户的结构

资产类账户的结构主要体现在：资产的增加金额记入账户的借方，减少金额记入账户的贷方；账户若有余额，一般为借方余额，表示期初或期末资产的结存金额。其计算公式是：

资产类账户期末余额（借方）=期初余额（借方）+本期借方发生额-本期贷方发生额

资产类账户结构如图3-3所示。

借方		资产类会计账户	贷方
期初余额：	×××		
本期增加额：	×××	本期减少额：	×××
	⋮		⋮
	⋮		⋮
本期发生额合计：	×××	本期发生额合计：	×××
期末余额：	×××		

图3-3　资产类账户结构

例如，大新有限责任公司的库存现金账户期初余额为800 000元，本期库存现金借方发生额合计为200 000元，本期库存现金贷方发生额合计为400 000元，则库存现金账户的期末余额为600 000元，如图3-4所示。

借方		库存现金	贷方
期初余额：	800 000		
本期增加额：	200 000	本期减少额：	400 000
本期发生额合计：	200 000	本期发生额合计：	400 000
期末余额：	600 000		

图3-4　“库存现金”账户结构

（二）负债及所有者权益类账户的结构

负债及所有者权益类账户同属于权益类账户，由于资产与权益是同一事物的两个方面，因而作为权益类账户的结构，与资产类账户结构正好相反，即增加金额记入账户的贷方，减少金额记入账户的借方。账户若有余额，一般为贷方余额，表示期初或期末负债及所有者权益的结存金额。其计算公式是：

负债类账户期末余额（贷方）=期初余额（贷方）+本期贷方发生额-本期借方发生额

所有者权益类账户期末余额（贷方）=期初余额（贷方）+本期贷方发生额-本期借方发生额

负债及所有者权益类账户结构如图3-5所示。

借方	负债及所有者权益类会计账户		贷方
		期初余额：	×××
本期减少额：	×××	本期增加额：	×××
	⋮		⋮
	⋮		⋮
本期发生额合计：	×××	本期发生额合计：	×××
		期末余额：	×××

图3-5　负债及所有者权益类账户结构

例如，大新有限责任公司的应付账款期初余额为600 000元，本期应付账款贷方发生额合计为400 000元，本期应付账款借方发生额合计为200 000元，则应付账款账户的期末余额为800 000元。应付账款账户结构图如图3-6所示。

借方	应付账款		贷方
		期初余额：	600 000
本期减少额：	200 000	本期增加额：	400 000
本期发生额合计：	200 000	本期发生额合计：	400 000
		期末余额：	800 000

图3-6　“应付账款”账户结构

又如，大新有限责任公司的实收资本期初余额为1 000 000元，本期实收资本贷方发生额合计为600 000元，本期实收资本借方发生额合计为0，则实收资本账户的期末余额为1 600 000元。实收资本账户结构图如图3-7所示。

借方	实收资本		贷方
		期初余额：	1 000 000
本期减少额：	0	本期增加额：	600 000
本期发生额合计：	0	本期发生额合计：	600 000
		期末余额：	1 600 000

图3-7　“实收资本”账户结构

在所有者权益类账户中，包括利润计算账户。企业收入与费用配比的结果是本年利润，本年利润属于所有者权益，因此本年利润计算账户归属于所有者权益类账户。从账户结构分析，本年利润计算账户的贷方发生额为本期收入转入的总额，借方的发生额为本期费用转入的总额，贷方发生额与借方发生额的差额即本期实现的利润（或亏损）。期末的贷方余额表示截至本期末企业实现的累计利润，期末的借方余额则表示截至本期末发生的累计亏损。该账户年末因结转而无余额。其账户结构如图3-8所示。

借方	本年利润		贷方
期初余额：	×××（亏损）	期初余额：	×××（盈利）
本期费用：	×××	本期收入：	×××
期末余额：	×××（亏损）	期末余额：	×××（盈利）

图3-8　利润计算账户结构

本年利润是指企业在一定会计期间的经营成果，它是企业在一定会计期间内实现的收入减去费用后的余额。会计制度规定各种损益的结转在期末进行，期末结转损益的方法有两种：一是表结法；二是账结法。账结法的优点是各月均可通过“本年利润”账户提供其当期利润额，记账业务程序完整，但增加了编制结转损益分录的工作量。

（三）成本类账户的结构

成本类账户的结构与资产类账户的结构基本相同，账户的借方记录成本费用的增加额，账户的贷方记录成本费用转入抵销收益类账户（减少）的数额，由于借方记录的成本费用的增加额一般都要通过贷方转出，所以账户通常没有余额。如果有余额，也表现为借方余额，表示未完工的在产品成本或者是按计划成本未分配的费用。

成本类账户期末余额（借方）=期初余额（借方）+本期借方发生额-本期贷方发生额

（四）损益类账户的结构

损益类账户包括损益类收入账户和损益类费用账户。

1.损益类收入账户

收入的取得使企业资产增加或负债减少，从而引起所有者权益的增加。因此，损益类收入账户的结构与所有者权益类账户的结构相似，即增加金额记入账户的贷方，减少或转销的金额记入账户的借方。由于本期发生的损益在期末全额结转到本年利润计算损益，因此损益类收入账户期末无余额。其账户结构如图3-9所示。

借方	损益类收入会计账户		贷方
本期减少或转销额：	×××	本期增加额：	×××
	⋮		⋮
	⋮		⋮
本期发生额合计：	×××	本期发生额合计：	×××

图3-9　损益类收入账户结构

2.损益类费用账户

费用的发生使企业资产减少或负债增加，从而导致所有者权益减少。因此，损益类费用账户的结构与所有者权益类账户的结构正好相反，即增加金额记入账户的借方，减少或转销的金额记入账户的贷方。由于本期发生的损益在期末全额结转到本年利润计算损益，因此损益类费用账户期末无余额。其账户结构如图3-10所示。

借方	损益类费用会计账户	贷方
本期增加额：××× ⋮ ⋮		本期减少或转销额：××× ⋮ ⋮
本期发生额合计：×××		本期发生额合计：×××

图3-10　损益类费用账户结构

根据上述对资产、负债、所有者权益、成本、损益五类账户结构的描述，可以将账户借、贷方发生额的基本特点归纳如下，如表3-1所示。

表3-1　账户借、贷方发生额的特点

账户类别	借方	贷方	余额方向
资产类	增加	减少	借方
成本类	增加	减少	一般无余额
负债类	减少	增加	贷方
所有者权益类	减少	增加	贷方
收入类	减少（或转销）	增加	无余额
费用类	增加	减少（或转销）	无余额
利润类	减少（或转销）	增加（或转销）	年末无余额

四、借贷记账法的记账规则

在借贷记账法下，对每一项经济业务事项都要遵循“有借必有贷，借贷必相等”的记账规则，在两个或两个以上的账户同时进行等额登记。

借贷记账法在具体运用时，可分三步进行：

（1）判断具体经济业务事项的类型；

（2）判断具体经济业务事项所涉及的账户及增减变动情况；

（3）根据账户的结构，判断应借应贷的账户名称及金额。

下面具体分析借贷记账法记账规则的运用：

【例 3-1】大新有限责任公司从银行提取现金5 000元作为公司备用金。

该笔经济业务的类型属于资产内部项目的此增彼减，其中资产中的库存现金增加，银行存款减少。根据资产增加记借方，资产减少记贷方的要求，这笔经济业务应借记“库存现金”5 000元，贷记“银行存款”5 000元。具体登记如图3-11所示。

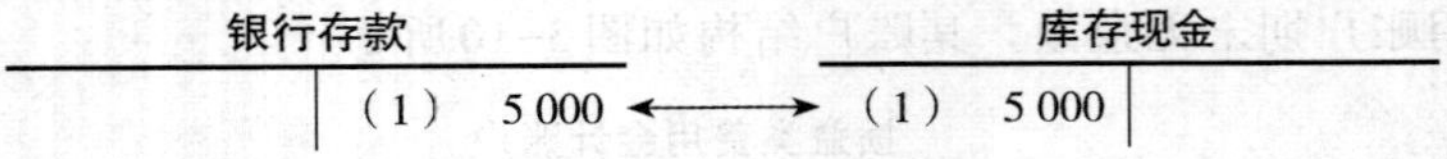

图3-11 具体登记（1）

【例 3-2】大新有限责任公司从银行借入3个月的短期借款500 000元，款项已存入银行。

该笔经济业务的类型属于资产与负债同增，其中资产中的银行存款增加，负债中的短期借款增加。根据资产增加记借方，负债增加记贷方的要求，这笔经济业务应借记“银行存款”500 000元，贷记“短期借款”500 000元。具体登记如图3-12所示。

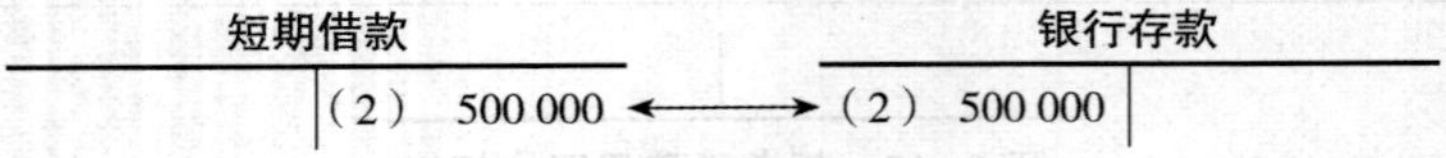

图3-12 具体登记（2）

【例 3-3】大新有限责任公司收到投资者投入资金1 000 000元。

该笔经济业务的类型属于资产与所有者权益同增，其中资产中的银行存款增加，所有者权益中的实收资本增加。根据资产增加记借方，所有者权益增加记贷方的要求，这笔经济业务应借记“银行存款”1 000 000元，贷记“实收资本”1 000 000元。具体登记如图3-13所示。

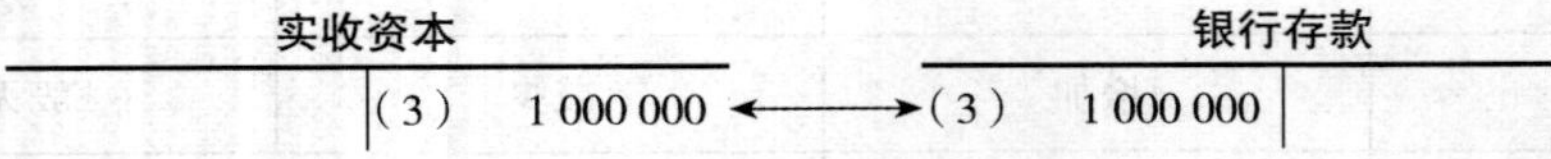

图3-13 具体登记（3）

【例 3-4】大新有限责任公司以银行存款40 000元偿还前欠的购材料款。

该笔经济业务的类型属于资产与负债同减，其中资产中的银行存款减少，负债中的应付账款减少。根据资产减少记贷方，负债减少记借方的要求，这笔经济业务应借记“应付账款”40 000元，贷记“银行存款”40 000元。具体登记如图3-14所示。

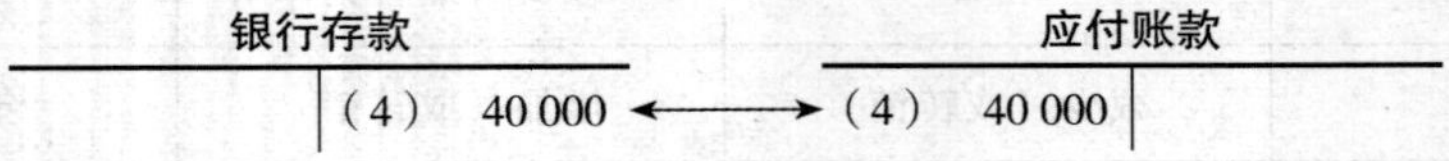

图3-14 具体登记（4）

【例 3-5】大新有限责任公司以银行存款20 000元回购股权。

该笔经济业务的类型属于资产与所有者权益同减，其中资产中的银行存款减少，回购股权增加导致所有者权益减少。根据所有者权益减少记借方，资产减少记贷方的要求，这笔经济业务应借记“实收资本”20 000元，贷记“银行存款”20 000元。具体登记如图3-15所示。

图3-15 具体登记（5）

【例 3-6】大新有限责任公司宣告分派现金股利25 000元。

该笔经济业务类型属于负债增加，所有者权益减少，其中负债中的应付股利增加，利润分配减少导致所有者权益减少。根据所有者权益减少记借方，负债增加记贷方的要求，这笔经济业务应借记“利润分配”25 000元，贷记“应付股利”25 000元。具体登记如图3-16所示。

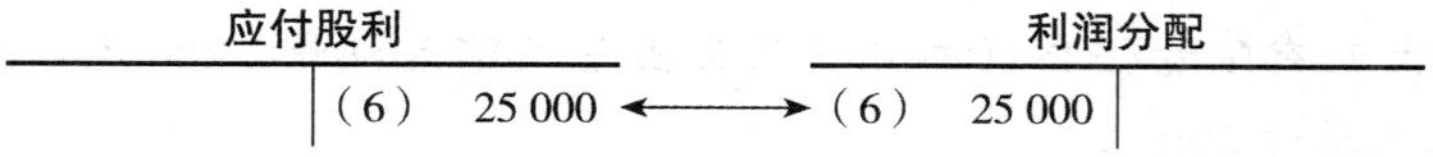

图3-16 具体登记（6）

【例 3-7】大新有限责任公司与某债权人达成协议，将其100 000元应付账款转为对本企业的投资。

该笔经济业务属于负债减少，所有者权益增加，其中负债中的应付账款减少，同时所有者权益中的实收资本增加。根据负债减少记借方，所有者权益增加记贷方的要求，这笔经济业务应借记“应付账款”100 000元，贷记“实收资本”100 000元。具体登记如图3-17所示。

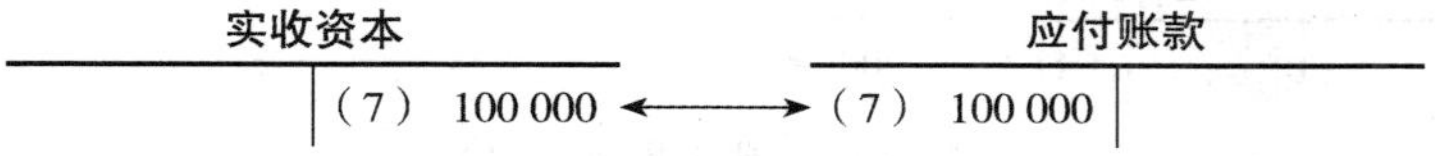

图3-17 具体登记（7）

【例 3-8】大新有限责任公司向银行取得短期借款，直接偿还应付账款80 000元。

该笔经济业务类型属于负债内部项目此增彼减，其中负债中的短期借款增加、应付账款减少。根据负债减少记借方，负债增加记贷方的要求，这笔经济业务应借记“应付账款”80 000元，贷记“短期借款”80 000元。具体登记如图3-18所示。

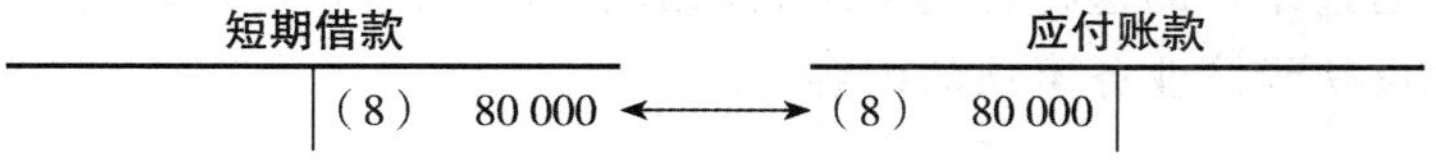

图3-18 具体登记（8）

【例 3-9】大新有限责任公司以盈余公积300 000元转增资本。

该笔经济业务属于所有者权益内部项目此增彼减，其中所有者权益中的盈余公积减少、实收资本增加。根据所有者权益减少记借方，所有者权益增加记贷方的要求，这笔经济业务应借记“盈余公积”300 000元，贷记“实收资本”300 000元。具体登记如图3-19所示。

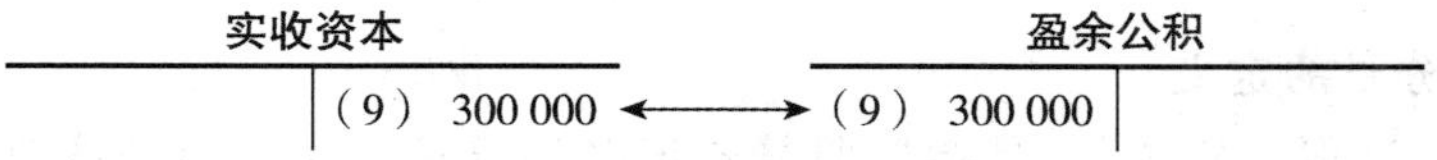

图3-19 具体登记（9）

【例 3-10】大新有限责任公司以银行存款33 900元购入设备一台，取得增值税专用发票，其中设备价款30 000元，增值税3 900元。

该笔经济业务的类型属于资产内部项目及负债类项目的增减变动，其中资产中的固定资产增加，银行存款减少，负债中的应交税费减少。根据资产增加记借方，资产减少记贷方，负债减少记贷方的要求，这笔经济业务应借记“固定资产”30 000元，借记“应交税费——应交增值税（进项税额）”3 900元，贷记“银行存款”33 900元。具体登记如图3-20所示。

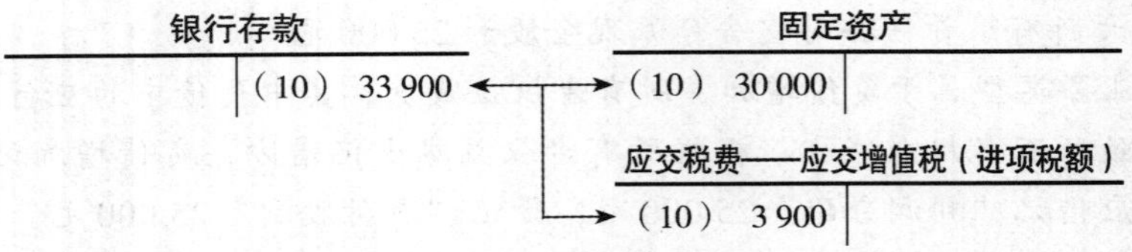

图3-20 具体登记（10）

【例3-11】大新有限责任公司办公室王某出差报销差旅费2 200元，原借款2 000元，另财务处补足王某现金200元。

该笔经济业务的类型属于资产类及费用类项目此增彼减，涉及有关账户三个，其中损益类项目中管理费用增加，资产类项目中其他应收款减少，库存现金减少。根据费用增加记借方，资产减少记贷方的要求，这笔经济业务应借记“管理费用”2 200元，贷记“其他应收款”2 000元，贷记“库存现金”200元。具体登记如图3-21所示。

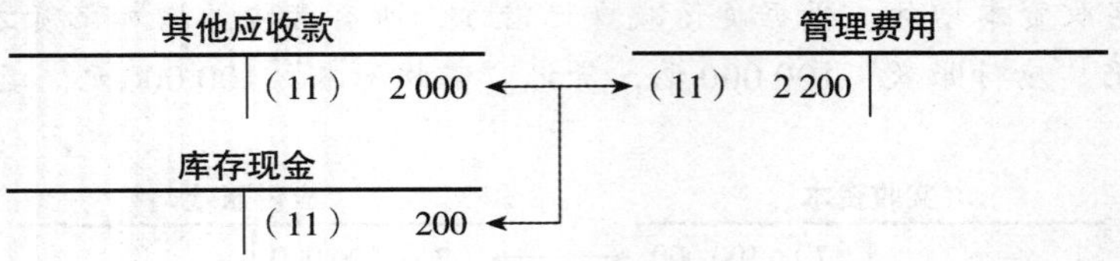

图3-21 具体登记（11）

由此可见，运用借贷记账法“有借必有贷，借贷必相等”的记账规则，任何一笔会计事项都可以分解为一个或几个账户的借方和一个或几个账户的贷方，且记入借方和记入贷方的金额相等。由此每笔会计事项所形成的有关账户之间特定的应借、应贷关系，称之为账户的“对应关系”。存在对应关系的账户，则称为“对应账户”。在借贷记账法下，会计事项的内容就是通过账户的这种对应关系表现出来的，只有正确地确定账户之间的对应关系，才能如实地反映经济业务事项的内容。

五、借贷记账法的会计分录

根据账户对应关系可以了解经济业务的内容和来龙去脉，可以检查账目的正确性，可以加强会计监督。尽管账户的对应关系有如此重要的意义，但在实际工作中，经济业务一般较为复杂，如果直接根据账户来登记入账，就容易产生错误。为了既保证账户记录的正确性，又减少工作量，在将经济业务登记入账前，应先运用账户的对应关系编制会计分录。

（一）会计分录的定义

会计分录，简称“分录”，是指按照复式记账的要求，对每项经济业务以账户名称、记账方向和金额反映账户间对应关系的记录。在借贷记账法下，会计分录是标明某项经济业务应借与应贷方向、科目名称以及金额的记录。

（二）会计分录的分类

如果某项经济业务只涉及一个账户的借方与一个账户的贷方，这种会计分录被称为简单会计分录；如果某项经济业务涉及一个账户的借方与多个账户的贷方相对应或多个账户的借方与一个账户的贷方相对应，这种会计分录被称为复合会计分录，如图3-22所示。

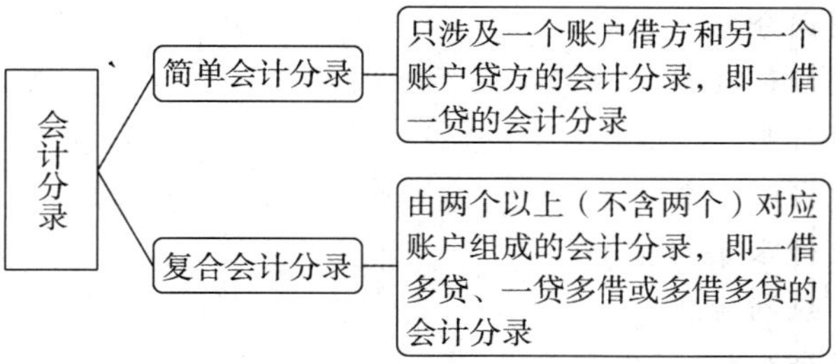

图3-22　会计分录分类示意图

在实际工作中，不允许将多项经济业务合并编为复合会计分录，但若是一项较复杂的经济业务则可编制复合会计分录。但是不能将没有相互联系的简单会计分录合并相加成多借多贷的会计分录，否则无法反映账户的对应关系。

（三）会计分录的编制

1.会计分录的三个因素

（1）会计科目（账户）及其所属明细科目（账户）；

（2）账户符号（或称为记账方向）；

（3）数量（金额）。

2.会计分录的编制步骤

（1）根据交易或事项的内容进行会计确认，判定交易或事项涉及哪些账户发生变化，其变化是增加还是减少，即“定账户”；

（2）确定所涉及的账户是属于什么性质的账户，即“定属性”；

（3）按照账户的结构，确定应该记入有关账户的借方或贷方，即“定方向”；

（4）根据借贷记账法的记账规则，确定应记入每个账户的金额，即“定金额”。

3.会计分录的编制格式

会计分录的编制格式有其特定的规定，即先借后贷、上借下贷和借贷错位，如图3-23所示。

图3-23　会计分录的编制格式

以下是根据上述11笔会计事项的资料编制的会计分录：

【例3-1】借：库存现金　5 000
　　贷：银行存款　5 000

【例3-2】借：银行存款　500 000
　　贷：短期借款　500 000

【例3-3】借：银行存款　1 000 000
　　贷：实收资本　1 000 000

【例3-4】借：应付账款　40 000
　　贷：银行存款　40 000

【例3-5】借：实收资本　20 000
　　贷：银行存款　20 000

【例 3-6】借：利润分配　　25 000
　　　　贷：应付股利　　25 000

【例 3-7】借：应付账款　　100 000
　　　　贷：实收资本　　100 000

【例 3-8】借：应付账款　　80 000
　　　　贷：短期借款　　80 000

【例 3-9】借：盈余公积　　300 000
　　　　贷：实收资本　　300 000

【例 3-10】借：固定资产　　30 000
　　　　应交税费——应交增值税（进项税额）　　3 900
　　　贷：银行存款　　33 900

【例 3-11】借：管理费用　　2 200
　　　贷：其他应收款　　2 000
　　　　库存现金　　200

上述【例 3-1】至【例 3-9】的会计分录为简单会计分录，【例 3-10】和【例 3-11】的会计分录为复合会计分录。

第三节　借贷记账法的试算平衡

一、试算平衡的定义

试算平衡是指根据借贷记账法的记账规则和资产与权益的恒等关系，通过对所有账户的发生额和余额的汇总计算与比较，来检查记录是否正确的一种方法。在不同的记账方法下，试算平衡的公式不同，但其实质都是反映资金运动的平衡关系。

二、试算平衡的会计原理

一般认为试算平衡的理论基础来自两个方面：一是会计基本恒等式，即“资产=负债+所有者权益”，结果表现全部账户余额的平衡；二是借贷记账法的记账规则，即“有借必有贷，借贷必相等”，结果表现本期全部借方发生额等于贷方发生额：∑本期借方发生额=∑本期贷方发生额。借贷记账法的试算平衡如图 3-24 所示。

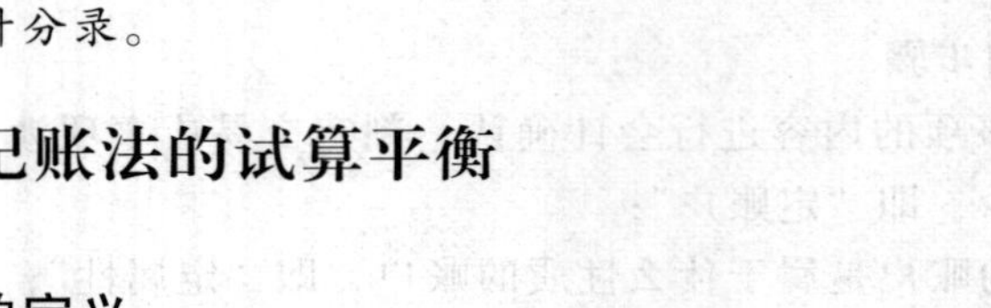

图3-24　借贷记账法的试算平衡

三、试算平衡的具体内容

在借贷记账法下，试算平衡的内容包括：

（1）检查每次会计分录的借贷金额是否平衡；

（2）检查总分类账户的借贷发生额是否平衡；

（3）检查总分类账户的借贷余额是否平衡。

四、试算平衡的公式

（一）发生额试算平衡

发生额试算平衡是指全部账户本期借方发生额合计与全部账户本期贷方发生额合计保持平衡，其依据是借贷记账法记账规则。公式为：

全部账户本期借方发生额合计=全部账户本期贷方发生额合计

例如（如图3-25所示）：

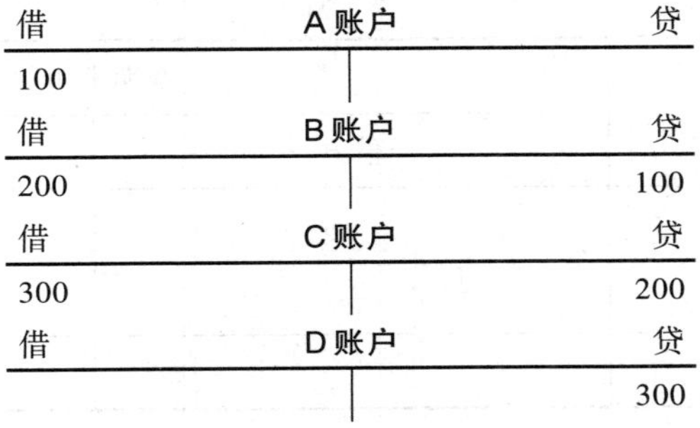

图3-25 举例图（1）

全部账户本期借方发生额合计金额600=全部账户本期贷方发生额合计金额600

（二）余额试算平衡

余额试算平衡是指全部账户借方期末（初）余额合计与全部账户贷方期末（初）余额合计保持平衡，其依据是财务状况等式（如图3-26所示）。

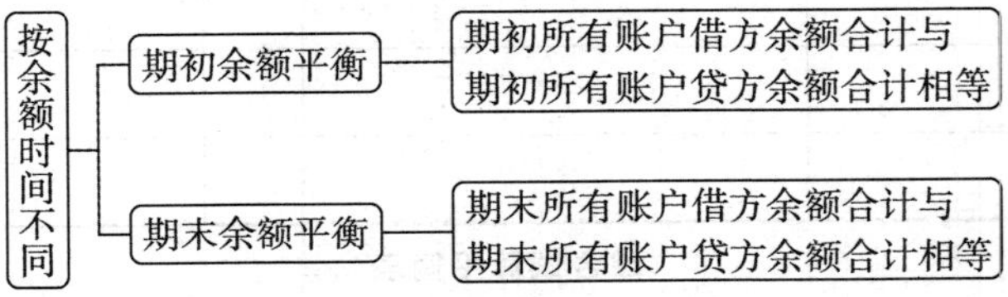

图3-26 余额试算平衡

例如（如图3-27所示）：

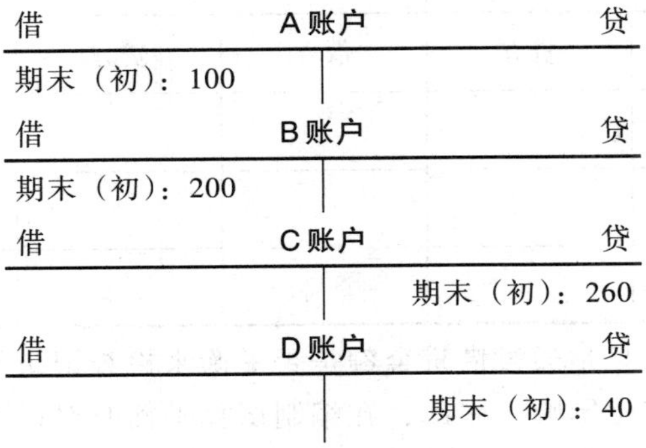

图3-27 举例图（2）

全部账户本期借方期末（期初）合计金额300=全部账户本期贷方期末（期初）合计金额300

如果图3-26中两个方面都能保持平衡，说明记账工作基本上是正确的，否则就说明记账工作发生了差错。在实际工作中，这种试算平衡通常是通过编制试算平衡表来进行的。

五、试算平衡表

试算平衡表可以分为两种：一种是将本期发生额和期末余额分别编制列表进行试算平衡（见表3-2、表3-3）；另一种是将本期发生额和期末余额合并在一张表上进行试算平衡（见表3-4）。

表3-2 **本期发生额试算平衡表**

年　月

总账科目	本期发生额	
	借方	贷方
⋮		
⋮		
合计		

表3-3 **期末余额试算平衡表**

年　月

总账科目	期末余额	
	借方	贷方
⋮		
⋮		
合计		

表3-4 **综合试算平衡表**

年　月

总账科目	期初余额		本期发生额		期末余额	
	借方	贷方	借方	贷方	借方	贷方
⋮						
⋮						
合计						

应该看到，试算平衡只是通过借贷金额是否平衡来检查记录是否正确，而有些错误对于借贷双方的平衡并不产生影响。因此，在编制试算平衡时对以下问题应引起注意：

（1）必须保证所有账户的余额均已记入试算表。

（2）如果试算表借贷不相等，肯定账户记录有错误，应认真查找，直到实现平衡为止。

（3）即便实现了有关综合试算平衡关系，并不能说明账户记录绝对正确，因为有些错误并不会影响借贷双方的平衡关系，如：

① 漏记某项经济业务。

② 重记某项经济业务。

③ 某项经济业务记错有关账户。

④ 某项经济业务在账户记录中颠倒了记账方向。

⑤ 借方或贷方发生额中，偶然发生多记或少记并相互抵销，借贷仍然平衡。

⑥ 某项经济业务记录的应借应贷科目正确，但借贷双方金额同时多记或少记，且金额一致，借贷仍然平衡。

下面举例说明在借贷记账法下如何进行试算平衡。

（1）大新有限责任公司总分类账期初余额见表3-5。

表3-5 **大新有限责任公司总分类账期初余额** 单位：元

账户名称	借方金额	账户名称	贷方金额
库存现金	1 000		
银行存款	250 000	短期借款	200 000
应收账款	100 000	应付账款	141 000
原材料	75 000	实收资本	600 000
固定资产	450 000		
生产成本	65 000		
合计	941 000	合计	941 000

（2）该公司3月份发生下列经济业务：

① 10日，投资人B投入新设备一台，价值80 000元。

② 12日，企业用银行存款归还前欠外单位应付账款100 000元。

③ 18日，企业收到外单位前欠款项80 000元，存入银行。

④ 20日，企业向银行借入短期借款20 000元，直接归还前欠款项。

⑤ 21日，企业购入原材料一批，不含税价为150 000元（不考虑相关税费），款项尚未支付。

⑥ 26日，张明因公出差，预借差旅费500元，以现金给付。

⑦ 27日，车间生产产品领用原材料，价值25 000元 。

（3）根据上述经济业务编制会计分录：

①借：固定资产　　80 000

　　贷：实收资本　　80 000

②借：应付账款　　100 000

　　贷：银行存款　　100 000

③借：银行存款　　80 000

　　贷：应收账款　　80 000

④借：应付账款　　20 000

　贷：短期借款　　20 000

⑤借：原材料　　150 000

　贷：应付账款　　150 000

⑥借：其他应收款　　500

　贷：库存现金　　500

⑦借：生产成本　　25 000

　贷：原材料　　25 000

（4）过（登）账和结账（如图3-28所示）。

库存现金

期初余额	1 000		
		⑥	500
本期发生额	0	本期发生额	500
期末余额	500		

银行存款

期初余额	250 000		
③	80 000	②	100 000
本期发生额	80 000	本期发生额	100 000
期末余额	230 000		

固定资产

期初余额	450 000		
①	80 000		
本期发生额	80 000	本期发生额	0
期末余额	530 000		

原材料

期初余额	75 000		
⑤	150 000	⑦	25 000
本期发生额	150 000	本期发生额	25 000
期末余额	200 000		

生产成本

期初余额	65 000		
⑦	25 000		
本期发生额	25 000	本期发生额	0
期末余额	90 000		

应收账款

期初余额	100 000		
		③	80 000
本期发生额	0	本期发生额	80 000
期末余额	20 000		

其他应收款

期初余额	0		
⑥	500		
本期发生额	500	本期发生额	0
期末余额	500		

短期借款

		期初余额	200 000
		④	20 000
本期发生额	0	本期发生额	20 000
		期末余额	220 000

应付账款

②	100 000	期初余额	141 000
④	20 000	⑤	150 000
本期发生额	120 000	本期发生额	150 000
		期末余额	171 000

实收资本

		期初余额	600 000
		①	80 000
本期发生额	0	本期发生额	80 000
		期末余额	680 000

图3-28　过（登）账和结账图

（5）编制本月发生额和余额试算平衡表。

编制本月发生额和余额试算平衡表如表3-6所示。

表3-6 **试算平衡表** 单位：元

账户名称	期初余额		本期发生额		期末余额	
	借方	贷方	借方	贷方	借方	贷方
库存现金	1 000			500	500	
银行存款	250 000		80 000	100 000	230 000	
应收账款	100 000			80 000	20 000	
其他应收款	0		500		500	
原材料	75 000		150 000	25 000	200 000	
固定资产	450 000		80 000		530 000	
生产成本	65 000		25 000		90 000	
短期借款		200 000		20 000		220 000
应付账款		141 000	120 000	150 000		171 000
实收资本		600 000		80 000		680 000
合计	941 000	941 000	455 500	455 500	1 071 000	1 071 000

课后练习题

一、单项选择题

1.复式记账法按照记账符号、账户分类、记账规则和试算平衡方法的不同可分为（　　）。

A.借贷记账法、增减记账法和单式记账法

B.借贷记账法、单式记账法和收付记账法

C.借贷记账法、增减记账法和收付记账法

D.单式记账法、增减记账法和收付记账法

2.下列账户中，期末一般有贷方余额的是（　　）。

A.原材料　　B.管理费用　　C.应收账款　　D.应付账款

3.复式记账法的理论依据是（　　）。

A.单式记账法　　B.会计等式　　C.会计科目　　D.会计要素

4.借贷记账法记账符号“借”表示（　　）。

A.资产增加，权益减少　　B.资产减少，权益增加

C.资产增加，权益增加　　D.资产减少，权益减少

5.负债类账户期末余额的计算公式是（　　）。

A.期末借方余额=期初借方余额+本期借方发生额-本期贷方发生额

B.期末借方余额=期初借方余额+本期贷方发生额-本期借方发生额

C.期末贷方余额=期初贷方余额+本期借方发生额-本期贷方发生额

D.期末贷方余额=期初贷方余额+本期贷方发生额−本期借方发生额

6.借贷记账法账户基本结构分借、贷两方，哪方记增加、哪方记减少，取决于（　　）。

A.记账方法　　B.账户性质　　C.会计分工　　D.记账规则

7.一般有借方余额的账户是（　　）。

A.资产类账户　　B.负债类账户

C.所有者权益类账户　　D.收入类账户

8.购入原材料1 000千克，20元/千克，增值税税率13%，运费500元，增值税税率9%，上述款项用支票支付10 000元，运杂费用现金支付，其余款项暂欠。记入“应付账款”贷方的金额是（　　）元。

A.23 400　　B.23 900　　C.13 900　　D.12 600

9.简单会计分录是指（　　）。

A.多借多贷的会计分录　　B.一借多贷的会计分录

C.一贷多借的会计分录　　D.一借一贷的会计分录

10.编制会计分录的目的是（　　）。

A.记录经济业务　　B.明确经济责任　　C.作为记账依据　　D.编制会计报表

11.下列业务中，引起一项资产增加，另一项资产减少的是（　　）。

A.用银行存款归还长期借款　　B.收到所有者投入的设备

C.企业以固定资产向外单位投资　　D.用盈余公积弥补职工福利费

12.用银行存款归还前欠A单位货款，所引起的变动是（　　）。

A.一项负债增加，另一项负债减少　　B.一项资产减少，一项负债减少

C.一项负债减少，一项资产增加　　D.一项资产增加，另一项资产减少

13.大新有限责任公司4月30日资产合计1 250万元，负债合计520万元，5月份发生以下交易事项：

（1）收到投资者投入的货币资金500万元。

（2）归还短期借款本息合计320万元。

（3）购买专利权支付存款100万元。

（4）收到购买方预付的货款150万元。

（5）上交增值税20万元。

根据上述资料，该公司5月31日账户余额平衡数为（　　）。

A.资产1 560=负债330+所有者权益1 230

B.资产1 660=负债430+所有者权益1 230

C.资产1 250=负债520+所有者权益730

D.资产1 760=负债430+所有者权益1 330

二、多项选择题

1.引起资产与权益同时增加的业务有（　　）。

A.向银行借入款项　　B.投资者投入设备

C.发行股票　　D.用银行存款购买设备

2.借贷记账法下，账户借方登记（　　）。

A.资产增加　　B.收入减少　　C.成本增加　　D.费用增加

3.会计分录分为（　　）。

A.简单会计分录　　B.一借一贷的会计分录

C.复合会计分录　　D.一借多贷的会计分录

4.期末结账后肯定没有余额的账户包括（　　）。

A.管理费用　　B.生产成本　　C.所得税费用　　D.制造费用

5.收到投资者投入设备、专利权及原材料，“实收资本”账户的对应账户包括（　　）。

A.原材料　　B.机器设备　　C.固定资产　　D.无形资产

6.会计分录的内容包括（　　）。

A.会计科目　　B.金额　　C.记账方向　　D.记账日期

7.试算平衡的依据有（　　）。

A.会计恒等式　　B.记账规则　　C.账户结构　　D.会计要素

8.试算平衡不能查出的错账包括（　　）。

A.漏记购买的设备

B.购买材料重复入账

C.将产品生产领用材料计入管理费用

D.车间计提折旧5 000元，但制造费用入账2 000元

三、判断题

1.我国所有单位都必须采用借贷记账法。（　　）

2.单式记账法不能进行试算平衡。（　　）

3.会计核算不允许编制多借多贷的复合会计分录。（　　）

4.实际工作中填制记账凭证就是编制会计分录。（　　）

5.如果等式“资产=负债+所有者权益”是恒等式，那么“资产+费用=负债+所有者权益+收入”这个等式就不成立。（　　）

6.会计基本等式是“资产=负债+所有者权益”。（　　）

7.某企业购入一批材料，价款50 000元，其中40 000元以银行存款支付，10 000元尚未支付，该笔业务的发生一方面引起资产增加50 000元，另一方面引起负债增加10 000元。（　　）

8.向投资者支付已经宣告分配的现金股利能够导致资产和负债同时增加。（　　）

9.复式记账法是以资产与权益平衡关系作为记账基础，对于每一笔经济业务，都要在两个或两个以上相互联系的账户中进行登记，系统地反映资金运动变化结果的一种记账方法。（　　）

10.记账时，将借贷方向记反了，不会影响借贷双方的平衡关系。（　　）

11.发生额试算平衡，是指某一个账户借方发生额等于贷方发生额。（　　）

12.如果某一账户的期初余额为20 000元，本期增加发生额为10 000元，本期减少发生额为4 000元，则期末余额为6 000元。（　　）

四、核算题

1.目的：了解账户。

资料：根据账户的结构，填写表3-7中的空格。

表3-7　　**有关账户余额和发生额**　　单位：元

账户名称	期初余额	本期借方发生额	本期贷方发生额	期末余额
库存现金	580	450	（　）	550
短期借款	5 000	3 000	（　）	4 000
应付账款	1 560	（　）	740	1 340
实收资本	5 000 000	（　）	2 000 000	7 000 000
原材料	1 870	1 600	（　）	560
银行存款	（　）	53 700	37 450	46 000
预付账款	1 600	（　）	1 500	1 400
库存商品	10 000	12 500	7 500	（　）

2.目的：练习试算平衡表的编制。

资料：

（1）大新有限责任公司2023年7月初各账户的余额如表3-8所示。

表3-8　　**账户期初余额**　　单位：元

总账科目	期初余额		总账科目	期初余额	
	借　方	贷　方		借　方	贷　方
库存现金	500		短期借款		0
银行存款	28 000		应付账款		11 700
应收账款	32 500		应交税费		5 600
其他应收款	5 000		其他应付款		400
在途物资	3 000		实收资本		42 000
生产成本	2 000		资本公积		11 300
合计	71 000		合计		71 000

（2）7月份发生以下业务：

①从银行提取现金1 000元；

②向甲公司购入原材料一批，不含税价20 000元，增值税2 600元，材料验收入库，货款未付；

③向银行借入短期借款150 000元，存入银行；

④以现金付给职工李明出差费1 000元；

⑤以银行存款偿还前欠甲公司材料款11 300元；

⑥发出材料15 000元，用于生产产品；

⑦收回乙公司上月欠款20 000元；

⑧李明出差回来，报销差旅费800元，其余现金交回。

要求：编制会计分录，并登记有关账户，编制试算平衡表。

3.目的：练习登记账户。

资料：

（1）大新有限责任公司2023年11月末有关账户余额如表3-9所示。

表3-9 大新有限责任公司2023年11月末有关账户余额 单位：元

资产	金额	负债及所有者权益	金额
库存现金	1 500	短期借款	195 000
银行存款	45 000	应付账款	142 500
原材料	90 000	应交税费	9 000
应收账款	47 700	长期借款	186 000
库存商品	60 000	实收资本	304 200
生产成本	202 500	盈余公积	210 000
固定资产	600 000		
合计	1 046 700	合计	1 046 700

（2）公司2023年12月发生下列经济业务事项：

①购进电脑一台，不含税价10 000元，增值税1 300元，以银行存款支付。

②从银行提取现金2 000元。

③投资者投入材料一批，作价20 000元，增值税税率13%。

④生产车间从仓库领用材料一批，价值4 000元，投入生产使用。

⑤以银行存款22 500元，偿还应付供货单位货款。

⑥向银行取得长期借款100 000元，存入银行。

⑦以银行存款上交税金9 000元。

⑧收到购货单位偿还前欠货款18 000元，存入银行。

要求：（1）根据以上资料编制会计分录。

（2）开设相关账户，并将上述业务登入账户中。

（3）编制发生额及余额试算平衡表。

五、案例分析题

小魏从某财经大学会计系毕业，刚刚被聘任为广发公司的会计员。今天是他来公司上班的第一天。会计科里的那些同事忙得不可开交，一问才知道，大家正在忙于月末结账。“我能做些什么？”会计科长看他那急于投入工作的表情，也想检验一下他的工作能力，就问：“试算平衡表的编制方法在学校学过了吧？”“学过。”小魏很自然地回答。

“那好吧，趁大家在忙别的，你先编一下咱们公司这个月的试算平衡表。”科长帮他找到了本公司的总账账簿，让他开始工作。

不到一小时，一张“总分类账户发生额及余额试算平衡表”就完整地编制出来了。看到表格上那三组相互平衡的数字，小魏激动的心情难以言表，兴冲冲地向科长交了差。

“呀？昨天销售的那批产品的单据还没记到账上呢，这也是这个月的业务啊！”会计员李丽说道。还没等小魏缓过神来，会计员小王手里又拿着一些会计凭证凑了过来，对科长说："这笔账我核对过了，应当记入'应交税费'和'银行存款'账户的金额是10 000元，而不是9 000元。已经入账的那部分数字还得更改一下。"

"试算平衡表不是已经平衡了吗？怎么还会有错账呢？"小魏不解地问。

科长看他满脸疑惑的神情，就耐心地开导说："试算平衡表也不是万能的，像在账户中把有些业务漏记或重记了，借贷金额记账方向彼此颠倒了，还有记账方向正确但记错了账户，这些都不会影响试算表的平衡，小李发现漏记了经济业务，小王发现把两个账户的金额同时记少了，也不会影响试算表的平衡。"

小魏边听边点头，心里想："这些内容好像老师上'基础会计'课时也讲过，以后在实践中还得好好琢磨呀。"

经过调整，一张真实反映公司本月全部经济业务的试算平衡表又在小魏的手里完成了。

要求：结合以上案例，运用学习过的试算平衡表的有关知识谈谈你的感受。

第四章

企业主要经济业务的核算

学习目标

1. 理解企业的主要经济业务；
2. 掌握企业资金筹集过程业务的核算；
3. 掌握企业供应过程业务的核算；
4. 掌握企业生产过程业务的核算；
5. 掌握企业销售过程业务的核算；
6. 掌握企业财务成果形成及分配过程业务的核算。

企业的生存与发展，离不开经济活动的开展，企业的经济活动包括筹资活动、日常经营活动和投资活动。这些经济活动，反映了企业的财务状况、经营成果和现金流量，是会计核算的重要内容。及时、正确、完整地核算企业的经济业务，是形成企业财务会计报告的重要前提。

第一节　企业主要经济业务概述

企业是按照市场经济的要求，自主经营、自负盈亏，专门从事生产、流通等经济活动的部门和单位；制造业企业是按照社会主义市场经济的要求，独立核算、自我发展并从事制造产品的生产经营企业。本章以制造业企业的主要经济业务为例，说明企业会计核算方法。制造业企业的资金运动表现为资金投入、资金运用和资金退出三个过程，如图 4-1 所示。

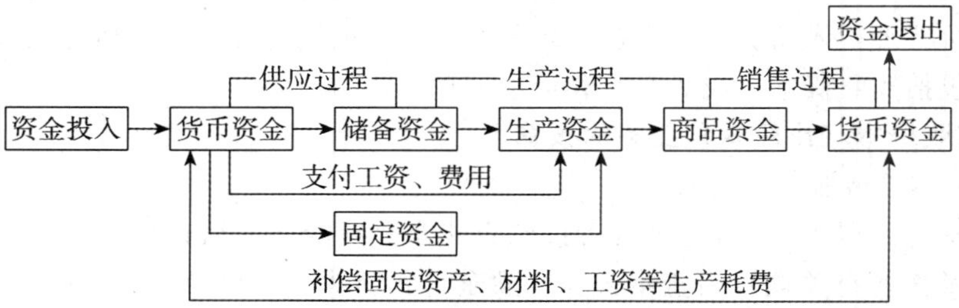

图4-1　制造业企业资金循环周转图

一、资金投入

资金投入包括企业所有者（投资者）投入的资金和债权人投入的资金两部分，前者属于企业所有者权益，后者属于企业债权人权益即企业负债。

二、资金运用（资金的循环和周转）

资金的循环和周转分为供应、生产、销售三个阶段。

（一）供应阶段

供应阶段是生产的准备过程。在供应阶段，企业要购买机器设备及原材料等劳动对象，发生材料费、运输费、装卸费等材料采购成本，与供应单位发生款项的结算关系。

（二）生产阶段

在生产阶段，劳动者借助于劳动手段将劳动对象加工成特定产品，发生原材料消耗的材料费、固定资产磨损的折旧费、生产工人劳动耗费的人工费等，同时，还将发生企业与工人之间的工资结算关系、与有关单位之间的劳务结算关系等。

（三）销售阶段

在销售阶段，将生产的产品销售出去，发生有关销售费用、收回款项、缴纳税金等业务活动，并同购买单位发生款项结算关系、同税务机关发生税务结算关系等。企业获得的销售收入，扣除各项费用成本后的利润，还要提取盈余公积并向所有者分配。

三、资金退出

随着偿还债务、上缴税费、向所有者分配利润等业务的发生，这部分资金便离开本企业，退出本企业的资金循环与周转。

第二节　资金筹集过程业务的核算

一个企业的成长和发展需要资金，而资金来源主要有两条渠道：一是投资人的投资及增值，形成投资人的权益，即所有者权益，该部分业务可以称为所有者权益资金筹集业务；二是向债权人借入的资金，形成债权人的权益，即企业的负债，该部分业务可以称为负债资金筹集业务。两者在性质上、还款方式上以及收益支付形式上存在本质区别。

一、投资者投入资金的核算

企业从投资人处筹集到的资金是企业所有者权益的重要组成部分，企业的所有者权益的来源包括所有者投入的资本、直接计入所有者权益的利得和损失、留存收益等。所有者投入的资本包括实收资本（或股本）和资本公积。

（一）实收资本（或股本）业务的核算

1.实收资本（或股本）的含义

实收资本（或股本），是指投资者按照企业章程或合同、协议的约定，实际投入企业的资本金以及按照有关规定由资本公积、盈余公积转为资本的资金。实收资本（或股本）反映了企业的不同所有者通过投资投入企业的外部资金来源，代表着一个企业的实力，是创办企业的“本钱”，也是一个企业维持正常的经营活动、独立承担民事责任的资金保证。

2014年《公司法》将注册资本实缴登记制改为认缴登记制。公司股东可以自主约定认缴出资额、出资方式、出资期限等，并记载于公司章程。

2.实收资本（或股本）的分类

所有者向企业投入资本，即形成企业的资本金。企业的资本金按照投资主体的不同可以分为国家资本、法人资本、个人资本和外商资本（如图4-2所示）。企业的资本金按照投资者投入资本的不同物质形态又分为货币资金出资以及实物、知识产权、土地使用权等可以用货币估价并可以依法转让的非货币财产作价出资等。

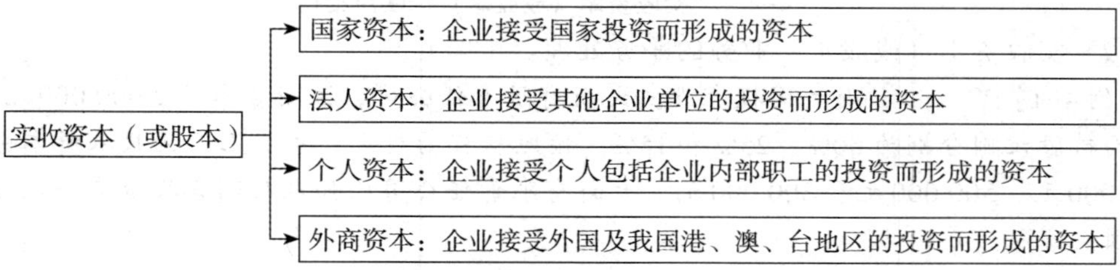

图4-2　实收资本（或股本）的分类

3.实收资本（或股本）入账价值的确定

企业收到各方投资者投入资本金入账价值的确定是实收资本（或股本）核算中的一个比较重要的问题。总体来说，投入资本是按照实际收到的投资额入账的。对于收到货币资金投资的，应以实际收到的货币资金额入账；对于收到的是实物等其他形式投资的，应以投资各方确认的协议价值入账。对于实际收到的货币资金额或投资各方确认的资产价值超过其在注册资本中所占的份额部分，不计入实收资本，计入资本公积。

4.实收资本（或股本）的账务处理

（1）实收资本（或股本）业务的账户设置。

①“银行存款”账户。

“银行存款”账户属于资产类账户，用以核算企业存入银行或其他金融机构的各种款项的增减变动情况。该账户应当按照开户银行、存款种类等分别进行明细核算。

该账户借方登记存入银行或其他金融机构的款项，贷方登记提取或支出的存款。期末余额在借方，反映企业存在银行或其他金融机构的各种款项。

“银行存款”账户结构如图4-3所示。

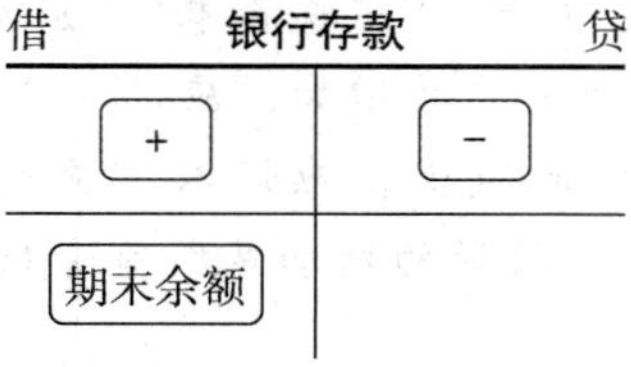

图4-3　“银行存款”账户结构

②“实收资本（或股本）”账户。

为了反映实收资本（或股本）的形成及以后的变化情况，在会计核算上应设置“实收资本（或股本）”账户。“实收资本（或股本）”账户属于所有者权益类账户，用来核算所有者投入企业的资本变化过程及结果，其贷方登记所有者投入企业资本金的增加额，借方登记所有者投入企业资本的减少额，期末余额在贷方，表示所有者投入企业资本金的结余额。企业应按照投资者的不同设置明细账户，进行明细核算。

“实收资本（或股本）”账户结构如图4-4所示。

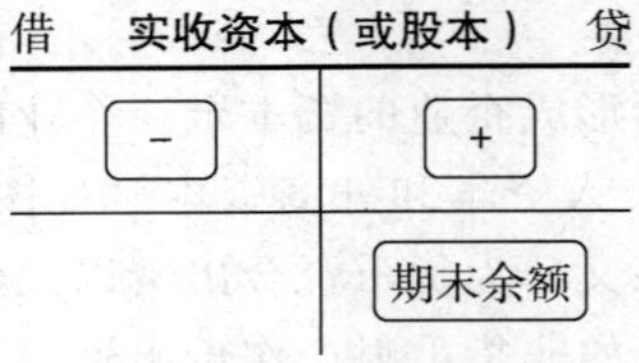

图4-4 “实收资本（或股本）”账户结构

（2）实收资本（或股本）业务的账务处理。

【例4-1】甲、乙、丙共同投资设立大新有限责任公司，注册资本为2 000 000元，甲、乙、丙持股比例分别为60%、25%和15%。按照章程的规定，甲、乙、丙投入资本分别为1 200 000元、500 000元和300 000元。大新有限责任公司已如期收到各投资者一次性缴足的款项。

这项经济业务的发生，一方面使得公司的银行存款增加2 000 000元（1 200 000+500 000+300 000），另一方面使得公司所有者对公司的投资增加2 000 000元。因此，该项经济业务涉及“银行存款”和“实收资本”两个账户。银行存款的增加是资产的增加，应记入“银行存款”账户的借方；所有者对公司投资的增加是所有者权益的增加，应记入“实收资本”账户的贷方。编制的会计分录如下：

借：银行存款	2 000 000	
贷：实收资本——甲公司		1 200 000
——乙公司		500 000
——丙公司		300 000

【例4-2】A投资方以一台全新的不需要安装的设备对大新有限责任公司进行投资，合同约定该设备的价值为200 000元，增值税进项税额为26 000元。经约定，大新有限责任公司接受该投资方的投入资本为226 000元。合同约定的固定资产价值与公允价值相符，不考虑其他因素。

这项经济业务的发生，一方面使得公司的设备增加200 000元，“应交税费——应交增值税（进项税额）”增加26 000元，另一方面使得公司所有者对公司的投资增加226 000元。因此，该项业务涉及“固定资产”“实收资本”“应交税费——应交增值税（进项税额）”三个账户。设备的增加属于资产的增加，应记入“固定资产”账户的借方；增值税进项税额增加属于应交税费负债的减少，应记入“应交税费——应交增值税（进项税额）”账户的借方；所有者对公司投资的增加是所有者权益的增加，应记入“实收资本”账户的贷方。编制的会计分录如下：

借：固定资产	200 000	
应交税费——应交增值税（进项税额）	26 000	
贷：实收资本——A投资方		226 000

【例4-3】B单位以一项专利技术对大新有限责任公司进行投资，该专利技术经投资双方共同确认的价值为120 000元，与其公允价值相符，已开增值税专用发票并办完各种手

续，不考虑其他因素。

这项经济业务的发生，一方面使得公司的无形资产（专利技术）增加120 000元，“应交税费——应交增值税（进项税额）”增加7 200元，另一方面使得公司的所有者对公司的投资增加127 200元。因此，该项业务涉及“无形资产”、“应交税费——应交增值税（进项税额）”以及“实收资本”三个账户。专利技术的增加属于资产（无形资产）的增加，应记入“无形资产”账户的借方；增值税进项税额的增加属于负债的减少，应记入“应交税费——应交增值税（进项税额）”账户的借方；所有者对公司投资的增加是所有者权益的增加，应记入“实收资本”账户的贷方。编制的会计分录如下：

借：无形资产——专利技术　　120 000

　　应交税费——应交增值税（进项税额）　　7 200

　贷：实收资本——B单位　　127 200

（二）资本公积业务的核算

1.资本公积的定义

资本公积是指企业在经营过程中由于资本（或股本）溢价以及法定财产重估增值等原因所形成的公积金。

2.资本公积的内容

我国会计准则所规定的可计入资本公积的贷项有以下内容：资本（或股本）溢价、其他资本公积等。

资本溢价是公司发行权益性债券价格超出所有者权益的部分。股本溢价是公司发行股票的价格超出票面价格的部分。其他资本公积包括可供出售金融资产的公允价值变动、长期股权投资权益法下被投资单位净利润以外的变动。捐赠资本是不作为企业资本投入的。

3.资本公积的用途

资本公积从本质上讲属于投入资本的范畴，由于我国采用注册资本制度等导致了资本公积的产生。我国《公司法》等法律规定，资本公积的用途主要是转增资本，即增加实收资本（或股本）。虽然资本公积转增资本并不能导致所有者权益总额的增加，但资本公积转增资本，一方面，可以改变的企业投入资本结构，体现企业稳健、持续发展的潜力；另一方面，对股份有限公司而言，它会增加投资者持有的股份，从而增加公司的股票流通量，进而激活股价，提高股票的交易量和资本的流动性。此外，对于债权人来说，实收资本是所有者权益最本质的体现，是其考虑投资风险的重要影响因素。所以，将资本公积转增资本不仅可以更好地反映投资者的权益，也会影响到债权人的信贷决策。

4.资本公积的账务处理

（1）资本公积业务的账户设置。

不同来源形成的资本公积，其核算的方法也不同。为了反映和监督资本公积的增减变动及结余情况，会计上应设置“资本公积”账户，并设置“资本溢价（或股本溢价）”“其他资本公积”等明细账户。“资本公积”账户属于所有者权益类账户，其贷方登记从不同渠道取得的资本公积即资本公积的增加数，借方登记用资本公积转增资本的数额即资本公积的减少数，期末余额在贷方，表示资本公积的期末结余数。

“资本公积”账户结构如图4-5所示。

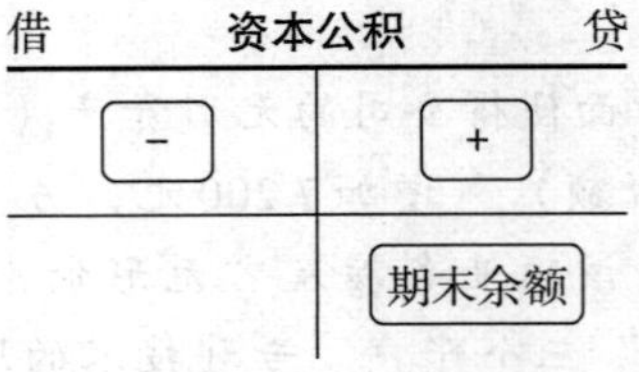

图4-5 “资本公积”账户结构

(2) 资本公积业务的账务处理。

【例 4-4】为了扩大经营规模，经批准，大新有限责任公司的注册资本需增加2 000 000元，并引入新投资者C公司。按照投资协议，新投资者要享受2 000 000元对应的权益，需要缴纳3 000 000元款项。假设款项已通过银行支付，手续已办妥，不考虑其他因素。

这是一项接受资本溢价投资的业务。除股份有限公司外的其他类型的企业，在企业创立时，投资者认缴的出资额与注册资本一致，一般不会产生资本溢价。但在企业重组或有新的投资者加入时，常常会出现资本溢价。因为在企业进行正常生产经营后，其资本利润率通常要高于企业初创阶段。另外，企业有内部积累，新投资者加入企业后，对这些积累也要分享，所以新加入的投资者往往要付出大于原投资者的出资额，才能取得与原投资者相同的出资比例。投资者多缴的部分就形成了资本溢价。

本例题中新投资者C公司是在企业正常生产经营阶段进行投资的，需要付出大于原投资者的出资额，才能取得与原投资者相同的出资比例。其中2 000 000元属于法定份额部分计入实收资本，1 000 000元作为资本溢价计入资本公积。该项业务涉及“银行存款”、“实收资本”和“资本公积”三个账户。银行存款的增加是资产的增加，应记入“银行存款”账户的借方，实收资本和资本公积的增加是所有者权益的增加，应分别记入“实收资本”“资本公积”账户的贷方。这项业务所编制的会计分录如下：

借：银行存款　　3 000 000

　贷：实收资本——C公司　　2 000 000

　　资本公积——资本溢价　　1 000 000

【例 4-5】大新有限责任公司经股东大会批准，将公司的资本公积200 000元转增资本。

这是一项所有者权益内部转化的业务。这项经济业务的发生，一方面使得公司的实收资本增加200 000元，另一方面使得公司的资本公积减少200 000元。因此，该项业务涉及“资本公积”和“实收资本”两个账户。资本公积的减少是所有者权益的减少，应记入“资本公积”账户的借方，实收资本的增加是所有者权益的增加，应记入“实收资本”账户的贷方。该项业务所编制的会计分录如下：

借：资本公积　　200 000

　贷：实收资本　　200 000

二、借入资金的核算

企业为取得生产所需资金而向债权人借入款项，即形成企业的负债。负债按其偿还期限的长短分为流动负债和非流动负债。流动负债是指将在1年内（含1年）或超过1年的一个营业周期内偿还的债务；非流动负债是指偿还期在1年以上或超过1年的一个营业周期以上的债务。

（一）短期借款业务的核算

1.短期借款的含义

短期借款是指企业为了满足其生产经营活动对资金的临时需要而向银行或其他金融机构等借入的偿还期限在1年以内（含1年）的各种借款。在一般情况下企业取得短期借款是为了维持正常的生产经营活动所需要的资金或者为了抵偿某项债务而借入的。企业取得各种短期借款时，应遵守银行或其他金融机构的有关规定，根据企业的借款计划及确定的担保形式，经贷款单位审核批准订立借款合同后方可取得借款。每笔借款在取得时可根据借款借据上的金额来确认和计量。

2.短期借款的核算

（1）短期借款业务账户的设置。

①“短期借款”账户。

“短期借款”账户属于负债类账户，是用来核算短期借款的增减变动及结余情况的账户。该账户的贷方登记取得的短期借款即短期借款本金的增加，借方登记短期借款的偿还即短期借款本金的减少，期末余额在贷方，表示企业尚未偿还的短期借款的本金结余额。短期借款应按照债权人的不同设置明细账户，并按照借款种类进行明细分类核算。

“短期借款”账户结构如图4-6所示。

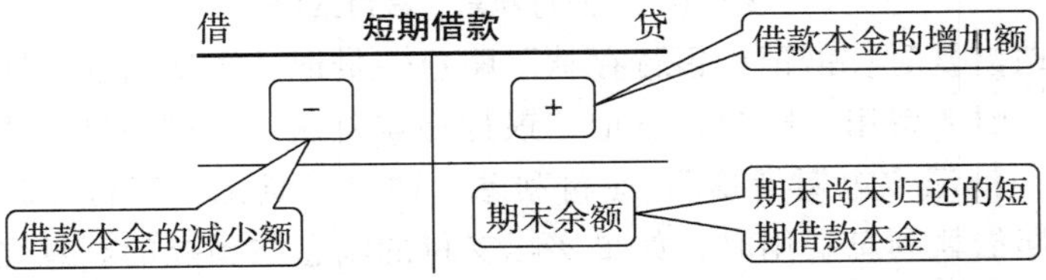

图4-6 “短期借款”账户结构

②“财务费用”账户。

“财务费用”账户属于损益类账户，用来核算企业为筹集生产经营所需资金等而发生的各种筹资费用，包括利息、佣金、汇兑损益以及相关的手续费等。“财务费用”账户的借方登记发生的财务费用，贷方登记发生的应冲减财务费用的利息收入、汇兑收益以及期末转入“本年利润”账户的财务费用净额。经过结转之后，该账户期末没有余额。“财务费用”账户应按照费用项目设置明细账户，进行明细分类核算。

“财务费用”账户结构如图4-7所示。

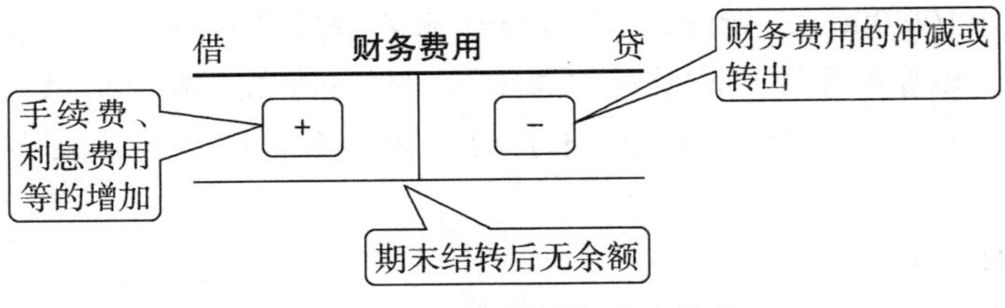

图4-7 “财务费用”账户结构

需要指出的是，为购建固定资产而筹集长期资金所发生的诸如借款利息支出等费用，在固定资产尚未完工交付使用之前发生的，应对其予以资本化，计入有关固定资产的购建成本，不在该账户核算，待固定资产建造工程完工并投入使用之后发生的利息支出，则应计入当期损益，记入该账户。

③“应付利息”账户。

在实务中，银行一般于每季度收取短期借款利息或到期一次收取短期借款利息。根据权责发生制原则，企业的短期借款利息一般采用按月计提的方式进行核算。企业应当在资产负债表日按照计算确定的短期借款利息费用，记入“应付利息”账户，借记“财务费用”账户，贷记“应付利息”账户。

应付利息核算企业按照合同的约定应支付的利息，包括短期借款、分期付息到期还本的长期借款、企业债券等应支付的利息。该账户属于负债类账户，贷方登记企业应支付但尚未支付的利息，借方登记企业已经支付的利息，期末余额在贷方，反映企业按照合同的约定应支付但尚未支付的利息。“应付利息”账户应按照债权人的不同设置明细账户。

“应付利息”账户结构如图4-8所示。

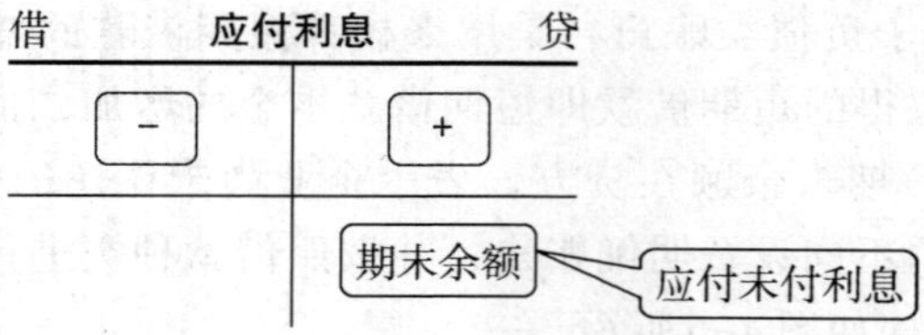

图4-8 “应付利息”账户结构

企业取得短期借款时，借记“银行存款”账户，贷记“短期借款”账户；期末计算借款利息时，借记“财务费用”账户，贷记“银行存款”或“应付利息”账户；偿还借款本金、支付利息时，借记“短期借款”“应付利息”账户，贷记“银行存款”账户。采用计提的办法核算短期借款利息费用时，如果实际支付的利息与预提的利息之间有差额，按已计提的利息金额，借记“应付利息”账户，按实际支付的利息金额，贷记“银行存款”账户，按实际支付的利息金额与预提的金额的差额，借记（实际支付大于预提金额）或贷记（实际支付小于预提金额）“财务费用”账户。

（2）短期借款业务的账务处理。

①短期借款的取得。

【例4-6】大新有限责任公司因生产经营的临时性需要，于2023年1月1日向银行申请取得期限为6个月的借款100 000元，存入银行。

这项经济业务的发生，一方面使得公司的银行存款增加100 000元，另一方面使得公司的短期借款增加100 000元。因此，这项经济业务涉及“银行存款”和“短期借款”两个账户。银行存款的增加是资产的增加，应记入“银行存款”账户的借方，短期借款的增加是负债的增加，应记入“短期借款”账户的贷方。所以这项经济业务编制的会计分录如下：

借：银行存款　　　　100 000

　贷：短期借款　　　　100 000

②短期借款利息的确认与计量。

短期借款的利息支出属于企业在理财活动过程中为筹集资金而发生的一项耗费，在会计核算中，企业应将其作为期间费用加以确认。由于短期借款利息的支付方式和支付时间不同，会计处理的方法也有一定的区别：

如果银行对企业的短期借款按月计收利息，或者虽在借款到期收回本金时一并收回利息，但利息数额不大，企业可以在收到银行的计息通知或在实际支付利息时，直接将发生的利息费用计入当期损益，借记“财务费用”账户，贷记“银行存款”账户。

如果银行对企业的短期借款采取按季或半年等较长期间计收利息，或者是在借款到期收回本金时一并计收利息且利息数额较大的，为了正确地计算各期损益额，保持各个期间损益额的均衡性，则通常按权责发生制核算基础的要求，采取预提的方法按月预提借款利息，计入预提当期损益，借记“财务费用”账户，贷记“应付利息”账户；待季度或半年等结息期终了或到期支付利息时，再冲销“应付利息”这项负债，借记“应付利息”账户，贷记“银行存款”账户。

短期借款利息的计算公式为：

短期借款利息=借款本金×利率×时间

不同计息周期计算公式见表4-1。

表4-1 不同计息周期计算公式

项目	计算公式	备注
年利息	借款本金×年利率	计算利息时，利率往往都是年利率
月利息	借款本金×年利率÷12	年利率除以12即为月利率
日利息	借款本金×年利率÷360	为简化起见，一个月一般按30天计算，一年按360天计算

【例4-7】承前例，假如上述大新有限责任公司取得的借款年利率为6%，到期一次还本付息。计提本月短期借款利息。

这项经济业务的发生，首先应按照权责发生制核算基础的要求，计算本月应负担的利息额，即本月应负担的借款利息为500元（100 000×6%÷12）。借款利息属于企业的一项财务费用，由于利息是到期一次结算的，所以本月的利息虽然在本月计算并由本月来负担，但却不在本月实际支付，因而一方面形成企业本月的一项费用（财务费用），另一方面形成企业的一项负债，这项负债属于企业的应付利息。因此，这项经济业务涉及“财务费用”和“应付利息”两个账户，财务费用的增加属于费用的增加，应记入“财务费用”账户的借方，应付利息的增加属于负债的增加，应记入“应付利息”账户的贷方。这项经济业务应编制的会计分录如下：

借：财务费用　　500

　贷：应付利息　　500

2023年1月至5月每月月末均应计算当月应负担的借款利息，会计分录同上。

③短期借款的归还。

【例4-8】承上例，大新有限责任公司在6月末用银行存款103 000元支付年初短期借款本金和利息。

该项经济业务实际上是偿还银行借款本金和利息。一方面使得公司的银行存款减少103 000元（本金100 000元加6个月的利息3 000元），另一方面使得公司的短期借款这项负债减少100 000元，应付利息这项负债减少2 500元（2023年1月至5月份应支付而没有支付的借款利息），同时，使得财务费用增加500元。当月应承担的借款利息一方面使得本月的财务费用增加，另一方面这项负债也随着利息的实际支付而减少。因此，这项经济业务涉及“银行存款”、“短期借款”、“财务费用”和“应付利息”四个账户。银行存款的减少是资产的减少，应记入“银行存款”账户的贷方，“短期借款”和“应付利息”的减少是负债的减少，应分别记入“短期借款”和“应付利息”账户的借方，“财务费用”的增加是费用的增加，应记入“财务费用”账户的借方。所以这项经济业务应编制的会计分录如下：

借：短期借款　　100 000

　贷：银行存款　　100 000

借：应付利息　　2 500

　贷：银行存款　　2 500

借：财务费用　　500

　贷：银行存款　　500

（二）长期借款业务的核算

1.长期借款的含义

长期借款是指企业向银行或其他金融机构借入的期限在1年以上（不含1年）的各种借款。一般用于固定资产的购建、改扩建工程、大修理工程、对外投资以及保持长期经营能力等。它是企业非流动负债的重要组成部分，必须加强管理与核算。

由于长期借款的使用关系到企业的生产经营规模和效益，企业除了要遵守有关的贷款规定、编制借款计划并要有不同形式的担保外，还应监督借款的使用、按期支付长期借款的利息以及按规定的期限归还借款本金等。因此，长期借款会计处理的基本要求是反映和监督企业长期借款的借入、借款利息的结算和借款本息的归还情况，促使企业遵守信贷纪律、提高信用等级，同时也要确保长期借款发挥效益。

2.长期借款的核算

（1）长期借款业务账户的设置。

为了核算长期借款本金及利息的取得和偿还情况，需要设置“长期借款”账户。该账户的性质属于负债类，是用来核算企业从银行或其他金融机构取得的长期借款的增减变动及结余情况的账户。其贷方登记长期借款的增加数（包括本金和各期计算出来的一次还本付息方式下的未支付利息），借方登记长期借款的减少数（包括偿还的借款本金和各期计算出来的未支付利息）。期末余额在贷方，表示尚未偿还的长期借款本息结余额。该账户应按贷款单位设置明细账户，并按贷款种类进行明细分类核算。

“长期借款”账户结构如图4-9所示。

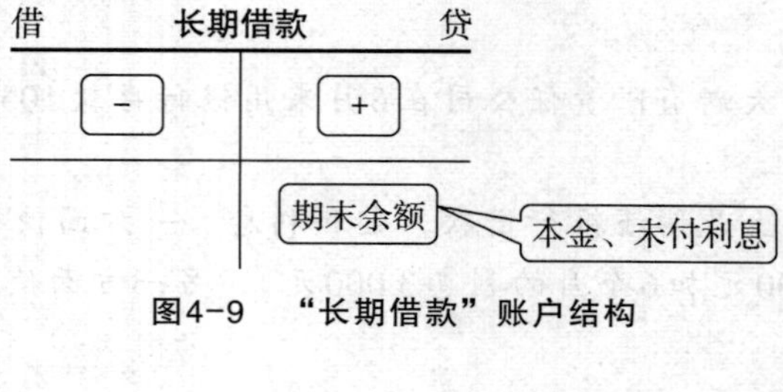

图4-9　“长期借款”账户结构

（2）长期借款业务的账务处理。

①长期借款的取得。

企业借入长期借款，应按实际收到的金额，借记“银行存款”科目，贷记“长期借款”科目。

【例 4-9】大新有限责任公司为购建一条新的生产线（工期2年），于2023年1月1日向中国银行借入期限为3年的人民币借款10 000 000元，存入银行。大新有限责任公司当即将该借款投入到生产线的购建工程中。

这项经济业务的发生，一方面使得公司的银行存款增加10 000 000元，另一方面使得公司的长期借款增加10 000 000元，共涉及“银行存款”和“长期借款”两个账户。银行存款的增加是资产的增加，应记入“银行存款”账户的借方；长期借款的增加是负债的增加，应记入“长期借款——本金”账户的贷方。这项经济业务应编制的会计分录如下：

借：银行存款　　　　10 000 000

　贷：长期借款——本金　　　　10 000 000

②长期借款利息的确认与计量。

长期借款利息费用应当在资产负债表日按照实际利率法计算确定，实际利率与合同利率差异较小的，也可以采用合同利率计算确定利息费用。长期借款计算确定的利息费用，应当按会计准则的规定，确定为资本化支出或费用化支出。

长期借款按合同利率计算确定的应付利息，借记“在建工程”“制造费用”“财务费用”“研发支出”等账户，贷记“应付利息”（针对于分期付息、到期还本的长期借款利息）或“长期借款——应计利息”账户（针对于一次还本付息的长期借款）（如图4-10所示）。

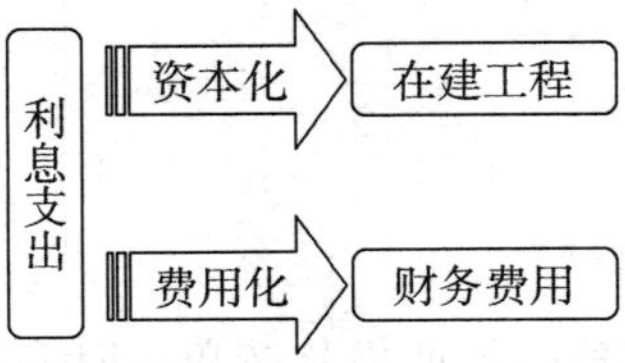

图4-10　长期借款应付利息计量

【例 4-10】承上例，假如上述借款年利率8%，合同规定到期一次还本付息，单利计息。计算确定2023年应由该工程负担的借款利息。

在固定资产建造工程交付使用之前，用于工程的借款利息属于一项资本性支出，应计入固定资产建造工程成本。在按单利计息的情况下，其利息的计算方法与短期借款利息计算方法相同，即2023年的利息为800 000元（10 000 000×8%）。所以，这项经济业务的发生，一方面使得公司的在建工程成本增加800 000元，另一方面使得公司的长期借款利息这项负债增加800 000元，共涉及“在建工程”和“长期借款”两个账户。工程成本的增加是资产的增加，应记入“在建工程”账户的借方；借款利息的增加是负债的增加，应记入“长期借款”账户的贷方。编制的会计分录如下：

借：在建工程　　　　800 000

　贷：长期借款——应计利息　　　　800 000

假定该借款合同为一次还本、分期付息的借款合同，单利计算，则2023年的借款利息应由该工程负担，但这项业务的发生涉及“在建工程”和“应付利息”两个账户，编制的会计分录如下：

借：在建工程　　800 000

　贷：应付利息　　800 000

③长期借款的归还。

【例4-11】承前例，假如大新有限责任公司于2025年年末全部偿还该笔借款的本金和利息。

该笔长期借款在存续期间的利息共计为2 400 000元（注意：由于工程于2025年年末完工，所以2025年的利息不能计入工程成本，而应计入当年财务费用）。

2023年利息资本化会计分录为：

借：在建工程　　800 000

　贷：长期借款——应计利息　　800 000

2024年利息资本化会计分录同2023年。

2025年利息费用化的会计分录为：

借：财务费用　　800 000

　贷：长期借款——应计利息　　800 000

借款本金10 000 000元与借款利息2 400 000元合计为12 400 000元，于2025年年末一次付清。所以，这项经济业务的发生，一方面使得公司的银行存款减少12 400 000元，另一方面使得公司的长期借款（包括本金和利息）减少12 400 000元，共涉及“银行存款”和“长期借款”两个账户。银行存款的减少是资产的减少，应记入“银行存款”账户的贷方，长期借款的减少是负债的减少，应记入“长期借款”账户的借方。编制的会计分录为：

借：长期借款——本金　　10 000 000

　　　　　——应计利息　　2 400 000

　贷：银行存款　　12 400 000

这里需要指出，以上的举例是以长期借款按单利计息的方式来说明问题的。在实际工作中，长期借款也可以采用复利计息的方法。在长期借款按复利计息的情况下，尽管长期借款的本金、利率和偿还期限可能都相同，但在不同的偿付条件下，企业实际真正使用长期借款的时间长短是不同的，所支付的利息费用也就不同。其具体内容将在后续的有关专业课程中介绍。

第三节　供应过程业务的核算

在供应过程中，为生产产品，需要做好多方面的物资准备工作，其中较为重要的就是准备劳动资料即购建固定资产和准备劳动对象即购买原材料等。

由于支出的时间特征不同，在会计核算中，企业应当合理划分收益性支出和资本性支出，其目的在于正确确定企业的当期（一般指一个会计年度）损益。具体来说，收益性支出是为取得本期收益而发生的支出，应当作为当期费用，计入当期损益，列于利润表中。例如，已销售商品的成本、期间费用、所得税等。资本性支出是为形成生产经营能力，为以后各期取得收益而发生的各种支出，应当作为资产反映，列于资产负债表中。例如，购置的固定资产等。

一、固定资产购置业务的核算

企业在其经营过程中，需要使用不同的固定资产，如设备、房屋、车辆、工具器具等。固定资产是企业资产中比较重要的一部分内容，在一定程度上说它代表着企业的生产能力和生产规模，因此，对其正确地加以确认与计量就成为会计核算过程中一项非常重要的内容。

（一）固定资产的含义及特征

《企业会计准则第4号——固定资产》规定：固定资产是指同时具有下列特征的有形资产：(1) 为生产商品、提供劳务、出租或经营管理而持有的；(2) 使用寿命超过一个会计年度。

从这一定义可以看出，作为企业的固定资产应具备以下两个特征（如图4-11所示）：

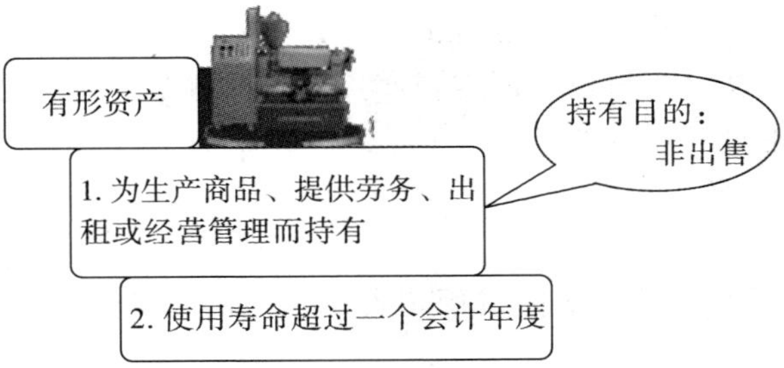

图4-11 固定资产特征

第一，企业持有固定资产的目的，是生产商品、提供劳务、出租或经营管理的需要，而不像商品一样为了对外出售。这一特征是固定资产区别于商品等流动资产的重要标志。

第二，企业使用固定资产的期限较长，使用寿命一般超过一个会计年度。这一特征表明企业固定资产的收益期超过一年，能在一年以上的时间里为企业创造经济利益。

（二）企业取得固定资产入账价值的确定

对固定资产进行核算，既要采用实物计量单位，从实物数量方面反映固定资产的增减变动情况，也要对固定资产进行货币计价，以便更好地确定固定资产的价值。正确地对固定资产进行货币计价，是合理地计提折旧、做好固定资产综合核算的必要条件。为此，《企业会计准则第4号——固定资产》规定，固定资产应当按照实际成本计量。固定资产取得时的实际成本是指企业购建某项固定资产达到预定可使用状态前所发生的一切合理、必要的支出。不同渠道形成的固定资产，其价值构成的具体内容可能不同。

(1) 外购固定资产的成本，包括购买价款、相关税费、使固定资产达到预定可使用状态前所发生的可归属于该项资产的运输费、装卸费、安装费和专业人员服务费等。其中，相关税费主要是指关税和进口消费税（如图4-12所示）。

(2) 购买固定资产的价款超过正常信用条件而延期支付，实质上具有融资性质的，固定资产的成本以购买价款的现值为基础确定，实际支付的价款与购买价款的现值之间的差额，除应资本化的以外，应当在信用期间内计入当期损益。

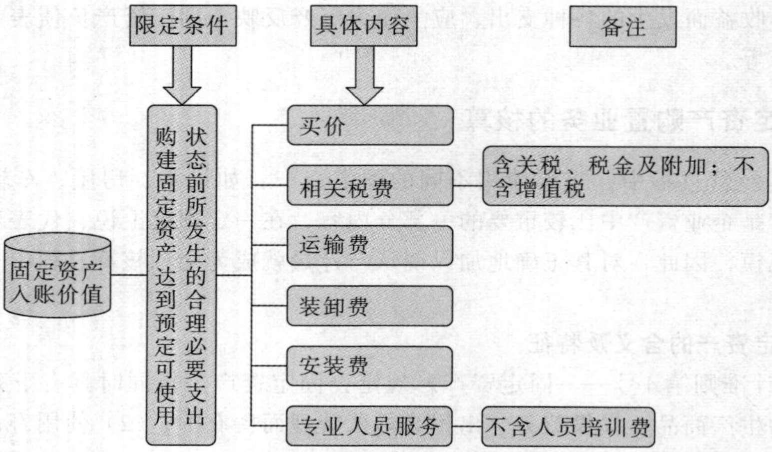

图4-12 固定资产入账价值的构成图

（3）自行建造完成的固定资产，按照建造该项固定资产达到预定可使用状态前所发生的一切合理的、必要的支出作为其入账价值。

至于其他途径诸如接受投资取得固定资产、接受抵债取得的固定资产等的入账价值的确定将在其他有关专业课程中介绍。

（三）固定资产的核算

1.固定资产业务账户的设置

为了核算企业购买和自行建造完成固定资产价值的变动过程及结果，需要设置以下账户：

（1）“固定资产”账户。

“固定资产”账户属于资产类账户，用来核算企业固定资产的增减变动及结余情况。该账户的借方登记固定资产的增加，贷方登记固定资产的减少，期末余额在借方，表示固定资产的结余额。该账户应按照固定资产的种类设置明细账户，进行明细分类核算。在使用该账户时，必须注意固定资产只有达到预定可使用状态时，其价值已经形成，才可以记入“固定资产”账户。

“固定资产”账户结构如图4-13所示。

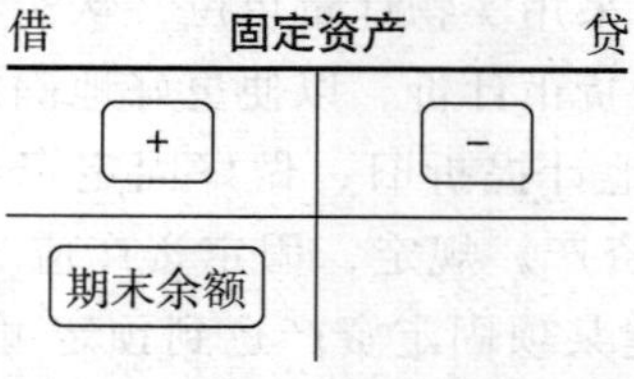

图4-13 “固定资产”账户结构

（2）“在建工程”账户。

“在建工程”账户属于资产类账户，是用来核算企业单位为进行固定资产基建、安装、技术改造以及大修理等工程而发生的全部支出（包括安装设备的价值），并据以计算确定各该工程成本的账户。该账户的借方登记工程支出的增加，贷方登记结转已完工工程的成本。期末余额在借方，表示未完工工程的成本。“在建工程”账户应按工程内容如建筑工程、安装工程、在安装设备以及单项工程等设置明细账户，进行明细核算。

“在建工程”账户结构如图4-14所示。

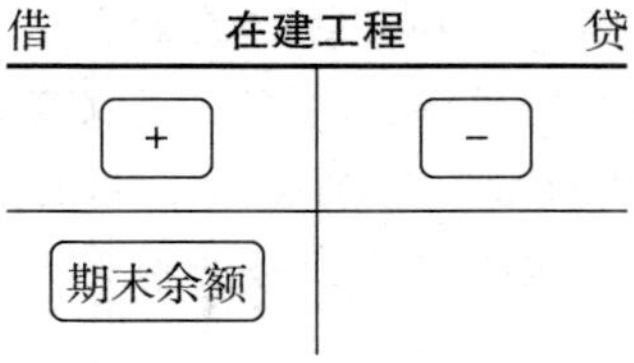

图4-14 “在建工程”账户结构

企业购置的固定资产，对于其中需要安装的部分，在交付使用之前，由于没有形成完整的取得成本，因而必须通过“在建工程”账户进行核算，在购建过程中所发生的全部支出，都应归集在“在建工程”账户，待工程达到预定可使用状态形成固定资产之后，方可将该工程成本从“在建工程”账户转入“固定资产”账户。

企业购置的固定资产，有的购买完成之后当即可以投入使用，也就是当即达到预定可使用状态，因而可以立即形成固定资产；而有的固定资产，在购买之后，还需要经过安装过程，安装之后方可投入使用，而这两种情况在核算上是有区别的。所以，在对固定资产进行核算时，一般将其区分为不需要安装的固定资产和需要安装的固定资产分别进行处理。

2.固定资产业务账务处理

【例4-12】大新有限责任公司购入一台不需要安装即可投入使用的设备，取得的增值税专用发票上注明的设备价款为30 000元，增值税税额为3 900元，另支付运输费300元、包装费400元，运输费和包装费的增值税税额为63元，款项以银行存款支付。

这是一台不需要安装的设备，购买完成之后就意味着达到了预定可使用状态，在购买过程中发生的除进项税额外的全部支出共计30 700元（30 000+300+400）形成固定资产的取得成本。这项经济业务的发生，一方面使得公司固定资产取得成本增加30 700元，另一方面使得公司的银行存款减少34 663元（30 700+3 900+63），在支付银行存款的同时，进项税额的支付义务也随之完成。因此涉及“固定资产”、“应交税费——应交增值税（进项税额）”和“银行存款”三个账户。固定资产的增加是资产的增加，应记入“固定资产”账户的借方；应交税费义务的履行代表负债的减少，应记入“应交税费——应交增值税（进项税额）”的借方；银行存款的减少是资产的减少，应记入“银行存款”账户的贷方。因而这项经济业务应编制的会计分录如下：

借：固定资产　　30 700
　　应交税费——应交增值税（进项税额）　　3 963
　贷：银行存款　　34 663

【例4-13】大新有限责任公司用银行存款购入一台需要安装的设备，增值税专用发票上注明的设备买价960 000元，增值税税额124 800元，其他费用10 000元，设备投入安装。

由于这是一台需要安装的设备，因而购买过程中发生的各项支出构成购置固定资产安装工程成本，在设备达到预定可使用状态前的这些支出应先在“在建工程”账户中进行归集。因而，这项经济业务的发生，一方面使得公司的在建工程支出增加计970 000元（960 000+10 000），另一方面使得公司的银行存款减少1 094 800元（970 000+ 124 800），在支付银行存款的同时，进项税额的支付义务也随之完成，因此共涉及“在建工程”、“应交税费——应交增值税（进项税额）”和“银行存款”三个账户。在建工程的增加是资产的增加，应记入“在建工程”账户的借方；应交税费义务的履行代表负债的减少，应记入“应交税费——应交增值税（进项税额）”的借方；银行存款的减少是资产的减少，应记入“银行存款”账户的贷方。所以这项经济业务应编制的会计分录如下：

借：在建工程　　970 000
　　应交税费——应交增值税（进项税额）　　124 800
　贷：银行存款　　1 094 800

【例4-14】承前例，大新有限责任公司的上述设备在安装过程中，应支付安装工人薪酬45 600元，支付安装材料1 400元（不考虑增值税），支付安装费用5 000元。

设备在安装过程中发生的安装费也构成固定资产安装工程支出。这项经济业务的发生，一方面使得公司固定资产安装工程支出（安装薪酬45 600元、安装材料1 400元、安装费用5 000元）增加52 000元，另一方面使得公司应付职工薪酬增加45 600元，原材料减少1 400元，银行存款减少5 000元，共涉及“在建工程”“应付职工薪酬”“原材料”“银行存款”四个账户。在建工程的增加是资产的增加，应记入“在建工程”账户的借方；应付而未付职工薪酬的增加是负债的增加，应记入“应付职工薪酬”账户的贷方，原材料的减少是资产的减少，应记入“原材料”账户的贷方，银行存款的减少是资产的减少，应记入“银行存款”账户的贷方。所以这项经济业务应编制的会计分录如下：

借：在建工程　　52 000
　贷：应付职工薪酬　　45 600
　　　原材料　　1 400
　　　银行存款　　5 000

【例4-15】承前例，上述设备安装完毕，达到预定可使用状态，并经验收合格办理竣工决算手续，现已交付使用，结转工程成本。

工程安装完毕，交付使用，意味着固定资产的取得成本已经形成，就可以将该工程成本全部转入“固定资产”账户。在本例题中，其工程的全部成本为1 022 000元（970 000+52 000）。这项经济业务的发生，一方面使得公司固定资产取得成本增加1 022 000元，另一方面使得公司的在建工程成本减少1 022 000元，共涉及“固定资产”和“在建工程”两个账户。固定资产取得成本的增加是资产的增加，应记入“固定资产”账户的借方，在建工程成本的结转是资产的减少，应记入“在建工程”账户的贷方。这项经济业务应编制的会计分录如下：

借：固定资产　　1 022 000
　贷：在建工程　　1 022 000

（四）固定资产的折旧

固定资产折旧是指在固定资产使用寿命内，对固定资产磨损情况的反映，要求按照确定的方法对应计折旧额进行系统分摊。其中应计折旧额是指应当计提折旧的固定资产的原价扣除其预计净残值后的金额。

1.影响折旧的因素

影响折旧的因素主要包括固定资产的原值、固定资产的预计可使用寿命和固定资产预计净残值、已计提减值准备的固定资产，还应当扣除已计提的固定资产减值准备累计金额（如图4-15所示）。

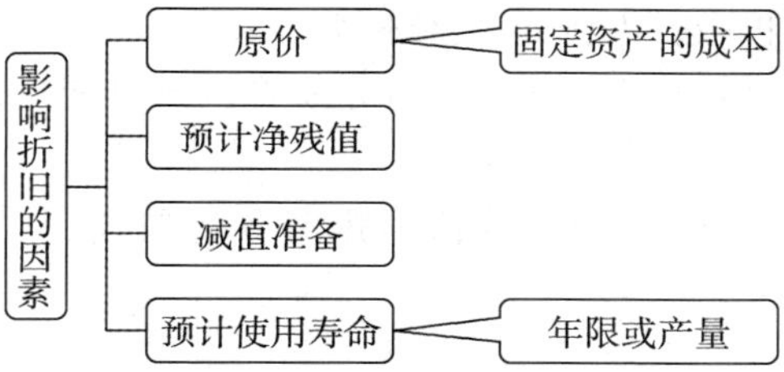

图4-15 影响折旧的因素

预计净残值是指假定固定资产的预计使用寿命已满并处于使用寿命终了时的预期状态，企业目前从该项资产的处置中获得的扣除预计处置费用后的金额。

企业应当根据固定资产的性质和使用情况，合理确定固定资产的预计净残值。预计净残值一经确定，不得随意变更。在实际工作中，可以考虑预计净残值率。预计净残值率是指固定资产预计净残值额占其原价的比率。

2.固定资产折旧范围与折旧方法

（1）折旧范围。

企业应当按月（时间范围）对所有（空间范围）的固定资产计提折旧。特殊情况除外。

①时间范围。

当月增加的固定资产，当月不计提折旧，从下月起计提折旧；当月减少的固定资产，当月仍计提折旧，从下月起不计提折旧。提前报废的固定资产，不再补提折旧。

例如，3月5日购入新车100万元（4月份开始计提折旧）；3月20日出售旧车200万元（4月份开始不计提折旧）。

②空间范围。

企业应当按月对所有的固定资产计提折旧，但下列情况除外：第一，已提足折旧仍继续使用的固定资产（提足折旧：指已经提足该项固定资产的应计折旧额）；第二，单独计价入账的土地；第三，持有待售的固定资产。

（2）折旧方法。

固定资产的折旧方法有几种，如图4-16所示。在基础会计中只介绍年限平均法。年限平均法，又称直线法，是指将固定资产的应计折旧额均匀地分摊到固定资产预计使用寿命内的一种方法。

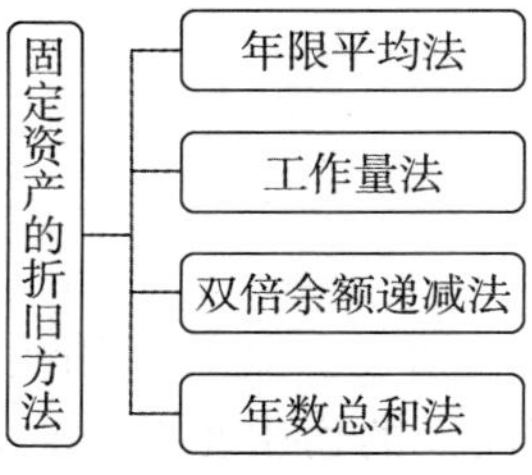

图4-16 固定资产的折旧方法

不同的固定资产折旧方法，将影响固定资产使用寿命内不同时期的折旧费用。

企业应当根据与固定资产有关的经济利益的预期实现方式合理选择折旧方法，固定资产的折旧方法一经确定，不得随意变更。

固定资产在其使用过程中，因所处经济环境、技术环境以及其他环境均有可能发生很大变化，企业至少应当于每年年度终了，对固定资产的预计使用寿命、预计净残值和折旧方法进行复核。

固定资产预计使用寿命、预计净残值和折旧方法的改变，应当作为会计估计变更处理。

3.账户设置

“累计折旧”账户属于特殊资产类账户，用来核算企业固定资产累计已提折旧情况，是固定资产账户的备抵账户。其贷方登记按月提取的折旧额即累计折旧的增加，借方登记因减少固定资产而减少的累计折旧，期末余额在贷方，表示已提折旧的累计额。该账户只进行总分类核算，不进行明细分类核算。如果要查明某项固定资产已提折旧的具体情况，可以通过固定资产卡片来了解。

“累计折旧”账户结构如图4-17所示。

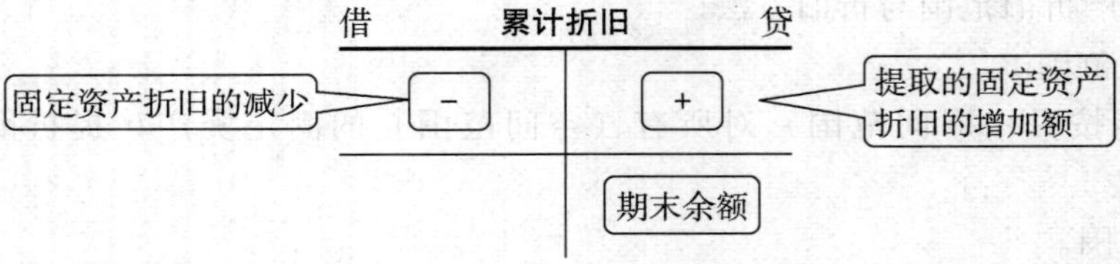

图4-17 “累计折旧”账户结构

【例4-16】大新有限责任公司于月末计提本月固定资产折旧，其中车间固定资产折旧额1 720元，厂部用固定资产折旧额900元。

企业的固定资产由于使用等原因会磨损其价值即折旧，因而对固定资产应通过提取折旧的方式将其磨损的价值计入到当期成本或损益中去。提取固定资产折旧时，一方面意味着当期的费用成本增加（其中基本生产车间固定资产提取的折旧额应记入“制造费用”账户的借方，厂部用固定资产提取的折旧额应记入“管理费用”账户的借方），另一方面，固定资产已提折旧额的增加，实际上是固定资产价值的减少，本应记入“固定资产”账户，但是由于“固定资产”账户只能记录固定资产的取得成本（在固定资产使用期内，一般是不变的），所以对固定资产提取的折旧额应记入“累计折旧”账户的贷方，表示固定资产已提折旧的增加。这项业务应编制的会计分录如下：

借：制造费用	1 720	
管理费用	900	
贷：累计折旧		2 620

二、材料采购业务的核算

企业要进行正常的产品生产经营活动，就必须购买和储备一定品种和数量的原材料，原材料是制造业企业生产产品不可缺少的物质要素。它是指在生产过程中，经过加工改变其形态或性质并构成产品主要实体的各种原料、主要材料和外购半成品，以及不构成产品实体但有助于产品形成的辅助材料，具体包括原料及主要材料、辅助材料、外购半成品、修理用备件、包装物、燃料等。

在材料采购过程中，一方面是企业从供应单位购进各种材料，要计算购进材料的采购成本；另一方面企业要按照经济合同和约定的结算办法支付材料的买价和各种采购费用，并与供应单位发生款项结算关系。在材料采购业务的核算过程中，还涉及增值税进项税额的计算与处理问题。

关于取得原材料成本的确定，不同方式取得的原材料，其成本的确定方法不同，成本构成内容也不同。

（一）原材料入账价值的确定

购入的原材料，其实际采购成本是指企业物资从采购到入库前所发生的全部支出，包括购买价款、相关税费、运输费、装卸费、保险费以及其他可归属于采购成本的费用（如图4-18所示）。不同纳税人支付的增值税（进项税额）处理不同：一般纳税人支付的不计入成本；小规模纳税人支付的计入成本。

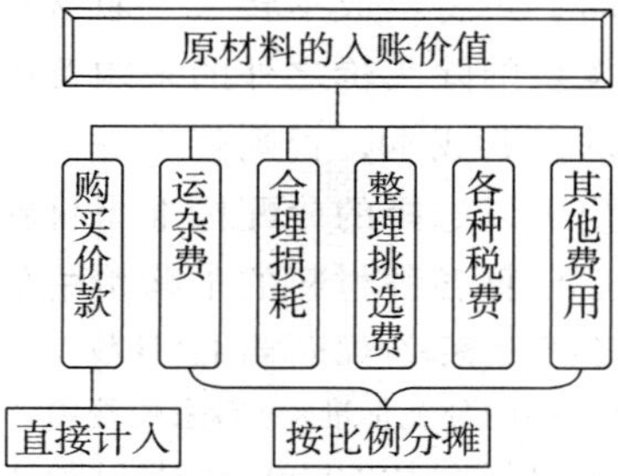

图4-18　原材料的入账价值构成图

购入原材料的成本具体由以下几项内容组成：

（1）购买价款是指购货发票所注明的款项金额；

（2）在采购过程中发生的运杂费（包括运输费、包装费、装卸费、保险费、仓储费等，不包括营改增之后可抵扣的增值税税额）；

（3）材料在运输途中发生的合理损耗；

（4）材料入库之前发生的整理挑选费用；

（5）按规定应计入材料采购成本中的各种税金，如从国外进口材料支付的关税等；

（6）其他费用，如大宗物资的市内运杂费等。

以上第（1）项应当直接计入所购材料的采购成本，第（2）、（3）、（4）、（5）、（6）项，凡能分清受益对象的，可以直接计入材料的采购成本，不能分清受益对象的，应按材料的重量等标准分配计入材料采购成本。

应注意的是，材料在运输途中发生的损耗包括合理损耗、不合理损耗和意外损耗等。合理损耗计入材料采购成本，不合理损耗应向责任人或责任单位索取赔偿，意外损耗扣除保险公司给予的赔偿以及残值后的净损失计入营业外支出，除以上各项以外的其他损失计入管理费用。

（二）材料采购业务账户的设置

1.“在途物资”账户

“在途物资”账户属于资产类账户，用来核算企业采用实际成本（或进价）进行材料、商品等物资的日常核算，反映款项已付尚未验收入库的在途物资的采购成本。其借方登记购入材料的实际采购成本，贷方登记结转完成采购过程、验收入库材料的实际采购成本，期末余额在借方，表示尚未运达企业或者已经运达企业但尚未验收入库的在途材料的成本。"在途物资"账户应按照购入材料的品种设置明细账户，进行明细分类核算。

"在途物资"账户结构如图4-19所示。

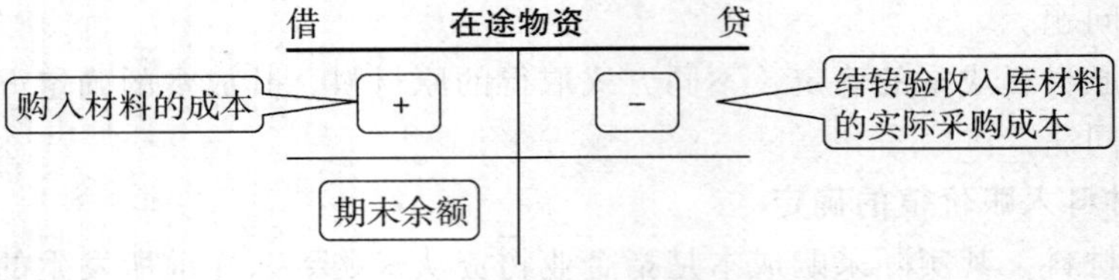

图4-19 "在途物资"账户结构

对于"在途物资"账户，在具体使用时，要注意以下两个问题：

第一，企业对于购入尚未入库的材料，不论是否已经付款，一般都应该先记入该账户，在材料验收入库结转成本时，再将其成本转入"原材料"账户。

第二，在购入材料过程中发生的除买价之外的采购费用，如果能够分清是某种材料直接负担的，可直接计入该材料的采购成本，否则就应进行分配。分配时，首先根据材料的特点确定分配的标准，一般来说可以选择的分配标准有材料的重量、体积、买价等，然后计算材料采购费用分配率，最后计算各种材料的采购费用负担额，即：

材料采购费用分配率=共同性采购费用额÷分配标准的合计数

某材料应负担的采购费用额=该材料的分配标准×材料采购费用分配率

例如：大新有限责任公司用银行存款10 000元支付购入甲、乙材料的外地运杂费，其中：甲材料8 000千克，乙材料2 000千克，按照材料的重量比例进行运杂费分配。

首先需要对甲、乙材料共同负担的10 000元外地运杂费进行分配率的计算：

分配率=10 000÷（8 000+2 000）=1（元/千克）

然后计算各种材料运杂费用的负担额，即：

甲材料负担的运杂费用=8 000×1=8 000（元）

乙材料负担的运杂费用=2 000×1=2 000（元）

2."原材料"账户

"原材料"账户属于资产类账户，是用来核算企业库存原材料实际成本的增减变动及结存情况的账户。其借方登记已验收入库材料实际成本的增加，贷方登记发出材料的实际成本（即库存材料成本的减少），期末余额在借方，表示库存材料实际成本的期末结余额。"原材料"账户应按照材料的保管地点、材料的种类或类别设置明细账户，进行明细分类核算。

"原材料"账户结构如图4-20所示。

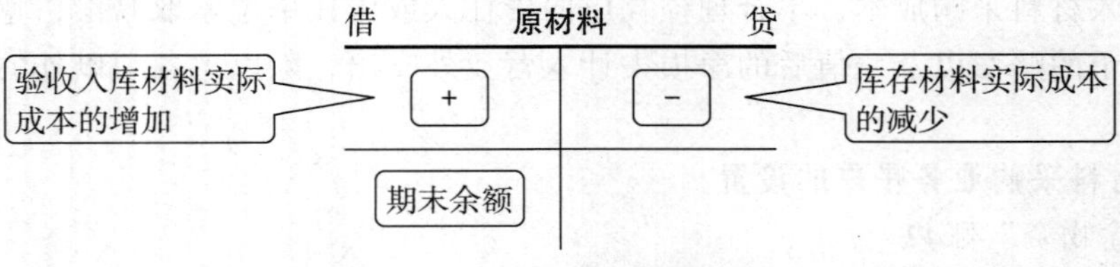

图4-20 "原材料"账户结构

3.“应付账款”账户

“应付账款”账户属于负债类账户，用来核算企业因购买原材料、商品和接受劳务供应等经营活动应支付而尚未支付的款项。其贷方登记应付供应单位款项（买价、税金和代垫运杂费等）的增加，借方登记应付供应单位款项的减少（即偿还）。期末余额一般在贷方，表示尚未偿还的应付款的结余额；期末余额如果在借方，表示多付的款项，具有预付账款的性质。该账户应按照供应单位的名称设置明细账户，进行明细分类核算。

“应付账款”账户结构如图4-21所示。

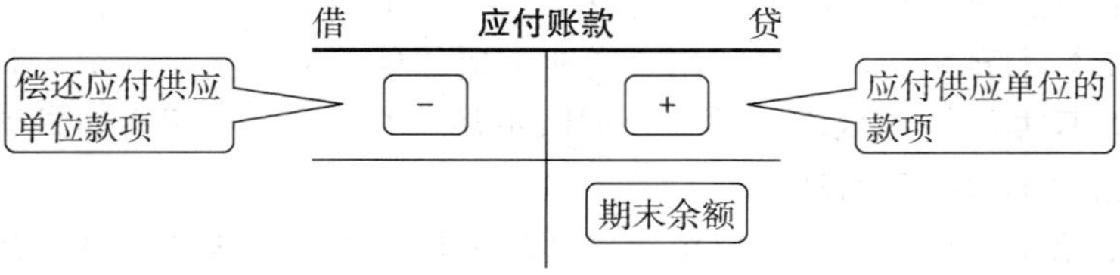

图4-21 “应付账款”账户结构

4.“预付账款”账户

“预付账款”账户属于资产类账户，是用来核算企业按照合同的规定向供应单位预付购料款而与供应单位发生的结算债权的增减变动及结余情况的账户。其借方登记结算债权的增加即预付款的增加，贷方登记收到供应单位提供的材料物资而应冲销的预付款债权（即预付款的减少）。期末余额一般在借方，表示尚未结算的预付款的结余额；如期末余额在贷方，则具有应付账款的性质。该账户应按照供应单位的名称设置明细账户，进行明细分类核算。在实际工作中，预付款项情况不多的，也可以不设置该账户，将预付的款项直接记入“应付账款”账户的借方。

“预付账款”账户结构如图4-22所示。

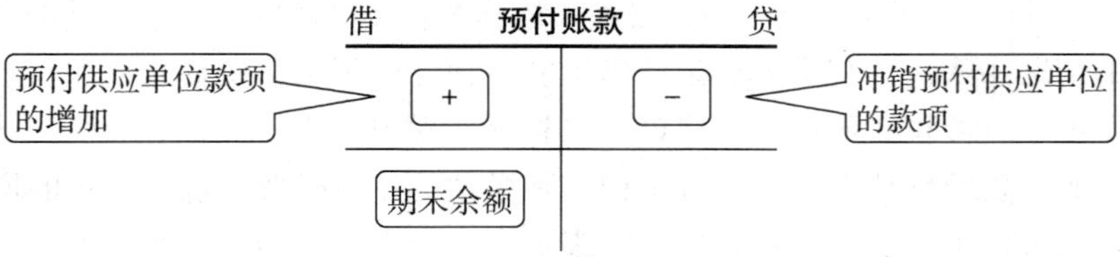

图4-22 “预付账款”账户结构

5.“应付票据”账户

“应付票据”账户属于负债类账户，是用来核算企业单位采用商业汇票结算方式购买材料物资等而开出、承兑商业汇票的增减变动及结余情况的账户。其贷方登记企业开出、承兑商业汇票的增加，借方登记到期商业汇票的减少。期末余额在贷方，表示尚未到期的商业汇票的期末结余金额。该账户应按照债权人的不同设置明细账户，进行明细核算，同时设置“应付票据备查簿”，详细登记商业汇票的种类、号数、出票日期、到期日、票面金额、交易合同号、收款人姓名或收款单位名称、付款日期和金额等资料。应付票据到期结清时，在备查簿中注销。

“应付票据”账户结构如图4-23所示。

应付票据是由出票人出票、承兑人承兑、付款人在指定日期无条件支付确定的金额给收款人或持票人的商业汇票。商业汇票是由收款人或付款人（或承兑申请人）签发，由承

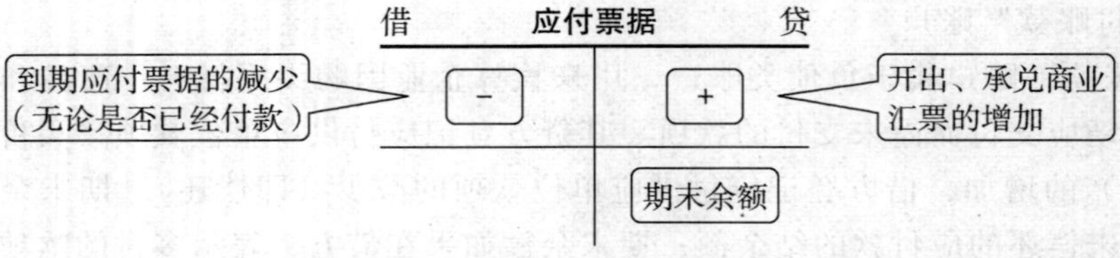

图4-23 “应付票据”账户结构

兑人承兑，并于到期日向收款人或持票人无条件支付款项的票据。商业汇票结算方式适用于企业先发货后收款或者双方约定延期付款的具有真实的交易关系或债权债务关系等款项的结算，同城结算和异地结算均可使用。商业汇票的付款期限由交易双方共同商定，但根据《商业汇票结算办法》的规定，其最长期限不超过6个月。持票人如果急需资金，可以持未到期的票据到银行办理贴现。

采用商业汇票结算方式，可以使企业之间的债权债务关系表现为外在的票据，使商业信用票据化，具有较强的约束力，有利于维护和发展社会主义市场经济。对于购货企业来说，采用商业汇票结算方式可以延期付款，可以在资金暂时不足的情况下及时购进材料物资，以保证生产经营顺利进行。对于销货企业来说，采用商业汇票结算方式可以疏通商品渠道，扩大销售，促进生产。商业汇票的分类及特点见表4-2。

表4-2 商业汇票的分类及特点

分类	特点
银行承兑汇票	承兑人为银行
商业承兑汇票	承兑人为银行以外的单位或个人

6.“应交税费”账户

“应交税费”账户属于负债类账户，是用来核算企业按税法的规定应缴纳的各种税费的计算与实际缴纳情况的账户。其贷方登记计算出的各种应交而未交税费的增加，包括计算出的增值税、消费税、资源税、城市维护建设税、教育费附加、所得税、房产税、城镇土地使用税、车船税、矿产资源补偿费等；借方登记实际缴纳的各种税费，包括支付的增值税进项税额等。期末余额方向不固定，如果在贷方，表示应交未交税费的结余额；如果在借方，表示多交的税费。“应交税费”账户应按照税费种类设置明细账户，进行明细分类核算。

“应交税费”账户结构如图4-24所示。

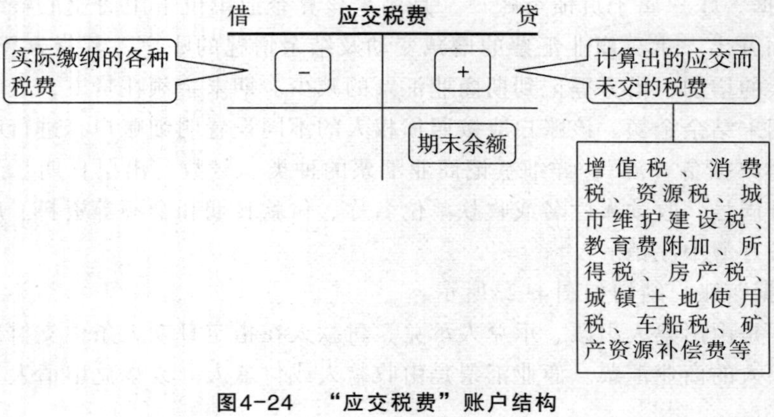

图4-24 “应交税费”账户结构

在材料采购业务中设置“应交税费”账户核算增值税。增值税是以商品（含应税劳务）在流转过程中产生的增值额作为计税依据而征收的一种流转税。从计税原理上说，增值税是对商品生产、流通、劳务服务中多个环节的新增价值或商品的附加值征收的一种流转税。增值税实行价外税，也就是由消费者负担，有增值才征税，没增值不征税。

按照纳税人的经营规模及会计核算的健全程度，增值税纳税人分为一般纳税人和小规模纳税人。一般纳税人当期应纳增值税税额，根据当期销项税额减去当期进项税额计算确定；小规模纳税人当期应纳增值税税额，直接按照销售额和征收率计算确定。

在税收征管上，从世界各国来看，一般都实行凭购买发票进行抵扣。按照《中华人民共和国增值税暂行条例》的规定，企业购入货物或接受应税劳务支付的增值税（即进项税额），可从销售货物或提供劳务按规定收取的增值税（即销项税额）中抵扣。

当期应纳增值税税额=当期销项税额-当期进项税额

销项税额是指纳税人销售货物或应税劳务，按照销售额和规定的税率计算并向购买方收取的增值税税额。

销项税额=销售额×增值税税率

进项税额是指纳税人购进货物或接受应税劳务所支付或负担的增值税税额。

进项税额=购进货物或劳务价款×增值税税率

增值税的进项税额与销项税额是相对应的，销售方的销项税额就是购买方的进项税额。

“应交税费——应交增值税”账户结构如图4-25所示。

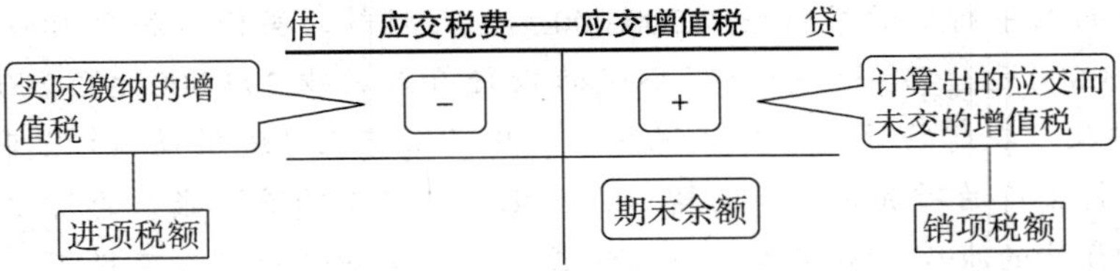

图4-25 “应交税费——应交增值税”账户结构

增值税是价外税，所以购买材料和销售产品的价格均不应包括增值税税额。如果发票上所列价格为含税价，需将含税价转化为不含税价格，其计算公式为：

$$\text{单价（不含税价）}=\frac{\text{单价(含税价)}}{1+\text{增值税税率}}$$

增值税是我国最主要的税种之一，我国自1979年开始试行增值税，于1984年和1993年进行了两次重要改革，随着税种的调整，税率也在不断调整和完善，自2018年5月1日起制造业等行业的增值税税率从17%降至16%，自2023年5月1日起制造业等行业的增值税税率又从16%修改为13%。

思政课堂

依法纳税，是每个公民应尽的义务!

2021年12月，浙江省杭州市税务部门经税收大数据分析发现网络主播黄某涉嫌偷逃税款，在相关税务机关协作配合下，依法对其开展了全面深入的税务检查。

经查，黄某在2019年至2020年期间，通过隐匿个人收入、虚构业务转换收入性质虚假申报等方式偷逃税款6.43亿元，其他少缴税款0.6亿元。国家税务总局杭州市税务局稽查局依据《中华人民共和国个人所得税法》《中华人民共和国税收征收管理法》《中华人民共和国行政处罚法》等相关法律法规规定，按照《浙江省税务行政处罚裁量基准》，对黄某追缴税款、加收滞纳金并处罚款，共计13.41亿元。

《中华人民共和国宪法》第五十六条规定："中华人民共和国公民有依照法律纳税的义务。"这是宪法规定的我国公民必须履行的一项基本义务。党的二十大报告中也提到，要"加大税收、社会保障、转移支付等的调节力度。完善个人所得税制度，规范收入分配秩序"。作为马上步入社会的大学生，我们更应该自觉树立纳税意识，做到自觉依法诚信纳税，积极行使纳税人权利。

资料来源：王楠．薇娅偷逃税被追缴并处罚款13.41亿元　浙江杭州市税务部门依法对其进行处理［EB/OL］．［2021-12-20］．https：//www.sohu.com/a/510237138_114941？scm=1101.topic：43511：110019.0.0.0&spm=smpc.topic_205.block2_89_WfKoXS_1_fd.1.1691031924472DkxFGK9_43511.

（三）材料采购业务的账务处理

1.材料采购

【例4-17】大新有限责任公司从友谊工厂购入下列材料：甲材料5 000千克，单价40元；乙材料2 000千克，单价30元，增值税税率13%，全部款项通过银行付清。

对于这项经济业务，首先要计算购入材料的买价和增值税进项税额。甲材料的买价为200 000元（40×5 000），乙材料的买价为60 000元（30×2 000），甲、乙两种材料的买价共计为260 000元，增值税进项税额为33 800元（260 000×13%）。这项经济业务的发生，一方面使得公司购入甲材料的买价增加200 000元，乙材料的买价增加60 000元，增值税进项税额增加33 800元，另一方面使得公司的银行存款减少293 800元（200 000 +60 000+33 800），共涉及"在途物资"、"应交税费——应交增值税（进项税额）"和"银行存款"三个账户。材料买价的增加是资产的增加，应记入"在途物资"账户的借方；增值税进项税额的增加是负债的减少，应记入"应交税费——应交增值税（进项税额）"明细账户的借方；银行存款的减少是资产的减少，应记入"银行存款"账户的贷方。所以，这项业务应编制的会计分录如下：

借：在途物资——甲材料	200 000	
——乙材料	60 000	
应交税费——应交增值税（进项税额）	33 800	
贷：银行存款		293 800

【例4-18】大新有限责任公司用银行存款14 000元支付上述购入甲、乙材料的外地运杂费，按照材料的重量比例进行分配。

首先需要对甲、乙材料应共同负担的14 000元外地运杂费进行分配：

分配率=14 000÷（5 000+2 000）=2（元/千克）

甲材料负担的外地运杂费=5 000×2=10 000（元）

乙材料负担的外地运杂费=2 000×2=4 000（元）

这项经济业务的发生，一方面使得公司的材料采购成本增加14 000元，其中甲材料采购成本增加10 000元，乙材料采购成本增加4 000元，另一方面使得公司的银行存款减少14 000元，共涉及"在途物资"和"银行存款"两个账户。材料采购成本的增加是资产的增加，应记入“在途物资”账户的借方，银行存款的减少是资产的减少，应记入“银行存款”账户的贷方。所以，这项业务应编制的会计分录如下：

借：在途物资——甲材料　　10 000

　　　　　——乙材料　　4 000

　贷：银行存款　　14 000

【例 4-19】大新有限责任公司从红星工厂购进丙材料 7 200 千克，发票注明的价款 432 000 元，增值税税额 56 160 元（432 000×13%），红星工厂代本公司垫付材料的运杂费 8 000 元，增值税税额 720 元（800×9%）。材料已运达企业并已验收入库。账单、发票已到，但材料价款、税金及运杂费尚未支付。

这项经济业务的发生，一方面使得公司的材料采购成本增加计 440 000 元（其中材料买价 432 000 元、运杂费 8 000 元），增值税进项税额增加 56 880（56 160+720）元，另一方面使得公司应付供应单位款项增加计 496 880 元（432 000+8 000+56 880）。由于材料已验收入库，因此，这项经济业务共涉及“原材料”、“应交税费——应交增值税（进项税额）”和“应付账款”三个账户。材料采购成本的增加是资产的增加，应记入“原材料”账户的借方；增值税进项税额的增加是负债的减少，应记入“应交税费——应交增值税（进项税额）”账户的借方；应付账款的增加是负债的增加，应记入“应付账款”账户的贷方。所以这项经济业务应编制的会计分录如下：

借：原材料——丙材料　　440 000

　　应交税费——应交增值税（进项税额）　　56 880

　贷：应付账款——红星工厂　　496 880

【例 4-20】大新有限责任公司按照合同的规定用银行存款预付给胜利工厂订货款 360 000 元。

这项经济业务的发生，一方面使得公司预付的订货款增加 360 000 元，另一方面使得公司的银行存款减少 360 000 元，共涉及“预付账款”和“银行存款”两个账户。预付订货款的增加是资产（债权）的增加，应记入“预付账款”账户的借方，银行存款的减少是资产的减少，应记入“银行存款”账户的贷方。所以，这项经济业务应编制的会计分录如下：

借：预付账款——胜利工厂　　360 000

　贷：银行存款　　360 000

【例 4-21】大新有限责任公司收到胜利工厂发运来的、已预付款项的丙材料。随货物附来的增值税专用发票注明该批丙材料的价款 840 000 元，增值税进项税额 109 200 元，除冲销原预付款 360 000 元外，不足款项立即用银行存款支付。另发生运杂费 10 000 元，增值税税额 1 300 元，用现金支付。

这项经济业务的发生，一方面使得公司的材料采购支出（丙材料的买价和采购费用）增加共计 850 000 元（840 000+10 000），增值税进项税额增加 110 500 元（109 200+1 300），另一方面使得公司的预付款减少 360 000 元，银行存款减少 589 200 元（840 000+109 200−360 000），库存现金减少 10 000 元，共涉及“原材料”、“应交税费——应交增值税（进项税额）”、“预付账款”、“银行存款”和“库存现金”五个账户。材料采购的增加是资产的增加，由于材料已验收入库，应记入“原材料”账户的借方；增值税进项税额的增加是负债的减少，应记入“应交税费——应交增值税（进项税额）”账户的借方；预付款的减少是资产的减少，应记入“预付账款”账户的贷方；银行存款的减少是资产的减少，应记入“银行存款”账户的贷方；现金的减少是资产的减少，应记入“库存现金”账户的贷方。所以这项经济业务应编制的会计分录如下：

借：原材料——丙材料　850 000
　　应交税费——应交增值税（进项税额）　110 500
　贷：预付账款——胜利工厂　949 200
　　　库存现金　11 300
借：预付账款——胜利工厂　589 200
　贷：银行存款　589 200

【例4-22】大新有限责任公司签发并承兑一张商业汇票购入丁材料，该批材料的含税总价款809 080元，增值税税率13%。

在这笔经济业务中出现的是含税总价款809 080元，应将其分解为不含税价款和税额两部分：

不含税价款=含税价款÷（1+税率）=809 080÷（1+13%）=716 000（元）

增值税税额=809 080−716 000=93 080（元）

这项经济业务的发生，一方面使得公司的材料采购成本增加716 000元，增值税进项税额增加93 080元，另一方面使得公司的应付票据增加809 080元，共涉及“在途物资”、“应交税费——应交增值税”和“应付票据”三个账户。材料采购的增加是资产的增加，应记入“在途物资”账户的借方；增值税进项税额的增加是负债的减少，应记入“应交税费——应交增值税”账户的借方；应付票据的增加是负债的增加，应记入“应付票据”账户的贷方。所编制的会计分录如下：

借：在途物资——丁材料　716 000
　　应交税费——应交增值税（进项税额）　93 080
　贷：应付票据　809 080

【例4-23】大新有限责任公司签发并承兑一张商业汇票，用以抵付本月【例4-19】从红星工厂购入丙材料的价税款和代垫的运杂费。

本月从红星工厂购入的丙材料的价款为432 000元，增值税税额为56 160元，代垫运杂费为8 000元，增值税税额为720元，合计为496 880元。这项经济业务的发生，一方面使得公司的应付账款减少496 880元，另一方面使得公司的应付票据增加496 880元，共涉及“应付账款”和“应付票据”两个账户。应付账款的减少是负债的减少，应记入“应付账款”账户的借方；应付票据的增加是负债的增加，应记入“应付票据”账户的贷方。所编制的会计分录如下：

借：应付账款——红星工厂　496 880
　贷：应付票据　496 880

2.材料入库

【例4-24】本月购入的甲、乙、丁材料全部验收入库，并结转各种材料的实际采购成本（丙材料已在平时进行了入库的账务处理）。

首先计算本月购入的各种材料的实际采购成本：

甲材料实际采购成本=200 000+10 000=210 000（元）

乙材料实际采购成本=60 000+4 000=64 000（元）

丁材料实际采购成本=716 000元

这项经济业务的发生，一方面使得公司已验收入库材料的实际采购成本增加990 000元（210 000+64 000+716 000），另一方面使得公司的材料采购支出结转990 000元，共涉及“原材料”和“在途物资”两个账户。库存材料实际成本的增加是资产的增加，应记入“原材料”账户的借方，材料采购支出的结转是资产的减少，应记入“在途物资”账户的贷方。所以这项经济业务应编制的会计分录如下：

借：原材料——甲材料	210 000	
——乙材料	64 000	
——丁材料	716 000	
贷：在途物资——甲材料		210 000
——乙材料		64 000
——丁材料		716 000

第四节 生产过程业务的核算

生产过程是制造业最具特色的阶段。在这一阶段，企业劳动者借助机器、设备，将原材料加工成符合设计要求的产品。从会计核算角度来看，生产阶段所发生的经济业务数量最多，也最为复杂。生产阶段各项生产费用的发生、归集与分配，以及完工产品的入库，是生产阶段的主要业务。

一、生产过程业务概述

制造业企业在生产过程中发生的、用货币表现的生产耗费叫作生产费用。这些费用最终都要归集、分配到一定种类的产品上去，从而形成各种产品的成本。换言之，企业为生产一定种类、一定数量产品所支出的各种生产费用的总和对象化于产品就形成了这些产品的成本。由此可见，费用与成本有着密切的联系，也有一定的区别：费用的发生过程就是成本的形成过程，费用是产品成本形成的基础。费用是在一定期间为了进行生产经营活动而发生的各项耗费，费用与发生的期间直接相关，即费用强调“期间”；成本则是为生产某一产品或提供某一劳务所消耗的费用，成本与负担者直接相关，即成本强调“对象”。

生产费用按其计入产品成本的方式的不同，可以分为直接费用和间接费用（见表4-3）。

表4-3 生产费用的分类

生产费用	概　念	内　容
直接费用	企业在生产产品过程中实际消耗的直接材料和直接人工	直接材料
		直接人工
间接费用	企业为生产产品和提供劳务而发生的各项间接支出	制造费用

直接材料，是指企业在生产产品和提供劳务的过程中所消耗的、直接用于产品生产，构成产品实体的各种原材料及主要材料、外购半成品以及有助于产品形成的辅助材料等。

直接人工，是指企业在生产产品和提供劳务的过程中，直接从事产品生产的工资、津贴、补贴和福利费等。

制造费用，是指企业为生产产品和提供劳务而发生的各项间接费用，其构成内容比较复杂，包括间接的工资费、福利费、折旧费、修理费、办公费、水电费、机物料消耗、季节性停工损失等。

在会计核算过程中，必须按照划分收益性支出和资本性支出、历史成本和权责发生制核算基础的要求对各项费用的发生额及应归属的期间加以确认与计量，并按照各项费用的构成内容和经济用途正确地进行反映。因此，在产品生产过程中费用的发生、归集和分配以及产品成本的形成，就构成了产品生产业务核算的主要内容。

二、生产业务核算的主要内容

（一）材料费用的归集与分配

材料是构成产品实体的一个重要组成部分，对材料费用的归集与分配的核算是生产过程核算的非常重要的内容（如图4-26所示）。

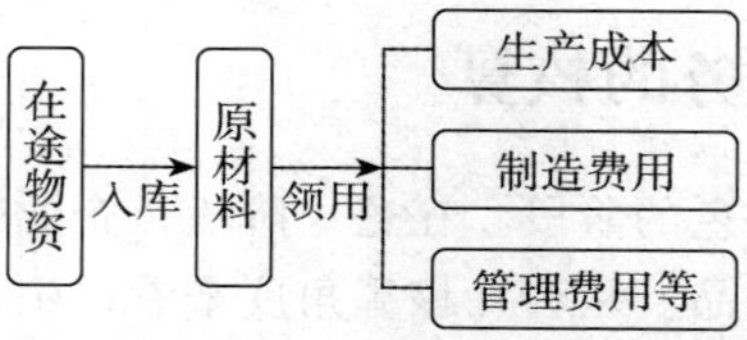

图4-26　材料费用的归集与分配程序图

1.相关账户的设置

为了反映和监督产品在生产过程中各项材料费用的发生、归集和分配情况，正确地计算产品生产成本中的材料费用，应设置以下账户：

(1)“生产成本”账户。

“生产成本”账户属于成本类账户，用来归集产品生产过程中所发生的、应计入产品成本的直接材料、直接人工和制造费用，并据以确定产品的实际生产成本。其借方登记当期发生的、应计入产品成本的生产费用；贷方登记期末结转完工产成品的生产成本；余额在借方，表示尚未完工产品（在产品）的生产成本。由于企业产品成本核算最终要具体到每一种产品，因此，该账户的明细核算按所生产的产品种类进行。

“生产成本”账户结构如图4-27所示。

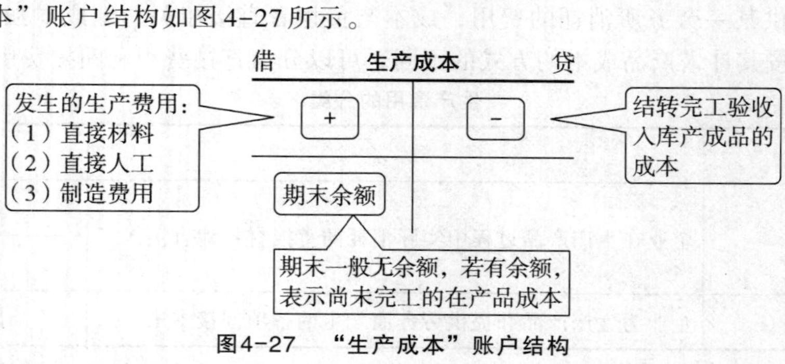

图4-27　“生产成本”账户结构

(2)“制造费用”账户。

“制造费用”账户属于成本类账户，用来归集和分配企业生产车间范围内为组织和管理产品的生产活动而发生的各项间接生产费用，包括车间范围内发生的管理人员的薪酬、折旧费、修理费、办公费、水电费、机物料消耗等。其借方登记实际发生的各项制造费用；贷方登记期末按一定标准分配转入“生产成本”账户借方（应计入产品制造成本）的制造费用；期末该账户一般没有余额。该账户应按不同车间和费用项目设置明细账。

“制造费用”账户结构如图4-28所示。

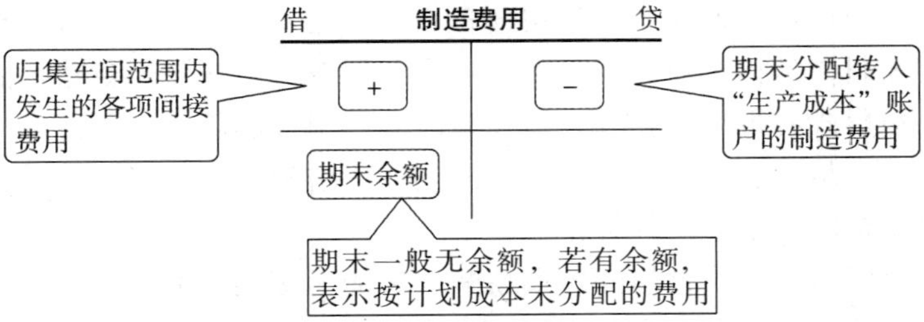

图4-28 “制造费用”账户结构

2.账务处理

【例4-25】大新有限责任公司本月仓库发出材料汇总表见表4-4。

表4-4 发出材料汇总表 金额单位：元

用途	甲材料		乙材料		材料耗用合计
	数量（千克）	金额	数量（千克）	金额	
制造产品领用：					
A产品耗用	8 000	372 280	6 000	440 000	812 280
B产品耗用	10 000	1 014 760	4 000	290 000	1 304 760
小计	18 000	1 387 040	10 000	730 000	2 117 040
车间一般性耗用	5 000	250 000	2 000	80 000	330 000
合计	23 000	1 637 040	12 000	810 000	2 447 040

从表4-4所列资料可以看出，该企业的材料费用为直接用于产品制造的直接材料费用，A、B两种产品共耗用2 117 040元，其中A产品耗用812 280元，B产品耗用1 304 760元。另一部分为车间一般性消耗的材料费330 000元。这项经济业务的发生，一方面使得公司生产产品的直接材料费增加2 117 040元，间接材料费增加330 000元，另一方面使得公司的库存材料减少2 447 040元，共涉及“生产成本”、“制造费用”和“原材料”三个账户。生产产品的直接材料费和间接材料费的增加是费用的增加，应记入“生产成本”和“制造费用”账户的借方；原材料的减少是资产的减少，应记入“原材料”账户的贷方。所以，这项经济业务应编制的会计分录如下：

借：生产成本——A产品 812 280
　　　　　　——B产品 1 304 760
　　制造费用 330 000
　贷：原材料——甲材料 1 637 040
　　　　　　——乙材料 810 000

（二）职工薪酬的归集与分配

1.职工薪酬的概念

职工薪酬是指企业为获得职工提供的服务或解除劳动关系而给予各种形式的报酬或补

偿，具体包括：短期薪酬、离职后福利、辞退福利和其他长期职工福利。企业提供给职工配偶、子女、受赡养人、已故员工遗属及其他受益人等的福利，也属于职工薪酬。

（1）短期薪酬，是指企业在职工提供相关服务的年度报告期间结束后12个月内需要全部予以支付的职工薪酬，因解除与职工的劳动关系给予的补偿除外。

短期薪酬具体包括：职工工资、奖金、津贴和补贴，职工福利费、医疗保险费、工伤保险费和生育保险费等社会保险费，住房公积金，工会经费和职工教育经费等。

（2）离职后福利，是指企业为获得职工提供的服务而在职工退休或与企业解除劳动关系后，提供的各种形式的报酬和福利，短期薪酬和辞退福利除外。

（3）辞退福利，是指企业在职工劳动合同到期之前解除与职工的劳动关系，或者为鼓励职工自愿接受裁减而给予职工的补偿。

（4）其他长期职工福利，是指除短期薪酬、离职后福利、辞退福利之外所有的职工薪酬，包括长期带薪缺勤、长期残疾福利等。注意：劳动保护用品费用、职工培训费，不作为职工薪酬核算。

2.职工薪酬的范围

职工薪酬的范围、具体内容及处理见表4-5。

表4-5　　职工薪酬的范围、具体内容及处理

	范　围	具体内容	处　理
职工薪酬	1.在职和离职后提供给职工的所有货币性和非货币性薪酬 2.能够量化给职工本人和提供给职工集体享有的福利 3.提供给职工本人、配偶、子女或其他受赡养人的福利 4.以商业保险形式提供给职工的保险待遇等	职工工资、奖金、津贴和补贴	◆应由生产产品、提供劳务负担的，计入产品成本或劳务成本 ◆应由在建工程、无形资产负担的，计入建造固定资产或无形资产成本 ◆其他的职工薪酬计入当期损益
		职工福利费	
		医疗保险费、工伤保险费和生育保险费等社会保险费	
		住房公积金	
		工会经费和职工教育经费	
		非货币性福利	
		因解除与职工的劳动关系给予的补偿	
		其他与获得职工提供的服务相关的支出	

这里的职工，包括与企业订立正式劳动合同的所有人员，含全职、兼职和临时职工，还包括未与企业订立正式劳动合同，但由企业正式任命的人员，如董事会成员、监事会成员和内部审计委员会成员等。在企业的计划、领导和控制下，虽然未与企业订立正式劳动合同、或企业未正式任命的人员，但为企业提供了类似服务，也纳入《企业会计准则第9号——职工薪酬》所确定的职工范围。

在对企业的职工薪酬进行核算时，应根据工资结算汇总表或按月编制的“职工薪酬分配表”的内容登记有关的总分类账户和明细分类账户，进行相关的账务处理。

3.账户的设置

“应付职工薪酬”账户属于负债类账户，是用来核算企业应付给职工各种薪酬总额的计算与实际发放额，反映和监督企业与职工薪酬结算使用情况的账户。该账户贷方登记本

月已计入成本费用项目的职工薪酬金额，包括各种工资、奖金、津贴和福利费等，同时对应付的职工薪酬，应作为一项费用按其经济用途分配记入有关的成本、费用账户；编制会计分录时，借方按照领取薪酬的职工所提供服务的受益部门，在职工提供服务的会计期间将职工薪酬根据受益对象计入资产成本或当期费用（辞退福利只计入当期费用），贷方在职工提供服务的会计期间确认为负债。具体如下：应由生产产品负担的职工薪酬，计入生产成本；应由在建工程负担的职工薪酬，计入建造固定资产成本；应由产品和在建工程以外负担的其他职工薪酬，计入当期费用。

职工薪酬核算的两个步骤：确认应付职工薪酬，实际发放应付职工薪酬，如图4-29所示。

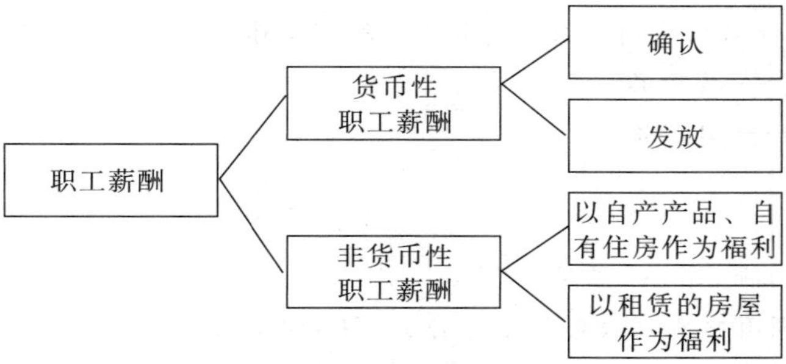

图4-29　职工薪酬分类及核算

新会计准则对应付职工薪酬中的职工福利费取消了原制度按工资总额14%提取的规定，企业提取的职工福利费，可以按工资总额的一定比例，根据职工提供服务的受益对象进行计算，确认为应付职工福利负债，并计入相关资产、成本或确认为当期费用。由于新准则要求按福利费实际发生额列支，与税法规定不一致，应作纳税调整，将年末账户余额清算结零。

“应付职工薪酬”账户结构如图4-30所示。

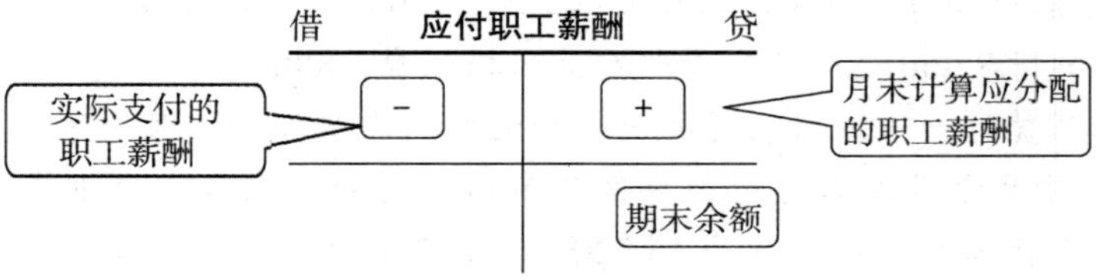

图4-30　“应付职工薪酬”账户结构

4.账务处理

职工薪酬的核算具体程序包括计提（分配）工资及福利费、提取现金、支付工资及福利费等环节。

【例4-26】大新有限责任公司根据当月的考勤记录和产量记录等，结算确定本月职工的工资如下：

A产品生产工人工资	328 000元
B产品生产工人工资	286 000元
车间管理人员工资	64 000元
厂部管理人员工资	42 000元

这项经济业务的发生，一方面使得公司应付职工薪酬增加了720 000元，另一方面使得公司的生产费用和期间费用增加了720 000元。

A产品生产工人工资 328 000元 }→计入生产成本
B产品生产工人工资 286 000元 }
车间管理人员工资 64 000元→计入制造费用
厂部管理人员工资 42 000元→计入管理费用

因此，这项经济业务共涉及“生产成本”、“制造费用”、“管理费用”和“应付职工薪酬”四个账户。生产工人的工资作为直接生产费用，应记入“生产成本”账户的借方；车间管理人员的工资作为间接生产费用应记入“制造费用”账户的借方；厂部管理人员的工资作为期间费用应记入“管理费用”账户的借方；上述职工工资尚未支付导致企业负债的增加，应记入“应付职工薪酬”账户的贷方。根据上述分析，应编制的会计分录如下：

借：生产成本——A产品　　328 000
　　　　　　——B产品　　286 000
　　制造费用　　64 000
　　管理费用　　42 000
　贷：应付职工薪酬——工资　　720 000

【例4-27】大新有限责任公司用银行存款720 000元发放工资。

这项经济业务的发生，一方面使得公司的银行存款减少720 000元，另一方面随着应付工资的实际支付，使得公司的应付职工薪酬减少720 000元，共涉及“银行存款”和“应付职工薪酬”两个账户。银行存款的减少是资产的减少，应记入“银行存款”账户的贷方；应付职工薪酬的减少是负债的减少，应记入“应付职工薪酬”账户的借方。所以编制的会计分录如下：

借：应付职工薪酬——工资　　720 000
　贷：银行存款　　720 000

【例4-28】大新有限责任公司本月以银行存款支付全年职工福利费100 800元，其中生产工人的福利费85 960元（A产品生产工人45 920元，B产品生产工人40 040元），车间管理人员的福利费8 960元，行政管理人员的福利费5 880元。

分配职工福利费时，一方面使得公司当期的费用成本增加，另一方面使得公司的应付职工薪酬增加。对于费用成本的增加应区分不同人员的福利费，分别在不同的账户中分配。此处A产品生产工人的福利费为45 920元、B产品生产工人的福利费为40 040元，属于产品生产成本的增加，应记入“生产成本”账户的借方；车间管理人员的福利费为8 960元，属于生产产品所发生的间接费用的增加，应记入“制造费用”账户的借方；厂部管理人员的福利费为5 880元，属于期间费用的增加，应记入“管理费用”账户的借方。同时，应记入“应付职工薪酬”账户的贷方。

支付职工福利费时，一方面使得银行存款等资产减少，另一方面使得应付职工薪酬这项负债减少，所以这笔经济业务应记入“应付职工薪酬”账户的借方和“银行存款”账户的贷方。

根据上述分析，这项业务应编制的会计分录如下：

(1) 分配福利费时：

借：生产成本——A产品　　45 920
　　　　　　——B产品　　40 040
　　制造费用　　8 960
　　管理费用　　5 880

贷：应付职工薪酬——职工福利　　100 800

（2）支付福利费时：

借：应付职工薪酬——职工福利　　100 800

贷：银行存款　　100 800

【例4-29】大新有限责任公司通过银行存款支付工资及福利费的手续费320元，支付短期借款利息3 600元。

这项经济业务的发生，一方面使得公司的银行存款共减少3 920元，另一方面使得公司的财务费用共增加3 920元，涉及“银行存款”和“财务费用”两个账户。银行存款的减少是资产的减少，应记入“银行存款”账户的贷方；财务费用的增加是费用的增加，应记入“财务费用”账户的借方。编制的会计分录如下：

借：财务费用　　3 920

贷：银行存款　　3 920

（三）制造费用的归集与分配

1.账户的设置

制造费用是指制造业企业为了生产产品和提供劳务而发生的应计入产品成本但没有专设成本项目的各种间接费用。其主要内容是企业的生产部门为组织和管理生产活动以及为生产活动服务而发生的费用，如车间管理人员的工资及福利费，车间生产使用的照明电费、取暖费、运输费、劳动保护费等。在生产多种产品的企业里，制造费用在发生时一般无法直接判定其应归属的成本核算对象，因而不能直接计入所生产的产品成本中，必须将上述各种费用按照发生的不同空间范围在“制造费用”账户中予以归集汇总，然后选用一定的标准（如生产工人工资、生产工时等），在各种产品之间进行合理的分配，以便于准确地确定各种产品应负担的制造费用额。除季节性生产企业外，本科目期末应无余额。在制造费用的归集过程中，要按照权责发生制核算基础的要求，正确地处理跨期的各种费用，使其摊配于应归属的会计期间。制造费用具体内容可分为三部分，见表4-6。

表4-6　**制造费用具体内容分类**

制造费用	举　例
间接用于产品生产的费用	机物料消耗费用 车间生产用固定资产的折旧费、修理费、保险费 车间生产用的照明费、劳动保护费等
直接用于产品生产，但管理上不要求或者不便于单独核算	生产工具的摊销费 设计制图费、试验费 生产工艺用的动力费等
车间用于组织和管理生产的费用	车间管理人员的工资及福利费 车间管理用的固定资产折旧费、修理费 车间管理用具的摊销费 车间管理用的水电费、办公费、差旅费等

2.账务处理

【例4-30】大新有限责任公司用银行存款1 200元支付明年的保险费。

按照权责发生制的要求，公司预付明年的保险费，款项虽然在本期支付，但其付款的义务显然不在本期发生，而是在明年产生付款责任，所以本期付款时，应将其作为一种以后摊销的费用处理。因此，这项经济业务的发生，一方面使得公司预付的款项即以后摊销的费用增加了，属于资产增加，应记入"预付账款"账户的借方；另一方面用银行存款支付款项，意味着银行存款这项资产的减少，应记入"银行存款"账户的贷方。根据上述分析，应编制的会计分录如下：

借：预付账款　　1 200

　贷：银行存款　　1 200

【例4-31】大新有限责任公司于月末计提本月固定资产折旧，其中车间固定资产折旧额17 200元，厂部固定资产折旧额9 000元。

企业的固定资产由于使用等原因会磨损其价值即折旧，因而对固定资产应通过提取折旧的方式将其磨损的价值计入当期成本或损益。提取固定资产折旧时，一方面意味着当期的费用成本增加（其中车间固定资产提取的折旧额应记入"制造费用"账户的借方，厂部用固定资产提取的折旧额应记入"管理费用"账户的借方）；另一方面，固定资产提取的折旧额应记入"累计折旧"账户的贷方，表示固定资产已提折旧的增加。这项业务应编制的会计分录如下：

借：制造费用　　17 200

　　管理费用　　9 000

　贷：累计折旧　　26 200

【例4-32】大新有限责任公司用银行存款2 240元购买车间的办公用品。

这项经济业务的发生，使得公司车间的办公用品费用增加2 240元，同时银行存款减少2 240元，共涉及"制造费用"和"银行存款"两个账户。其中，办公用品费的增加是费用的增加，应记入"制造费用"账户的借方；银行存款的减少是资产的减少，应记入"银行存款"账户的贷方。编制的会计分录如下：

借：制造费用　　2 240

　贷：银行存款　　2 240

【例4-33】大新有限责任公司车间摊销本月设备保险费600元。

这项经济业务的发生，使得公司车间的设备保险费增加600元，同时以后摊销的费用减少600元，共涉及"制造费用"和"预付账款"两个账户。其中，设备保险费的增加是费用的增加，应记入"制造费用"账户的借方；预付账款的减少是资产的减少，应记入"预付账款"账户的贷方。编制的会计分录如下：

借：制造费用　　600

　贷：预付账款　　600

【例4-34】大新有限责任公司于月末将本月发生的制造费用按照生产工时比例分配计入A、B产品的生产成本。其中A产品生产工时6 000小时，B产品生产工时4 000小时。

企业发生的制造费用属于间接费用，所以，需要采用一定的标准在各种产品之间进行合理的分配。制造费用的分配标准有：按生产工人工资比例分配；按生产工人工时比例分配；按机器设备运转台时分配；按耗用原材料的数量或成本分配；按产品产量分配等。企业可以根据自身管理的需要、产品的特点等选择采用某种标准，但是，标准一经确定，应遵循可比性的要求，不得随意变更。

对于这项经济业务，首先归集本月发生的制造费用额，即根据材料费用归集、人工费用归集、制造费用归集等业务内容可以确定公司本月发生的制造费用为423 000元（330 000（【例4-25】）+64 000（【例4-26】）+8 960（【例4-28】）+17 200（【例4-31】）+2 240（【例4-32】）+600（【例4-33】））；然后按照生产工时比例进行分配，即：

$$制造费用分配率=\frac{制造费用总额}{生产工时总和}=\frac{423000}{6000+4000}=42.30\text{（元/小时）}$$

A产品负担的制造费用额=6 000×42.30=253 800（元）

B产品负担的制造费用额=4 000×42.30=169 200（元）

将分配的结果计入产品成本时，一方面使得产品生产费用增加423 000元，另一方面使得公司的制造费用减少423 000元，共涉及“生产成本”和“制造费用”两个账户。产品生产费用中的制造费用作为间接费用应记入“生产成本”账户的借方；制造费用的减少是费用的结转，应记入“制造费用”账户的贷方。编制的会计分录如下：

借：生产成本——A产品	253 800	
——B产品	169 200	
贷：制造费用		423 000

（四）完工产品生产成本的计算与结转

企业在生产产品过程中所发生的各项费用在经过分配后，都汇集在“生产成本明细账”和各种“产品成本计算单”中。这些费用的总和减去入库的废料价值后，就是本月发生的生产费用。

如果月初没有在产品，则本月发生的生产费用就等于本月产成品的成本；如果月初有在产品，则本月发生的生产费用加月初在产品成本之后还必须在完工产品和月末在产品之间进行分配，才能计算出本月完工产品的成本。

月初在产品成本、本月发生的费用、完工产品成本和月末在产品成本之间的关系可以用以下公式表示：

月初在产品成本+本月生产费用=完工产品成本+月末在产品成本

产成品是指已经完成全部生产过程并已验收入库、符合标准规格和技术条件，可以按照合同规定的条件送交订货单位，或可以作为商品对外销售的产品。根据完工产品生产成本计算单的资料就可以结转完工、验收入库产品的生产成本。

为了核算完工产品成本结转及库存商品成本情况，需要设置“库存商品”账户。该账户是资产类账户，是用来核算企业库存的外购商品、产成品、自制半成品、存放在门市部准备出售的商品、发出展览的商品以及寄存在外的商品等的实际成本的增减变动及结余情况的账户。其借方登记验收入库商品成本的增加，包括外购、自产、委外加工等；贷方登记库存商品成本的减少。期末余额在借方，表示库存商品成本的期末结余额。“库存商品”账户应按照商品的种类、品种和规格等设置明细账，进行明细分类核算。

“库存商品”账户结构如图4-31所示。

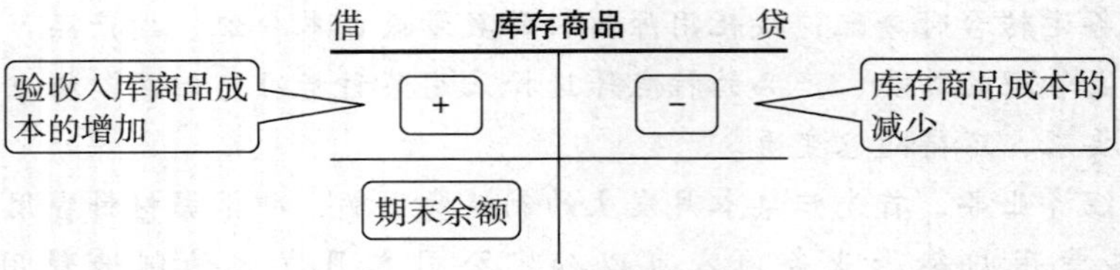

图4-31 “库存商品”账户结构

【例4-35】大新有限责任公司生产车间本月生产完工A、B两种产品，其中A产品完工240台，总成本为1 440 000元，B产品完工60台，总成本为1 800 000元。已验收入库，结转成本。

产品生产完工入库结转成本时，一方面使得公司的库存商品成本增加，其中A产品成本增加1 440 000元（812 280（【例4-25】）+328 000（【例4-26】）+45 920（【例4-29】）+253 800（【例4-34】）），B产品成本增加1 800 000元（1 304 760（【例4-25】）+286 000（【例4-26】）+40 040（【例4-28】）+169 200（【例4-34】））；另一方面由于结转入库商品实际成本而使生产过程中占用的资金减少3 240 000元（1 440 000+1 800 000），共涉及“生产成本”和“库存商品”两个账户，库存商品成本的增加是资产的增加，应记入“库存商品”账户的借方，结转入库产品成本使生产成本减少，应记入“生产成本”账户的贷方。这项业务应编制的会计分录如下：

借：库存商品——A产品　　1 440 000
　　　　　　——B产品　　1 800 000
　贷：生产成本——A产品　　1 440 000
　　　　　　　——B产品　　1 800 000

第五节　销售过程业务的核算

企业生产出可供对外销售的产品，形成了商品存货，接下来就要进入销售过程。通过销售过程将生产出来的产品销售出去，从而实现其价值。

在实践中，企业之所以要发生各种耗费，其内在的动因就是要取得营业收入。在会计核算中，针对已经取得的营业收入，就必须按配比要求结转费用。收入与费用配比包括两方面：一是收入和费用在时间意义上的配比，即一定会计期间的收入和费用的配比；二是收入和费用在因果联系上的配比，即在取得一定的收入时发生了一定的支出，而发生这些支出的目的就是取得这些收入。

企业在销售过程中除了发生销售商品、销售自制半成品以及提供工业性劳务等主营业务以外，还可能发生一些其他业务，如销售原材料、出租包装物、出租固定资产等。

在这一节中将主要介绍企业的主营业务收支和其他业务收支的核算。

一、主营业务收支的核算

制造业企业的主营业务范围包括销售商品、自制半成品、代制品、代修品以及提供工业性劳务等。主营业务核算的主要内容就是主营业务收入的确认与计量、主营业务成本的计算与结转、销售费用的发生与归集、税金的计算与缴纳以及款项的收回等。在这里主要介绍主营业务中商品销售业务的核算，包括商品销售收入的确认与计量、商品销售成本的计算与结转以及销售税金的计算和缴纳等内容。

（一）商品销售收入的确认与计量

商品包括企业为销售而生产的产品和为转售而购进的商品，如工业企业生产的产品、商业企业购进的商品等，企业销售的其他存货，如原材料、包装物等，也视同企业的商品。

《企业会计准则第14号——收入》规定：企业应当在履行了合同中的履约义务，即在客户取得相关商品控制权时确认收入。

取得相关商品控制权，是指能够主导该商品的使用并从中获得几乎全部的经济利益。

当企业与客户之间的合同同时满足下列条件时，企业应当在客户取得相关商品控制权时确认收入：

（1）合同各方已批准该合同并承诺将履行各自义务；

（2）该合同明确了合同各方与所转让商品或提供劳务（以下简称“转让商品”）相关的权利和义务；

（3）该合同有明确的与所转让商品相关的支付条款；

（4）该合同具有商业实质，即履行该合同将改变企业未来现金流量的风险、时间分布或金额；

（5）企业因向客户转让商品而有权取得的对价很可能收回。

在计量销售商品收入的金额时，应将销售退回、销售折让和商业折扣等作为销售收入的抵减项目记账，即：

商品销售收入=不含税单价×销售数量-销售退回-销售折让-商业折扣

商品销售退回是指企业售出的商品产品，由于质量、品种等不符合要求而发生的退货。销售退回如果发生在收入确认之前，其处理非常简单，只需转回库存商品即可。如果销售退回发生在收入确认之后，应分别情况处理：本年度或以前年度销售的商品，在年度终了前（12月31日）退回，应冲减退回月份的收入，同时转回相关的成本、税金；报告年度或以前年度销售的商品，在年度财务报告批准报出前退回的，应冲减报告年度的收入，以及相关的成本、税金，按“资产负债表日后事项”的要求进行处理。

销售折让是指企业因售出商品的质量不合格等原因而在售价上给予的减让，实际发生销售折让时应直接冲减当期的销售商品收入。

商业折扣是指企业为促进商品销售而在商品标价上给予的价格扣除。企业销售商品如果涉及商业折扣，应当按照扣除商业折扣后的金额确定销售商品收入的金额，也就是商品销售过程中的“打折”在确认收入时要予以扣除。

现金折扣是指“债权人为鼓励债务人在规定的期限内付款，而向债务人提供的债务扣除”，是企业财务管理中的重要因素，是一种鼓励购买者快速支付他们账单的价格削减方式。核算现金折扣的方法有：总价法、净价法。

（二）销售商品业务的会计处理

1.账户的设置

（1）“主营业务收入”账户。

“主营业务收入”账户属于损益类账户，是用来核算企业销售商品、提供工业性劳务所实现的收入的账户。其贷方登记企业实现的主营业务收入即主营业务收入的增加，借方登记发生销售退回和销售折让时应冲减的本期主营业务收入以及期末转入“本年利润”账户的主营业务收入（按净额结转），结转后该账户月末没有余额。“主营业务收入”账户应按照主营业务的种类设置明细账，进行明细分类核算。

“主营业务收入”账户结构如图4-32所示。

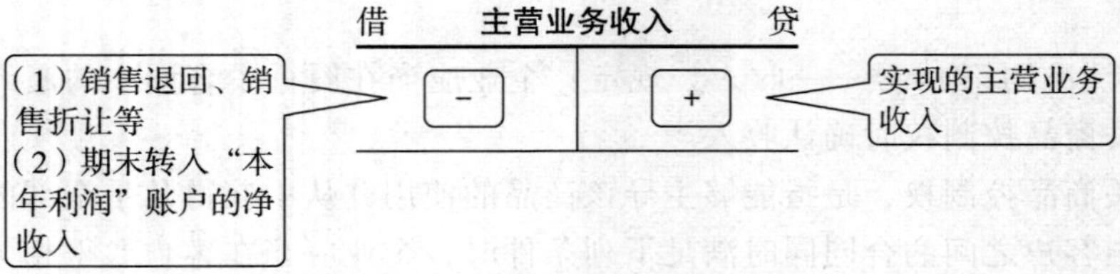

图4-32 “主营业务收入”账户结构

（2）“应收账款”账户。

“应收账款”账户属于资产类账户，是用来核算因销售商品和提供劳务等而应向购买单位或接受劳务单位收取款项的结算情况的账户，包括应收取的价款、税款和代垫款等。其借方登记由于销售商品以及提供劳务等而发生的应收账款（即应收账款的增加），贷方登记已经收回的应收账款（即应收账款的减少）。期末余额如在借方，表示尚未收回的应收账款，期末余额如在贷方，表示预收账款。该账户应按不同的购买单位或接受劳务单位设置明细账，进行明细分类核算。

“应收账款”账户结构如图4-33所示。

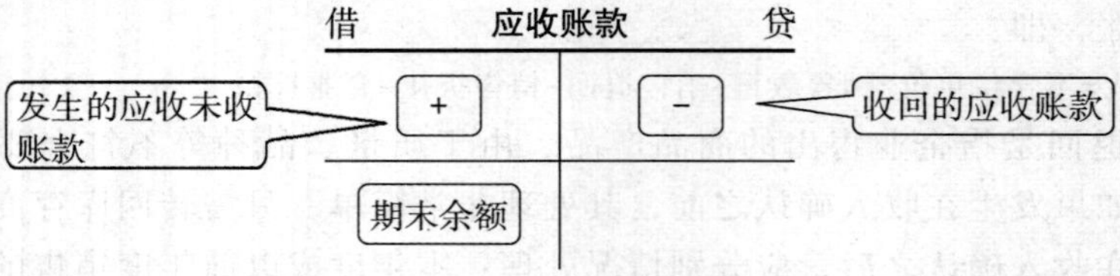

图4-33 “应收账款”账户结构

（3）“预收账款”账户。

“预收账款”账户属于负债类账户，用来核算企业按照合同的规定预收购买单位订货款项的增减变动及结余情况。其贷方登记预收购买单位订货款项的增加，借方登记销售实现时冲减的预收款项。期末余额如在贷方，表示企业预收款的结余额；期末余额如在借方，表示购买单位应补付给本企业的款项。本账户应按照不同的购买单位设置明细账户，进行明细分类核算。

“预收账款”账户结构如图4-34所示。

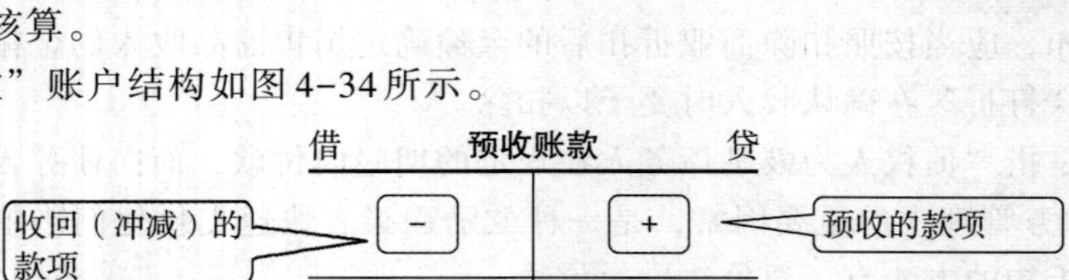

图4-34 “预收账款”账户结构

应注意，对于预收账款业务不多的企业，可以不单独设置“预收账款”账户，而将预收的款项直接记入“应收账款”账户的贷方，此时，“应收账款”账户就成为双重性质的账户了。

（4）“应收票据”账户。

“应收票据”账户属于资产类账户，是用来核算企业因销售商品而收到购买单位开出并承兑的商业承兑汇票或银行承兑汇票的增减变动及结余情况的账户。企业收到由购买单位开出并承兑的商业汇票，表明企业应收票据款的增加，应记入“应收票据”账户的借方；票据到期收回购买单位款项，表明企业应收票据款的减少，应记入“应收票据”账户的贷方，期末该账户如有余额应在借方，表示尚未到期的应收票据款项的结余额，该账户不设置明细账户。为了了解每一应收票据的结算情况，企业应设置“应收票据备查簿”逐笔登记每一商业汇票的种类、号数、出票日、票面金额、交易合同号、付款人、承兑人、背书人的姓名或单位名称、到期日、背书转让日、贴现日、贴现率、贴现净额、收款日、收回金额和退票情况等资料。商业汇票到期结清票款或退票后在备查簿中注销。

“应收票据”账户结构如图4-35所示。

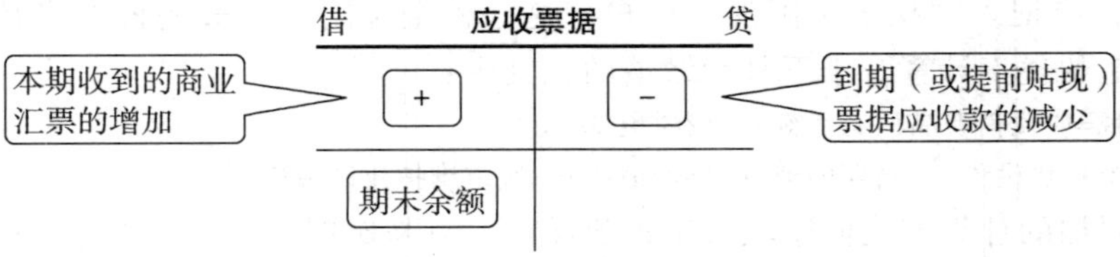

图4-35 “应收票据”账户结构

对于正常的销售商品活动，应按照收入确认的条件进行确认和计量，然后，对计量的结果进行会计处理。按确认的收入金额与应收取的增值税税额，借记“银行存款”“应收账款”“应收票据”等账户，按确定的收入金额，贷记“主营业务收入”账户，按应收取的增值税税额，贷记“应交税费——应交增值税（销项税额）”账户。

关于增值税销项税额在前面已经做过说明，是指企业销售应税货物或提供应税劳务而收取的增值税税额，应按照增值税专用发票记载的货物售价和规定的税率进行计算，即：

增值税销项税额=销售货物的不含税售价×增值税税率

增值税销项税额计算出来之后，应在“应交税费——应交增值税（销项税额）”账户的贷方反映，以便用以抵扣其借方的增值税进项税额，确定增值税的应交金额。

（5）“主营业务成本”账户。

企业在销售商品过程中，一方面减少了库存的存货，另一方面取得主营业务收入垫支的资金，表明企业发生了费用，这项费用称为主营业务成本。

将销售发出的商品成本转为主营业务成本，应遵循收入与费用配比的原则。也就是说，不仅主营业务成本的结转应与主营业务收入在同一会计期间加以确认，而且应与主营业务收入在数量上保持一定的内在因果关系。主营业务成本的计算确定公式如下：

本期应结转的主营业务成本=本期销售商品的数量×单位商品生产成本

上式中单位商品生产成本的确定，应考虑期初库存的商品成本和本期入库的商品成本情况，可以分别采用先进先出法、一次加权平均法和个别计价法等方法来确定。方法一经确定，不得随意变动。

为了核算主营业务成本的发生和结转情况，需要设置“主营业务成本”账户，该账户的性质是损益类，用来核算企业经营主营业务而发生的实际成本及结转情况。其借方登记主营业务发生的实际成本，贷方登记期末转入“本年利润”账户的主营业务成本。经过结转之后，该账户期末没有余额。“主营业务成本”账户应按照主营业务的种类设置明细账户，进行明细分类核算。

“主营业务成本”账户结构如图4-36所示。

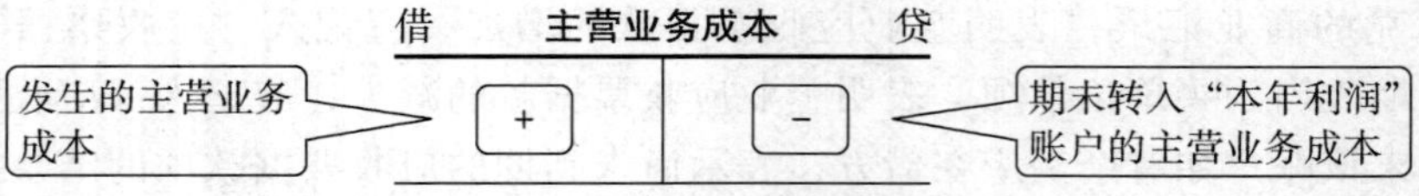

图4-36 “主营业务成本”账户结构

（6）“税金及附加”账户。

税金及附加用以核算企业经营活动发生的消费税、城市维护建设税、资源税和教育费附加、房产税、车船税、城镇土地使用税、印花税和矿产资源补偿费等相关税费。

按国家有关规定，流转税中的消费税、资源税等主税，以及城市维护建设税、教育费附加等辅税，应记入“税金及附加”账户。这些税金及附加一般是根据当月销售额或税额，按照规定的税率计算，于下月初缴纳的。其中：

应交消费税=应税消费品的销售额×消费税税率

应交城市维护建设税=（当期的消费税+增值税）×城市维护建设税税率

教育费附加的计算方式同于城市维护建设税，只是比例不同。由于这些税金及附加是在当月计算而在下个月缴纳的，因而计算税金及附加时，一方面作为企业发生的一项费用支出，另一方面形成企业的一项负债。

为了核算企业销售商品的税金及附加情况，需要设置“税金及附加”账户。该账户属于损益类账户，是用来反映企业主营和其他业务负担的各种税金及附加的计算及结转情况的账户。其借方登记按照有关的计税依据计算出的各种税金及附加额，贷方登记期末转入“本年利润”账户的税金及附加额。经过结转之后，该账户期末没有余额。

“税金及附加”账户结构如图4-37所示。

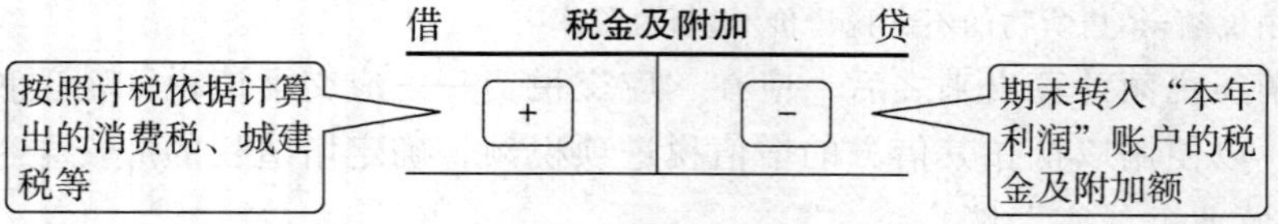

图4-37 “税金及附加”账户结构

2.账务处理

（1）主营业务收入的账务处理。

【例4-36】大新有限责任公司向东方工厂销售A产品50台，每台售价9 600元，发票注明该批A产品的价款480 000元，增值税税额62 400元，全部款项收到一张已承兑的商业汇票。

这项经济业务的发生，一方面使得公司的应收票据款增加542 400元（480 000+62 400），另一方面使得公司的商品销售收入增加480 000元、应交增值税（销项税额）增加62 400元，共涉及“应收票据”、“主营业务收入”和“应交税费——应交增值税（销项税额）”三个账户。应收票据款的增加是资产的增加，应记入“应收票据”账户的借方；

商品销售收入的增加是收入的增加，应记入“主营业务收入”账户的贷方；增值税销项税额的增加是负债的增加，应记入“应交税费——应交增值税（销项税额）”账户的贷方。这项经济业务应编制的会计分录如下：

借：应收票据　　542 400

　贷：主营业务收入　　480 000

　　　应交税费——应交增值税（销项税额）　　62 400

【例 4-37】大新有限责任公司按照合同的规定预收银河实业订购 B 产品的款项 1 000 000 元，存入银行。

这项经济业务的发生，一方面使得公司的银行存款增加 1 000 000 元，另一方面使得公司的预收款增加 1 000 000 元，共涉及“银行存款”和“预收账款”两个账户。银行存款的增加是资产的增加，应记入“银行存款”账户的借方；预收款的增加是负债的增加，应记入“预收账款”账户的贷方。这项业务应编制的会计分录如下：

借：银行存款　　1 000 000

　贷：预收账款——银河实业　　1 000 000

【例 4-38】大新有限责任公司赊销给机车厂 A 产品 120 台，发票注明的价款 1 152 000 元，增值税税额 149 760 元。

这项经济业务的发生，一方面使得公司的应收账款增加 1 301 760 元（1 152 000+149 760）；另一方面使得公司的商品销售收入增加 1 152 000 元，增值税销项税额增加 149 760 元，共涉及“应收账款”、“主营业务收入”和“应交税费——应交增值税（销项税额）”三个账户。应收款的增加是资产的增加，应记入“应收账款”账户的借方；商品销售收入的增加是收入的增加，应记入“主营业务收入”账户的贷方；增值税销项税额的增加是负债的增加，应记入“应交税费——应交增值税（销项税额）”账户的贷方。编制的会计分录如下：

借：应收账款——机车厂　　1 301 760

　贷：主营业务收入　　1 152 000

　　　应交税费——应交增值税（销项税额）　　149 760

【例 4-39】大新有限责任公司本月预收银河实业 70 台 B 产品的款项，现已发货，发票注明的价款 2 800 000 元，增值税销项税额 364 000 元。原预收款不足，其差额部分当即收到并存入银行。

公司原预收银河实业的款项为 1 000 000 元，而现在发货的价税款共计 3 164 000 元（2 800 000+364 000），不足款项为 2 164 000 元（3 164 000-1 000 000）。这项经济业务的发生，一方面使得公司的预收账款减少 1 000 000 元，银行存款增加 2 164 000 元；另一方面使得公司的商品销售收入增加 2 800 000 元，增值税销项税额增加 364 000 元，共涉及“预收账款”、“银行存款”、“主营业务收入”和“应交税费——应交增值税（销项税额）”四个账户。预收账款的减少是负债的减少，应记入“预收账款”账户的借方；银行存款的增加是资产的增加，应记入“银行存款”账户的借方；商品销售收入的增加是收入的增加，应记入“主营业务收入”账户的贷方；增值税销项税额的增加是负债的增加，应记入“应交税费——应交增值税（销项税额）”账户的贷方。这项业务应编制的会计分录如下：

借：预收账款——银河实业　　1 000 000
　　银行存款　　2 164 000
　贷：主营业务收入　　2 800 000
　　　应交税费——应交增值税（销项税额）　　364 000

【例 4-40】大新有限责任公司收到机车厂开出并承兑的商业汇票 1 301 760 元，用以抵偿其前欠本企业的款项。

这项经济业务的发生，一方面使得公司的应收票据款增加 1 301 760 元，另一方面使得公司的应收账款减少 1 301 760 元，共涉及“应收票据”和“应收账款”两个账户。应收票据款的增加是资产的增加，应记入“应收票据”账户的借方；应收账款的减少是资产的减少，应记入“应收账款”账户的贷方。编制的会计分录如下：

借：应收票据　　1 301 760
　贷：应收账款——机车厂　　1 301 760

对于收到的机车厂的商业汇票，应在“应收票据备查簿”中进行备查登记。

【例 4-41】大新有限责任公司赊销给红旗商店 52 台 A 产品，发票注明的款项 516 000 元，增值税税额 67 080 元。另外，公司用银行存款为红旗商店垫付 A 产品运费 3 000 元，增值税税额 270 元。

这项经济业务的发生，一方面使得公司的应收账款增加 586 350 元（516 000+67 080+3 000+270），另一方面使得公司的商品销售收入增加 516 000 元，增值税销项税额增加 67 080 元，银行存款减少 3 270 元。所以，这项业务涉及“应收账款”、“主营业务收入”、“应交税费——应交增值税（销项税额）”和“银行存款”四个账户。应收账款的增加是资产的增加，应记入“应收账款”账户的借方；商品销售收入的增加是收入的增加，应记入“主营业务收入”账户的贷方；增值税销项税额的增加是负债的增加，应记入“应交税费——应交增值税（销项税额）”账户的贷方；银行存款的减少是资产的减少，应记入“银行存款”账户的贷方。所以，这项业务应编制的会计分录如下：

借：应收账款——红旗商店　　586 350
　贷：主营业务收入　　516 000
　　　应交税费——应交增值税（销项税额）　　67 080
　　　银行存款　　3 270

【例 4-42】大新有限责任公司上个月销售给中凯集团的 B 产品由于质量问题本月被退回 10 台，按照规定应冲减本月的收入 400 000 元和增值税销项税额 52 000 元，有关款项通过银行付清。假设该批 B 产品的单位销售成本与本月相同。

由于上个月销售给中凯集团的 B 产品在本月被退回，这批产品虽然在上个月确认了收入和增值税销项税额，但按照规定应冲减退回本月的有关内容，因此应在退货时冲减本月的商品销售收入和增值税销项税额。所以，这项经济业务的发生，一方面使得公司的商品销售收入减少 400 000 元、增值税销项税额减少 52 000 元；另一方面使得公司的银行存款减少 452 000 元，共涉及“主营业务收入”、“应交税费——应交增值税（销项税额）”和“银行存款”三个账户。商品销售收入的减少是收入的减少，应记入“主营业务收入”账户的借方；增值税销项税额的减少是负债的减少，应记入“应交税费——应交增值税（销项税额）”账户的借方；银行存款的减少是资产的减少，应记入“银行存款”账户的贷方。所以这项业务应编制的会计分录如下：

借：主营业务收入　　400 000
　　应交税费——应交增值税（销项税额）　　52 000
　贷：银行存款　　452 000

（2）主营业务成本的账务处理。

【例4-43】大新有限责任公司在月末结转本月已销售的A、B产品的销售成本。其中A产品的单位成本为6 000元，B产品的单位成本为30 000元。

首先需要计算确定已销售的A、B产品的销售总成本。由于本期销售A产品计222台（50+120+52），其销售总成本为1 332 000元（6 000×222）；本期销售B产品70台，其销售成本为2 100 000元（30 000×70）；另外，本月还发生B产品退货10台，应冲减本月的销售成本300 000元（30 000×10），因而，本月应结转的B产品销售成本合计为1 800 000元（2 100 000–300 000）。这项经济业务的发生，一方面使得公司的商品销售成本（即主营业务成本）增加3 132 000元（1 332 000+1 800 000）；另一方面使得公司的库存商品成本减少3 132 000元，共涉及"主营业务成本"和"库存商品"两个账户。商品销售成本的增加是费用成本的增加，应记入"主营业务成本"账户的借方；库存商品的减少是资产的减少，应记入"库存商品"账户的贷方。这项业务应编制的会计分录如下：

借：主营业务成本　　3 132 000
　贷：库存商品——A产品　　1 332 000
　　　　　　——B产品　　1 800 000

（3）税金及附加的账务处理。

【例4-44】大新有限责任公司经计算，假设本月销售A、B产品应缴纳的城市维护建设税为50 000元，教育费附加为30 000元，另外B产品应缴纳的消费税为70 000元。

这项经济业务的发生，一方面使得公司的税金及附加（企业经营活动发生的消费税、城市维护建设税、资源税和教育费附加等记入"税金及附加"账户）增加150 000元（70 000+50 000+30 000）；另一方面使得公司的应交税费增加150 000元，共涉及"税金及附加"和"应交税费"两个账户。税金及附加的增加是费用支出的增加，应记入"税金及附加"账户的借方；应交税费的增加是负债的增加，应记入"应交税费"账户的贷方。这项业务应编制的会计分录如下：

借：税金及附加　　150 000
　贷：应交税费——应交消费税　　70 000
　　　　　　——应交城市维护建设税　　50 000
　　　　　　——应交教育费附加　　30 000

企业在销售过程中，为了销售产品，还要发生各种销售费用，如广告费等，按照《企业会计准则》的规定，销售费用不作为销售收入的抵减项目，而是作为期间费用直接计入当期损益，因而，关于销售费用的核算，将在下一节关于期间费用的核算内容中进行介绍。

二、其他业务收支的核算

企业在经营过程中，除了要发生主营业务之外，还会发生一些非经常性的、具有兼营性质的其他业务。其他业务（也称附营业务）是指企业在经营过程中发生的除主营业务以外的其他销售业务，包括销售材料、出租包装物、出租固定资产等活动。注意，对于不同的企业而言，主营业务和其他业务的划分并不是绝对的，一个企业的主营业务可能是另一个企业的其他业务，即便在同一个企业，不同期间的主营业务和其他业务的内容也不是固定不变的。

（一）账户设置

1.“其他业务收入”账户

发生销售材料、出租业务而实现的收入称为其他业务收入。在会计核算过程中，对于其他业务实现的收入是通过“其他业务收入”账户进行核算的。“其他业务收入”账户属于损益类账户，是用来核算企业除主营业务以外的其他业务收入的实现及结转情况的账户。其贷方登记其他业务收入的实现即增加，借方登记期末转入“本年利润”账户的其他业务收入额，经过结转之后，期末没有余额。本账户应按照其他业务的种类设置明细账户，进行明细分类核算。

“其他业务收入”账户结构如图4-38所示。

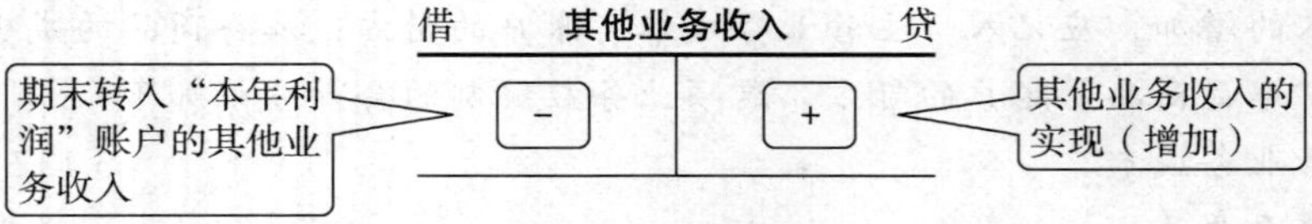

图4-38　“其他业务收入”账户结构

2.“其他业务成本”账户

企业在实现其他业务收入的同时，往往还要发生一些其他业务支出，即与其他业务有关的成本和费用，包括销售材料的成本、出租固定资产的折旧额、出租包装物的成本或摊销额等。为了核算这些支出，需要设置“其他业务成本”账户。该账户属于损益类账户，是用来核算企业除主营业务以外的其他业务成本的发生及转销情况的账户。其借方登记销售材料成本、提供劳务的成本费用的发生即其他业务成本的增加，贷方登记期末转入“本年利润”账户的其他业务成本额，经过结转后，期末没有余额。本账户应按照其他业务的种类设置明细账户，进行明细分类核算。

这里需要注意的是除主营业务活动以外的其他经营活动发生的相关税费，同样在“税金及附加”账户核算。

“其他业务成本”账户结构如图4-39所示。

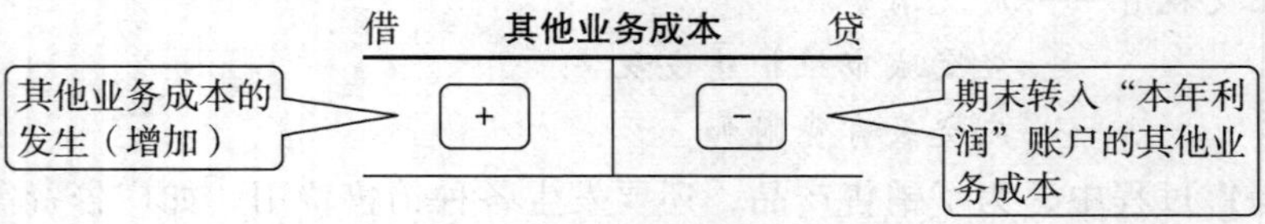

图4-39　“其他业务成本”账户结构

（二）账务处理

【例4-45】大新有限责任公司销售一批原材料，价款112 000元，增值税税额14 560元，款项收到存入银行。

按照规定，销售材料的收入属于其他业务收入。这项经济业务的发生，一方面使得公司的银行存款增加126 560元（112 000+14 560）；另一方面使得公司的其他业务收入增加

112 000元，增值税销项税额增加14 560元，共涉及“银行存款”、“其他业务收入”和“应交税费——应交增值税（销项税额）”三个账户。银行存款的增加是资产的增加，应记入“银行存款”账户的借方；其他业务收入的增加是收入的增加，应记入“其他业务收入”账户的贷方；增值税销项税额的增加是负债的增加，应记入“应交税费——应交增值税（销项税额）”账户的贷方。所以这项业务应编制的会计分录如下：

借：银行存款　　126 560

　贷：其他业务收入　　112 000

　　　应交税费——应交增值税（销项税额）　　14 560

【例4-46】大新有限责任公司月末结转本月销售材料的成本64 000元。

这项经济业务的发生，一方面使得公司的其他业务成本增加64 000元；另一方面使得公司的库存材料成本减少64 000元，共涉及“其他业务成本”和“原材料”两个账户。其他业务成本的增加是费用成本的增加，应记入“其他业务成本”账户的借方；库存材料成本的减少是资产的减少，应记入“原材料”账户的贷方。所以这项业务应编制的会计分录如下：

借：其他业务成本　　64 000

　贷：原材料　　64 000

第六节　财务成果形成及分配业务的核算

一、财务成果概述

财务成果是指企业在一定会计期间所实现的最终经营成果，也就是企业所实现的利润或亏损总额。利润是指按照配比的要求，将一定时期内存在因果关系的收入与费用进行配比而产生的结果，收入大于费用的差额部分为利润，反之则为亏损。利润是综合反映企业在一定时期生产经营成果的重要指标，诸如劳动生产率的高低、产品是否适销对路、产品成本和期间费用是否合理。一个企业的获利水平，不仅关系企业的稳定发展和职工生活水平的提高，而且会影响整个社会的积累与发展。所以，企业必须采取一切措施，增收节支，增强企业的盈利能力，提高经济效益。财务成果业务具体内容见表4-7。

表4-7　**财务成果业务具体内容**

	内容	核算的目的
财务成果业务	财务成果的形成	正确计算企业实现的利润总额及构成，为分析和考核企业的经营情况提供必要的信息
	财务成果的分配	提供企业对利润进行分配的信息，包括企业资金积累和向投资者分配利润的具体情况，以确保正确处理国家、企业、职工和投资者等不同利益方之间的关系

二、财务成果的形成及核算

（一）利润的构成及计算

利润是反映企业财务成果的一个综合性指标，它综合了企业在经营过程中的所费与所得，因而对利润的确认与计量，是以企业生产经营活动过程中所实现的收入和发生的费用的确认与计量为基础的，同时还要包括通过投资活动而获得的投资收益，以及非日常活动发生的营业外收支等。由此可见，就其构成内容来看，利润既有通过生产经营活动而获得的，也有通过投资活动而获得的，还包括那些非日常活动发生的各项利得和损失等。按照我国会计准则及会计制度的规定，有关利润指标各个层次的计算公式表达如下：

利润总额=营业利润+直接计入当期利润的利得-直接计入当期利润的损失

上式中的营业利润是企业利润的主要来源，营业利润这一指标能够比较恰当地反映企业管理者的经营业绩。营业利润等于营业收入（包括主营业务收入和其他业务收入）减去营业成本（包括主营业务成本和其他业务成本）、期间费用、资产减值损失，再加上投资收益等，用公式表示即：

营业利润=营业收入-营业成本-税金及附加-销售费用-管理费用-财务费用-资产减值损失+公允价值变动收益+投资收益

直接计入当期利润的利得，记入“营业外收入”账户。它是指与企业正常的生产经营活动没有直接关系的各项收益，包括非流动资产处置利得、非货币性资产交换利得、债务重组利得、政府补助、盘盈利得和捐赠利得等。

营业外收入是企业的一种纯收入，不需要也不可能与有关费用进行配比，事实上企业为此并没有付出代价，因此在会计核算中应严格区分营业外收入与营业收入的界限。发生营业外收入时，应按其实际发生数进行核算，并直接增加企业的利润总额。

直接计入当期利润的损失，记入“营业外支出”账户。它是指与企业正常生产经营活动没有直接关系的各种损失，包括非流动资产处置损失、非货币性资产交换损失、债务重组损失、公益性捐赠支出、非常损失、盘亏损失等。

利得与损失应当分别核算，不能以利得直接冲减损失。在实际发生损失时，应直接冲减企业当期的利润总额。

企业实现了利润总额之后，首先应向国家缴纳所得税费用，所得税费用后的利润即为净利润，净利润的计算公式为：

净利润=利润总额-所得税费用

1.期间费用的核算

期间费用是指不能直接归属于某个特定的产品成本，而应直接计入当期损益的各种费用。它是企业在经营过程中随着时间的推移而不断地发生、与产品生产活动的管理和销售有一定的关系，但与产品的制造过程没有直接关系的各种费用。一般来说，我们能够很容易地确定期间费用应归属的会计期间，但难以确定其应归属的产品，也就是说，难以确定其直接的负担者。所以，期间费用不计入产品制造成本，而是从当期损益中予以扣除。

期间费用包括为管理企业的生产经营活动而发生的管理费用，为筹集资金而发生的财务费用，以及为销售商品而发生的销售费用等（如图4-40所示）。这些费用的发生对企业取得收入有很大的影响，但很难与各类收入直接配比，所以将其视为与某一期间的营业收入相关的期间费用按其实际发生额予以确认。有关期间费用中的财务费用的具体内容在本章第二节负债资金筹集业务中已经做了详细的阐述，这里只对期间费用中的管理费用和销售费用的内容做介绍。

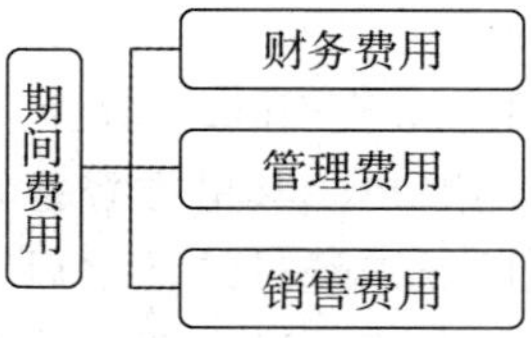

图4-40　期间费用内容

管理费用是指企业行政管理部门为组织和管理企业的生产经营活动而发生的各种费用，包括企业在筹建期间内发生的开办费、董事会和行政管理部门在企业的经营管理中发生的或者应由企业统一负担的公司经费（包括行政管理部门职工工资及福利费、机物料消耗、低值易耗品摊销、办公费和差旅费等）、工会经费、董事会费（包括董事会成员津贴、会议费和差旅费等）、聘请中介机构费、咨询费（含顾问费）、诉讼费、业务招待费、技术转让费、研究费等（如图4-41所示）。

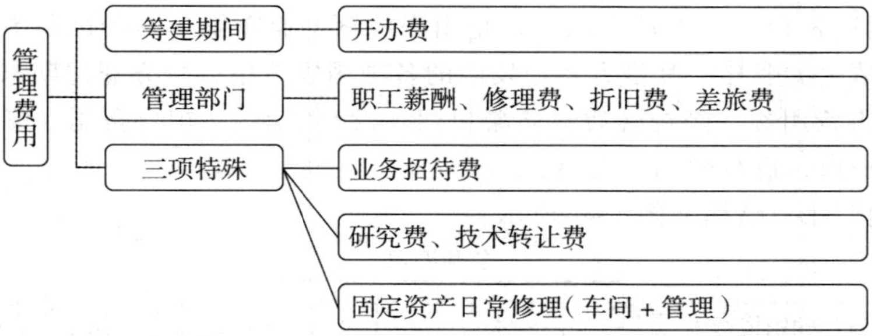

图4-41　管理费用内容

销售费用是指企业在销售商品和材料、提供劳务等日常经营过程中发生的各项费用，包括保险费、包装费、展览费和广告费、商品维修费、预计产品质量保证损失、运输费、装卸费以及为销售本企业的商品而专设的销售机构（含销售网点、售后服务网点等）的职工薪酬、业务费、折旧费等（如图4-42所示）。

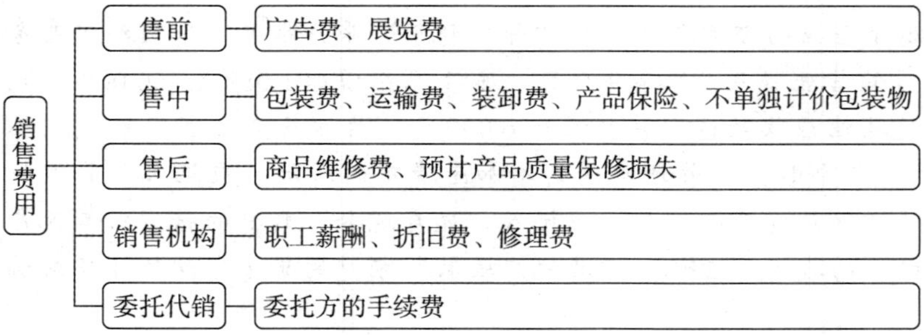

图4-42　销售费用内容

财务费用是指企业为筹集生产经营所需资金等而发生的筹资费用，包括：利息支出（减利息收入）、汇兑损益以及相关的手续费等。

为购建或生产满足资本化条件的资产发生的应予资本化的借款费用，通过“在建工程”“制造费用”等账户核算。

（1）账户的设置。

为了核算期间费用的发生情况，除“财务费用”账户外，企业还需要设置以下账户：

①“管理费用”账户。

“管理费用”账户属于损益类账户，是用来核算企业行政管理部门为组织和管理企业的生产经营活动而发生的各项费用的账户。其借方登记发生的各项管理费用，贷方登记期末转入“本年利润”账户的管理费用额，经过结转之后，本账户期末没有余额。管理费用账户应按照费用项目设置明细账中的专栏，进行明细分类核算。

“管理费用”账户结构如图4-43所示。

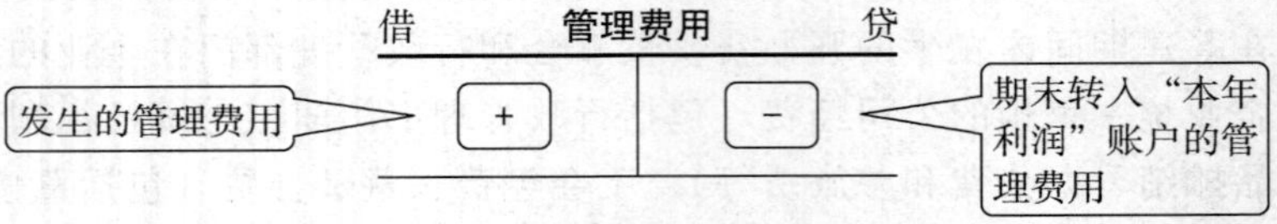

图4-43 “管理费用”账户结构

②“销售费用”账户。

“销售费用”账户属于损益类账户，是用来核算企业在销售商品过程中发生的各项销售费用及结转情况的账户。其借方登记发生的各项销售费用，贷方登记期末转入“本年利润”账户的销售费用额，经结转后，该账户期末没有余额。“销售费用”账户应按照费用项目设置明细账户，进行明细分类核算。

“销售费用”账户结构如图4-44所示。

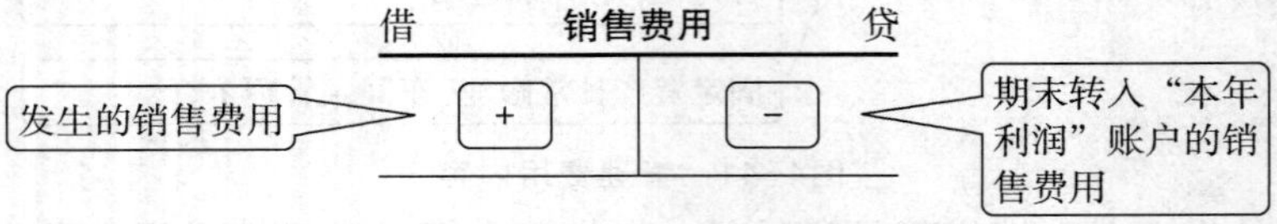

图4-44 “销售费用”账户结构

（2）账务处理。

【例4-47】大新有限责任公司的行政管理人员于东出差归来报销差旅费4 920元，原借款6 000元，余额退回现金。

差旅费属于企业的期间费用，在“管理费用”账户核算。这项经济业务的发生，一方面使得公司的管理费用增加4 920元，库存现金增加1 080元（6 000-4 920）；另一方面使得公司的其他应收款这项债权减少6 000元，共涉及“管理费用”、“库存现金”和“其他应收款”三个账户。管理费用的增加是费用的增加，应记入“管理费用”账户的借方；现金的增加是资产的增加，应记入“库存现金”账户的借方；其他应收款的减少是资产（债权）的减少，应记入“其他应收款”账户的贷方。这项业务应编制的会计分录如下：

借：管理费用	4 920	
库存现金	1 080	
贷：其他应收款——于东		6 000

【例4-48】大新有限责任公司开出支票支付董事会成员津贴及咨询费252 640元。

这项经济业务的发生，一方面使得公司的管理费用增加252 640元；另一方面使得公司的银行存款减少252 640元，共涉及“管理费用”和“银行存款”两个账户。管理费用的增加是费用的增加，应记入“管理费用”账户的借方；银行存款的减少是资产的减少，应记入“银行存款”账户的贷方。这项业务应编制的会计分录如下：

借：管理费用　　252 640

　贷：银行存款　　252 640

【例 4-49】大新有限责任公司于月末摊销上年已经付款的办公室商业保险费 4 020 元。

办公室商业保险费属于企业的管理费用，由于这笔费用于以前付款时已经记入“预付账款”账户，因而，现在摊销应冲减预付费用。这项经济业务的发生，一方面使得公司的管理费用增加 4 020 元；另一方面使得公司的预付账款减少 4 020 元，共涉及“管理费用”和“预付账款”两个账户。管理费用的增加是费用的增加，应记入“管理费用”账户的借方；预付费用的减少是资产的减少，应记入“预付账款”账户的贷方。这项业务应编制的会计分录如下：

借：管理费用　　4 020

　贷：预付账款　　4 020

【例 4-50】大新有限责任公司用银行存款 10 400 元支付销售产品的运输费。

这项经济业务的发生，一方面使得公司的销售费用增加 10 400 元；另一方面使得公司的银行存款减少 10 400 元，共涉及“销售费用”和“银行存款”两个账户。销售费用的增加是费用的增加，应记入“销售费用”账户的借方；银行存款的减少是资产的减少，应记入“银行存款”账户的贷方。这项业务应编制的会计分录如下：

借：销售费用　　10 400

　贷：银行存款　　10 400

【例 4-51】大新有限责任公司下设一个销售网点，经计算确定计提该网点销售人员的工资为 83 220 元。

销售机构人员的工资属于销售费用。这项经济业务的发生，一方面使得公司的销售费用增加 83 220 元；另一方面使得公司的应付职工薪酬增加 83 220 元，共涉及“销售费用”和“应付职工薪酬”两个账户。销售费用的增加是费用的增加，应记入“销售费用”账户的借方；应付职工薪酬的增加是负债的增加，应记入“应付职工薪酬”账户的贷方。这项业务应编制的会计分录如下：

借：销售费用　　83 220

　贷：应付职工薪酬　　83 220

【例 4-52】大新有限责任公司经计算，本月应缴纳车船税 12 400 元、房产税 24 000 元。另外用银行存款支付本月的印花税 5 600 元。

根据税法的要求，车船税、房产税等均属于税金及附加核算范围，其中：车船税、房产税这两种税费需要预计金额，因而在本月形成一项负债，而印花税是随时发生随时缴纳。所以，这项经济业务的发生，一方面使得公司的税金及附加增加 42 000 元（12 400+24 000+5 600）；另一方面使得公司的应交税费增加 36 400 元（12 400+24 000），银行存款减少 5 600 元，共涉及“税金及附加”、“应交税费”和“银行存款”三个账户。税金及附加的增加是费用支出的增加，应记入“税金及附加”账户的借方；应交税费的增加是负债的增加，应记入“应交税费”账户的贷方；银行存款的减少是资产的减少，应记入“银行存款”账户的贷方。所以这项业务应编制的会计分录如下：

借：税金及附加　42 000
　贷：应交税费——应交车船税　12 400
　　　　　　——应交房产税　24 000
　　银行存款　5 600

2.投资收益的核算

企业为了合理、有效地使用资金以获取更多的经济利益，除了进行正常的生产经营活动外，还可以将资金投放于债券、股票或其他财产等，形成企业的对外投资。投资收益的实现或投资损失的发生都会影响企业当期的经营成果。

为了核算投资损益的发生情况，需要设置“投资收益”账户。该账户属于损益类账户，是用来核算企业对外投资所获得收益的实现或损失的发生及结转情况的账户。其贷方登记实现的投资收益和期末转入“本年利润”账户的投资净损失，借方登记发生的投资损失和期末转入“本年利润”账户的投资净收益。经过结转之后该账户期末没有余额。“投资收益”账户应按照投资的种类设置明细账户，进行明细分类核算。

“投资收益”账户结构如图4-45所示。

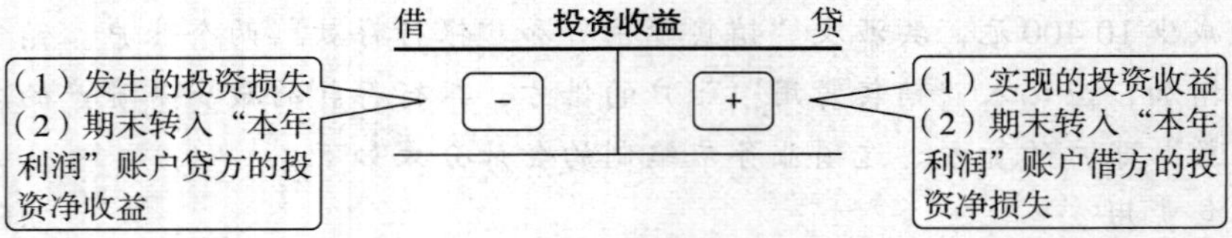

图4-45　“投资收益”账户结构

【例4-53】大新有限责任公司用闲置资金取得交易性金融资产（债券投资），计算债券利息2 000元。

这项经济业务的发生，一方面使得公司的债权（应收利息）增加2 000元；另一方面使得公司的投资收益增加2 000元，共涉及“应收利息”和“投资收益”两个账户。应收利息的增加是资产的增加，应记入“应收利息”账户的借方；投资收益的增加是收入的增加，应记入“投资收益”账户的贷方。这项业务应编制的会计分录如下：

借：应收利息　2 000
　贷：投资收益　2 000

3.营业外收支的核算

企业的利得与损失是指与企业正常的生产经营业务没有直接关系的各项收入和支出。通过前述利得的组成内容，可以看出利得不是由企业经营资金耗费所产生的，一般不需要企业付出代价，因而无法与有关的费用支出相配比，同理，企业发生的损失不属于企业的生产经营费用。

利得与损失虽然与企业正常的生产经营活动没有直接关系，但从企业主体考虑，利得与损失同样能够增加或减少企业的利润，对利润或亏损总额乃至净利润会产生一定的影响。在会计核算过程中，一般按照利得与损失具体项目发生的时间，按其实际数额在当期作为利润的加项或减项分别予以确认和计量。

（1）账户的设置。

①“营业外收入”账户。

“营业外收入”账户属于损益类账户，是用来核算企业各项利得的实现及结转情况的账户。其贷方登记利得的实现即增加，借方登记期末转入“本年利润”账户的利得，经过结转之后，该账户期末没有余额。“营业外收入”账户应按照利得的具体项目设置明细账户，进行明细分类核算。

“营业外收入”账户结构如图4-46所示。

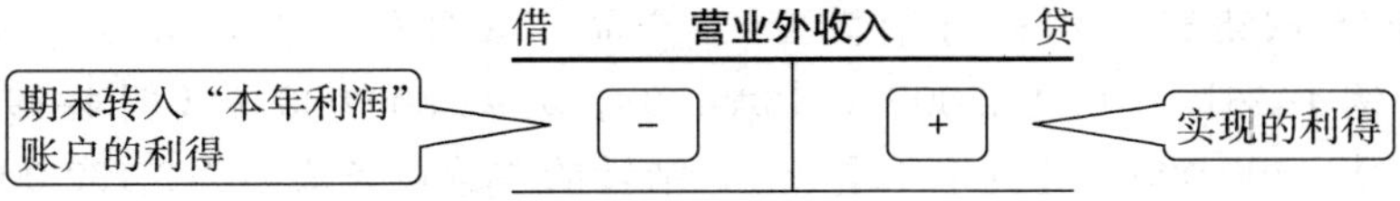

图4-46 “营业外收入”账户结构

②“营业外支出”账户。

“营业外支出”账户属于损益类账户，是用来核算企业各项损失的发生及转销情况的账户。其借方登记各项损失的发生即增加，贷方登记期末转入“本年利润”账户的损失，经过结转之后，期末没有余额。“营业外支出”账户应按照各种损失的具体项目设置明细账户，进行明细分类核算。

“营业外支出”账户结构如图4-47所示。

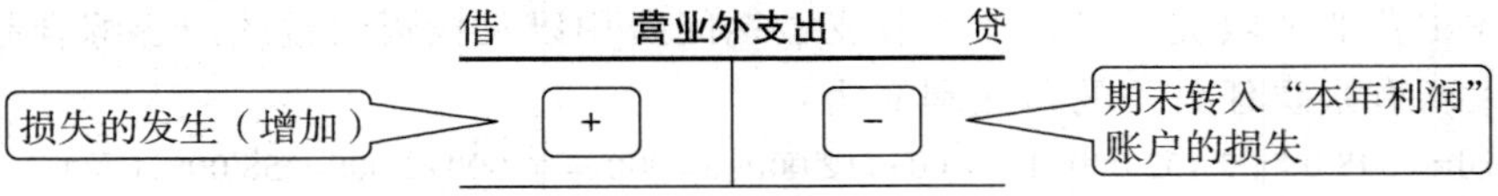

图4-47 “营业外支出”账户结构

（2）账务处理。

【例4-54】大新有限责任公司收到某单位的违约罚款收入169 000元，存入银行。

罚款收入属于企业的营业外收入。这项经济业务的发生，一方面使得公司的银行存款增加169 000元；另一方面使得公司的营业外收入增加169 000元，共涉及“银行存款”和“营业外收入”两个账户。银行存款的增加是资产的增加，应记入“银行存款”账户的借方；营业外收入的增加是收入的增加，应记入“营业外收入”账户的贷方。所以这项业务应编制的会计分录如下：

借：银行存款　　169 000

　贷：营业外收入　　169 000

【例4-55】大新有限责任公司用银行存款40 000元支付一项公益性捐赠。

企业的公益性捐赠属于营业外支出。这项经济业务的发生，一方面使得公司的银行存款减少40 000元；另一方面使得公司的营业外支出增加40 000元，共涉及“银行存款”和“营业外支出”两个账户。营业外支出的增加是费用支出的增加，应记入“营业外支出”账户的借方，银行存款的减少是资产的减少，应记入“银行存款”账户的贷方。所以这项业务应编制的会计分录如下：

借：营业外支出　　40 000

　贷：银行存款　　40 000

根据上述业务内容可知，公司实现的营业外收入为169 000元，发生的营业外支出为40 000元，因而营业外收支净额为129 000元（169 000−40 000）。

营业外收支的总分类核算过程如图4-48所示。

图4-48　营业外收支的总分类核算过程

通过前述各项经营业务内容的核算，就可以计算确定企业的营业利润。在销售过程的核算中，大新有限责任公司通过销售A、B产品，实现的主营业务收入为4 548 000元（480 000（【例4-36】）+1 152 000（【例4-38】）+2 800 000（【例4-39】）+516 000（【例4-41】）-400 000（【例4-42】）），结转的主营业务成本为3 132 000元（【例4-43】），发生的税金及附加为192 000元（150 000【例4-44】+42 000（【例4-52】））；另外，公司在其他业务活动中实现的其他业务收入为112 000元（【例4-45】），发生的其他业务成本为64 000元（【例4-46】）；本月发生的期间费用共计416 000元，其中：管理费用318 460元（42 000（【例4-26】）+5 880（【例4-28】）+9 000（【例4-31】）+4 920（【例4-47】）+252 640（【例4-48】）+4 020（【例4-49】）），财务费用3 920元（【例4-29】），销售费用93 620元（10 400（【例4-50】）+83 220（【例4-51】））。本月发生的投资收益计2 000元（【例4-53】）。

将上述主营业务收支、其他业务收支、期间费用以及投资收益的内容综合起来，就可以计算出大新有限责任公司的营业利润为：

营业利润=4 548 000-3 132 000-192 000+112 000-64 000-416 000+2 000=858 000（元）

（二）净利润形成过程的核算

1.所得税

所得税是根据企业的所得额征收的，而企业的所得额又可以依据不同的标准分别计算确定，即所谓的会计所得和纳税所得。会计所得是企业根据会计准则、制度等要求确认的收入与费用进行配比计算得出的税前会计利润；纳税所得是根据税收法规规定的收入和准予扣除的费用计算得出的企业纳税所得，即应税利润。

企业的净利润是由利润总额减去所得税费用计算而得的，利润总额的各个构成项目已在前面做了全面的阐述，在利润总额的基础上，进行相应的纳税调整，依据所得税税率就可以计算所得税费用，进而计算确定净利润。

（1）利润总额的计算。

前已述及，企业在一定时期内所实现的利润或发生的亏损总额是由营业利润、直接计入当期利润的利得和直接计入当期利润的损失等几项内容所组成的。而对于这几项构成内容，已在前面通过具体经济业务的实例做了说明，把这些具体经济业务综合起来，就可以计算确定大新有限责任公司在本期所实现的利润总额。

大新有限责任公司本期实现的营业利润为858 000元，直接计入当期利润的利得为169 000元（【例4-54】），直接计入当期利润的损失为40 000元（【例4-55】）。其利润总额为：

利润总额=858 000+169 000-40 000=987 000（元）

（2）所得税费用的核算

应交所得税是指企业按照税法的规定计算确定的针对当期发生的交易和事项，应缴纳给税务部门的所得税金额，即当期应交所得税。企业当期所得税的计算公式为：

应交所得税=应纳税所得额×所得税税率

应纳税所得额是在企业税前会计利润额（即利润总额）的基础上调整确定的，计算公式为：

应纳税所得额=利润总额±所得税前利润中予以调整的项目

公式中的所得税前利润中予以调整的项目，包括纳税调整增加项目和纳税调整减少项目两部分。纳税调整增加主要是指超过税法规定扣除标准的业务招待费、公益性捐赠支出、广告费、业务宣传费等；税收滞纳金、罚款、罚金。纳税调整减少主要是指按税法的规定允许弥补的亏损（5年内未弥补亏损）和准予免税项目；国债利息收入等（如图4-49所示）。

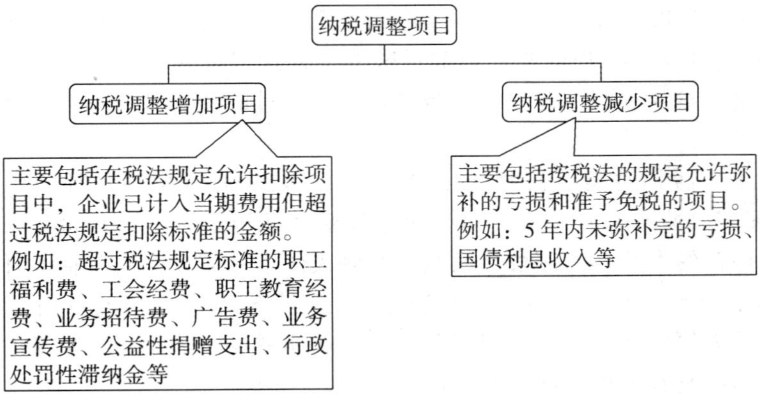

图4-49　纳税调整项目示意图

至于所得税的具体计算我们将在后续课程中学习。

①账户的设置。

为了核算所得税费用的发生情况，在会计上需要设置“所得税费用”账户。该账户属于损益类账户，是用来核算企业按照有关规定应在当期损益中扣除的所得税费用的计算及结转情况的账户。其借方登记按照应纳税所得额计算出的所得税费用额，贷方登记期末转入“本年利润”账户的所得税费用额，经过结转之后，该账户期末没有余额。

“所得税费用”账户结构如图4-50所示。

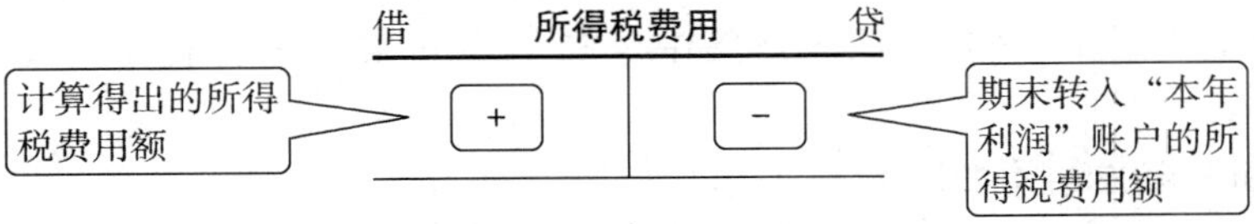

图4-50　“所得税费用”账户结构

②账务处理。

【例4-56】根据前述内容，已经确定大新有限责任公司本期实现的利润总额为987 000元，按照25%的税率计算本期的所得税费用（假设没有纳税调整项目）。

本期应交所得税费用为246 750元（987 000×25%）。所得税费用计算出来之后，一般在当期并不实际缴纳，所以在形成所得税费用的同时也产生了企业的一项负债。这项经济业务的发生，一方面使得公司的所得税费用增加246 750元；另一方面使得公司的应交税费增加246 750元，共涉及“所得税费用”和“应交税费”两个账户。所得税费用的增加是费用支出的增加，应记入“所得税费用”账户的借方；应交税费的增加是负债的增加，应记入"应交税费"账户的贷方。所以这项业务应编制的会计分录如下：

借：所得税费用　　246 750

　贷：应交税费——应交所得税　　246 750

2.结转本年利润

按照我国会计准则的要求，企业一般应当按月核算利润，按月核算利润有困难的，经批准，也可以按季或者按年核算利润。企业计算确定本期利润总额、净利润和本年累计利润总额、累计净利润的具体方法有"账结法"和"表结法"两种。

在账结法下，每月月末均需要编制转账凭证，将在账上结计出的各损益类科目的余额结转至"本年利润"账户。结账后"本年利润"账户的本月余额反映当月实现的利润或发生的亏损，"本年利润"账户的本年余额反映本年累计实现的利润或发生的亏损。账结法在各月均可通过"本年利润"账户提供当月及本年累计的利润（或亏损）额，但增加了转账环节和工作量。

在表结法下，各损益类科目每月月末只需结计出本月发生额和月末余额，不结转到"本年利润"账户，只有在年末时才将全年累计余额结转至"本年利润"账户。但每月月末要将损益类科目的本月发生额合计数填入利润表的本月数栏，同时将本月月末累计余额填入利润表的本年累计数栏，通过利润表计算反映各期的利润（或亏损）。在表结法下，年中损益类科目无须结转至"本年利润"账户，从而减少了转账环节和工作量，同时并不影响利润表的编制及有关损益指标的利用。

（1）账户的设置。

①"本年利润"账户。

为了核算企业在一定时期内财务成果的具体形成情况，在会计上需要设置"本年利润"账户。该账户属于所有者权益类账户，是用来核算企业在一定时期内净利润的形成或亏损的发生情况的账户。其贷方登记会计期末转入的各项收入，包括主营业务收入、其他业务收入、投资净收益和营业外收入等；借方登记会计期末转入的各项费用，包括主营业务成本、税金及附加、其他业务成本、管理费用、财务费用、销售费用、投资净损失、营业外支出和所得税费用等。该账户期末余额如果在贷方，表示实现的累计净利润；如果在借方，表示累计发生的亏损。该账户集中反映了全年累计净利润的实现或亏损的发生情况。

"本年利润"账户结构如图4-51所示。

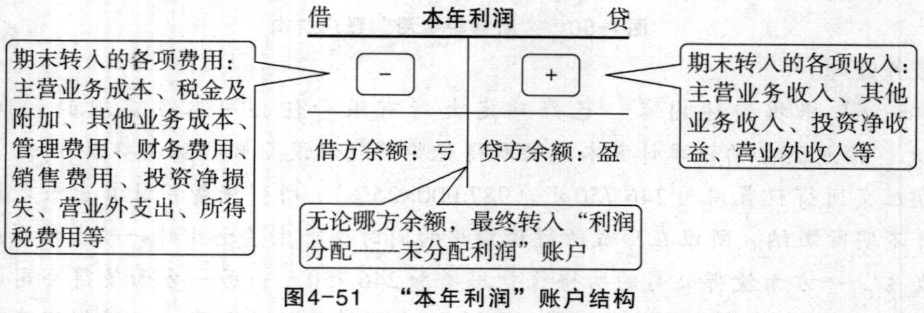

图4-51　"本年利润"账户结构

会计期末（月末或年末）结转各项收入时，借记"主营业务收入""其他业务收入""投资收益""营业外收入"等账户，贷记"本年利润"账户；结转各项费用时，借记"本年利润”账户，贷记“主营业务成本”“税金及附加”“其他业务成本”“管理费用”“财务费用”“销售费用”“营业外支出”“所得税费用”等账户。如果“投资收益”账户反映的为投资损失，则应进行相反的结转。

年末应将该账户的余额转入“利润分配”账户（如果是净利润，应自该账户的借方转入“利润分配”账户的贷方；如果是亏损，应自该账户的贷方转入“利润分配”账户的借方），经过结转之后，该账户年末没有余额。

②“利润分配”账户。

该账户在此只为本年利润转入稍做介绍，具体使用在之后的财务成果分配中详细介绍。

（2）账务处理。

【例4-57】大新有限责任公司在会计期末将本期实现的各项收入（包括主营业务收入4 548 000元、其他业务收入112 000元、营业外收入169 000元、投资收益2 000元）转入“本年利润”账户。

会计期末，企业未结转各种损益类账户之前，本期实现的各项收入以及与之相配比的成本费用是分散反映在不同的损益类账户上的。为了遵循配比的要求，使本期的收支相抵减，以便确定本期经营成果，就需要编制结账分录，结清各损益类账户。这项经济业务的发生，一方面使得公司的有关损益类账户所记录的各种收入减少了；另一方面使得公司的利润额增加了，共涉及“主营业务收入”、“其他业务收入”、“营业外收入”、“投资收益”和“本年利润”五个账户。各项收入的结转是收入的减少，应记入“主营业务收入”“其他业务收入”“营业外收入”“投资收益”账户的借方；利润额的增加是所有者权益的增加，应记入“本年利润”账户的贷方。所以这项业务应编制的会计分录如下：

借：主营业务收入	4 548 000	
其他业务收入	112 000	
投资收益	2 000	
营业外收入	169 000	
贷：本年利润		4 831 000

【例4-58】大新有限责任公司在会计期末，将本期发生的各项费用（包括主营业务成本3 132 000元、税金及附加192 000元、其他业务成本64 000元、管理费用318 460元、财务费用3 920元、销售费用93 620元、营业外支出40 000元）转入“本年利润”账户。

这项经济业务的发生，一方面需要将记录在有关损益类账户中的各项费用予以转销；另一方面结转费用会使得公司的利润减少，共涉及“本年利润”、“主营业务成本”、“税金及附加”、“其他业务成本”、“管理费用”、“财务费用”、“销售费用”和“营业外支出”八个账户。各项支出的结转是费用支出的减少，应记入“主营业务成本”“税金及附加”“其他业务成本”“管理费用”“财务费用”“销售费用”“营业外支出”账户的贷方；利润的减少是所有者权益的减少，应记入“本年利润”账户的借方。这项业务应编制的会计分录如下：

借：本年利润	3 844 000	

贷：主营业务成本 3 132 000
税金及附加 192 000
其他业务成本 64 000
管理费用 318 460
财务费用 3 920
销售费用 93 620
营业外支出 40 000

通过以上结转，本月的各项收入和费用（不包括所得税费用）都汇集于"本年利润"账户，遵循配比要求将收入与费用进行抵减，就可以根据"本年利润"账户的借、贷方的记录确定利润总额。本期大新有限责任公司实现的利润总额为987 000元（4 831 000−3 844 000）。假设会计利润与应税利润相等，根据利润总额就可以计算应交所得税费用。所得税费用作为一项费用还应在会计期末转入"本年利润"账户，以便计算净利润。

【例4-59】大新有限责任公司在会计期末将计算出的所得税费用转入"本年利润"账户。

大新有限责任公司本期计算出的所得税费用为246 750元（987 000×25%）。这项经济业务的发生，一方面使得公司的所得税费用减少246 750元；另一方面使得公司的利润额减少246 750元。所得税费用的减少是费用支出的减少，应记入"所得税费用"账户的贷方；利润额的减少是所有者权益的减少，应记入"本年利润"账户的借方。所以这项业务应编制的会计分录如下：

借：本年利润 246 750
贷：所得税费用 246 750

所得税费用转入"本年利润"账户之后，就可以根据"本年利润"账户的借、贷方记录的各项收入和费用计算确定企业的净利润额，即：

净利润=987 000−246 750=740 250（元）

企业通过净利润形成过程的核算，形成了一定时期内的经营成果即净利润。净利润这项经营成果的产生对企业的财务状况会产生一定的影响，企业的资产、负债和所有者权益与净利润的关系可用图4-52表示。

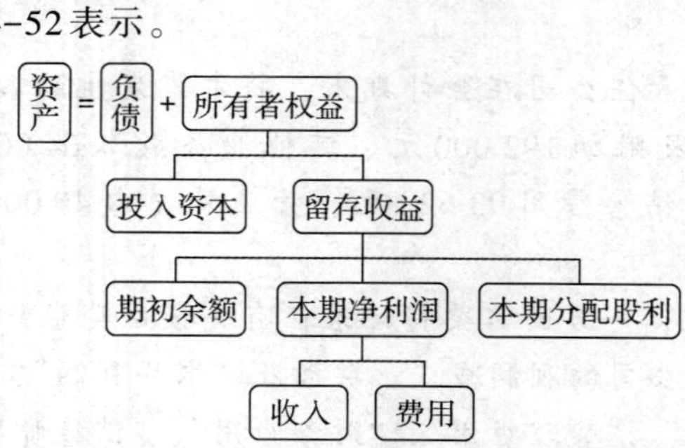

图4-52 企业的资产、负债和所有者权益与净利润的关系

三、财务成果的分配及核算

（一）利润分配的顺序

利润分配就是企业根据股东大会或类似权力机构批准的、对企业可供分配利润指定其

特定用途和分配给投资者的行为。股份公司实现的净利润应按公司法、公司章程以及股东大会决议的要求进行分配，利润分配的过程和结果不仅关系到每个股东的权益是否得到保障，而且关系到企业的未来发展问题，所以，必须做好企业利润分配工作，正确地对利润分配的具体内容进行会计核算。

企业实现的净利润，应按照国家的规定和投资者的决议进行合理的分配。根据《公司法》等有关法规的规定，企业当年实现的净利润分配程序如下：

1.弥补以前年度尚未弥补的亏损

2.提取法定盈余公积

法定盈余公积应按照本年实现净利润的一定比例提取，《公司法》规定公司制企业按净利润的10%提取；其他企业可以根据需要确定提取比例，但不得低于10%。企业提取的法定盈余公积累计额超过注册资本50%的，可以不再提取。

公司从净利润中提取法定盈余公积后，经股东或股东大会决议，还可以从净利润中提取任意盈余公积。

3.向投资者分配利润或股利

企业实现的净利润在扣除上述项目后，再加上年初未分配利润和其他转入数（公积金弥补的亏损等），形成可供投资者分配的利润，用公式表示为：

$$\begin{matrix}\text{可供投资者}\\\text{分配的利润}\end{matrix}=\text{净利润}-\begin{matrix}\text{弥补以前}\\\text{年度的亏损}\end{matrix}-\begin{matrix}\text{提取的法定}\\\text{盈余公积}\end{matrix}+\begin{matrix}\text{以前年度}\\\text{未分配利润}\end{matrix}+\begin{matrix}\text{公积金}\\\text{转入数}\end{matrix}$$

可供投资者分配的利润，应按下列顺序进行分配：

（1）支付优先股股利，是指企业按照利润分配方案分配给优先股股东的现金股利，优先股股利是按照约定的股利率计算支付的。

（2）提取任意盈余公积，任意盈余公积一般按照股东大会决议提取。

（3）支付普通股现金股利，是指企业按照利润分配方案分配给普通股股东的现金股利，普通股现金股利一般按各股东持有股份的比例进行分配。如果是非股份制企业则为分配给投资人的利润。

（4）转作资本（或股本）的普通股股利，是指企业按照利润分配方案以分派股票股利的形式转作的资本（或股本）。

可供投资者分配的利润经过上述分配之后，为企业的未分配利润（或未弥补亏损），年末未分配利润可按下式计算：

本年末未分配利润=可供分配的利润-优先股股利-提取的任意盈余公积-普通股股利

未分配利润是企业留待以后年度进行分配的利润或等待分配的利润，它是所有者权益的一个重要组成部分。相对于所有者权益的其他部分来说，企业对未分配利润的使用有较大的自主权。

（二）财务成果分配的核算

由于利润分配的核算内容比较复杂，政策性较强，其中有些内容如弥补亏损等的核算将在财务会计等课程中做介绍，所以这里仅介绍利润分配中的提取盈余公积和向投资人分配利润的核算内容。

1.账户的设置

（1）“利润分配”账户。

“利润分配”账户属于所有者权益类账户，是用来核算企业在一定时期内净利润的分配或亏损的弥补以及历年结存的未分配利润（或未弥补亏损）情况的账户。其借方登记实际分配的利润额，包括提取的盈余公积和分配给投资人的利润以及年末从“本年利润”账户转入的全年累计亏损额；贷方登记年末从“本年利润”账户转入的全年实现的净利润额以及用盈余公积弥补的亏损额等其他转入数。年内期末余额如果在借方，表示已分配的利润额；年末余额如果在借方，表示未弥补的亏损额。期末余额如果在贷方，表示未分配的利润额。“利润分配”账户一般应设置以下几个主要的明细账户：“盈余公积补亏”“提取法定盈余公积”“提取任意盈余公积”“应付现金股利”“转作资本的普通股股利”“未分配利润”等。年末，应将“利润分配”账户下的其他明细账户的余额转入“未分配利润”明细账户，经过结转后，除“未分配利润”明细账户有余额外，其他各个明细账户均无余额。

“利润分配”账户结构如图4-53所示。

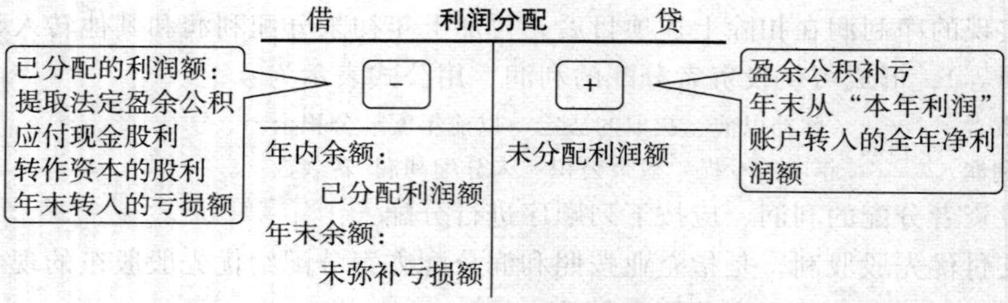

图4-53 “利润分配”账户结构

必须注意，企业对实现的净利润进行利润分配，意味着企业实现的净利润这项所有者权益的减少，本应在“本年利润”账户的借方进行登记，表示直接冲减本年已实现的净利润额。但是如果这样处理，“本年利润”账户的期末贷方余额就只能表示实现的利润额减去已分配的利润额之后的差额，即未分配利润额，而不能提供本年累计实现的净利润额这项指标。而累计净利润额又恰恰是企业管理上需要提供的一个非常重要的指标。因此，为了使“本年利润”账户能够真实地反映企业一定时期内实现的净利润数据，同时又能够通过其他账户提供企业未分配利润数据，在会计核算中专门设置了“利润分配”账户，用以提供企业已分配的利润额。这样就可以根据需要，将“本年利润”账户的贷方余额即累计净利润与“利润分配”账户的借方余额即累计已分配的利润额相抵减，以求得未分配利润这项管理上所需要的指标。因而，对于“利润分配”账户，一定要结合“本年利润”账户加以深刻理解。

（2）“盈余公积”账户。

“盈余公积”账户属于所有者权益类账户，是用来核算企业从净利润中提取的盈余公积（包括法定盈余公积、任意盈余公积）的增减变动及结余情况的账户。其贷方登记提取的盈余公积即盈余公积的增加，借方登记实际使用的盈余公积即盈余公积的减少。期末余额在贷方，表示结余的盈余公积。“盈余公积”应设置“法定盈余公积”“任意盈余公积”等明细账户。

“盈余公积”账户结构如图4-54所示。

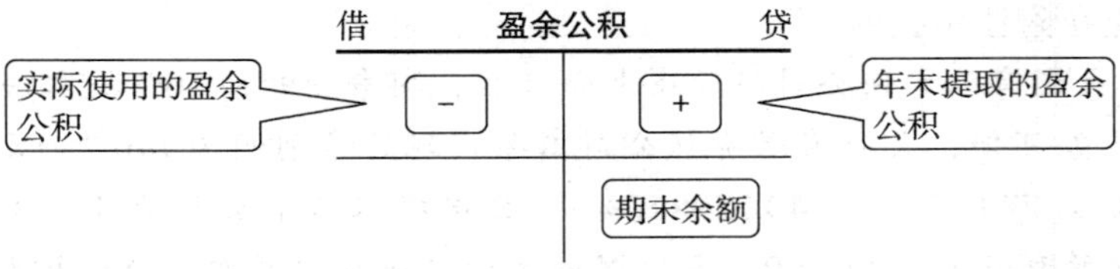

图4-54 “盈余公积”账户结构

（3）“应付股利”账户。

“应付股利”账户属于负债类账户，是用来核算企业按照股东大会或类似权力机构决议分配给投资人的股利（现金股利）或利润的增减变动及结余情况的账户。其贷方登记应付给投资人的股利（现金股利）或利润的增加，借方登记实际支付给投资人的股利（现金股利）或利润即应付股利的减少。期末余额在贷方，表示尚未支付的股利（现金股利）或利润。这里需要注意的是企业分配给投资人的股票股利不在本账户核算。

“应付股利”账户结构如图4-55所示。

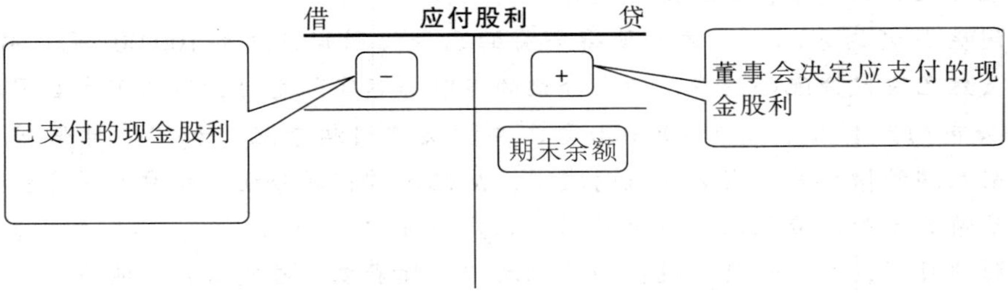

图4-55 “应付股利”账户结构

2.账务处理

（1）将净利润转入“利润分配”账户（本年利润的结转）。

【例4-60】大新有限责任公司在期末结转本期实现的净利润。大新有限责任公司本期实现的净利润为740 250元。结转净利润这项经济业务的发生，一方面使得公司记录在“本年利润”账户的累计净利润减少740 250元；另一方面使得公司可供分配的利润增加740 250元，共涉及“本年利润”和“利润分配”两个账户。结转净利润时，应将净利润从“本年利润”账户的借方转入“利润分配”账户的贷方（如果是结转亏损，则进行相反的处理）。这项业务应编制的会计分录如下：

借：本年利润　　740 250

　贷：利润分配——未分配利润　　740 250

【注意】结转前，如果“利润分配——未分配利润”明细账户的余额在借方，上述结转当年所实现净利润的分录同时反映了当年实现的净利润自动弥补以前年度亏损的情况。因此，在用当年实现的净利润弥补以前年度亏损时，不需另行编制会计分录。

（2）利润分配：提取法定盈余公积、宣告发放现金股利。

企业根据股东大会或类似机构审议批准的利润分配方案，按应支付的现金股利或利润，借记“利润分配——应付现金股利”账户，贷记“应付股利”等账户。

如果宣告发放股票股利，则借记“利润分配——转作股本的股利”账户，贷记“实收资本”“股本”等账户。

【注意】在董事会或类似机构通过的利润分配方案中拟分配的现金股利或利润，不做账务处理，但应在附注中披露。

【例 4-61】大新有限责任公司经股东大会批准，按净利润的10%提取法定盈余公积。

根据前述业务可知，大新有限责任公司本年实现的净利润为740 250元。因而，提取的法定盈余公积为74 025元（740 250×10%）。公司提取盈余公积业务的发生，一方面使得公司的已分配的利润额增加74 025元；另一方面使得公司的盈余公积增加74 025元，共涉及“利润分配”和“盈余公积”两个账户。已分配利润额的增加是所有者权益的减少，应记入“利润分配”账户的借方；盈余公积的增加是所有者权益的增加，应记入“盈余公积”账户的贷方。这项业务应编制的会计分录如下：

借：利润分配——提取法定盈余公积　　74 025

　贷：盈余公积——法定盈余公积　　74 025

【例 4-62】大新有限责任公司按照股东大会决议，分配给股东现金股利100 000元，股票股利120 000元。

这项经济业务的发生，需要处理两部分内容：

对于现金股利的分配，一方面使得公司的已分配利润额增加100 000元；另一方面，现金股利虽然已决定分配给股东，但在分配的当时并不实际支付，所以形成公司的一项负债，使得公司的应付股利增加100 000元，共涉及“利润分配”和“应付股利”两个账户。已分配利润的增加是所有者权益的减少，应记入“利润分配”账户的借方；应付股利的增加是负债的增加，应记入“应付股利”账户的贷方。

对于股票股利，在分配时，应按面值记入“实收资本（或股本）”账户（如有超面值部分应增加资本公积），增加公司的所有者权益。

这项业务应编制的会计分录如下：

①对于现金股利：

借：利润分配——应付现金股利　　100 000

　贷：应付股利　　100 000

②对于股票股利：

借：利润分配——转作股本的股利　　120 000

　贷：实收资本（或股本）　　120 000

（3）盈余公积补亏。

企业发生的亏损，除用当年实现的净利润弥补外，还可使用积累的盈余公积弥补。

以盈余公积弥补亏损时：

借：盈余公积

　贷：利润分配——盈余公积补亏

【例 4-63】大新有限责任公司以前年度累计未弥补亏损为20 000元，已经超过了用税前利润弥补的期限。经股东大会决议，用盈余公积弥补。

企业发生的亏损，可以用实现的利润弥补，也可以用积累的盈余公积弥补。用盈余公积弥补亏损，相当于增加可供分配的利润。这项经济业务的发生，一方面使得公司的盈余公积减少20 000元；另一方面使得公司的可供分配利润增加20 000元，共涉及“盈余公积”和“利润分配”两个账户。盈余公积的减少是所有者权益的减少，应记入“盈余公积”账户的借方；可供分配利润的增加是所有者权益的增加，应记入“利润分配”账户的贷方。所以这项业务应编制的会计分录如下：

借：盈余公积　　20 000

　贷：利润分配——盈余公积补亏　　20 000

（4）企业未分配利润的形成——利润分配内部明细科目结转。

借：利润分配——未分配利润

　贷：利润分配——提取法定盈余公积

　　　　　　　——提取任意盈余公积

　　　　　　　——应付现金股利

　　　　　　　——转作股本的股利

结转后，在“利润分配”账户中除“未分配利润”明细账户外，所属其他明细账户无余额。

“未分配利润”明细账户：余额在贷方，表示累计未分配的利润；余额在借方，则表示累积未弥补的亏损。

【例4-64】大新有限责任公司在会计期末结清利润分配账户所属的各有关明细账户。通过对前述有关的经济业务的处理，可以确定大新有限责任公司“利润分配”所属有关明细账户的记录分别为：“提取法定盈余公积”明细账户的余额为74 025元，“应付现金股利”明细账户的余额为100 000元，“转作股本的股利”明细账户的余额为120 000元，“盈余公积补亏”明细账户的余额为20 000元（贷方）。结清时，应将各个明细账户的余额从其相反方向分别转入“未分配利润”明细账户中，也就是借方的余额从贷方结转，贷方的余额从借方结转。所以这项业务应编制的会计分录如下：

（1）借：利润分配——未分配利润　　294 025

　　　贷：利润分配——提取法定盈余公积　　74 025

　　　　　　　　　——应付现金股利　　100 000

　　　　　　　　　——转作股本的股利　　120 000

（2）借：利润分配——盈余公积补亏　　20 000

　　　贷：利润分配——未分配利润　　20 000

在经过上述分配结转之后，如利润分配尚有贷方余额，则表示留待下一年继续分配的利润。正如大新有限责任公司经前述利润分配结转后，留待下一年继续分配的利润为466 225（740 250（【例4-60】）−74 025（【例4-61】）−100 000（【例4-62】）−120 000（【例4-62】）+20 000（【例4-63】））。

课后练习题

一、单项选择题

1.大新有限责任公司在增资扩股时，如有新投资者介入，新介入的投资者缴纳的出资额超过其在注册资本中所占份额部分，应记入（　　）账户核算。

A.“盈余公积”　　B.“资本公积”　　C.“其他应付款”　　D.“实收资本”

2.下列表述中正确的是（　　）。

A.计提的短期借款利息通过“短期借款”账户核算，计提的长期借款利息通过“长

期借款”账户核算

B.计提的短期借款利息和长期借款利息均通过“应付利息”账户核算

C.计提的短期借款利息通过“短期借款”账户核算，计提的长期借款利息通过“应付利息”账户核算

D.计提的短期借款利息通过“应付利息”账户核算，计提的长期借款利息通过“应付利息”或“长期借款——应计利息”账户核算

3.增值税一般纳税人购进设备所支付的增值税税款应记入（　　）账户。

A.“在途物资”　　B.“固定资产”

C.“应交税费——应交增值税（进项税额）”　　D.“在建工程”

4.大新有限责任公司用盈余公积弥补亏损时，正确的处理是（　　）。

A.借记“本年利润”账户，贷记“利润分配——未分配利润”账户

B.借记“利润分配——未分配利润”账户，贷记“本年利润”账户

C.借记“盈余公积”账户，贷记“利润分配——盈余公积补亏”账户

D.无须专门进行会计处理

5.企业为扩大销售市场发生的业务招待费，应当计入（　　）。

A.管理费用　　B.营业外支出　　C.销售费用　　D.其他业务成本

6.下列各项支出中，应列入“制造费用”账户中的项目是（　　）。

A.生产车间的固定资产折旧费　　B.管理部门的固定资产折旧费

C.生产车间生产工人的工资　　D.管理部门人员的工资

7.制造业企业出租固定资产所取得的收入，属于（　　）。

A.主营业务收入　　B.其他业务收入　　C.投资收益　　D.营业外收入

8.企业会计期末结账时，应将本期发生的各类支出转入（　　）。

A.“本年利润”账户的借方　　B.“本年利润”账户的贷方

C.“利润分配”账户的借方　　D.“利润分配”账户的贷方

9.按现行会计制度的规定，短期借款所发生的利息，一般应计入（　　）。

A.管理费用　　B.营业外支出　　C.财务费用　　D.投资收益

10.企业的应付账款如果确实无法支付，经管理层批准后，应贷记（　　）。

A.“营业外收入”账户　　B.“营业外支出”账户

C.“管理费用”账户　　D.“资本公积”账户

11.某制造企业为增值税一般纳税人。本期外购一批原材料，发票注明的买价为20 000元，增值税税额为2 600元，入库前发生的挑选整理费用为1 000元，则该批原材料的入账价值为（　　）元。

A.20 000　　B.22 600　　C.21 000　　D.23 600

12.在下列固定资产中，本月应计提折旧的是（　　）。

A.本月购进的新设备　　B.本月报废的旧设置

C.经营性租入的设置　　D.已提足折旧的设备

13.下列关于“累计折旧”账户的表述，不正确的是（　　）。

A.该账户用来反映固定资产损耗价值　　B.计提折旧应记入该账户的借方

C.该账户期末应为贷方余额　　D.企业每月计提固定资产折旧

14.企业为增值税一般纳税人，购入一批材料，增值税专用发票上标明的价款为250 000元，增值税税额为32 500元，另支付材料的保险费20 000元、包装物押金20 000元。该批材料的采购成本为（　　）元。

A.270 000　　B.290 000　　C.282 500　　D.302 250

15.企业预付给甲企业购货款1 070 000元，应借记的账户是（　　）。

A.“库存现金”　　B.“预付账款”　　C.“银行存款”　　D.“应收账款”

16.购入原材料5 000元，用银行存款2 000元支付部分货款，剩余款项暂欠。在该项经济业务中与“原材料”账户存在对应关系的会计账户是（　　）。

A.“应付账款”　　B.“其他应付款”　　C.“预付账款”　　D.“生产成本”

17.在下列账户中与“制造费用”账户不可能存在对应关系的是（　　）。

A.“生产成本”　　B.“本年利润”

C.“原材料”　　D.“应付职工薪酬”

18.销售费用不包括（　　）。

A.汇兑损失　　B.包装费

C.广告费　　D.专设的销售机构发生的职工薪酬、折旧费

19.不设置“预付账款”账户的企业，可以将预付的货款记入（　　）。

A.“应收账款”账户的借方　　B.“应付账款”账户的借方

C.“应收账款”账户的贷方　　D.“应付账款”账户的贷方

20.某企业销售商品一批，增值税专用发票上标明的价款为600 000元，适用的增值税税率为13%，款项尚未收回，以银行存款支付运费20 000元，增值税1 800元。该企业确认的应收账款为（　　）元。

A.600 000　　B.620 000　　C.678 000　　D.698 000

二、多项选择题

1.企业从银行借入的期限为3个月的借款到期，偿还该借款利息时所编制的会计分录可能涉及的账户有（　　）。

A.“应付利息”　　B.“财务费用”　　C.“短期借款”　　D.“银行存款”

2.下列能引起资产和负债同时减少的业务有（　　）。

A.以现金发放应付职工薪酬　　B.以银行存款预付购货款

C.以现金购买印花税票　　D.退回客户包装物押金

3.下列内容中，属于期间费用的有（　　）。

A.销售费用　　B.制造费用　　C.财务费用　　D.管理费用

4.期末（　　）账户的余额能转入“本年利润”账户。

A.“资产减值损失”　　B.“财务费用”

C.“制造费用”　　D.“投资收益”

5.为了具体核算企业利润分配及未分配利润情况，“利润分配”账户应设置相应的明细账户，下列属于“利润分配”明细账户的有（　　）。

A.“未分配利润”　　B.“提取资本公积”

C.“应付现金股利”　　D.“提取法定盈余公积”

6.在下列账户中，月末有余额的有（　　）。

A.“生产成本” B.“制造费用”

C.“管理费用” D.“应付职工薪酬——职工福利”

7.下列属于企业固定资产的有（ ）。

A.融资租入的固定资产 B.经营租出的固定资产

C.经营租入的固定资产 D.土地使用权

8.计提固定资产折旧时，可能涉及的会计账户有（ ）。

A.“制造费用” B.“管理费用” C.“固定资产” D.“累计折旧”

9.企业在购销活动中产生的债权，应在（ ）账户中核算。

A.“预收账款” B.“预付账款” C.“应付账款” D.“应收账款”

10.按《企业会计准则》的规定，企业在计提下列税费时，应计入税金及附加的有（ ）。

A.印花税 B.所得税

C.房产税 D.矿产资源补偿费

11.企业实现的净利润可进行的分配包括（ ）。

A.计算缴纳所得税 B.提取法定盈余公积

C.提取任意盈余公积 D.向投资者分配现金股利

12.在下列会计处理中，反映企业资金筹集业务的有（ ）。

A.借记“银行存款”账户，贷记“实收资本”账户

B.借记“银行存款”账户，贷记“长期借款”账户

C.借记“固定资产”账户，贷记“银行存款”账户

D.借记“银行存款”账户，贷记“主营业务收入”账户

13.企业销售商品缴纳的下列各项税费，记入“税金及附加”账户的有（ ）。

A.消费税 B.增值税 C.教育费附加 D.所得税

14.下列应计入管理费用的有（ ）。

A.销售机构折旧费 B.诉讼费 C.业务招待费 D.印花税

15.应计入营业外支出的项目有（ ）。

A.固定资产盘亏净损失 B.经营出租固定资产折旧费

C.无形资产处置净损失 D.资产减值损失

16.期末应转入“本年利润”账户的有（ ）。

A.“资产减值损失” B.“营业外支出”

C.“制造费用” D.“投资收益”

三、判断题

1.直接费用可直接归集到产品成本中，而间接费用则要通过分配后才能归集到产品成本中。（ ）

2.企业用支票支付购货款时，应通过“应付票据”账户进行核算。（ ）

3.按照权责发生制原则，对于发生不均衡、数额较大的固定资产修理费用，只能采取待摊的办法。（ ）

4.制造费用只能按照生产工人工资标准在各种产品之间进行分配。（ ）

5.“应交税费”账户是核算应交增值税的账户。（ ）

6. 产品销售成本的结转时间必须与产品销售收入的实现时间保持一致。（ ）

7. 增值税是一种价内税，消费税是一种价外税。（ ）

8. 支付职工退休金应在"营业外支出"账户中列示。（ ）

9. "本年利润"账户和"利润分配"账户在年终清算后均无余额。（ ）

10. 融资租入的固定资产在租赁期内，因为所有权不属于企业，所以在使用过程中，不需要计提折旧。（ ）

11. 企业对外出售固定资产时，获得的出售收入应记入"其他业务收入"账户。（ ）

12. 对于到期一次还本付息的长期借款，在到期前的各个会计期末计提利息时，应增加长期借款的账面价值。（ ）

13. 企业职工福利费可用于职工的医疗卫生费用、困难补助费以及医务福利人员的工资等。（ ）

14. 在购入材料过程中发生的采购人员的差旅费以及市内零星运杂费等不计入材料的采购成本，而作为管理费用列支。（ ）

15. 企业在经营过程中所产生的各种利息收入都属于投资收益，应在"投资收益"账户进行核算。（ ）

16. 企业在经营过程中发生的某项费用计入制造费用和计入管理费用对当期经营成果的影响是相同的。（ ）

17. 企业的资本公积和未分配利润也称为留存收益。（ ）

18. 为了遵循权责发生制原则的要求，企业应将其他业务收入减去其他业务成本进而确定其他业务利润。（ ）

四、计算分析题

1. 大新有限责任公司期初负债总额1 000 000元，实收资本600 000元，资本公积150 000元，盈余公积200 000元，未分配利润50 000元。本期发生亏损80 000元，用盈余公积弥补亏损30 000元。该公司年末资产总额2 000 000元，本年实收资本和资本公积没有发生变化。

要求：计算公司年末未分配利润数额、所有者权益总额、负债总额。

2.2023年5月，大新有限责任公司某生产车间生产完工A产品200件和B产品300件，月末A产品全部完工入库，B产品未完工。有关生产资料如下：

（1）车间领用原材料6 000吨，其中A产品耗用4 000吨，B产品耗用2 000吨，车间一般性消耗材料5吨，该原材料单价为每吨150元。

（2）生产A产品的生产人员工时为5 000小时，B产品为3 000小时，车间管理者工时为100小时，每工时的标准工资为20元。

（3）生产车间发生折旧费、水电费等97 250元，该车间本月仅生产了A和B两种产品，公司采用生产工人工时比例法对制造费用进行分配。假定月初、月末均不存在任何在产品。

（4）结转已销售产品成本10 000元。

（5）将上述所涉及的损益类账户金额转至本年利润。

要求：

（1）计算A产品应分配的制造费用。

（2）计算B产品应分配的制造费用。

（3）计算A产品、B产品当月生产成本。

（4）计算应付职工薪酬的账务处理。

（5）进行结转制造费用、完工产品成本的账务处理。

（6）进行结转已销售产品成本、结转损益的账务处理。

五、核算题

1.目的：练习资金筹集的核算。

资料：大新有限责任公司2023年5月发生以下经济业务：

（1）4日，接受华日公司投入现款80 000元存入银行。

（2）5日，大新有限责任公司原由甲、乙两位投资者投资2 000 000元设立，每人各出资1 000 000元。1年后，大新有限责任公司注册资本增加到3 000 000元，并引入第三位投资者丙加入。按照投资协议，新投资者需缴入资金1 100 000元，同时享有该公司1/3的股份，大新有限责任公司已收到该笔投资，款项存入银行。

（3）10日，大新有限责任公司于设立时收到A公司作为资本投入的非专利技术一项，该非专利技术投资合同约定价值为60 000元，同时收到B公司作为资本投入的土地使用权一项，投资合同约定价值为80 000元。

（4）大新有限责任公司于设立时收到B公司作为资本投入的原材料一批，该批原材料投资合同或协议约定价值（不含可抵扣的增值税）为100 000元，增值税进项税额为13 000元。B公司已开具增值税专用发票。假设合同约定的价值与公允价值相符，该进项税额允许抵扣。

（5）30日，大新有限责任公司向银行借入一笔生产经营用短期借款，共计120 000元，期限为9个月，年利率为4%。根据与银行签署的借款协议，该项借款的本金到期后一次归还，利息分月预提，按季支付。

（6）30日，大新有限责任公司从银行借入资金4 000 000元，借款期限为3年，年利率为8.4%（到期一次还本付息，不计复利），所借款项已存入银行。

（7）31日，经决定用资本公积40 000元转增企业资本。

要求：根据以上资料编制会计分录。

2.目的：练习固定资产的核算。

资料：大新有限责任公司2023年6月发生以下经济业务：

（1）1日，购入不需要安装的设备一台，取得的增值税专用发票上注明的设备买价为20 000元，增值税税额为2 600元，另支付运杂费100元，包装费200元，增值税27元，款项以银行存款支付。

（2）5日，购入一台需要安装的机器设备，取得的增值税专用发票上注明的设备价款为260 000元，增值税税额为33 800元，支付的装卸费为3 000元，增值税180元，款项已通过银行转账支付；安装设备时，领用一批原材料，其账面成本为24 200元，支付安装费14 200元，应支付安装工资4 800元。

（3）采用年限平均法对固定资产计提折旧。根据“固定资产折旧计算表”确定的车间及厂部管理部门应分配的折旧额为：车间50 000元，厂部管理部门60 000元。

要求：根据以上资料编制会计分录。

3.目的：练习材料采购业务的核算。

资料：大新有限责任公司2023年7月发生以下经济业务：

（1）1日，购入A材料一批，增值税专用发票上记载的货款为250 000元，增值税税额32 500元，对方代垫运杂费500元，增值税45元，全部款项已用转账支票付讫，材料已验收入库。

（2）10日，采用汇兑结算方式购入F材料一批，发票及账单已收到，增值税专用发票上记载的货款为10 000元，增值税税额1 300元。支付保险费500元，增值税30元，材料尚未到达。

（3）15日，采用托收承付结算方式购入G材料一批，增值税专用发票上记载的货款为250 000元，增值税税额32 500元，对方代垫包装费500元，增值税65元，银行转来的结算凭证已到，款项尚未支付，材料已验收入库。

（4）18日，向乙公司采购材料5 000千克，每千克单价10元，所需支付的货款为50 000元。按照合同的规定向乙公司预付货款的50%，验收货物后补付其余款项。25日收到乙公司发来的5 000千克材料，验收无误，增值税专用发票记载的货款为50 000元，增值税税额为6 500元。大新有限责任公司以银行存款补付所欠款项28 250元。

要求：根据以上资料编制会计分录。

4.目的：练习生产业务的核算。

资料：大新有限责任公司2023年8月发生以下经济业务：

（1）1日，发出W材料总额100 000元，其中生产车间生产A、B产品各领用30 000元，一般性耗用10 000元，管理部门领用20 000元，销售部门领用10 000元。

（2）10日，经过核算，该月A、B产品生产工人工资各75 000元，车间管理人员工资80 000元，厂部管理人员工资20 000元，销售人员工资10 000元。

（3）上月购入一项生产设备，原价1 200 000元，预计使用年限是10年，采用年限平均法计提折旧，假设净残值为0，则本月计提折旧10 000元。

（4）31日，生产车间本月发生水电费20 000元，均以银行存款支付。

（5）本月生产A产品耗用机器工时120小时，生产B产品耗用机器工时180小时。本月发生制造费用120 000元，按机器工时比例分配制造费用。

（6）本月A产品全部完工入库，B产品全部未完工。结转本月完工入库产品成本153 000元。

要求：根据以上资料编制会计分录。

5.目的：练习营业收入的核算。

资料：大新有限责任公司2023年12月份发生下列经济业务：

（1）销售A产品100件，每件售价400元，增值税销项税额5 200元，款项45 200元，对方暂欠货款。

（2）以银行存款支付销售上述A产品的运费200元。

（3）销售B产品200件，每件售价500元，销项税额13 000元。款项已经收存银行。

（4）从银行存款中支付电视广告费用10 000元。

（5）销售A产品200件，每件售价380元，B产品100件，每件售价480元，增值税销项税额16 120元，款项已收存银行。

（6）假设本月计提的应交消费税为13 200元，计提的教育费附加为996元。

（7）结转本月已售产品的销售成本，其中A产品单位成本280元，B产品单位成本336元。

要求：根据以上资料编制会计分录。

6. 目的：练习经济业务的核算。

资料：大新有限责任公司2023年12月份发生下列经济业务：

（1）出售闲置材料一批，售价10 000元，增值税税率13%，其账面价值8 400元，款项已经收存银行。

（2）用银行存款向某校捐赠4 000元。

（3）收到包装租金收入24 000元存入银行。

（4）以现金支付职工退休金1 000元。

（5）用银行存款支付违约罚款支出20 000元。

（6）摊销应由本月负担的财产保险费2 000元。

（7）计提应由本月负担的短期借款利息400元。

（8）报销职工小王差旅费3 000元（前已预借2 500元），余款用现金支付。

（9）企业分得对外投资红利37 600元，存入银行。

（10）按25%的税率计算应交企业所得税139 669元。

要求：编制以上业务的会计分录。

7. 目的：练习企业年末结转各账户的核算。

资料：大新有限责任公司2023年有关损益类账户的年末余额见表4-8。

表4-8 **大新有限责任公司2023年有关损益类账户的年末余额** 单位：元

科目名称	结账前余额
主营业务收入	8 000 000
主营业务成本	3 500 000
税金及附加	130 000
销售费用	670 000
管理费用	400 000

其他业务资料如下：

（1）年末一次性结转损益类账户。

（2）适用的所得税税率为25%，假定不存在纳税调整事项。

（3）按当年净利润的10%提取法定盈余公积。

（4）宣告向投资者分配利润400 000元。

要求：

（1）编制年末结转各损益类账户余额的会计分录。

（2）计算大新有限责任公司2023年应交所得税金额。

（3）编制大新有限责任公司确认并结转所得税费用的会计分录。

（4）编制大新有限责任公司将“本年利润”账户余额转入“利润分配——未分配利

润”账户的会计分录。

（5）编制大新有限责任公司提取法定盈余公积和宣告分配利润的会计分录。

8.目的：练习综合业务的核算。

资料：大新有限责任公司2023年12月份发生如下经济业务：

（1）公司编制的本月“发出材料汇总表”汇总结果如下：生产A产品耗用材料60 000元，生产B产品耗用材料55 000元，车间一般性材料消耗2 000元。

（2）公司计算出本月应付各类人员的工资数额为：生产A产品工人工资25 000元，生产B产品工人工资15 000元，生产车间管理人员工资6 000元。

（3）公司从银行提取现金46 000元准备发放工资。

（4）公司用现金向员工发放工资46 000元。

（5）公司用银行存款支付本月生产车间水电费1 200元。

（6）公司生产车间某技术人员因公务出差归来，报销差旅费2 500元，该技术人员出差前借款为3 000元，余款交回财会部门。

（7）应分配专设销售机构的职工工资8 000元。

（8）用银行存款支付业务招待费1 500元。

（9）计提企业管理部门使用的固定资产折旧费2 000元。

（10）用银行存款支付产品广告费5 000元。

（11）用现金支付应由公司负担的销售A产品的运输费800元。

（12）分配公司管理人员工资20 000元。

（13）预提计算应由本月负担的银行借款利息1 500元。

（14）用银行存款支付在银行办理业务的手续费900元。

（15）月末，公司生产车间本月应摊销年初已预付的保险费60元。

（16）月末，公司生产车间本月预提准备在将来用于修理固定资产的费用400元。

（17）月末，公司计提本月生产车间固定资产折旧2 000元。

（18）月末，公司将生产车间本月发生的制造费用以生产工人工资为分配标准分配计入A、B两种产品的生产成本。

（19）本月A、B两种产品全部完工，验收入库，A产品完工1 000件，B产品完工500件。

（20）本月A、B两种产品全部销售，增值税税率13%，A产品销售单价200元，B产品销售单价250元，款已收。同时结转已销A、B两种产品成本。

（21）月末，将本月发生的损益类账户结转至“本年利润”账户。

（22）计算并结转本月企业所得税，所得税税率25%。

（23）根据相关规定按净利润的10%提取法定盈余公积，经董事会决定分配现金股利10 000元。

（24）结转利润分配，计算公司未分配利润。

要求：根据所给资料计算有关数据并编制会计分录。

第五章

会计凭证

学习目标

1. 了解会计凭证的概念、种类、作用；
2. 掌握原始凭证的填制与审核方法；
3. 掌握记账凭证的填制与审核方法；
4. 了解会计凭证的传递与保管。

企业发生经济业务时，须按照业务发生的情况取得有关证明文件，这种证明文件就是会计凭证。一切会计凭证都要经过有关人员的审核，只有经过审核无误的会计凭证才能作为记账的依据，填制和审核会计凭证是会计核算方法之一，也是会计核算区别于统计和业务核算的重要特点之一。

第一节 会计凭证概述

为了保证会计信息的可靠性，如实地反映企业单位各种经济业务对会计诸要素的影响情况，应该在其发生时填制或取得相关的证明文件。同时，为了对证明文件所反映的有关内容的合法性、合理性和真实性负责，还需要经办人员在这些证明文件上签字盖章。

一、会计凭证的概念

会计凭证，是用来记录经济业务，明确经济责任，并作为登记账簿依据的书面证明文件，是重要的会计资料。例如，购买商品时要由供货单位开具发票，支付款项时要由收款单位开具收据，商品收入发出时要由经办人员开出收货单、发货单等，这些都是会计凭证。填制或取得并审核会计凭证是会计工作的初始阶段和基本环节。

二、会计凭证的意义

填制或取得会计凭证是会计循环全过程中的初始阶段和最基本的环节，这个环节的工作正确与否，直接关系到会计循环中其他步骤的正确与否。在会计核算过程中，会计凭证具有非常重要的意义。

(一)会计凭证可以及时反映各项经济业务的发生和完成情况

将经济业务如实记录下来，经过严格审核，然后根据审核无误的会计凭证登记账簿，这样就能把日常发生的各种各样的经济业务通过会计凭证正确、及时地反映出来，从而为登记账簿提供可靠的依据。因此，会计凭证对经济业务的发生起着证明的作用。

(二)会计凭证是登记账簿的依据

登记账簿必须以审核无误的会计凭证为依据，没有会计凭证，就不能登记账簿，这就保证了会计记录的真实性和正确性，防止弄虚作假。

(三)会计凭证是反映和监督经济活动的手段

经济业务是否真实、正确、合法、合规，在记账前都要根据会计凭证进行逐笔审核，通过审核凭证，检查该项业务是否符合有关政策、法规、制度，从而起到会计控制作用。

(四)会计凭证是明确有关人员经济责任的依据

经济业务发生后，需取得或填制适当的会计凭证，证明经济业务已发生或完成，同时有关经办人员要在凭证上签字、盖章，以明确业务责任。

三、会计凭证的种类

企业发生的经济业务内容复杂丰富，用以记录、监督经济业务的会计凭证五花八门，名目繁多。为了具体地认识、掌握和运用会计凭证，要对会计凭证加以分类，会计凭证按照填制程序和用途一般可分为原始凭证和记账凭证。

(一)原始凭证

原始凭证不仅是一切会计事项的入账依据，也是企业单位加强内部控制经常使用的手段之一，具有很强的法律效力，是一种很重要的凭证。

1.原始凭证的概念

原始凭证是指在经济业务发生时填制或取得的，用以证明经济业务发生或完成情况，并作为记账依据的书面证明。原始凭证是进行会计核算的原始资料和重要依据，一切经济业务的发生都应由经办部门或经办人员向会计部门提供能够证明该项经济业务已经发生或已经完成的书面单据，以明确经济责任，并作为编制记账凭证的原始依据。

凡是能够证明某项经济业务已经发生或完成情况的书面单据都可以作为原始凭证，如有关的发票、收据、银行结算凭证、收料单、发料单等；凡是不能证明该项经济业务已经发生或完成情况的书面文件就不能作为原始凭证，如生产计划、经济合同、派工单、银行对账单等。

2.原始凭证的种类

(1)原始凭证按其取得的来源不同，可以分为自制原始凭证和外来原始凭证。

①自制原始凭证。

自制原始凭证是指由本单位有关部门和人员，在执行或完成某项经济业务时填制的，仅供本单位内部使用的原始凭证。例如：仓库保管人员在验收原材料时填制的收料单、车间领用材料时填制的领料单。

②外来原始凭证。

外来原始凭证是指在经济业务发生或完成时，从其他单位或个人处直接取得的原始凭证，见表5-1。

表5-1 **增值税专用发票**

2023年×月×日

购买方	名　称	星海机械厂		纳税人登记号	×××××××××××	
	地址、电话	×××××××××		开户银行及账号	×××××××	
商品或劳务名称	计量单位	数量	单价（元）	金额（元）	税率（%）	税额
圆钢25mm	千克	1 500	4.00	6 000.00	13	780.00
圆钢10mm	千克	1 000	4.00	4 000.00	13	520.00
合计				10 000.00		1 300.00
价税合计（大写）	⊗壹万 壹仟 叁佰 零拾 零元 零角 零分					¥11 300.00
销售方	名　称	大新有限责任公司		纳税人登记号	×××××××××××	
	地址、电话	×××××××××		开户银行及账号	×××××××	

收款人：××　　　　开票单位（未盖章无效）：　　　　结算方式：转账

（2）原始凭证按其填制的手续和完成情况的不同，可以分为一次凭证、累计凭证、汇总凭证、记账编制凭证四种。

①一次凭证，是指只反映一项经济业务，或同时反映若干项同类性质的经济业务，其填制手续是一次完成的。例如仓库保管员填制的“收料单”（格式见表5-2），车间向仓库领用材料时填制的“领料单”（格式见表5-3）等都是一次凭证。

表5-2 **收料单（一次凭证）**

供货单位：××薄板厂　　　　凭证编号：0200

发票编号：36012345　　　　2023年×月×日　　　　收料仓库：2号

材料编号	材料名称及规格	计量单位	数量		金额	
			应收	实收	单价	金额
2019	薄板	吨	20	20	1 350.00	27 000.00
备注					合计	27 000.00

仓库负责人：××　　　　仓库保管人：××　　　　发料人：××

表5-3 **领料单（一次凭证）**

领料部门：××车间　　　　凭证编号：0218

用途：A产品　　　　2023年×月×日　　　　发料仓库：3号

材料编号	材料名称及规格	计量单位	数量		金额	
			请领	实发	单价	金额
2019	薄板	吨	10	10	1 350.00	13 500.00
备注					合计	13 500.00

仓库负责人：××　　　　发料：××　　　　领料负责人：××　　　　领料人：××

一次凭证应在经济业务发生或完成时，由相关业务人员一次填制完成。该凭证往往只能反映一项经济业务，或者同时反映若干项同类性质的经济业务。

②累计凭证，是指在一定时期内连续记载若干项同类性质的经济业务，其填制手续是随着经济业务发生而分次（多次）完成的，如“限额领料单”等。限额领料单的具体格式见表5-4。

表5-4　**限额领料单（累计凭证）**

领料部门：生产车间　　　　发料仓库：2号

用途：B产品　　　　2023年2月×日　　　　领料编号：10008

材料类别	材料编号	材料名称及规格	计量单位	领用限额	实际领用	单价（元）	金额（元）	备注
钢材	0218	圆钢10mm	千克	500	480	4.00	1 920.00	
请领			实发			限额	退库	
日期	数量	领料单位盖章	数量	发料人	领料人	结余	数量	退库单编号
2.3	200		200	王明	李立	300		
2.12	100		100	王明	李立	200		
2.20	180		180	王明	李立	20		
合计	480		480			20		

供应部门负责人：××　　　　生产计划部门负责人：××　　　　仓库负责人：××

累计凭证应在每次经济业务完成后，由相关人员在同一张凭证上重复填制完成。该凭证能在一定时期内不断重复地反映同类经济业务的完成情况。

③ 汇总原始凭证，是指对在一定时期内反映经济业务内容相同的若干张原始凭证，按照一定标准综合填制的原始凭证。例如：发料凭证汇总表、工资结算汇总表、差旅费报销单。

汇总凭证应由相关人员在汇总一定时期内反映同类经济业务的原始凭证后填制完成。该凭证只能将类型相同的经济业务进行汇总，不能汇总两类或两类以上的经济业务。

“发料凭证汇总表”的具体格式见表5-5。

表5-5　**发料凭证汇总表（汇总凭证）**　　附件20张

2023年×月×日　　　　单位：元

应借科目 应贷科目		生产成本	制造费用	管理费用	在建工程	合计	备注
原材料	原料及主要材料						
	辅助材料						
	修理用备件						
	燃料						
	合计						
周转材料							
总　计							

主管：××　　　　制表：××　　　　审核：××

④记账编制凭证，是根据账簿记录和经济业务的需要对账簿记录的内容加以整理而编制的一种自制原始凭证，如“累计折旧计算表”“制造费用分配表”等。

“累计折旧计算表”“制造费用分配表”的具体格式见表5-6、表5-7。

表5-6 **累计折旧计算表（记账编制凭证）** 金额单位：元

使用单位	原值	年折旧率	本月应计提折旧额
A车间	50 000	10%	416.67
厂部	48 000	12%	480
合计	98 000		896.67

会计主管：×× 审核：×× 制表：××

表5-7 **制造费用分配表（记账编制凭证）** 金额单位：元

分配对象（产品名称）	分配标准（生产工时等）	分配率	分配金额
A产品	2 000	4	8 000
B产品	1 500	4	6 000
合 计	3 500		14 000

会计主管：×× 审核：×× 制表：××

3.原始凭证举例：外来原始凭证

外来原始凭证是指在同外单位发生经济业务往来时，从外单位取得的凭证。外来原始凭证一般都属于一次凭证。例如，从供应单位取得的增值税专用发票、上缴税金的收据、乘坐交通工具的票据等。增值税专用发票具体格式见表5-1。

实务中材料请购单、生产计划等业务尚未实际执行，其有关数据不能作为原始凭证，因此凡是不能证明经济业务已经实际执行完成的文件均不能作为会计记账的根据。

（二）记账凭证

由于原始凭证来自不同的单位，种类繁多，数量庞大，格式不一，因此不能清楚地表明应记入的会计账户的名称和方向。为了便于登记账簿，需要根据原始凭证反映的不同经济业务，加以归类和整理，填制具有统一格式的记账凭证，以确定会计分录，并将相关的原始凭证附在后面。这样不仅可以简化记账工作、减少差错，而且有利于原始凭证的保管，便于对账和查账，从而提高会计工作质量。

1.记账凭证的概念

记账凭证，是指由会计人员根据审核无误的原始凭证编制的用来履行记账手续的会计分录凭证，它是登记账簿的直接依据。

在实际工作中，会计分录首先填写在记账凭证上，这一步的确认是会计循环过程中的一个基本步骤，而这一步的核心载体就是记账凭证。在记账凭证上编制会计分录，并据以登记有关账簿，标志着第一次会计确认的结束。

2.记账凭证的种类

记账凭证按照不同的标志可以分为不同类别：

(1) 记账凭证按其反映的经济业务内容的不同，可以分为专用记账凭证和通用记账凭证。

专用记账凭证是专门用来记录某一特定种类经济业务的记账凭证。按其所记录的经济业务是否与货币资金收付有关可以分为收款凭证、付款凭证和转账凭证三种。

①收款凭证，是用来反映货币资金增加的经济业务而编制的记账凭证，收款凭证分为现金收款凭证和银行存款收款凭证。现金收款凭证是根据现金收入业务的原始凭证，如以现金结算的记账联，编制的收款凭证；银行存款收款凭证是根据银行存款收入业务的原始凭证，如银行进账通知单，编制的收款凭证。

收款凭证的具体格式如图 5-1 所示。

收款凭证

借方科目：银行存款　　20××年 2 月 15 日　　银收字第 003 号

摘　要	贷方科目		记账	金　额										
	总账科目	明细科目		千	百	十	万	千	百	十	元	角	分	
收到投资款	实收资本	宋宁	√		1	0	0	0	0	0	0	0	0	附件2张
合　计				¥	1	0	0	0	0	0	0	0	0	

财务主管：李凡　记账：黄秋　出纳：赵实　审核：李平　制单：刘玉

图5-1　收款凭证示意图

②付款凭证，是用来反映货币资金减少的经济业务而编制的记账凭证，付款凭证分为现金付款凭证和银行存款付款凭证。现金付款凭证是根据现金付出业务的原始凭证，如以现金结算的发票联，编制的付款凭证；银行存款付款凭证是根据银行存款付出业务的原始凭证，如现金支票存根、转账支票存根，编制的付款凭证。

付款凭证的具体格式如图 5-2 所示。

付款凭证

贷方科目：银行存款　　20××年 3 月 12 日　　银付字第 05 号

摘　要	借方科目		记账	金额	
	总账科目	明细科目			
支付产品广告费用	销售费用		√	30 000	附件2张
合　计				¥ 30 000	

财务主管：张三　复核：顾四　记账：李明　出纳：王林　制单：李明

图5-2　付款凭证示意图

收、付款凭证既是登记库存现金日记账、银行存款日记账以及有关明细账的依据，又是出纳员办理收、付款项的依据。

③转账凭证，是用来反映不涉及货币资金增减变动的经济业务而编制的记账凭证，即记录与库存现金、银行存款的收付款业务没有关系的转账业务的凭证。

转账凭证的具体格式如图5-3所示。

转 账 凭 证

20××年3月31日　　　　转字第12号

摘要	总账科目	明细科目	记账	借方金额	贷方金额
结转销售商	主营业务成本		√	119 200	
产品成本	库存商品	A产品			74 750
		B产品			44 450
合　计				¥119 200	¥119 200

附件1张

财务主管：张三　　复核：顾四　　记账：李明　　制单：李明

图5-3　转账凭证示意图

通用记账凭证是指用来反映所有经济业务的记账凭证，为各类经济业务所共同使用，其格式与转账凭证基本相同。

通用记账凭证的具体格式如图5-4所示。

通用记账凭证

出纳编号______

年　月　日　　　　凭证编号______

摘要	结算方式	票号	会计科目		借方金额											记账符号	贷方金额											记账符号
			总账科目	明细科目	亿	千	百	十	万	千	百	十	元	角	分		亿	千	百	十	万	千	百	十	元	角	分	
附单据		张	合	计																								

会计主管人员　　记账　　稽核　　制单　　出纳　　交领款人

图5-4　通用记账凭证示意图

（2）记账凭证按其是否需要经过汇总，可以分为汇总记账凭证和非汇总记账凭证。

①汇总记账凭证，是根据在一定时期内单一的记账凭证按一定的方法加以汇总而重新填制的凭证，包括分类汇总记账凭证和全部汇总记账凭证。

分类汇总记账凭证是按照收款、付款和转账凭证分别加以汇总编制的汇总收款凭证、汇总付款凭证和汇总转账凭证三种。

全部汇总记账凭证是根据平时编制的全部记账凭证按照相同科目归类汇总其借、贷方发生额而编制的，一般称为科目汇总表或记账凭证汇总表。无论是分类汇总记账凭证还是全部汇总记账凭证，其目的都是简化登记总账的工作。

②非汇总记账凭证，是根据原始凭证编制的，只反映某项经济业务的，而没有经过汇总的记账凭证。收款凭证、付款凭证、转账凭证以及通用记账凭证等均属于非汇总记账凭证。

综合上述，可以将会计凭证的各种分类情况归纳如图5-5所示。

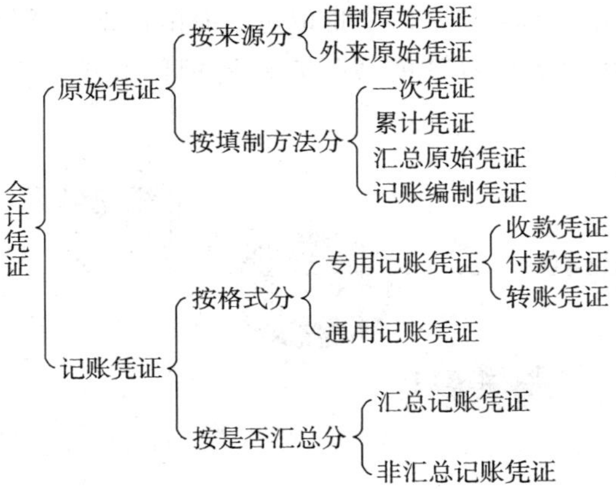

图5-5　会计凭证分类示意图

四、原始凭证与记账凭证的区别

原始凭证和记账凭证之间存在着密切的联系，原始凭证是记账凭证的基础，记账凭证是根据原始凭证编制的；原始凭证附在记账凭证后面作为记账凭证的附件，记账凭证是对原始凭证内容的概括和说明。原始凭证与记账凭证的本质区别就在于原始凭证是对经济业务是否发生或完成起证明作用的，而记账凭证仅是为了履行记账手续而编制的会计分录凭证。

原始凭证与记账凭证的区别主要表现为：

（1）填制人员不同。原始凭证应由经办人员填制，而记账凭证一律由本单位会计人员填制。

（2）填制依据不同。原始凭证根据发生或完成的经济业务填制，而记账凭证则根据审核后的原始凭证填制。

（3）填制方式不同。原始凭证仅用以记录、证明经济业务已经发生或完成，而记账凭证则依据会计科目对已经发生或完成的经济业务进行归类、整理。

（4）发挥作用不同。原始凭证是记账凭证的附件，是填制记账凭证的依据，而记账凭证是登记账簿的直接依据。

第二节　原始凭证的填制与审核

原始凭证的名称、格式和内容是多种多样的。原始凭证填制的依据和填制的人员有三种：以实际发生或完成的经济业务为依据的，由经办业务人员直接填制，如“入库单”“出库单”等；以账簿记录为依据的，由会计人员加工整理计算填制，如各种记账编制凭证；以若干张反映同类经济业务的原始凭证为依据的，定期汇总填制汇总原始凭证，填制人员可能是业务经办人也可能是会计人员。但无论是哪种原始凭证，作为记录和证明经济业务的发生或完成情况、明确经办单位和人员的经济责任的原始证据，其基本要求、内容是一样的。

一、原始凭证的基本内容

原始凭证是会计核算的起点和基础，是记账的原始依据。任何一张原始凭证都必须同时具备一些相同的内容，这些内容被称为原始凭证的基本内容或基本要素，如图 5-6 所示。

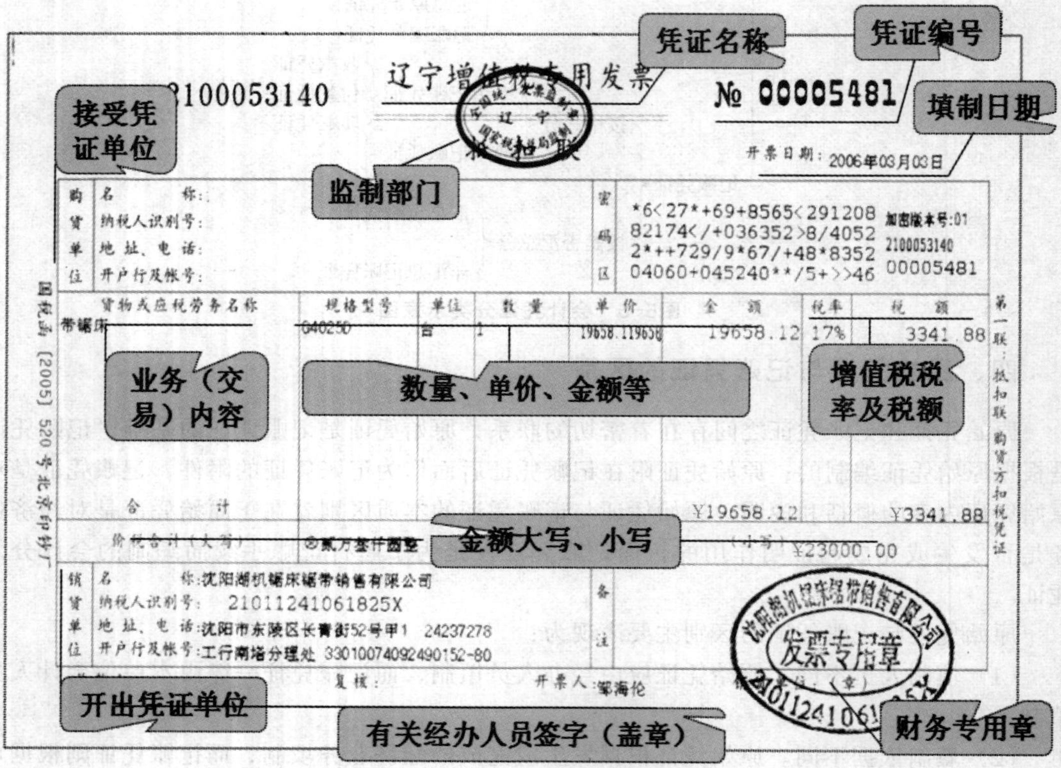

图5-6 原始凭证基本内容示意图

各种原始凭证都应具备如下的基本内容：

（1）原始凭证的名称，如“增值税专用发票”“限额领料单”等。通过原始凭证的名称，能基本体现该凭证所反映的经济业务类型。

（2）填制原始凭证的具体日期和经济业务发生的日期。这两个日期在大多数情况下是一致的，但也有不一致的时候。例如差旅费报销单上的出差日期与报销日期往往是不一致的，应将这两个日期在原始凭证中分别进行反映。

（3）填制原始凭证的单位或个人名称。

（4）对外原始凭证要有接受凭证的单位名称。

（5）经济业务的内容。原始凭证对经济业务内容的反映，可以通过原始凭证内专设的“内容摘要”栏进行。

(6) 经济业务的数量、单价和金额。这是对经济活动完整地进行反映所必需的，也是会计记录所要求的。没有具体金额的书面文件一般不能作为会计上的原始凭证。

(7) 经办人员的签字或盖章。如果是外来的原始凭证，还要有填制单位的财务专用章或公章。

二、原始凭证的填制（或取得）要求

为了保证整个会计信息系统所产生的相关资料的真实性、正确性和及时性，必须按要求填制或取得原始凭证。原始凭证的具体内容、格式不同，产生的渠道也不同，其填制或取得的具体要求也有一定的区别，按照《中华人民共和国会计法》和《会计基础工作规范》的规定，原始凭证的填制或取得必须符合下述几项基本要求：

（一）内容要真实可靠

填写原始凭证，必须符合真实性会计原则的要求，原始凭证上所记载的内容必须与实际发生的经济业务内容相一致，实事求是、严肃认真地进行，为了保证原始凭证记录真实可靠，经办业务的部门或人员都要在原始凭证上签字或盖章，对凭证的真实性和正确性负责。

（二）内容要完整、项目要齐全、手续要完备

原始凭证上有很多具体内容，在填写原始凭证时，对于其基本内容和补充资料都要按照规定的格式、内容逐项填写齐全，不得漏填或省略不填。特别是有关签字盖章部分，自制的原始凭证必须有经办部门负责人或指定人员的签字或盖章，主要内容包括：单位自制的原始凭证必须有经办单位领导人或指定的人员签名盖章；对外开出的原始凭证必须加盖本单位公章；从外部取得的原始凭证，必须盖有填制单位的公章；从个人处取得的原始凭证，必须有填制人员的签名或盖章。

（三）书写要简洁、清楚，大小写要符合《会计基础工作规范》的要求

(1) 原始凭证上的文字，要按规定的要求书写，字迹要工整、清晰，易于辨认。

(2) 数字和货币符号书写要符合下列要求：

①阿拉伯数字应当一个一个地写，不得写连笔字。特别是要连着写几个“0”时，也一定要单个地写，不能将几个“0”连在一起一笔写完。

②阿拉伯金额数字前面应当书写货币币种符号或者货币名称简写，币种符号与阿拉伯金额数字之间不得留有空白。例如：￥2 000.00。

小写的合计金额前要冠以人民币符号“￥”(用外币计价、结算的凭证，金额前要加注外币符号)。

凡阿拉伯金额数字前写有货币币种符号的，数字后面不再写货币单位。

所有以元为单位的阿拉伯数字，除表示单价等情况外，一律填写到角、分；无角、分的，角位和分位可写“00”或者符号“—”；有角无分的，分位应当写“0”，不得用符号“—”代替。例如：￥2 000.30（正确书写）；￥2 000.3—（错误书写）。

③汉字大写数字金额如零、壹、贰、叁、肆、伍、陆、柒、捌、玖、拾、佰、仟、万、亿等，应一律用正楷或行书体书写，不得用○、一、二、三、四、五、六、七、八、九、十等简化字代替。不得任意自造简化字。

大写金额前未印有“人民币”字样的，应加写“人民币”三个字，“人民币”字样和

大写金额之间不得留有空白。

大写金额数字到元为止的，之后应当写“整”字或者“正”字。大写金额数字有分的，分字后面不写“整”字或者“正”字。

(3) 凡填有大写和小写金额的原始凭证，大写与小写的金额必须相符。

① 阿拉伯金额数字中间有“0”时，汉字大写金额要写“零”字，如￥2 409.80，汉字大写金额应写成人民币贰仟肆佰零玖元捌角整。

② 阿拉伯金额数字中间连续有几个“0”时，汉字大写金额可以只写一个“零”字，如￥3 005.14，汉字大写金额应写成人民币叁仟零伍元壹角肆分。

③ 阿拉伯金额数字万位或元位是“0”，或者数字中间连续有几个“0”，元位也是“0”，但千位、角位不是“0”时，汉字大写金额可以只写一个“零”字，也可以不写“零”字，如￥1 580.32，应写成人民币壹仟伍佰捌拾元零叁角贰分，或者写成人民币壹仟伍佰捌拾元叁角贰分；又如￥107 000.53，应写成人民币壹拾万柒仟元零伍角叁分，或者写成人民币壹拾万柒仟元伍角叁分。

④ 阿拉伯数字角位是“0”，而分位不是“0”时，汉字大写金额“元”后面应写“零”字，如￥26 409.02，应写成人民币贰万陆仟肆佰零玖元零贰分。

（四）编号要连续

一式几联的原始凭证，必须注明各联的用途，并且只能以一联用作报销凭证，作废时应加盖“作废”戳记，连同存根一起保存。

在填写原始凭证的过程中，如果发生错误，应采用正确的方法予以更正，不得随意涂改、刮擦凭证，如果原始凭证上的金额发生错误，则不得在原始凭证上更改，而应由出具单位重开。对于支票等重要的原始凭证如果填写错误，一律不得在凭证上更正，应按规定的手续注销留存，另行重新填写新的凭证。

（五）不得涂改、刮擦和挖补

原始凭证如有错误，应当由出具单位重开或更正，更正处应当加盖出具单位印章。原始凭证金额有错误的，应当由出具单位重开，不得在原始凭证上更正。

（六）填制要及时

原始凭证应及时填写、及时送交会计机构，并及时审核。

（七）附加要求

(1) 购买实物的原始凭证，必须有验收证明。

(2) 支付款项的原始凭证，必须有收款单位和收款人的收款证明，不能仅以支付款项的有关凭证等代替。

(3) 发生销货退回的原始凭证，除填制退货发票外，还必须有退货验收证明；退款时，必须取得对方的收款收据或者汇款银行的凭证，不得以退货发票代替收据。

(4) 职工公出借款凭据，必须附在记账凭证之后。收回借款时，应当另开收据或退还借款副本，不得退还原借款收据。

(5) 上级有关部门批准的经济业务，应当将批准文件作为原始凭证附件。如果批准文件需要单独归档的，应当在凭证上注明文件的批准机关名称、日期和文号，以便确认经济业务的审批情况和查阅。

（八）一式多联的原始凭证

对于一式多联的原始凭证必须用复写纸套写或打印机套打。

三、原始凭证的审核

原始凭证在填制或取得的过程中，由于种种原因，难免会出现各种错弊。为了保证原始凭证的真实性、完整性和合法性，企业的会计部门对各种原始凭证都要进行严格的审核，只有经过严格审核合格的原始凭证，才能作为编制记账凭证的依据。审核原始凭证不仅是确保会计初始信息真实、可靠的一项重要措施，而且是发挥会计监督作用的重要手段，还是会计机构、会计人员的重要职责。

（一）原始凭证审核的内容

《中华人民共和国会计法》第十四条规定：会计机构、会计人员必须按照国家统一的会计制度的规定对原始凭证进行审核，对不真实、不合法的原始凭证有权不予接受，并向单位负责人报告；对记载不准确、不完整的原始凭证予以退回，并要求按照国家统一的会计制度的规定更正、补充。

企业会计人员对原始凭证的审核，主要是审核原始凭证的真实性、完整性和合法性三个方面，具体表述如下：

1.审核原始凭证的真实性

审核原始凭证的真实性，就是要审核原始凭证所记载的与经济业务有关的当事单位和当事人是否真实，原始凭证的填制日期、经济业务内容、数量以及金额是否与实际情况相符等，包括对凭证日期是否真实、业务内容是否真实、数据是否真实等内容的审查。

2.审核原始凭证的完整性、准确性

原始凭证所反映的内容包括很多个项目，在审核时要注意审核原始凭证填制的内容是否完整，应该填列的项目有无遗漏，有关手续是否齐全，金额的大小写是否相符，特别是有关签字或盖章是否都已具备等。

3.审核原始凭证的合法性、合理性

审核原始凭证的合法性就是审核原始凭证所反映的经济业务内容是否符合国家政策、法律法规、财务制度和计划的规定，成本费用列支的范围、标准是否按规定执行，有无违反财经纪律、贪污盗窃、虚报冒领、伪造凭证等违法乱纪行为。

（二）审核的处理

会计机构、会计人员在审核原始凭证时，对于完全符合要求的原始凭证，应当及时据以编制记账凭证入账；对于真实、合法、合理但内容不够完整、填写有错误的原始凭证，应退回给有关经办人员，由其负责将有关凭证补充完整、更正错误或重开后，再办理正式会计手续；对于不真实、不合法的原始凭证，会计机构、会计人员有权不予接受，并向单位负责人报告，请求查明原因，追究当事人的责任，进行严肃处理。只有经过审核无误的原始凭证，才能作为编制记账凭证和登记有关账簿的依据。

第三节 记账凭证的填制与审核

填制记账凭证是根据记账规则对原始凭证内容所做的技术处理，将原始凭证转化为会计语言，以便于记账、算账、查账和对原始凭证的保管。填制记账凭证是会计循环的起始环节。

一、记账凭证的基本内容

记账凭证虽然有不同的种类，但都是通过对原始凭证归类整理，用来确定会计分录并据以登记账簿的一种会计凭证，因此，记账凭证必须具备以下基本内容（如图5-7所示）：

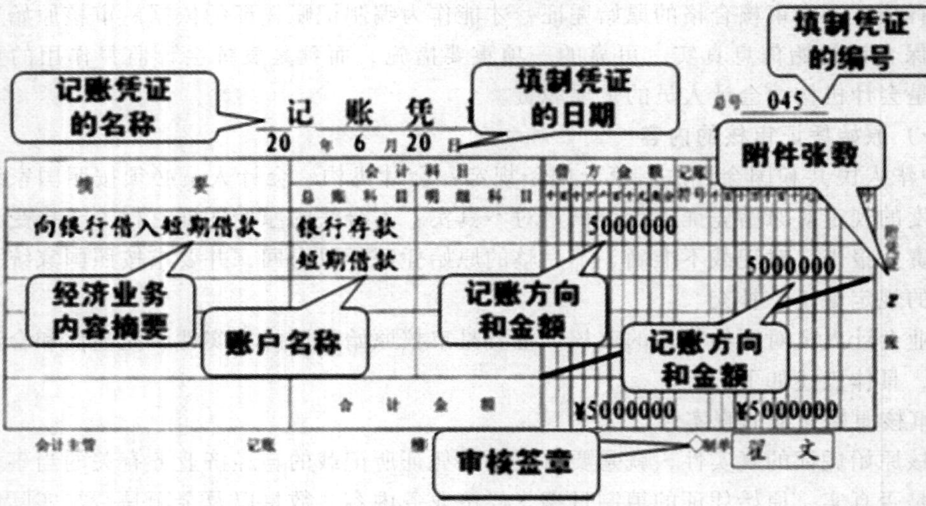

图5-7　记账凭证基本内容示意图

（1）记账凭证的名称，如“收款凭证”“付款凭证”“转账凭证”等；

（2）记账凭证的填制日期，一般用年、月、日表示，需要注意的是记账凭证的填制日期不一定就是经济业务发生的日期；

（3）记账凭证的编号；

（4）经济业务的内容摘要，记账凭证是对原始凭证直接处理的结果，将原始凭证上的内容简明扼要地在记账凭证中予以说明即可；

（5）经济业务所涉及的会计科目及金额，这是记账凭证中所要反映的主要内容；

（6）所附原始凭证的张数，以便于日后查证。

二、记账凭证填制的要求

填制记账凭证，就是由会计人员将各项记账凭证要素按规定方法填写齐全，便于账簿登记。记账凭证虽有不同格式，但就记账凭证确定会计分录、便于保管和查阅会计资料来看，各种记账凭证必须按规定及时、准确、完整地填制。基本填制要求如下：

（1）凭证日期的填写。填写日期一般是会计人员填制记账凭证的当天日期，也可根据管理需要填写经济业务发生日期或月末日期。报销差旅费的记账凭证填写报销当天的日期；现金收付款记账凭证填写办理现金收付的日期；银行收款业务记账凭证，按财会部门收到银行进账单日期填写；银行付款业务记账凭证，按财会部门开出银行付款单据的日期或承付日期填写；属于计提和分配费用等转账业务的记账凭证应以当月最后的日期填写。

（2）摘要的填写。记账凭证的摘要栏既是对经济业务的简要说明，又是登记账簿的需要，因此要真实准确、简明扼要、书写整洁。

（3）会计科目的填写。会计科目应填写会计科目的全称或会计科目的名称和编号，不得简写或只填会计科目的编号而不填名称。需填写明细科目的，应在“明细科目”栏填写明细科目的名称。

（4）金额的填写。记账凭证的金额必须与原始凭证的金额相符。在记账凭证的“合计”行填列合计金额；阿拉伯数字的填写要规范；在合计数字前应填写货币符号，不是合计数字前不应填写货币符号。一笔经济业务因涉及会计科目较多，需填写多张记账凭证的，只在最末一张记账凭证的“合计”行填写合计金额。

（5）记账凭证附件张数的计算。填制记账凭证，可以根据每份原始凭证单独填制，也可根据同类经济业务的多份原始凭证汇总填制，还可根据汇总的原始凭证来填制。为了简化记账凭证的填制手续，对于转账业务，可以用自制的原始凭证或汇总原始凭证来代替记账凭证。不同类型业务的原始凭证，不能混同编制一份记账凭证。除结账和更正错误的记账凭证可以不附原始凭证之外，其他记账凭证必须附有原始凭证。

附件张数的计算方法有两种：一是按构成记账凭证金额的原始凭证计算张数，如按转账业务原始凭证的张数计算。二是以所附原始凭证的自然张数为准，即凡与经济业务内容相关的每一张凭证，都作为记账凭证的附件。凡属收付款业务的，原始凭证张数计算均以自然张数为准，但对差旅费、市内交通费、医疗费等报销单，可贴在一张纸上，作为一张原始凭证附件。附件张数应用阿拉伯数字填写。当一张或几张原始凭证涉及几张记账凭证时，可将原始凭证附在一张主要的记账凭证后面，在摘要栏说明“本凭证附件包括第××号记账凭证业务”的字样，在其他记账凭证上注明“原始凭证在第××号记账凭证后面”的字样。记账凭证上应注明所附的原始凭证张数，以便查核。如果根据同一张原始凭证填制数张记账凭证，则应在未附原始凭证的记账凭证上注明“附件××张，见第×号记账凭证”。如果原始凭证需要另行保管，则应加以注明。

如果一张原始凭证所列支出需要几个单位共同负担，应根据其他单位负担的部分开给对方原始凭证分割单进行结算，并将该原始凭证及分割单副本附在记账凭证后面。

（6）会计分录的填制。在填制会计分录时，应按照会计制度统一规定的会计科目，根据经济业务的性质编制会计分录，保证核算的口径一致，便于综合汇总。应用借贷记账法编制会计分录，便于从账户对应关系中反映经济业务的情况。

在记账凭证中，除填明应借、应贷的会计科目及金额的记账内容外，还应填明一级科目或总账科目所属的明细科目。不同类型的经济业务不得填制在一张记账凭证中，也不得对同类经济业务采取大汇总的办法填制记账凭证。转账凭证和通用记账凭证应按先“借”后“贷”的顺序填列，不得填制“有借无贷”或“有贷无借”的会计分录。

（7）记账凭证的编号。记账凭证在一个月内应当按经济业务的顺序编号。

① 记账凭证数量比较少，采用通用凭证的，将全部记账凭证统一编号，即按填制凭证的时间顺序编号，每月从第1号凭证开始，至月末最后一张结束。例如：001，002，003……

② 收款凭证、付款凭证和转账凭证可采用“字号编号法”，即收字第×号、付字第×号、转字第×号。也可采用“双重编号法”，即总字顺序编号与类别顺序相结合，如某收款凭证编号为总字第×号、收字第×号。每月从第1号凭证开始，例如，收字第1号、付字

第1号、转字第1号等等。或者按现金收款凭证、现金付款凭证、银行存款收款凭证、银行存款付款凭证和转账凭证五类分别编号。每月从第1号凭证开始，例如，现收第1号、现付第1号、银收第1号、银付第1号、转字第1号等等。无论采用上述哪种方法，都要对记账凭证连续编号，不能跳号或重号。

③ 一项经济业务需要填制两张以上的记账凭证时，要采用“分数编号法”。例如，一项转账业务，按业务排序为第5号，需要填制4张记账凭证，编号应为：转字第$5\frac{1}{4}$号，转字第$5\frac{2}{4}$号，转字第$5\frac{3}{4}$号，转字第$5\frac{4}{4}$号。

④ 采用单式记账凭证的业务，由于一笔业务要分别填制几张记账凭证，因而凭证的编号一般采用分数形式。借方会计科目应填列在“借项记账凭证”上，贷方会计科目应填列在“贷项记账凭证”上。

（8）签名或盖章。记账凭证上规定有关人员的签名或盖章，应全部签章齐全，以明确经济责任。财会人员较少的单位，在收、付款记账凭证上，至少应有两人（会计和出纳）签章。一张记账凭证涉及几个会计记账的，凡记账的会计均应在“记账”签章处签章。会计主管对未审阅过的记账凭证，可以不签章，但仍应对其合法性、准确性负责。收、付款记账凭证还应由出纳人员签章。

（9）对空行的要求。记账凭证不准跳行或留有余行。填制完毕的记账凭证如有空行，应在金额栏划一斜线或“S”形线注销。划线应从金额栏最后一笔金额数字下面的空行划到合计数行的上面一行，并注意斜线或“S”形线两端都不能划到有金额数字的行次上。

（10）记账凭证的更正。

① 未登记入账的记账凭证发生错误，应当重新填制。

② 已登记入账的记账凭证错误应按正确更正方法进行更正：

第一，在当年内发现填写错误时，有红字和蓝字之分；

第二，发现以前年度记账凭证有错误的，应当用蓝字填制一张更正的记账凭证。

（11）在采用收款凭证、付款凭证和转账凭证等复式凭证的情况下，凡涉及现金和银行存款的收款业务，填制收款凭证；凡涉及现金和银行存款的付款业务，填制付款凭证；涉及转账业务，填制转账凭证。但是涉及现金和银行存款之间的划转业务，按规定只填制付款凭证，以免重复记账。在同一项经济业务中，如果既有现金或银行存款的收付业务，又有转账业务时，应相应地填制收、付款凭证和转账凭证。例如，李强出差回来，报销差旅费500元，原预借800元，剩余款项交回现金。对于这项经济业务应根据收款收据的记账联填制现金收款凭证，同时根据差旅费报销凭单填制转账凭证。

（12）填制记账凭证可用蓝黑墨水或碳素墨水。金额按规定需用红字表示的，数字可用红色墨水，但不得以“负数”表示。在下列两种情况下，金额可用红色墨水填写（即红字记账凭证）：

① 记账后发现记账凭证有错误，需采用红字更正的；

② 会计核算制度规定采用红字填制记账凭证的特定会计业务。

（13）记账凭证填写完毕，应进行复核与检查，并按所使用的记账方法进行试算平衡，有关人员均要签名盖章。出纳人员根据收款凭证收款或根据付款凭证付款时，要在凭证上加盖"收讫"或"付讫"的戳记，以免重收、重付，防止差错。

三、记账凭证的填制

（一）收款凭证的填制要点

收款凭证的填制要求如图5-8所示。注意：收款凭证左上角登记"库存现金"或"银行存款"科目。

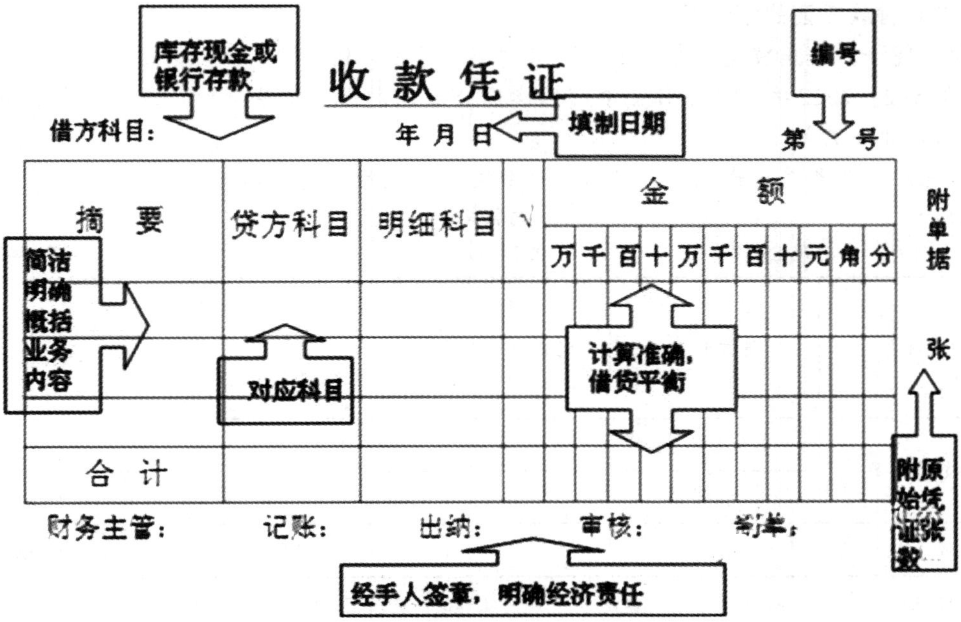

图5-8 收款凭证的填制要点

【例5-1】2022年12月1日，大新有限责任公司收到A商店送来现金100元，归还前欠零星购货款。

这笔经济业务收到现金100元，应填制收款凭证（见表5-8）。同时，应填写一式三联的收款收据，一联交A商店，一联作为收款凭证附件，一联留底。

表5-8 收款凭证

借方科目：库存现金　　2022年12月1日　　现收字第1号

摘 要	贷方科目	记账（√）	金额	
			一级科目	二级或明细科目
归还欠款	应收账款		100.00	
	A商店			100.00
合 计			￥100.00	￥100.00

会计主管：　记账：　出纳：　复核：　制证：　附件：

填制方法：

这张收款凭证反映的经济内容摘要需要简要地登记在摘要栏内。收款凭证的左上方一定是登记借方科目，一般是“库存现金”或“银行存款”科目。“贷方科目”栏，则填制与收入库存现金或银行存款相对应的会计科目，如贷记“应收账款”科目，同时还要注明其明细科目——“A商店”。“金额”栏的合计数表示借贷双方的记账金额。在这张收款凭证中所填列科目和金额，可用会计分录表示如下：

借：库存现金　100

　贷：应收账款——A商店　100

（二）付款凭证的填制要点

付款凭证左上角登记“库存现金”或“银行存款”科目。

【例5-2】2022年12月2日，李辉同志因公出差，出具借条一份，经批准借支差旅费1 000元，付给现金。

这笔经济业务系付出现金，应填制付款凭证（见表5-9），以借条作附件。

表5-9　**付款凭证**

贷方科目：库存现金　2022年12月2日　现付字第1号

摘要	借方科目	记账（√）	金额	
			一级科目	二级或明细科目
借支差旅费	其他应收款		1 000.00	
	李辉			1 000.00
合　计			￥1 000.00	￥1 000.00

会计主管：　记账：　出纳：　复核：　制证：　附件：

借：其他应收款——李辉　1 000

　贷：库存现金　1 000

【例5-3】2022年12月7日，签发现金支票，从银行提取现金2 500元备用。

对于涉及“库存现金”和“银行存款”之间的经济业务，一般只编制付款凭证（见表5-10），不编制收款凭证。

表5-10　**付款凭证**

贷方科目：银行存款　2022年12月7日　银付字第1号

摘要	借方科目		记账符号	金额
	一级科目	明细科目		
提取现金	库存现金			2 500.00
合计				￥2 500.00

附件1张

会计主管：　记账：　出纳：　审核：　制单：

借：库存现金　2 500

　贷：银行存款　2 500

（三）转账凭证的填制要点

转账凭证针对的是不涉及现金或银行存款的业务。

【例 5-4】2022年12月10日，生产丙产品领用A材料1 000千克，单价1元；领用B材料1 000千克，单价2元，共计3 000元，计入产品成本。

这笔经济业务应由“原材料”账户结转到“生产成本”账户，由于未涉及货币资金收付，应填制转账凭证（见表5-11），以领料单作为凭证附件。

表5-11

转账凭证

2022年12月10日　　　　转字第1号

摘　要	会计科目	记账（√）	借方金额		贷方金额	
			一级科目	二级或明细科目	一级科目	二级或明细科目
生产领用材料，其中：A材料1 000千克，B材料1 000千克	生产成本		3 000.00			
	原材料				3 000.00	
	A材料					1 000.00
	B材料					2 000.00
合　计			￥3 000.00		￥3 000.00	￥3 000.00

会计主管：　　记账：　　复核：　　制证：　　附件：

填制方法：

转账凭证的第一栏是“摘要”栏，要简要地写出经济业务内容。第二栏“会计科目”栏，反映借贷双方的会计科目，同时要注明其明细科目。“金额”栏按借贷双方金额分别反映。在这张转账凭证中所填列的科目和金额，可用会计分录表示如下：

借：生产成本　　3 000

　贷：原材料——A材料　　1 000

　　　　　　——B材料　　2 000

转账凭证通常是根据有关转账业务的原始凭证填制的。

在转账凭证中“一级科目”和“明细科目”栏应填写应借、应贷的总账科目和明细科目，借方科目应记金额应在同一行的“借方金额”栏填列，贷方科目应记金额应在同一行的“贷方金额”栏填列，“借方金额”栏合计数与“贷方金额”栏合计数应相等。

此外，某些既涉及收款业务，又涉及转账业务的综合性业务，可分开填制不同类型的记账凭证。

四、记账凭证的审核

记账凭证是登记账簿的直接根据，需要严格审核，以确保其正确无误。记账凭证的审核，主要包括以下几方面：

（1）所附原始凭证是否齐全，是否经过审核，原始凭证所记录的经济业务内容和数额与记账凭证是否一致。

（2）会计科目和核算内容是否与财务会计制度的规定相符，会计分录和账户对应关系是否正确，金额正确与否。

（3）需要填制的内容是否有遗漏，发现了错误，要查清原因，按规定更正。

第四节 会计凭证的传递与保管

一、会计凭证的传递

会计凭证的传递是指从会计凭证的取得或填制时起至归档保管过程中，在单位内部有关部门和人员之间的传送程序。

会计凭证的传递，应当满足内部控制制度的要求，使传递程序合理有效，同时尽量节约传递时间，减少传递的工作量。各单位应根据具体情况确定每一种会计凭证的传递程序和方法，如图5-9所示。

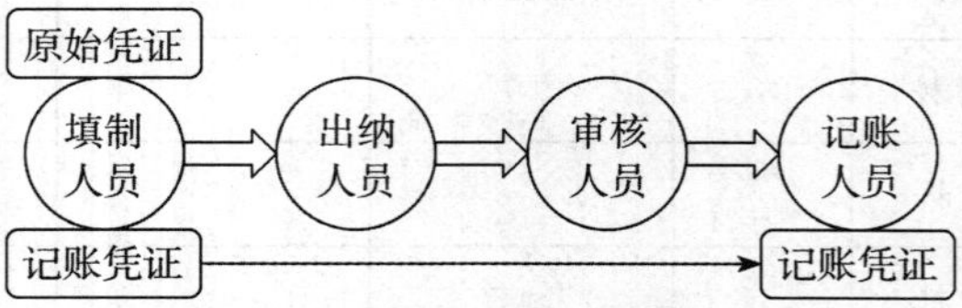

图5-9 会计凭证传递示意图

（一）会计凭证传递的作用

及时地进行会计凭证的传递不仅对正确地进行会计核算有重要的意义，而且有利于发挥会计监督的作用。会计凭证传递的具体作用包括：

1.有利于完善经济责任制并进行会计监督

经济业务的完成及记录是由若干责任人分工完成的，会计凭证作为记录经济业务、明确经济责任的书面证据，体现了经济责任的执行情况。会计凭证上对有关业务和执行人员的记录也是进行会计监督的基础。

2.有利于及时进行会计记录

从经济业务的发生到账簿登记有一定的时间间隔，通过会计凭证的传递，使会计部门尽早了解经济业务发生和完成情况，并通过会计部门内部的凭证传递，及时记录经济业务，进行会计核算。

（二）会计凭证传递的内容

会计凭证的传递具体包括传递程序和传递时间。

各单位应根据经济业务特点、内部机构设置、人员分工和管理要求，具体规定各种凭证的传递程序；根据有关部门和经办人员办理业务的情况，确定凭证的传递时间。

二、会计凭证的整理、保管

会计凭证的整理、保管是指会计凭证记账后的整理、装订、归档和存查工作。

（一）会计凭证整理

会计凭证整理要求做到分类有序、装订整齐牢固、归档规范。会计凭证整理应着重把握好分类、装订和归档三个主要环节。

1.会计凭证的分类

将所有应归档的会计凭证收集齐全，并根据记账凭证的种类进行分类，会计凭证一般分为现金收付款凭证、银行存款收付款凭证、转账凭证共三类五种。根据不同的种类，按时间或按顺序号逐张排放好。

整理记账凭证的附件，剔除不属于会计档案范围和没有必要归档的一些资料，补充遗漏的必不可少的核算资料。凡超过记账凭证宽度和长度的原始凭证，都要整齐地折叠进去。要特别注意装订线眼处的折叠方法，防止装订以后再也翻不开了。

清除订书针、大头针、曲别针等金属物。最后，将每类记账凭证按适当厚度分成若干本。每册的厚度应尽量保持一致，但同时要兼顾汇总范围，企业大多数采用科目汇总表核算形式，整理时原则上每册记账凭证都应有个科目汇总表，要附在该册封面之后，凭证之前。还要注意不能把一张几页的记账凭证拆开分在两册之中。

2.会计凭证的装订

会计凭证的装订分手工装订和机器装订。这里只说明用线绳装订的手工操作程序和方法。首先，加具封面。封面应用较为结实耐磨、耐拉扯的牛皮纸。封面与凭证要磕迭整齐，用铁夹夹紧。然后，用铅笔在凭证封面的左上角划一条分角线，将直角分成两个45度的角，并在分角线的适当位置上选两个点打孔，作为装订线眼。这两个孔眼不能太靠近左上角的顶端，太近了装订后难以做到牢固和平整；也不能太靠下了，太下了又容易把原始凭证的内容订进去，给查阅带来困难。可在距上角的顶端2～4厘米的范围内确定两孔的位置。两孔之间也不能太近。其次，用尼龙绳分别穿眼，与凭证左上角成对应直角（即形成小正方形）穿绕若干次，扎紧扎牢。最后，用条宽6厘米左右的牛皮纸条作包角纸，先从凭证背面折叠纸条粘贴，再绕向正面折叠粘贴，再绕后背面，裁去一个三角形粘牢，全部包角纸应在凭证左上方形成一个三角形。以上程序完成后，整个凭证即成册，牢固、美观、大方，且便于查阅，如图5-10所示。

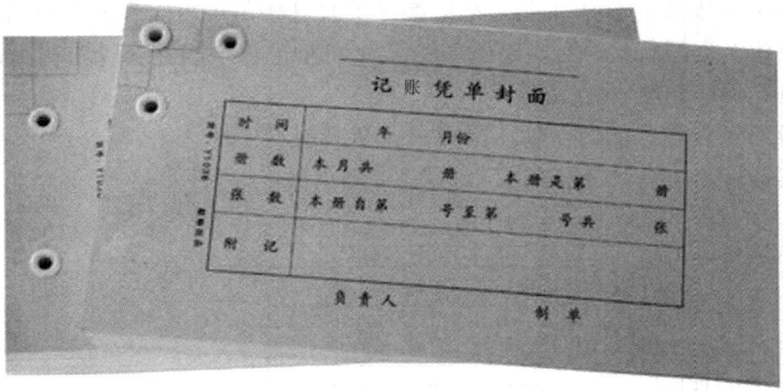

图5-10　会计凭证装订成册

3.会计凭证的归档

要认真填好会计凭证封面。封面各记事栏是事后查账和查证有关事项的最基础的索引，主要内容有："单位及凭证名称"，要写全称，如"大新有限责任公司收款凭证"或"大新有限责任公司记账凭证"等；"启用日期"，不要不填或只填月、日，要把年、月、日写全；"本月共××册、本册是第××册"要写清楚；"凭证自第×号至第×号共××张"填本册共多少张及起讫号码；“保管期限”是按规定要求本册凭证应保管多少年；“会计主管”和“装订人”要由会计主管人员和装订人员分别签章，并在装订角封口处，加盖骑缝章。

（二）会计凭证的保管

会计凭证的保管主要有下列要求：

（1）会计凭证应定期装订成册，防止散失。

会计部门在依据会计凭证记账以后，应定期（每天、每旬或每月）对各种会计凭证进行分类整理，将各种记账凭证按照编号顺序，连同所附的原始凭证一起加具封面和封底，装订成册，并在装订线上加贴封签，由装订人员在装订线封签处签名或盖章。

从外单位取得的原始凭证遗失时，应取得原签发单位盖有公章的证明，并注明原始凭证的号码、金额、内容等，由经办单位会计机构负责人（会计主管人员）和单位负责人批准后，才能代作原始凭证。

若确实无法取得证明的，如车票丢失，则应由当事人写明详细情况，由经办单位会计机构负责人（会计主管人员）和单位负责人批准后，代作原始凭证。

（2）会计凭证封面应注明单位名称、凭证种类、凭证张数、起止号数、年度、月份、会计主管人员和装订人员等有关事项，会计主管人员和保管人员应在封面上签章。

（3）会计凭证应加贴封条，防止抽换凭证。

原始凭证不得外借，其他单位如有特殊原因确实需要使用时，经本单位会计机构负责人（会计主管人员）批准，可以复制。向外单位提供原始凭证复制件的，应在专设的登记簿上登记，并由提供人员和收取人员共同签名、盖章。

（4）原始凭证较多时，可单独装订，但应在凭证封面注明所属记账凭证的日期、编号和种类，同时在所属的记账凭证上应注明“附件另订”及原始凭证的名称和编号，以便查阅。

对各种重要的原始凭证，如押金收据、提货单等，以及各种需要随时查阅和退回的单据，应另编目录，单独保管，并在有关的记账凭证和原始凭证上分别注明日期和编号。

（5）每年装订成册的会计凭证，在年度终了时可暂由单位会计机构保管1年，期满后应当移交本单位档案机构统一保管；未设立档案机构的，应当在会计机构内部指定专人保管。出纳人员不得兼管会计档案。

（6）严格遵守会计凭证的保管期限要求，期满前不得任意销毁。

综上所述，可以将会计凭证的保管情况归纳如图5-11所示。

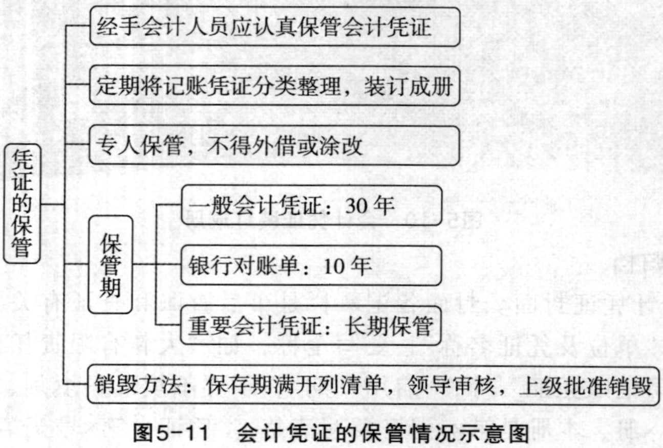

图5-11　会计凭证的保管情况示意图

课后练习题

一、单项选择题

1.下列属于原始凭证的是（　　）。

A.购货合同　　B.增值税专用发票

C.生产计划　　D.银行对账单

2.会计凭证按其（　　）不同，分为原始凭证和记账凭证。

A.填制人员和程序　　B.填制程序和方法

C.填制格式和手续　　D.填制程序和用途

3.下列科目可能是收款凭证借方科目的是（　　）。

A."材料采购"　　B."应收账款"　　C."银行存款"　　D."预付账款"

4.发现金额有错误的原始凭证，正确的做法是（　　）。

A.由出具单位在原始凭证上更正

B.由出具单位在原始凭证上更正，并加盖出具单位印章

C.由出具单位重开

D.本单位代替出具单位进行更正

5.下列原始凭证上的数字错误的是（　　）。

A.￥3 409.80，汉字大写金额为人民币叁仟肆佰零玖元捌角整

B.￥3 005.14，汉字大写金额为人民币叁仟零零伍元壹角肆分

C.￥1 580.32，汉字大写金额为人民币壹仟伍佰捌拾元零叁角贰分

D.￥8 500.00，汉字大写金额为人民币捌仟伍佰元整

6.下列不属于原始凭证审核内容的是（　　）。

A.凭证是否有单位的公章和填制人员签章

B.凭证是否符合规定的审核程序

C.凭证是否符合有关计划和预算

D.会计科目使用是否正确

7.填制记账凭证时，错误的做法是（　　）。

A.根据每一张原始凭证填制

B.根据若干张同类原始凭证汇总填制

C.将若干张不同内容和类别的原始凭证汇总填制在一张记账凭证上

D.根据原始凭证汇总表填制

8.在采用专用记账凭证的企业中，从银行提取现金10 000元以备发放工资，应填制（　　）。

A.银行存款付款凭证　　B.现金收款凭证

C.银行存款付款凭证和现金收款凭证　　D.转账凭证

9.会计凭证的保管期限，一般应该为（　　）年。

A.10　　B.15　　C.12　　D.30

10.企业的一笔经济业务涉及会计科目较多，需填制多张记账凭证的，最好采用的编号方法是（　　）。

A.连续编号法　　B.分数编号法　　C.同一编号法　　D.顺序编号法

11.会计机构和会计人员对不真实、不合法的原始凭证以及违法收支的做法，应当（　　）。

A.予以退回　　B.予以纠正

C.不予接受　　D.不予接受，并向单位负责人报告

12.可以不附原始凭证的记账凭证是（　　）。

A.更正错误的记账凭证　　B.从银行提取现金的记账凭证

C.以现金发放工资的记账凭证　　D.职工临时性借款的记账凭证

二、多项选择题

1.转账凭证属于（　　）。

A.记账凭证　　B.专用记账凭证　　C.会计凭证　　D.复式记账凭证

2.填制原始凭证时，符合书写要求的有（　　）。

A.阿拉伯金额数字前面应当填写货币币种符号

B.币种符号与阿拉伯金额之间不得留有空白

C.大写金额有分的，分字后面要写“整”或“正”字

D.汉字大写金额可以用简化字代替

3.在原始凭证上书写阿拉伯数字，正确的有（　　）。

A.所有以元为单位的，一律填写到角分

B.无角分的，角位和分位可写“00”，或者符号“—”

C.有角无分的，分位应当写“0”

D.有角无分的，分位也可以用符号“—”代替

4.原始凭证应具备的基本内容有（　　）。

A.填制日期　　B.经济业务涉及的会计科目

C.经济业务的内容　　D.所附原始凭证的张数

5.在收款凭证左上方的“借方科目”中可以填写的会计科目有（　　）。

A.“库存现金”　　B.“主营业务收入”

C.“原材料”　　D.“银行存款”

6.“限额领料单”这一凭证属于（　　）。

A.自制原始凭证　　B.外来原始凭证　　C.累计凭证　　D.记账凭证

7.在下列内容中，属于审核记账凭证内容的有（　　）。

A.经济业务是否符合国家有关政策的规定

B.凭证的金额与所附原始凭证的金额是否一致

C.经济业务是否符合会计主体经济活动的需要

D.科目是否正确

8.企业购入材料一批，货款已支付，材料验收入库，则应编制的全部会计凭证有（　　）。

A.收料单　　B.转账凭证　　C.收款凭证　　D.付款凭证

9.按照规定，除（　　）的记账凭证可以不附原始凭证，其他记账凭证必须附有原始凭证。

A.提取现金　　B.结账　　C.更正错账　　D.现金存入银行

10.可以不附原始凭证的记账凭证有（　　）。

A.一张原始凭证涉及几张记账凭证时

B.更正错误的记账凭证

C.一张原始凭证需要有多个单位共同使用时

D.期末结账的记账凭证

11.下列关于会计凭证的传递要求的说法，正确的有（　　）。

A.主要包括传递路线、传递时间和传递手续三个方面的内容

B.会计凭证的传递和处理都应在报告期内完成

C.会计凭证的传递路线不能根据实际情况的变化加以修改

D.会计凭证的传递手续可以根据实际情况的变化及时加以修改

12.下列有关会计凭证保管的规定，正确的有（　　）。

A.会计凭证应定期装订成册，防止散失

B.原始凭证不得外借，更不可以复制

C.会计凭证在其保管期限未满前不得任意销毁

D.会计凭证封面注明凭证种类、凭证张数、时间日期并装订好即可

三、判断题

1.会计凭证是以记录经济业务、明确经济责任为记账依据的书面证明。（　　）

2.记账凭证是登记明细账的依据，原始凭证是登记总账的依据。（　　）

3.在证明经济业务发生，据以编制记账凭证的作用方面，自制原始凭证与外来原始凭证具有同等效力。（　　）

4.限额领料单属于一次凭证。（　　）

5.填制原始凭证，汉字大写金额数字一律用正楷或行书字书写，汉字大写金额数字到元位或角位为止的，后面必须写“正”或“整”字，分位后面不写“正”或“整”字。（　　）

6.发现从外单位取得的原始凭证遗失时，应取得原签发单位盖有公章的证明，并注明原始凭证的号码、金额、内容等，由经办单位会计机构负责人审核签章后，才能代作原始凭证。（　　）

7.原始凭证金额有错误的，应当由出具单位重开。（　　）

8.对于涉及现金和银行存款之间的收、付款业务，一般应编制转账凭证。（　　）

9.转账凭证与收、付款凭证的相同点在于转账凭证左上角没有设置相关科目。（　　）

10.在编制记账凭证时，可以只填会计科目编号，不填会计科目的名称，以简化核算工作。（　　）

11.所有的记账凭证都必须附有原始凭证，否则，不能作为记账的依据。（　　）

12.记账凭证填制完经济业务事项后，如有空行，应当自金额栏最后一笔金额数字下的空行处至合计数上的空行处划线注销。（　　）

13.某单位购入甲材料48 000元，货款以银行存款支付40 000元，其余8 000元暂欠，该笔业务应编一张转账凭证。（　　）

14.已登记入账的记账凭证在当年内发生填写错误时，可以用红字填写一张与原内容

相同的记账凭证，在摘要栏注明“注销某年某月某日某号凭证”字样。（ ）

15.会计凭证的传递是指会计凭证从取得或填制时起至归档保管过程中，在单位内部有关会计部门和人员之间的传递程序。（ ）

16.对不真实、不合法的原始凭证，会计人员有权不予接受；对记载不准确、不完整的原始凭证，会计人员有权要求其重填。（ ）

17.记账凭证所附的原始凭证数量过多时，也可以单独装订保管，但应在其封面及有关记账凭证上加注说明。（ ）

四、核算题

目的：练习记账凭证的填制。

资料：大新有限责任公司2023年5月发生的全部经济业务如下：

（1）2日，向光明股份有限公司购入材料，货款5 000元，增值税进项税额650元，材料已验收入库，款项尚未支付。

（2）2日，以银行存款上缴应交增值税4 000元。

（3）3日，以现金预付车间职工张明探亲旅费200元。

（4）3日，从银行提取现金500元。

（5）4日，以现金150元购买公司的办公用品。

（6）4日，以现金600元支付职工通信费。

（7）5日，向中国工商银行借入短期借款50 000元，并存入银行。

（8）5日，生产车间制造产品领用材料45 000元，车间一般性消耗材料1 000元。

（9）8日，以银行存款支付前欠益民股份有限公司款项20 000元。

（10）9日，售给嘉丰股份有限公司100件产品，每件售价350元，增值税税率13%，款项尚未收到。

（11）10日，以银行存款购入不需要安装的设备一台，买价30 000元，增值税进项税额3 900元，当即交付生产车间使用。

（12）12日，以银行存款支付公司电话费800元。

（13）13日，向上海电器股份有限公司销售300件A产品，每件售价350元，增值税税率13%，款项已收讫，存入银行。

（14）14日，向银行提取现金40 000元，准备发放工资。

（15）15日，以现金发放职工工资40 000元。

（16）18日，采购员赵鑫出差回来，报销差旅费450元，原预支500元，现交来现金50元。

（17）20日，向益民股份有限公司购入材料15 000元，增值税进项税额1 950元，材料已验收入库，当即以银行存款支付。

（18）20日，以银行存款5 650元支付所欠光明股份有限公司款项。

（19）26日，售给海达股份有限公司产品100件，每件350元，增值税税率13%，款项尚未收到。

（20）28日，收到嘉丰股份有限公司所欠款项39 550元，存入银行。

（21）31日，将本月工资转账，其中生产工人工资30 000元，车间管理人员工资3 000元，公司管理人员工资7 000元。

（22）31日，按规定计提本月固定资产折旧15 000元，其中车间用固定资产折旧为12 000元，公司管理部门用固定资产折旧为3 000元。

（23）31日，分配结转本月应付的电费，其中车间生产用电费4 500元、照明用电费400元，公司管理部门照明用电费800元。

（24）31日，预提本月应负担的银行短期借款利息1 000元。

（25）31日，摊销本月应负担的保险费400元。

（26）31日，结转本月制造费用，本月完工产品480件，实际制造成本100 800元，予以转账。

（27）31日，结转本月500件的产品销售成本107 500元。

（28）31日，结转收入类、费用类账户余额至“本年利润”账户。

（29）31日，按利润总额的25%，计算应交所得税。

（30）按照税后利润的10%，提取法定盈余公积。

（31）经决定应付给投资者利润15 000元。

要求：根据以上经济业务编制会计分录并分别填制收款凭证、付款凭证和转账凭证。

第六章

会计账簿

学习目标

1. 掌握会计账簿的概念和种类；
2. 掌握会计账簿的格式和登记方法；
3. 掌握对账和结账的内容；
4. 掌握查错和改错。

会计账簿在会计核算方法体系中居于核心位置，是由具有一定格式、相互联系的账页所组成，用来序时、分类地全面记录一个企业、单位经济业务事项的会计簿籍。设置和登记会计账簿，是重要的会计核算基础工作，是连接会计凭证和会计报表的中间环节，做好这项工作，对于加强经济管理具有十分重要的意义。

第一节 会计账簿的意义与种类

一、会计账簿的概念

会计账簿是指由一定格式的账页组成的，以经过审核的会计凭证为依据，全面、系统、连续、综合地记录各项经济业务的簿籍。设置和登记账簿是会计工作的重要环节，也是会计信息制度的一个重要的方法。

在会计核算工作中，对每一项经济业务，都必须取得或填制原始凭证，并根据所取得的原始凭证，编制记账凭证，以便及时反映并监督企业所发生的每一笔经济业务情况。由于记账凭证的数量很多，又很分散，而且每一张凭证所记录的仅仅是某一笔业务发生的情况，不能全面、连续、系统、综合地反映并监督企业在某一特定时期所发生的经济活动的全过程及结果，更不能提供每一个账户在某一特定时期的变动情况及结果，而这些信息恰恰又是信息使用者所必需的。因此，为了满足信息使用者对会计信息的要求，在会计核算中，除了取得并填制会计凭证外，还需要运用账簿这一会计载体，把分散在会计凭证上的全部信息，加以集中和分类汇总。

会计账簿是会计资料的重要载体，设置和登记账簿是连接会计凭证与会计报表的中间环节，也是编制会计报表的基础（如图6-1所示）。通过账簿的设置和登记，企业将会计凭证中反映的经济内容过入相应账簿，可以全面反映会计主体在一定时期内所发生的各项资金运动，储存所需要的会计信息；通过账簿的设置和登记，既可以将企业的不同信息分门别类地加以反映，提供企业在一定时期内经济活动的详细情况，又可以反映企业财务状况及经营成果。另外，通过会计账簿的设置和登记，建立起账证、账账、账表之间的钩稽关系，从而可以检查、校正会计信息。

记账凭证　　会计账簿　　会计报表

图6-1　会计载体示意图

二、会计账簿的主要作用

由于账簿记录是对经济活动的全面反映，因此，账簿又被称为积累、储存经济活动情况的数据库。具体地讲，会计账簿具有以下几方面的作用：

（一）账簿可以为企业管理部门提供系统、完整的会计信息

账簿是系统地归纳和积累会计核算资料的工具。通过登记账簿，可以把分散在会计凭证上的资料加以归类整理，以全面、连续地提供有关企业成本费用、财务状况和经营成果的总括和明细的核算资料，以便正确计算企业在各会计期间的成本、费用和收入成果。

在账簿中，既可将会计凭证提供的资料按总分类账户和明细分类账户加以归类，进行分类核算，以提供总括和明细的核算资料，又可以将会计凭证提供的资料按时间顺序在日记账簿中加以记录和反映，以序时反映某类业务或全部业务发生的情况。这样，就可以通过账簿资料了解资金总体情况和各个方面的变动情况，以便对各项资源的保管和使用情况进行监督。同时，由于账簿集中、系统地归纳和积累了会计核算资料，因而账簿也就成为单位重要的经济档案。用会计账簿储存经济信息，既便于对经济信息的保管，又便于日后的考查和运用。

（二）账簿是反映、监督经济活动，考核各部门经济责任的重要手段

会计凭证在反映个别业务以及明确有关当事人的经济责任上有着重要的作用。但由于会计凭证很分散，难以明确某类经济业务或某个部门的经济责任，因此其需要依赖账簿。比如，按企业内部物资供应部门或仓库设账，专门登记物资收发保管情况，可以核算和监督物资供应部门的计划执行情况，考核物资供应部门和仓库的经济责任；而按部门设置费用账户，则可以考核各部门成本费用的节约或超支情况，以促使其节省开支。

（三）账簿是核算单位财务和经营成果以及编制会计报表的依据

账簿记录的各项数据资料是分析经济活动过程及结果的重要资料来源。根据账簿提供的总括核算资料和明细核算资料可以计算出各项财务指标，正确地计算出费用成本和利润，据以考核费用成本计划和利润计划的完成情况，综合反映财务成果。同时，账簿资料又是编制会计报表的直接依据，为编制会计报表提供资料。会计报表所需要的数据资料，绝大部分来源于会计账簿。账簿的记录是否及时、详尽，数字是否真实、可靠，直接关系到会计报表的质量高低。会计报表的正确性、及时性，与会计账簿有着密切的关系。

（四）设置账簿有利于开展会计检查和会计分析

会计账簿既是汇集、加工会计信息的工具，也是积累、储存经济活动情况的数据库。正确设置账簿有利于会计人员的分工和内部牵制。企业的一切财务收支、经营过程和结果都体现在账簿中。因此，利用账簿提供的资料，可以有效地开展会计检查和会计分析，加强会计监督，保护财产的安全和完整，提高企业的经营管理水平。

三、会计账簿与账户的关系

会计账簿与账户的关系可以从两个方面进行考察：从外表形式来看，账簿是由具有专门格式而又相互联结在一起的若干账页组成，账户存在于账簿之中，账簿中的每一账页就是账户的存在形式和载体，没有账簿，账户就无法存在；从记录的内容看，账簿是对所有的经济业务，按照账户进行归类并序时地进行记录的簿籍，账簿序时、分类地记载经济业务，是在个别账户中完成的。综上所述，账簿与账户的关系是形式和内容的关系。账簿只是一个外在形式，账户才是它的实质内容。

四、会计账簿的分类

（一）按用途分类

1.序时账簿

序时账簿又称日记账，是按照经济业务发生或完成时间的先后顺序逐日逐笔进行登记的账簿。在我国，大多数单位一般只设库存现金日记账和银行存款日记账（如图6-2、图6-3所示）。

图6-2 库存现金日记账图

图6-3　银行存款日记账图

序时账簿按其记录的内容，可分为普通日记账和特种日记账（如图6-4所示）。

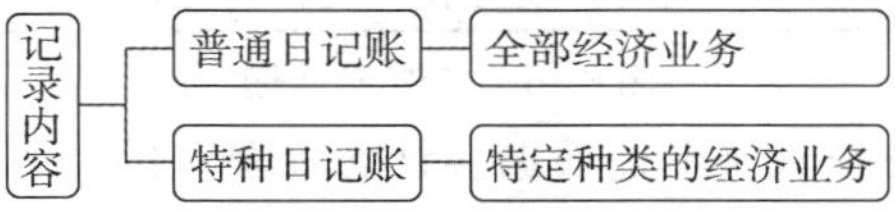

图6-4　序时账簿按记录内容分类

2.分类账簿

分类账簿是对全部经济业务事项按照会计要素的具体类别而设置的分类账户进行登记的账簿。按照总分类账户分类登记经济业务事项的是总分类账簿，简称总账（如图6-5左图所示）；按照明细分类账户分类登记经济业务事项的是明细分类账簿，简称明细账（如图6-5右图所示）。分类账簿提供的核算信息是编制会计报表的主要依据。

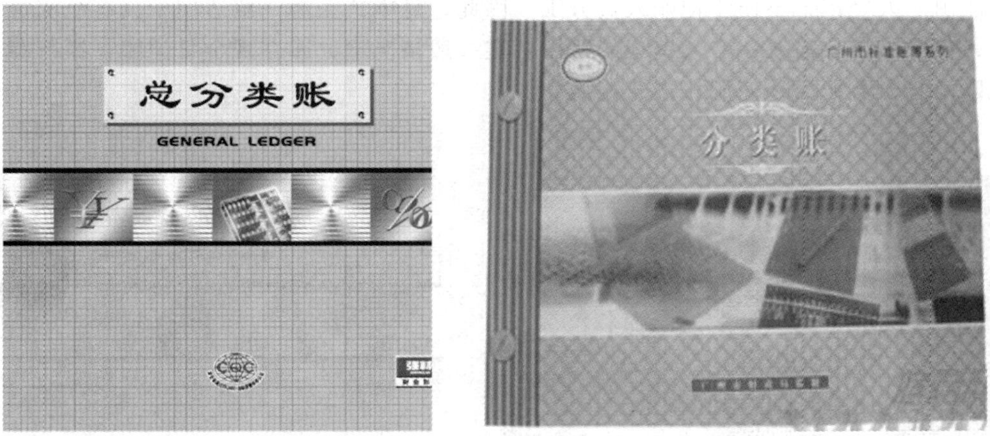

图6-5　分类账簿图

总账对所属的明细账起统驭作用，明细账对总账起补充、说明作用。

3.备查账簿

备查账簿简称备查簿，是对某些在序时账簿和分类账簿等主要账簿中都不予登记或登记不够详细的经济业务事项进行补充登记时使用的账簿（如图6-6所示）。

备查账簿是根据企业的实际需要设置的、对其他账簿记录的一种补充，没有固定的格式要求，与其他账簿之间不存在严密的依存和钩稽关系。它们的不同之处表现为：

在用低值易耗品备查账簿 单位：管理部门

1	2	3	4（2×3）	5	6	7	8	9	10	11	12	13	14	15
低值易耗品名称	领用数量	单位价值	金额（元）	领用时间	预计报废时间	实际报废时间	预计残值（元）	实际残值（元）	冲减费用（元）	实际费用（元）	残料入库（保管员）	残值回收现金(出纳员)	财务部门负责人（章）	领用部门负责人（章）
办公桌	2	100	200	2023年1月5日	2023年10月5日	2023年10月5日	15	15	15	185	张平	孙艳	李华	赵立
文件柜	1	200	200	2023年1月5日	2023年10月5日	2023年10月5日	20	20	20	180	张平	孙艳	李华	赵立
合计	—	—	5 000	—	—	—	210	210	210	4 790	—	—	—	—

图6-6 备查账簿图

（1）登记依据不同。备查账簿不是根据会计凭证登记的，而是依据表外科目来登记的。

（2）格式和登记方法不同。备查账簿的主要栏目不记录金额，它更注重用文字来表述某项经济业务的发生情况。

（二）按外形特征分类

1.订本账

订本账是在启用前进行顺序编号并固定装订成册的账簿（如图6-7所示）。这种账簿的账页固定，既可以防止散失，又可以防止抽换账页，较为安全。在同一时间内，这种账簿只能由一人登记，不便于记账人员分工。因此，订本式账簿一般适用于具有统驭性、重要性，只应该或只需要一个人登记的账簿。在一般情况下，库存现金日记账、银行存款日记账以及总分类账必须使用订本式账簿。

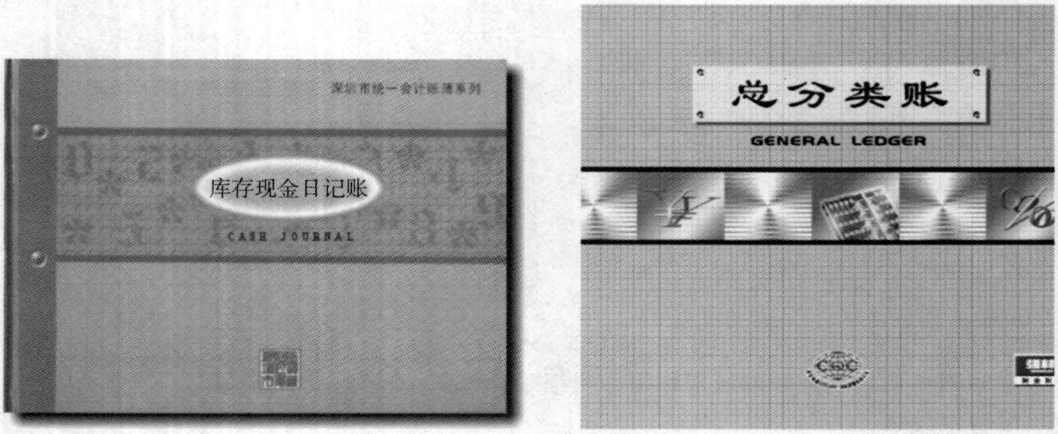

图6-7 订本账簿图

2.活页账

活页账是在账簿登记完毕之前并不固定装订在一起，而是装在活页账夹中。当账簿登记完毕之后（通常是一个会计年度结束之后），才将账页予以装订，加具封面，并给各账页连续编号（如图6-8所示）。各种明细分类账一般采用活页账形式。

图6-8　活页账簿图

3.卡片账

卡片账是将账户所需格式印刷在硬卡上（如图6-9所示）。严格来说，卡片账也是一种活页账，只不过它不是装在活页账夹中，而是装在卡片箱内。在我国，单位一般只对固定资产的核算采用卡片账形式。

固定资产卡片（正面）

卡片编号

<table>
<tr><td>卡片编号</td><td></td><td>日期</td><td colspan="3"></td></tr>
<tr><td>固定资产编号</td><td></td><td>固定资产名称</td><td colspan="3"></td></tr>
<tr><td>类别编号</td><td></td><td>类别名称</td><td colspan="3"></td></tr>
<tr><td>规格型号</td><td></td><td>部门名称</td><td colspan="3"></td></tr>
<tr><td>增加方式</td><td></td><td>存放地点</td><td colspan="3"></td></tr>
<tr><td>使用状况</td><td></td><td>使用年限</td><td></td><td>折旧方法</td><td></td></tr>
<tr><td>开始使用日期</td><td></td><td>原值</td><td></td><td>净残值（净残值率）</td><td></td></tr>
</table>

固定资产卡片（反面）

<table>
<tr><td colspan="5">停用和恢复使用记录</td><td colspan="9">主体及附属设备及变更记录</td></tr>
<tr><td colspan="3">停用</td><td colspan="2">恢复使用</td><td colspan="3">主体及附属设备</td><td colspan="6">主体及附属设备变更记录</td></tr>
<tr><td>日期</td><td>凭证</td><td>原因</td><td>日期</td><td>凭证</td><td>名称及摘要</td><td>单位</td><td>数量</td><td>日期</td><td>凭证</td><td>名称及摘要</td><td>单位</td><td>增加数量</td><td>减少数量</td></tr>
<tr><td></td><td></td><td></td><td></td><td></td><td rowspan="4"></td><td rowspan="4"></td><td rowspan="4"></td><td rowspan="4"></td><td rowspan="4"></td><td rowspan="4"></td><td rowspan="4"></td><td rowspan="4"></td><td rowspan="4"></td></tr>
<tr><td colspan="5">大修理记录</td></tr>
<tr><td>完工日期</td><td>凭证</td><td>摘要</td><td colspan="2">大修理费用</td></tr>
<tr><td></td><td></td><td></td><td colspan="2"></td></tr>
</table>

图6-9　卡片账簿图

会计账簿按外形特征分类归纳，如图6-10所示。

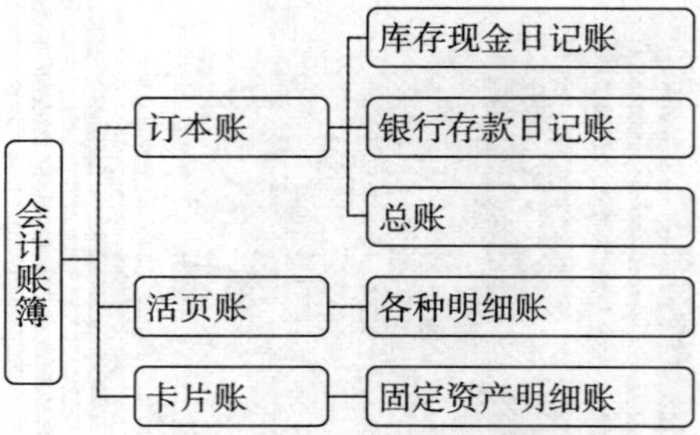

图6-10　会计账簿的分类（1）

（三）按账页格式分类

1.三栏式账簿

三栏式账簿是设有借方、贷方和余额三个基本栏目的账簿（如图6-11所示）。各种日记账、总分类账以及资本、债权、债务明细账都可采用三栏式账簿。三栏式账簿又分为设对方科目和不设对方科目两种，区别是在摘要栏和借方科目栏之间是否有一栏“对方科目”。有“对方科目”栏的，称为设对方科目的三栏式账簿；不设“对方科目”栏的，称为不设对方科目的三栏式账簿。

明细分类账　第1页

科目编号：112201　明细科目：深圳三勇建材有限公司　总账科目：应收账款

2023年		凭证字号	摘要	借方											√	贷方											√	借或贷	余额										
月	日			亿	千	百	十	万	千	百	十	元	角	分		亿	千	百	十	万	千	百	十	元	角	分			亿	千	百	十	万	千	百	十	元	角	分
12	1		期初余额																									借				2	3	4	0	0	0	0	0
	3	记01	收回前欠账款																2	3	4	0	0	0	0	0	0	平									θ		
	19	记15	赊销B产品					2	3	4	0	0	0	0														借				¥	2	3	4	0	0	0	0

图6-11　三栏式账簿示意图

2.多栏式账簿

多栏式账簿是在账簿的两个基本栏目借方和贷方按需要分设若干专栏的账簿（如图6-12所示）。收入、成本费用明细账一般均采用这种格式的账簿。

制造费用明细账

车间、部门：基本生产车间

2023年		凭证字号	摘要	合计	办公费	水电费	折旧费	职工薪酬	修理费
月	日								
11	30		制造费用合计	14 732.23	210.00	6 916.86	2 132.56	2 014.56	3 458.25
11	30	62	结转分配制造费用	14 732.23	210.00	6 916.86	2 132.56	2 014.56	3 458.25
11	30		月末余额	0.00	0.00	0.00	0.00	0.00	0.00

图6-12　多栏式账簿示意图

3.数量金额式账簿

在数量金额式账簿的借方、贷方和余额三个栏目内，都分设数量、单价和金额三小栏，借以反映财产物资的实物数量和价值量（如图6-13所示）。原材料、库存商品、产成品等明细账一般都采用数量金额式账簿。

账簿名称

年		凭证		摘要	借方			贷方			余额		
月	日	种类	号数		数量	单价	金额	数量	单价	金额	数量	单价	金额

图6-13 数量金额式账簿示意图

综上所述，我们可以将会计账簿的分类汇总成图6-14。

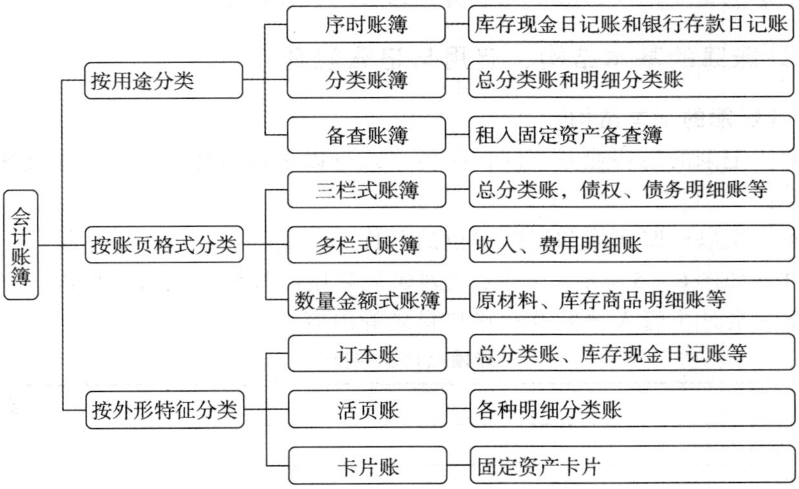

图6-14 会计账簿的分类（2）

第二节 会计账簿的设置与登记

一、会计账簿的设置原则

企业设置的账簿一般要根据会计准则的要求，同时又要根据企业管理的需要和企业经营活动的特点来确定。企业在设置账簿时一般应遵守以下原则：

（一）全面性原则

会计账簿首先要保证全面地反映企业的经济活动和财务收支情况，为日常经营管理、编制会计报表和进行经营决策提供比较丰富的资料。因而，企业设置账簿不能过少，也不能过于简单。

（二）从实际出发的原则

由于各单位的经济业务各不相同，规模大小不一，管理方式各有特点。设置账簿就应从实际出发，区别对待。至于具体设置哪些账簿，则可根据单位所发生经济业务的特点及管理的要求来定。

（三）科学性原则

设置账簿时必须注意其科学性：

（1）既要有日记账簿，又要有分类账簿。

（2）既要有提供总括资料的账簿，又要有提供明细资料的账簿。

（3）既要有会计账簿，又要有业务账簿和财产保管账簿。

（4）设置账簿有利于岗位设置，既要注意便于会计人员之间记账工作的分工，又要注意会计人员之间的配合和相互监督，工作不重复，不脱节，可以互相牵制，同时明确岗位责任。

（四）简化原则

要贯彻这一原则，企业必须高度关注两点：

（1）账簿之间关系清晰明朗，账簿内容通俗易懂。

（2）尽量避免重复记录，减少无效劳动，节约会计费用。

二、会计账簿的基本结构、启用与记账规则

（一）会计账簿的基本结构

虽然账簿所记录的经济业务不同，账簿格式可以多种多样，但各种主要账簿都应具备以下基本内容：

（1）封面。用以标明账簿和记账单位的名称。

（2）扉页（如图6-15所示）。用以填列账簿启用的日期、页数、册次；经管账簿人员一览表和签章、会计主管人员签章；账户目录等内容。

账簿启用及接交表

<table>
<tr><td colspan="2">单位名称</td><td colspan="6"></td><td colspan="5" rowspan="5">印　鉴</td></tr>
<tr><td colspan="2">账簿名称</td><td colspan="6"></td></tr>
<tr><td colspan="2">账簿编号</td><td colspan="6"></td></tr>
<tr><td colspan="2">账簿页数</td><td colspan="6">本账簿共计　　页</td></tr>
<tr><td colspan="2">启用日期</td><td colspan="6">年　　月　　日</td></tr>
<tr><td rowspan="3">经管人员</td><td colspan="2">负责人</td><td colspan="4">财务主管</td><td colspan="4">复核</td><td colspan="2">记账</td></tr>
<tr><td>姓名</td><td>盖章</td><td>姓名</td><td colspan="3">盖章</td><td>姓名</td><td colspan="3">盖章</td><td>姓名</td><td>盖章</td></tr>
<tr><td></td><td></td><td></td><td colspan="3"></td><td></td><td colspan="3"></td><td></td><td></td></tr>
<tr><td rowspan="8">接交记录</td><td colspan="2">负责人</td><td colspan="4">接管签名</td><td colspan="4">交出签名</td><td colspan="2" rowspan="2">监交人签名</td></tr>
<tr><td>姓名</td><td>职务</td><td>姓名</td><td>年</td><td>月</td><td>日</td><td>姓名</td><td>年</td><td>月</td><td>日</td></tr>
<tr><td></td><td></td><td></td><td></td><td></td><td></td><td></td><td></td><td></td><td></td><td colspan="2"></td></tr>
<tr><td></td><td></td><td></td><td></td><td></td><td></td><td></td><td></td><td></td><td></td><td colspan="2"></td></tr>
<tr><td></td><td></td><td></td><td></td><td></td><td></td><td></td><td></td><td></td><td></td><td colspan="2"></td></tr>
<tr><td></td><td></td><td></td><td></td><td></td><td></td><td></td><td></td><td></td><td></td><td colspan="2"></td></tr>
<tr><td></td><td></td><td></td><td></td><td></td><td></td><td></td><td></td><td></td><td></td><td colspan="2"></td></tr>
<tr><td></td><td></td><td></td><td></td><td></td><td></td><td></td><td></td><td></td><td></td><td colspan="2"></td></tr>
<tr><td>备注</td><td colspan="12"></td></tr>
</table>

图6-15　扉页

账户目录由记账人员在账簿中开设户头后，按顺序将每个账户的名称和页数登记在内，便于查阅账簿中登记内容的科目索引（如图6-16所示）。对于活页账簿，由于在账簿启用时无法确定页数，可先将账户名称填写好，待年终装订归档时，再填写页数。

账 户 目 录（科目索引）

编号	科目	起讫页码	编号	科目	起讫页码

图6-16 账户目录

（3）账页。账簿是由若干张账页组成的，账页的格式虽然因记录的经济业务的内容不同而有所不同，但不同格式的账页应具备的基本内容却是相同的。

账页的基本内容应包括：①账户的名称（总账科目、二级或三级明细科目）；②登账日期栏；③凭证种类和号数栏；④摘要栏（记录经济业务内容的简要说明）；⑤金额栏（记录账户的增减变动情况）；⑥总页次和分户页次。

（二）会计账簿的启用

启用会计账簿时，应当在账簿封面上写明单位名称和账簿名称，并在账簿扉页上附启用表。启用订本式账簿应当从第一页到最后一页顺序编定页数，不得跳页、缺页。使用活页式账页应当按账户顺序编号，并须定期装订成册；装订后再按实际使用的账页顺序编定页码，另加目录，记明每个账户的名称和页次。

（三）会计账簿的登记

1.登记账簿的依据

为了保证账簿记录的真实、正确，必须根据审核无误的会计凭证登账。各单位每天发生的各种经济业务都要记账，记账的依据是会计凭证。

2.登记账簿的时间

各种账簿应当每隔多长时间登记一次，没有统一规定。但是，一般的原则是：总分类账要按照单位所采用的会计核算形式及时登账；各种明细分类账，要根据原始凭证、原始凭证汇总表和记账凭证每天进行登记，也可以定期（3天或5天）登记。但是库存现金日记账和银行存款日记账，应当根据办理完毕的收付款凭证，随时逐笔顺序进行登记，最少每天登记一次。

3.登记账簿的规范要求

（1）准确完整。

登记会计账簿时，应当将会计凭证日期、编号、业务内容摘要、金额和其他有关资料逐项记入账内，做到数字准确、摘要清楚、登记及时、字迹工整。

（2）注明记账符号。

账簿登记完毕后，要在记账凭证上签名或者盖章，并在记账凭证的“记账”栏内注明账簿页数或画对勾，表示记账完毕，避免重记、漏记（如图6-17所示）。

海城市恒易机电设备有限公司

记账凭证

2023年1月31日　　　　第57$\frac{1}{5}$号

摘要	总账科目	明细账科目	借方金额									贷方金额									记账
			百	十	万	千	百	十	元	角	分	百	十	万	千	百	十	元	角	分	
结转收入	主营业务收入		1	8	0	0	0	0	0	0	0										√
	其他业务收入			1	1	0	0	0	0	0	0										√
	本年利润											1	9	1	0	0	0	0	0	0	√
合计			1	9	1	0	0	0	0	0	0	1	9	1	0	0	0	0	0	0	

附件1张

会计主管：冯海霞　记账：李雷生　出纳：　审核：冯海霞　制单：李二香

图6-17　注明记账符号示意图

（3）记账要保持清晰、整洁。

记账文字和数字要端正、清楚、书写规范，账簿中书写的文字和数字上面要留有适当空隙，不要写满格，一般应占账簿格距的1/2（不是1/3），以便留有改错的空间。

（4）正常记账使用蓝黑墨水。

为了保持账簿记录的持久性，防止涂改，登记账簿必须使用蓝黑墨水或者碳素墨水并用钢笔书写，不得使用圆珠笔（银行的复写账簿除外）或者铅笔书写。

（5）特殊记账使用红墨水。以下几种特殊记账情况可以使用红墨水登记账簿：

① 按照红字冲账的记账凭证，冲销错误记录。

② 在不设借贷等栏的多栏式账页中，登记减少数。

③ 在三栏式账户的余额栏前，如未印明余额方向，在余额栏内登记负数余额。

④ 根据国家统一的会计制度规定可以用红字登记的其他会计记录。

会计记录中的红字表示负数（如图6-18和图6-19所示）。

总第____页　#　分第____页

____级科目编号及名称红星材料厂　　**应付账款**

____级科目编号及名称________

2023年		凭证		摘要	日期	借方									贷方									借或贷	余额								
月	日	种类	号数			百	十	万	千	百	十	元	角	分	百	十	万	千	百	十	元	角	分		百	十	万	千	百	十	元	角	分
7	1			期初余额																				贷			1	0	0	0	0	0	0
7	3	记	6	偿付前欠货款				1	0	0	0	0	0	0										平							θ		
7	5	记	10	冲销7月3日多记金额					9	0	0	0	0	0										贷				9	0	0	0	0	0

红字

图6-18　特殊记账使用红墨水（一）

生产成本　明细账

户名：A产品　　　　　　　　　　　　　　　　　　　　　　　　第　号

2023年		凭证字号	摘要	成本项目					合计	
月	日			直接材料	直接工人	制造费用				
9	1		期初余额	24 000.00	10 000.00	6 000.00			40 000.00	
	1	记06	领用材料	20 000.00					20 000.00	
	30	记16	分配工资		19 000.00				19 000.00	
	30	记17	结转制造费用			12 900.00			12 900.00	
	30	记18	结转完工产品成本	36 280.00	13 000.00	10 000.00			59 280.00	←红字
9	30		月末余额	7 720.00	16 000.00	8 900.00			32 620.00	

图6-19　特殊记账使用红墨水（二）

（6）顺序连续登记。

记账时，必须按账户页次逐页逐行登记，不得隔页、跳行。如果发生隔页、跳行现象，应当在空页、空行处用红色墨水划对角线注销（如图6-20所示），或者注明“此页空白”“此行空白”字样，并由记账人员签名或者盖章（会计法与会计基础工作规范不同）。

账号		总页次	
页次			

应收账款（一）

2023年		凭证		摘要	日期	借方									贷方									借或贷	余额									
月	日	种类	号数			百	十	万	千	百	十	元	角	分	百	十	万	千	百	十	元	角	分		百	十	万	千	百	十	元	角	分	
8	5			承前页																				借			2	0	0	0	0	0	0	
	9	记	6	收回欠款													2	0	0	0	0	0	0	平							θ			
										张帅									李爽															←红色对角线
	14	记	34	销售产品款未收					7	5	2	4	0	0										借				7	5	2	4	0	0	

图6-20　空行注销符号

（7）结出余额。

凡需要结出余额的账户，结出余额后，应当在“借或贷”等栏内写明“借”或者“贷”等字样，以示余额的方向；没有余额的账户，应在“借或贷”栏内写“平”字，并在“余额”栏用“θ”表示（如图6-21所示）。库存现金日记账和银行存款日记账必须逐日结出余额。

总第______页　分第____页

____级科目编号及名称红星材料厂　　　　　应付账款

____级科目编号及名称__________

2023年		凭证		摘　要	日期	借　方									贷　方									借或贷	余　额								
月	日	种类	号数			百	十	万	千	百	十	元	角	分	百	十	万	千	百	十	元	角	分		百	十	万	千	百	十	元	角	分
7	1			期初余额																				贷			1	0	0	0	0	0	0
7	3	记	6	偿付前欠货款				1	0	0	0	0	0	0										平							θ		

图6-21　结出余额

（8）过次页承前页。

每一账页登记完毕时，应当结出本页发生额合计及余额，在该账页最末一行“摘要”栏注明“转次页”或“过次页”，并将这一金额记入下一页第一行有关金额栏内，在该行“摘要”栏内注明“承前页”，以保持账簿记录的连续性，便于对账和结账（如图6-22、图6-23所示）。

银行存款日记账

2023年		凭证		对方科目	摘要	总页次	收入金额										付出金额										结存金额									
月	日	种类	号数				千	百	十	万	千	百	十	元	角	分	千	百	十	万	千	百	十	元	角	分	千	百	十	万	千	百	十	元	角	分
7	1				期初余额																								1	9	3	4	5	0	0	0
	1	记	1	库存现金	提现备用																1	0	0	0	0	0			1	9	2	4	5	0	0	0
	3	记	6	应付账款	偿付前欠货款															1	0	0	0	0	0	0			1	8	2	4	5	0	0	0
	5	记	7	短期借款	借入短期借款，存入银行				1	8	0	0	0	0	0	0													3	6	2	4	5	0	0	0
	5	记	8	原材料等	购进材料，验收入库，款已付															1	8	6	7	9	2	0			3	4	3	7	7	0	8	0
	5	记	9	材料采购等	购进材料																3	7	3	0	4	0			3	4	0	0	4	0	4	0
	6	记	13	应收账款	收到货款，存入银行					2	0	0	0	0	0	0													3	6	0	0	4	0	4	0
	6	记	14	主营业务收入等	销售产品，款已收存银行					1	1	9	3	4	0	0													3	7	1	9	7	4	4	0
	7	记	15	应收账款	收到货款，存入银行					1	2	0	0	0	0	0													3	8	3	9	7	4	4	0
	7	记	16	主营业务收入等	销售产品,款已收存银行					2	3	4	0	0	0	0													4	0	7	3	7	4	4	0
	7	记	17	应付账款	偿付前欠货款															3	0	0	0	0	0	0			3	7	7	3	7	4	4	0
	7	记	18	销售费用	支付广告费																1	0	0	0	0	0			3	7	6	3	7	4	4	0
					过次页				2	4	7	3	3	4	0	0				6	4	4	0	9	6	0			3	7	6	3	7	4	4	0

图6-22　“过次页”示意图

2023年		凭证		对方科目	摘要	总页次	收入金额										付出金额										结存金额									
月	日	种类	号数				千	百	十	万	千	百	十	元	角	分	千	百	十	万	千	百	十	元	角	分	千	百	十	万	千	百	十	元	角	分
					承前页				2	4	7	3	3	4	0	0				6	4	4	0	9	6	0			3	7	6	3	7	4	4	0

图6-23 “承前页”示意图

对需要结计本月发生额的账户，结计“过次页”的本页合计数应当为自本月初起至本页末止的发生额合计数。

（9）不得涂改、刮擦、挖补。

三、各类会计账簿的格式和登记方法

（一）库存现金日记账的格式和登记方法

1.库存现金日记账的格式

库存现金日记账是用来核算和监督现金每天的收入、支出和结存情况的账簿，其格式有三栏式和多栏式两种。库存现金日记账无论是采用三栏式还是多栏式，都必须使用订本账。

三栏式库存现金日记账由出纳人员根据现金收款凭证、现金付款凭证以及银行存款付款凭证（记录从银行提取现金的业务），按照现金收、付款业务和银行存款付款业务发生时间的先后顺序逐日逐笔登记（如图6-24所示）。

填写记账凭证日期，与实际日期一致

库存现金日记账（三栏式）							
年		凭证号	摘要	对方科目	收入	支出	结余
月	日						

注：“对方科目”用于记账时标明库存现金收入的来源科目和库存现金支出的用途科目。

图6-24 三栏式库存现金日记账格式

多栏式库存现金日记账是在三栏式库存现金日记账基础上发展起来的。这种日记账的借方（收入）和贷方（支出）金额栏都按对方科目设专栏，也就是按收入的来源和支出的用途设专栏（如图6-25所示）。

这种格式在月末结账时，可以结出各收入来源专栏和支出用途专栏的合计数，便于对现金收支的合理性、合法性进行审核分析，便于检查财务收支计划的执行情况，其全月发生额还可以作为登记总账的依据。

2.库存现金日记账的登记方法

库存现金日记账由出纳人员根据与现金收付有关的记账凭证，按时间顺序逐日逐笔进行登记，并根据“上日余额+本日收入-本日支出=本日余额”的公式，逐日结出现金余额，与现金实存数核对，以检查每日现金收付是否有误。

多栏式现金（银行存款）日记账

××年		凭证号	摘要	收入					付出					余额
月	日			对应账户贷方				借方合计	对应账户借方				贷方合计	
				预收账款	短期借款	产品销售收入	…		原材料	管理费用	应付账款	…		

图6-25 多栏式库存现金日记账格式

库存现金日记账的登记方法如下：

（1）日期栏：是指记账凭证的日期，应与现金实际收付日期一致。

（2）凭证栏：是指登记入账的收付款凭证的种类和编号，以便于查账和核对。现金收款凭证简称“现收”，现金付款凭证简称“现付”，银行存款付款凭证简称“银付”。

（3）摘要栏：简要说明登记入账的经济业务的内容。文字要求简练，但必须能说明问题。

（4）对方科目栏：是指与现金发生对应关系的账户的名称，其作用是揭示企业现金收入的来源和支出的用途是否符合国家规定。

（5）收入、支出栏：是指企业现金实际收付的金额。在每日终了后，应结出本日的余额，记入“余额”栏，并将余额与出纳员的现金核对，即通常所说的“日清”（如图6-26所示）。如账款不符应查明原因，并记录备案。月终，要计算本月现金收入、支出的合计数，并结出本月末余额，这项工作，通常称为“月结”。

库存现金日记账

第1页

2023年		凭证号数	摘要	对方科目	收入	支出	结存
月	日						
1	1		上年结余				1 000
1	1	银付1	提现，备发工资	银行存款	9 452		
1	1	现收1	收包装物押金	其他应付款	3 000		
1	1	现付1	张华借差旅费	其他应收款		1 000	
1	1	现付2	发放工资	应付职工薪酬		9 452	
1	1		本日合计		12 452	10 452	3 000

图6-26 三栏式库存现金日记账登记示意图

借、贷方分设专栏的多栏式库存现金日记账的登记方法是：先根据有关现金收入业务的记账凭证登记库存现金收入日记账，根据有关现金支出业务的记账凭证登记库存现金支出日记账，每日营业终了，根据库存现金支出日记账结计的支出合计数，一笔转入库存现金收入日记账的"支出合计"栏中，并结出当日余额（如图6-27所示）。

库存现金日记账（多栏式）

2023年		凭证号数	摘要	收入				支出				结余
				应贷科目			合计	应借科目			合计	
月	日			银行存款	主营业务收入	…		其他应收款	管理费用	…		
1	1		上月结余									1 000
1	1	银付1	提取现金	5 000			5 000					
1	1	现收2	销售A产品		800							
1	1	现付1	张三借款				800	3 000			3 000	
1	1	现付2	付电话费						500		500	
1	1		本日合计	5 000	800		5 800	3 000	500		3 500	3 300

图6-27　多栏式库存现金日记账登记示意图

（二）银行存款日记账的格式和登记方法

1.银行存款日记账的格式

银行存款日记账的格式与库存现金日记账相同，可以采用三栏式（如图6-28所示），也可以采用多栏式。

银行存款日记账（三栏式）

年		凭证号	结算凭证	摘要	对方科目	收入	支出	结余
月	日							

图6-28　三栏式银行存款日记账

不管是三栏式还是多栏式，都应在适当位置增加一栏"结算凭证"，以便记账时标明每笔业务的结算凭证及编号，便于与银行核对账目。

为了保证银行存款日记账的安全和完整，无论是采用三栏式还是多栏式，都必须使用订本账。

银行存款日记账是用来核算和监督银行存款每日的收入、支出和结余情况的账簿。银行存款日记账应按企业在银行开立的账户和币种分别设置，每个银行账户设置一本日记账。它是由出纳员根据银行存款付款凭证、银行存款收款凭证和现金付款凭证（记录将现金存入银行业务），按照经济业务发生的时间先后顺序，逐日逐笔登记的账簿（如图6–29所示）。

银行存款日记账

存款种类：结算户存款　　开户银行：农行武侯支行　　账号：71-11223344　　第1页

2023年		凭证		摘要	对方科目	结算凭证		收入（千百十万千百十元角分）	支出（千百十万千百十元角分）	余额（千百十万千百十元角分）
月	日	字	号			种类	号数			
4	1			月初余额						60000000
	3	付	4	存售材料款	库存现金	现存	321	80000		
		付	6	提备用金	库存现金	现支	575		40000	
		付	7	购A厂圆钢	材料采购	转支	243		800000	
					应交税费				104000	59136000
	9	收	18	收B厂账款	应收账款	信汇	045	8000000		67136000
	14	付	11	购办公用品	管理费用	转支	245		150000	66986000
	27	收	32	销售乙产品	主营业务收入	转支	071	6000000		
					应交税费			780000		73766000
4	30			本月合计				14860000	1094000	73766000

图6–29　银行存款日记账的登记

2.银行存款日记账的登记方法

（1）日期栏：是指记账凭证的日期。

（2）凭证栏：是指登记入账的收付款凭证的种类和编号（与库存现金日记账的登记方法一致）。

（3）摘要栏：简要说明登记入账的经济业务的内容，文字要求简练，但要能说明问题。

（4）结算凭证栏：如果经济业务是以支票结算的，应在栏内填明支票的种类（现金支票和转账支票等）和号码。

（5）对方科目栏：是指与银行存款账户发生对应关系的账户的名称，表明银行存款收入的来源和支出的用途，其作用在于了解经济业务的来龙去脉。

（6）收入、支出栏：是指银行存款实际收付的金额。每日结束后，应分别计算本日银行存款的收入合计数和支出合计数，并结算出余额，记入“余额”栏，做到日清；并且定期与银行对账单进行核对，以保证银行存款日记账记录的正确性。月终，应计算出银行存款全月的收入合计数和支出合计数，并结算出月末余额，进行月结。

（三）总分类账的格式和登记方法

总分类账既可以根据记账凭证逐日逐笔登记，又可以将一定时期的记账凭证汇总编制成“汇总记账凭证”或“科目汇总表”（或“记账凭证汇总表”），再据以登记总账，采用哪种方法登记总账，取决于企业所采用的会计核算组织程序。详细内容将在第九章会计核算组织程序一章介绍。但不论采用哪种方法登记总账，每月都应将本月发生的经济业务全部登记入账，并于月份终了结算出每个账户的本期借、贷方发生额及余额，与所属明细账余额的合计数核对相符后，作为编制会计报表的主要依据。

1.总分类账的格式

总分类账是按照总分类账户分类登记以提供总括会计信息的账簿（如图6–30所示）。

在总分类账根据记账凭证逐日、逐笔进行登记时，其账页格式选用三栏式。采用三栏式时，要求按照每一账户开设借方、贷方和余额三个基本金额栏次，一个账户占用一张或几张账页。三栏式总账根据其是否提供对应科目信息，又可分为普通三栏式和反映对方科目的三栏式。

账号		总页次	
页次			

库存现金总账

2023年		凭证		摘要	借方									贷方									借或贷	余额								
月	日	种类	号数		百	十	万	千	百	十	元	角	分	百	十	万	千	百	十	元	角	分		百	十	万	千	百	十	元	角	分
				承前页		2	1	7	4	4	1	0	0		2	1	7	1	1	0	0	0	借				1	1	3	0	0	0
11	20	记汇	32	11—20日发生额			1	9	2	0	0	0	0			2	0	1	0	0	0	0	借					2	3	0	0	0
	30	记汇	33	21—30日发生额				1	0	1	0	0	0										借				1	2	4	0	0	0
12	10	记汇	34	1—10日发生额				1	0	8	0	0	0					9	0	0	0	0	借				1	4	2	0	0	0
	20	记汇	35	11—20日发生额			1	7	2	8	0	0	0			1	8	0	9	0	0	0	借					6	1	0	0	0
	31	记汇	36	21—31日发生额					9	0	9	0	0										借				1	5	1	9	0	0
				本年合计		2	5	6	9	2	0	0	0		2	5	6	2	0	0	0	0	借				1	5	1	9	0	0
				结转下年																												

图6-30　总分类账

2.总分类账的登记方法

总分类账既可以根据记账凭证逐笔登记，又可以根据科目汇总表或汇总记账凭证等登记。总分类账账页中各栏目的登记方法如下（如图6-31所示）：

总第 3 页
分第 ____ 页
编号 ____ 页

应收账款　总分类账

2023年		凭证		摘要	借方金额										贷方金额										借或贷	余额										✓
月	日	字	号		千	百	十	万	千	百	十	元	角	分	千	百	十	万	千	百	十	元	角	分		千	百	十	万	千	百	十	元	角	分	
6	17		18	出售乙产品给直达公司			4	5	6	3	0	0	0	0											借			4	5	6	3	0	0	0	0	
	27		27	收回直达公司欠款													4	5	6	3	0	0	0	0	平								θ			
6				本期发生额与期末余额			4	5	6	3	0	0	0	0			4	5	6	3	0	0	0	0	平								θ			

图6-31　总分类账的登记方法示意图

（1）日期栏：在逐日逐笔登记总账的方式下，填写业务发生的具体日期，即记账凭证的日期；在汇总登记总账的方式下，填写汇总凭证的日期。

（2）凭证字、号栏：填写登记总账所依据的凭证的字和号。在依据记账凭证登记总账的情况下，填写记账凭证的字、号；在依据科目汇总表登记总账的情况下，填写“科汇”字及编号；在依据汇总记账凭证登记总账的情况下，填写“现（银）汇收”字及编号、“现（银）汇付”字及编号和“汇转”字及编号；在依据多栏式日记账登记总账的情况下，可填写日记账的简称，如库存现金收入日记账可缩写为“现收账”，库存现金支出日记账可缩写为“现支账”，银行存款多栏式日记账的缩写方法同库存现金多栏式日记账的缩写方法。

（3）摘要栏：填写所依据的凭证的简要内容。对于依据记账凭证登记总账的单位，应与记账凭证中的摘要内容一致；对于依据科目汇总表登记总账的单位，应填写“某月科目汇总表”或“某月某日的科目汇总表”字样；对于依据汇总记账凭证登记总账的单位，应填写每一张汇总记账凭证的汇总依据，即是依据第×号记账凭证至第×号记账凭证而来的；对于依据多栏式日记账登记总账的单位，应填写日记账的详细名称。

（4）对方科目栏：填写与总账账户发生对应关系的总账账户的名称。

（5）借、贷方金额栏：填写所依据的凭证上记载的各总账账户的借方或贷方发生额。

（6）借或贷栏：登记余额的方向，如余额在借方，则写“借”字；如余额在贷方，则写“贷”字。如果期末余额为零，则在“借或贷”栏写“平”字，并在“余额”栏的中间划“θ”符号。

（四）明细分类账的格式和登记方法

明细分类账是按照各个明细账户分类登记经济业务的账簿。根据各单位的实际需要，可以按照二级科目或三级科目开设账户，用来分类、连续地记录有关资产、负债、所有者权益、收入、费用及利润的详细资料，提供编制会计报表所需要的数据。因此，各核算单位在按照总分类账户设置总分类账的同时，还应按明细分类账户设置明细分类账。这样，不仅能够从总分类账簿中了解每一个总账账户的总括情况，还可以通过有关的明细分类账了解该账户的具体情况。根据有关会计制度的规定和企业管理的需要，各单位都应设置各项财产物资明细账、应收应付款明细账、成本费用明细账、资本明细账和利润分配明细账等。

1.三栏式明细分类账

三栏式明细分类账是设有借方、贷方和余额三个栏目，用以分类核算各项经济业务，提供详细核算资料的账簿，其格式与三栏式总账格式相同，适用于只需要提供价值信息的账户。例如应收账款明细账、应付账款明细账等结算类明细账和资本类明细账都可采用三栏式（如图6-32所示）。

三栏式明细分类账是由会计人员根据审核后的记账凭证，按经济业务发生的时间先后顺序逐日逐笔进行登记的。日期栏登记经济业务发生的具体时间，与记账凭证的日期一致；凭证、字号栏登记原始凭证或记账凭证的种类和编号；摘要栏登记业务的简要内容，通常也和记账凭证中的摘要内容是一致的；借方、贷方金额栏登记账户的借方、贷方发生额；借或贷栏登记余额的方向；余额栏登记每笔业务发生后该账户的余额（如图6-33所示）。

总第______页 分第____页

____级科目编号及名称红星材料厂______ **应付账款**

____级科目编号及名称__________

2023年		凭证		摘要	日期	借方									贷方									借或贷	余额								
月	日	种类	号数			百	十	万	千	百	十	元	角	分	百	十	万	千	百	十	元	角	分		百	十	万	千	百	十	元	角	分
7	1			期初余额																				贷			1	0	0	0	0	0	0
7	3	记	6	偿付前欠货款				1	0	0	0	0	0	0										平							θ		
7	5	记	10	冲销7月3日多记金额					9	0	0	0	0	0										贷				9	0	0	0	0	0

红字

图6-32 三栏式明细分类账登记示意图（1）

管理费用 明细账

户名： 第 号

年		凭证字号	摘要	借方						合计
月	日			职工薪酬	折旧费	办公费	差旅费	水电费	其他	

图6-33 三栏式明细分类账登记示意图（2）

2.多栏式明细分类账

多栏式明细分类账是根据经济业务的特点和经营管理的需要，在一张账页上按有关明细科目或明细项目分设若干栏目，以在同一张账页上集中反映各有关明细科目或明细项目的核算资料。按照明细分类账登记的经济业务的特点不同，多栏式明细分类账的账页又可分为：借方多栏式、贷方多栏式和借贷方多栏式三种格式，主要适用于收入、成本、费用类科目的明细核算，如管理费用、生产成本、营业外收入、利润分配等明细账（如图6-34所示）。

生产成本明细账

二级账户名称：甲产品　　　　第××页

2023年		凭证号数	摘要	借方（成本项目）				贷方	借或贷	余额
月	日			直接材料	直接人工	制造费用	合计			
1	1	1	领用材料	2 900			2 900		借	2 900
	2	2	人工工资		2 000		2 000		借	4 900
	15	3	福利费用		1 000		1 000		借	5 900
	20	4	分配制造费用			3 000	3 000		借	8 900
	31	10	结转产品成本					8 900	平	θ
	31		本月合计	2 900	3 000	3 000	8 900	8 900	平	θ

图6-34　多栏式明细分类账登记示意图

3.数量金额式明细分类账

数量金额式明细账的账页，设有入库、出库和结存（或借方、贷方和余额）三大栏次，并在每一大栏下设有数量、单价和金额三个小栏目。这种格式适用于既要进行数量核算，又要进行金额核算的各种财产物资类账户，如"原材料""库存商品""周转材料"等账户的明细分类核算。

数量金额式明细账既可以由会计人员根据原始凭证按照经济业务发生的时间先后顺序逐日、逐笔进行登记，又可以由仓库保管员根据原始凭证按照时间先后顺序逐日、逐笔进行登记。

数量金额式明细账的具体登记方法如下（如图6-35所示）：

原材料明细账

二级账户名称：甲材料　　　　第××页

2023年		凭证		摘要	借方			贷方			余额		
月	日	字	号		数量	单价	金额	数量	单价	金额	数量	单价	金额
6	1			期初余额							10	100	1000
	2		1	购进	20	100	2000						
	15		3	领用				5	100	500			
	30			本月合计	20	100	2000	5	100	500	25	100	2500

借、贷、余三栏设数量、单价、金额三小栏

图6-35　数量金额式明细账登记示意图

（1）日期栏登记经济业务发生的具体日期，应与原始凭证的日期一致。

（2）凭证字、号栏按证明业务发生或完成的原始凭证进行登记。在一般情况下，原材料增减业务的原始凭证叫收料单（简称“收”字）、领料单（简称“领”字）和限额领料单（简称“限领”字）；产成品增减业务的原始凭证叫入库单（简称“入”字）、出库单（简称“出”字）。

（3）摘要栏登记业务的简要内容，文字力求简练，但要能说明问题。

（4）入库、出库栏中的数量栏登记实际入、出库的财产物资的数量；入库单价栏按照所入库材料的单位成本登记；出库栏和结存栏中的单价栏和金额栏，登记时间及登记金额取决于企业所采用的期末存货计价方法。在采用月末一次加权平均法下，出库单价和金额一个月只在月末登记一次。存货在其他计价方法下的明细账登记，在后续课程中再详细说明。

4.横线登记式明细分类账

横线登记式明细分类账采用横线登记，即将每一相关的业务登记在一行，从而可依据每一行各个栏目的登记是否齐全来判断该项业务的进展情况。这种格式适用于登记材料采购、在途物资、应收票据和一次性备用金业务（如图6-36所示）。

材料采购

户名：B材料

户名	借方												贷方												转销
	2023年		凭证号数	摘要	金额								2023年		凭证号数	摘要	金额								
	月	日			十	万	千	百	十	元	角	分	月	日			十	万	千	百	十	元	角	分	
红星材料厂	6	25	记68	购入			6	0	0	0	0	0													

图6-36　横线登记式明细分类账

四、总分类账和明细分类账的关系及平行登记

如前所述，所谓总账是指按总账科目开设账户，对总账科目的经济业务进行总括核算的账簿，提供总账科目的总括性信息；所谓明细分类账是指按照明细科目开设账户，对总分类账记录的经济业务进行明细分类核算的账簿，它所提供的是具体而详尽的信息。这就表明，总分类账和明细分类账是既有联系，又有区别的两类账簿。

（一）总分类账与明细分类账的关系

1.总分类账与明细分类账之间的联系

总分类账与明细分类账之间的内在联系体现在以下两个方面：

（1）两者所反映的经济业务的内容相同。总分类账与明细分类账之间的内在联系实质上体现为总分类账户与明细分类账户之间的联系。例如，“生产成本”总账账户与其所属的各产品的明细分类账户都是用以反映产品生产费用的发生和完工产品生产成本转出等业务的。

（2）两者的登账依据相同。总分类账与明细分类账都是根据审核无误的原始凭证和记账凭证来登记的。例如，据以登记“生产成本”总账中直接材料费用的转账凭证和发料凭证汇总表，同时也是登记各产品生产成本明细账中直接材料栏目的依据。

2. 总分类账与明细分类账的区别

总分类账与明细分类账的区别主要表现在以下两个方面：

（1）反映经济内容的详略程度不同。总账反映经济业务引起各会计要素增减变化的总括情况，提供账户的总括信息；明细账反映经济业务引起各会计要素增减变化的详细情况，提供某一具体项目的信息。有些明细账还可提供实物数量方面的信息。

（2）作用不同。总账提供的信息，是综合性信息，对所属明细账起统驭和控制作用；明细账是对总账的补充，对总账起补充说明作用，用来说明总分类账户是由哪些具体内容所组成。

（二）总分类账与明细分类账的平行登记

为了使总分类账与其所属的明细分类账之间能够存在控制与被控制、补充与被补充的关系，并便于账户核对，确保会计核算资料的真实与完整，总账与其所属的各明细分类账必须采用平行登记的方法进行记录。所谓平行登记，是指对所发生的每项经济业务都要以会计凭证为依据，一方面记入有关总分类账户，另一方面记入所属明细分类账户的方法（依据相同）。平行登记法的要点可概括为以下3点：

（1）期间和依据一致（不是时间相同）。对每项经济业务在记入总分类账户和明细分类账户的过程中，可以有先有后，但必须在同一会计期间全部登记入账。

（2）方向相同，即对于一项经济业务，在依据同一会计凭证登记总分类账户的借贷方向与登记所属明细分类账户的借贷方向必须一致。对有些经济业务所涉及的账户，总分类账户在借方（或贷方）登记，而明细分类账户虽用“红字”登记在贷方（或借方），但可以理解为相同的变动方向。

（3）金额相等。对于发生的每一项经济业务，记入总分类账户的金额必须等于所属明细分类账户的金额之和。

总账与其所属明细账之间在数量上存在如下关系：总分类账户本期发生额与其所属明细分类账户本期发生额合计相等；总分类账户期初余额与其所属明细分类账户期初余额合计相等；总分类账户期末余额与其所属明细分类账户期末余额合计相等。

如果总分类账户与明细分类账户的记录不相一致，那么说明在账户平行登记过程中出现错误，应查明原因，进行更正。

第三节　对账和结账

一、对账

对账工作是为保证账证相符、账账相符和账实相符的一项检查性工作。

（一）对账的概念

对账是对各种账簿记录所做的核对工作。在会计工作中，由于种种原因，难免发生记账、计算等差错，也难免出现账实不符的现象。为了确保账簿记录的正确性、完整性、真实性，在有关经济业务入账之后，必须进行账簿记录的核对。

（二）对账的分类

对账分为日常核对和定期核对两种。日常核对是指会计人员在编制会计凭证时，对原始凭证和记账凭证的审核；在登记账簿时，对账簿记录与会计凭证的核对。定期核对是指在期末结账前，对凭证、账簿记录等进行的核对。

（三）对账的内容

对账的内容包括：账证核对、账账核对、账实核对、账表核对等。

1.账证核对

账簿是根据经过审核的会计凭证登记的，但实际工作中仍有可能发生账证不符的情况。记账后，应将账簿记录与会计凭证核对，核对账簿记录与原始凭证、记账凭证的时间、凭证字号、内容、金额等是否一致，记账方向是否相符，以做到账证相符。

2.账账核对

账账核对是指核对不同会计账簿之间的账簿记录是否相符（如图6-37所示）。

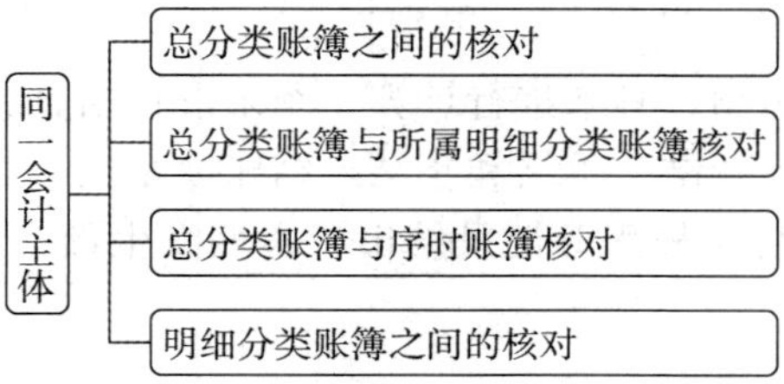

图6-37　账账核对

（1）总分类账簿之间的核对。

全部账户本期借方发生额合计=全部账户本期贷方发生额合计

全部账户的借方期初余额合计=全部账户的贷方期初余额合计

全部账户的借方期末余额合计=全部账户的贷方期末余额合计

（2）总分类账簿与所属明细分类账簿核对。

总分类账户的期初余额=所属的明细分类账户的期初余额之和

总分类账户的本期借方发生额=所属的明细分类账户的本期借方发生额之和

总分类账户的本期贷方发生额=所属的明细分类账户的本期贷方发生额之和

总分类账户的期末余额=所属的明细分类账户的期末余额之和

（3）总分类账簿与序时账簿核对。

检查库存现金总账和银行存款总账的期末余额，与库存现金日记账和银行存款日记账的期末余额是否相符。

（4）明细分类账簿之间的核对。

会计部门有关实物资产的明细账与财产物资保管部门或使用部门的明细账定期核对，以检查其余额是否相符。

3.账实核对

账实核对是指各项财产物资、债权债务等账面余额与实有数额之间的核对，包括：

（1）库存现金日记账账面余额与库存现金数额是否相符；

（2）银行存款日记账账面余额与银行对账单的余额是否相符；

（3）各项财产物资明细账账面余额与财产物资的实有数额是否相符；

（4）有关债权债务明细账账面余额与对方单位的账面记录是否相符。

4.账表核对

账表核对是会计账簿记录与已经完成的会计报表有关内容核对相符的简称，通过检查账表之间的相互关系，可以发现其中是否存在问题，包括：

（1）核对会计报表中某些数字是否与有关总分类账的期末余额相符；

（2）核对会计报表中某些数字是否与有关明细分类账的期末余额相符；

（3）核对会计报表中某些数字是否与有关明细分类账的发生额相符。

二、结账

在各会计期间内所发生的经济业务，于该会计期间全部登记入账并对账以后，即通过账簿记录了经济业务的发生和完成情况，但管理上需要掌握各会计期间的经济活动情况及结果，并相应编制各会计期间的会计报表。而根据会计凭证将经济业务记入账簿后，还不能直观地获得所需的各项数字资料，必须通过结账方式，把各种账簿记录结算清楚，提供所需的各项信息资料。

会计分期一般实行日历制，月末进行计算，季末进行结算，年末进行决算。结账于会计期末进行，所以可以分为月结、季结和年结。结账就是把一定时期内发生的经济业务在全部登记入账的基础上，将各种账簿记录结出“本期发生额”和“期末余额”，从而根据账簿记录，编制会计报表。

1.结账的内容

（1）检查本期日常发生的经济业务是否全部登记入账。

（2）按照权责发生制归集收入和费用。例如，计提利息的业务，借方记入“财务费用”账户，贷方记入“应付利息”账户。又如，分摊报刊费用的业务，借方记入“管理费用”账户，贷方记入“预付账款”账户。还有确认已实现尚未领取的应收收益的业务，借方记入“应收股利”账户，贷方记入“投资收益”账户。

（3）结转收入、成本费用类账户余额至“本年利润”账户，并据以计算确定本期利润。

（4）结算出各资产、负债和所有者权益类账户的本期发生额合计和期末余额。

2.结账的方法

（1）对不需按月结计本期发生额的账户，每次记账以后，都要随时结出余额，每月最后一笔余额即为月末余额。月末结账时，只需要在最后一笔经济业务事项记录之下通栏划单红线，不需要再结计一次余额（如图6-38所示）。

（2）库存现金日记账、银行存款日记账和需要按月结计发生额的收入、费用类明细账，在每月结账时，要结出本月的发生额合计和余额，在摘要栏内注明“本月合计”字样，并在下面通栏划单红线（如图6-39所示）。

账号		总页次	
页次			

应收账款——红星公司

2023年		凭证		摘要	日期	借方									贷方									借或贷	余额								
月	日	种类	号数			百	十	万	千	百	十	元	角	分	百	十	万	千	百	十	元	角	分		百	十	万	千	百	十	元	角	分
				承前页																				借				4	0	0	0	0	0
11	7	记	15	收到货款，存入银行														4	0	0	0	0	0	平							θ		
	8	记	23	销售产品，款未收					9	3	0	1	5	0										借				9	3	0	1	5	0
	14	记	43	收到货款，存入银行														9	3	0	1	5	0	平							θ		
	20	记	55	销售产品，款未收				2	8	2	5	5	5	0										借			2	8	2	5	5	5	0
	25	记	63	收到t货款，存入银行													2	8	2	5	5	5	0	平							θ		
12	8	记	21	销售产品，款未收				1	0	5	3	0	0	0										借			1	0	5	3	0	0	0
	26	记	65	销售产品，款未收				1	9	4	2	2	0	0										借			2	9	9	5	2	0	0

←单红线

图 6-38　月结示意图（1）

银行存款日记账

2023年		凭证		对方科目	摘要	总页次	收入金额										付出金额										结存金额									
月	日	种类	号数				千	百	十	万	千	百	十	元	角	分	千	百	十	万	千	百	十	元	角	分	千	百	十	万	千	百	十	元	角	分
					承前页				3	5	4	2	5	3	3	0			2	5	1	0	7	7	6	0			2	9	6	6	2	5	7	0
11	24	记	61	库存现金	提现备用																1	0	0	0	0	0			2	9	5	6	2	5	7	0
	25	记	62	营业外支出	对外捐款																2	0	0	0	0	0			2	9	3	6	2	5	7	0
	25	记	63	应收账款	收到货款，存入银行					2	8	2	5	5	5	0													3	2	1	8	8	1	2	0
	26	记	64	应付账款	偿付前欠货款															2	5	6	7	2	0	0			2	9	6	2	0	9	2	0
	26	记	66	管理费用	支付水电费																2	9	0	0	0	0			2	9	3	3	0	9	2	0
	27	记	67	原材料等	购进材料，验收入库，款已付																1	8	6	5	2	0			2	9	1	4	4	4	0	0
	29	记	69	主营业务收入等	销售产品，货款收存银行					7	6	5	1	8	0	0													3	6	7	9	6	2	0	0
	30				本月合计				4	5	9	0	2	6	8	0			2	8	4	5	1	4	8	0			3	6	7	9	6	2	0	0

←单红线

图 6-39　月结示意图（2）

（3）需要结计本年累计发生额的某些明细账户，每月结账时，应在“本月合计”行下结出自年初起至本月末止的累计发生额，登记在月份发生额下面，在摘要栏内注明“本年累计”字样，并在下面通栏划单红线。12月末的“本年累计”就是全年累计发生额，全年累计发生额下通栏划双红线（如图6-40所示）。

（4）总账账户平时只需结出月末余额。年终结账时，将所有总账账户结出全年发生额和年末余额，在摘要栏内注明“本年合计”字样，并在合计数下通栏划双红线，如图6-41所示。

（5）年度终了结账时，有余额的账户，要将其余额结转下年，并在摘要栏注明“结转下年”字样（如图6-41所示）；在下一会计年度新建有关会计账户的第一行余额栏内填写上年结转的余额，并在摘要栏注明“上年结转”字样。

账号		总页次	
总次			

主营业务收入——甲产品

2023年 月	日	凭证 种类	号数	摘要	日期	借方 (百十万千百十元角分)	贷方 (百十万千百十元角分)	借或贷	余额 (百十万千百十元角分)	
				承前页		35721000	37491000	贷	1770000	
11	24	记	60	销售产品，收到部分货款			375000	贷	2145000	
	26	记	65	销售产品，款未收			300000	贷	2445000	
	29	记	69	销售产品，货款收存银行			1200000	贷	3645000	
	30	记	81	结转本月收入		3645000		平	θ	
	30			本月合计		3645000	3645000	平	θ	
	30			本年累计		39366000	39366000	平	θ	←单红线
12	13	记	39	销售产品，货款收存银行			1584000	贷	1584000	
	16	记	46	销售产品，款未收			540000	贷	2124000	
	20	记	51	销售产品，款未收			540000	贷	2664000	
	22	记	59	销售产品，收到部分货款			396000	贷	3060000	
	26	记	65	销售产品，款未收			300000	贷	3360000	
	28	记	72	销售产品，货款收存银行			1440000	贷	4800000	
	31	记	81	结转本月收入		4800000		平	θ	
	31			本月合计		4800000	4800000	平	θ	
				本年累计		44166000	44166000	平	θ	←单红线

图6-40　年结示意图

账号		总页次	
页次			

库存现金

2023年 月	日	凭证 种类	号数	摘要	日期	借方 (百十万千百十元角分)	贷方 (百十万千百十元角分)	借或贷	余额 (百十万千百十元角分)	
				承前页		21744100	21711000	借	113000	
11	20	记汇	32	11—20日发生额		1920000	2010000	借	23000	
	30	记汇	33	21—30日发生额		1010000		借	124000	←单红线
12	10	记汇	34	1—10日发生额		108000	90000	借	142000	
	20	记汇	35	11—20日发生额		1728000	1809000	借	61000	
	31	记汇	36	21—31日发生额		90900		借	151900	←单红线
				本年合计		25692000	25620000	借	151900	←双红线
				结转下年						

图6-41　总账结转及转页登记示意图

第四节 错账的更正

一、错账的类型

（一）记账凭证错误

这种类型的错误往往是在填写记账凭证时把凭证中应借、应贷的账户或金额写错，从而导致账簿记录发生错误。

（二）记账错误

这种类型的错误一般是在原记账凭证记录正确，只是在将其过入账簿记录时发生了差错。或记错了账户，或记错了金额，或记反了方向，或结错了账户等。

（三）记账凭证和账簿记录均有错误

这种类型的错误是指填制凭证时就已经发生了或是填错了金额，或是填错了应借、应贷账户的问题。而在登记账簿时，不仅没能发现这些问题，而且在记账中又产生了新的或记错了账户，或是记错了金额等方面的问题。

图6-42为错账的分层简要剖析图。

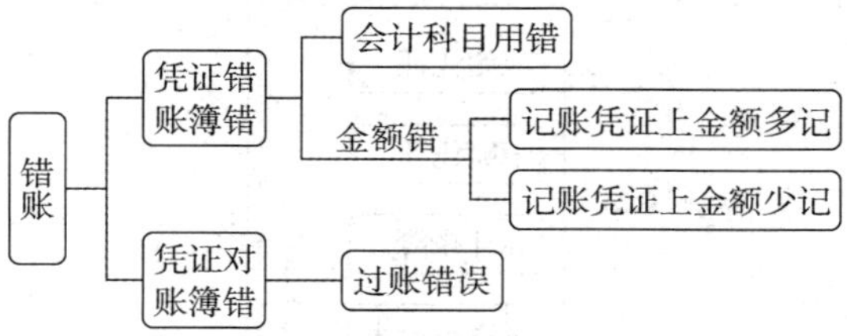

图6-42 错账的分层简要剖析图

二、错账的发生原因

（一）会计确认不当形成的会计差错

会计确认就是依据一定标准去识别和确定发生的经济业务是否可以作为会计要素进入会计系统和其数据应否列入会计报表的过程。它解决的是会计的定性问题，为会计计量确定空间范围、时间限制。根据会计确认标准对会计确认产生的影响，会计确认标准可以分为基本确认和补充确认两大类。

（二）会计计量环节形成的会计差错

由于会计计量环节操作不当，形成的会计差错主要包括：

1. 与实物数量不符的会计差错

例如，对发出材料的计量不准确，导致期末存货出现盘盈或盘亏现象，从而使会计报表发生错报。

2. 与计量属性和计量单位不符的会计差错

例如，接受捐赠或盘盈的固定资产，是以历史成本计价还是以现行市价或未来现金流量的现值计价等。

（三）会计记录造成的会计差错

由于会计记录过程中的种种因素影响，造成的会计差错主要包括：

(1) 操作性错误，即财务人员操作不当出现的错误，如按错计算器键、眼误或笔误等。

(2) 技术性错误，即财务人员由于对财务工作的不熟练而造成的会计差错，如凭证填写不准确，小数点错记，红笔运用不当等。

(3) 习惯性错误，如将6的上面写得太短而被错认为“0”等。

(4) 条件性错误，即由于客观条件不好，如复写纸质量低劣而造成的复写下联字迹不清，或纸质较差发生的字迹变形而造成的错认。

(四) 其他原因造成的会计差错

其他原因造成的会计差错包括以下几种：由于对经济业务中不确定性因素的会计估计错误而造成的会计差错；由于管理薄弱、基础工作差，有关人员的职责权限范围不明，而使财务人员犯的错误；由于财务人员责任心不强而造成的会计差错。

三、错账的查找

(一) 一般查错方法

在一般情况下，账簿存在的错误很难一眼看出。账务较多的单位，更要注重查找方法，以做到有的放矢，提高效率。查错方法操作流程如图6-43所示。

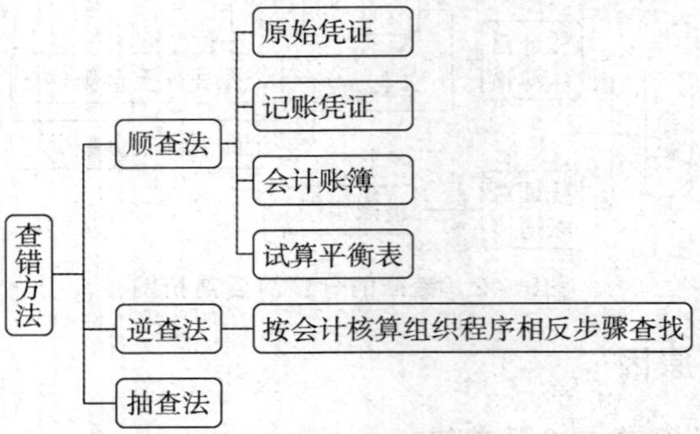

图6-43 查错方法操作流程示意图

1.顺查法

顺查法是按照原来账务处理的顺序，从头到尾进行全面核查的方法，如对记账凭证与账簿记录逐笔核对，对发生额和余额进行核实。其优点是比较彻底，准确性高；其不足是费时费力。此法适用于对各种错账的查找，尤其适用于差错较多的账簿或业务不熟的会计人员。

2.逆查法

与顺查法相反，逆查法是把账务处理的程序倒过来从尾到头查找差错的方法。此法一般会比顺查法较早发现差错，因为差错发生在后阶段的可能性较大。

3.抽查法

抽查法是抽取记录中的某一部分进行局部检查的方法。在具体操作过程中，可根据差错的具体情况进行抽查，如差错的数字在角、分或整数时，可以缩小查找范围，也可根据自己的判断，针对不同的情况进行抽查。这种方法的优点是省时、省力、有效，缺点是在不能查出错误时，还必须采用顺查法或逆查法。

（二）账户差错发现方法

1.差数法

差数法是根据错账差数直接查找的方法。以下两种错账可用此法：第一种是漏记或重记，只要直接查找到差数的账就查到了，这类错账最容易发生在本期内同样数字的账发生了若干笔。第二种是串户，串户可分为记账串户和科目汇总串户。例如某公司在本单位有应收账款和应付账款两个账户，记账凭证是借应收账款某公司500元，而记账时误记为借应付账款某公司500元，这就造成资产负债表双方是平衡的，但总账与分类明细账核对时应收账款与应付账款各发生差数500元。如果科目汇总（合并）时将借应收账款500元误作为借应付账款500元汇总了，同样在总账与分类明细账核对时这两个科目同时发生差数500元，经过查对如记账没有发生串户那么必定是科目汇总（合并）时发生差错，查明更正就是。

总账	明细账
100	100
200	200
40	
340	300

2.二除法

二除法是错误差额能被2除尽，根据商在账簿中查找错误的方法。此法适用于借贷方记错的情况。记账时，由于记错方向导致的错误，其差额必定是偶数，可将差错额用2除尽，用所得的商，在账簿中进行重点查找。例如，发现差错是1 988.12，将此数除以2，商为994.06，再查找有无此数的记录，看是否记反方向。此法对偶尔发生的一笔记反方向的数字的查找十分有效。如果出现类似的两笔或两笔以上的差错，由于它们相互增减抵销的结果，会使差错无规律可循，则不宜采用此法。

总账	明细账
100	100
200	
200	
500	100

3.九除法

九除法和二除法相似，差错能被9除尽，根据商进行分析查找错误的方法。这种方法可用来查找由倒码造成的差错。例如，把563错记成536，其差错为27，能被9除尽。数字倒码查找方法：差错是几位数，则错就在对应的位数上，据此法查找简单容易。上例中差错是27，则差错的位数在十位和个位，查找十位数和个位数，即可找出差错。数字移位造成的错账，也可用此法。用差额除以9，得出的商可能就是差错缩小或扩大后的数字，如错把10 000写成1 000，差错是9 000，用差错9 000除以9，得出商1 000，再看登记时有无类似的整数1 000，就很容易找出差错了。此法和二除法一样，只能适用于一笔差错。

总账	明细账
100	100
200	200
15	51
315	351

总账	明细账
100	100
200	20
300	120

4. 尾数法

尾数法是指对于发生的差错只查找末位数，以提高查错效率的方法。这种方法适合于借贷方金额其他位数都一致，而只有末位数出现差错的情况。

总账	明细账
100.10	100
200	200
300.10	300

差错发现方法与要点总结如图6-44所示。

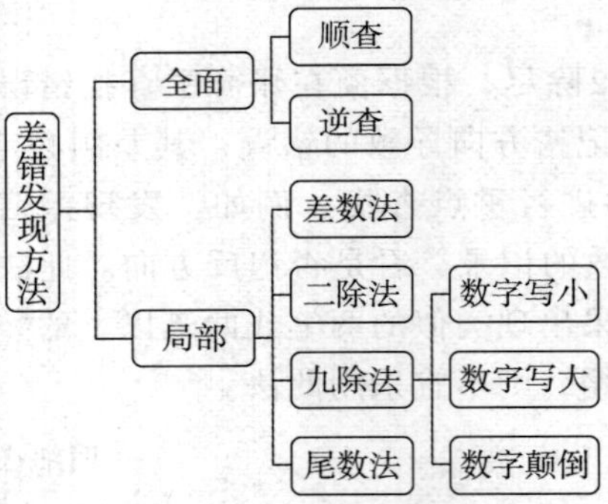

图6-44 差错发现方法与要点图

四、错账的更正

账簿记录发生错误，不准涂改、挖补、刮擦或者用药水消除字迹，不准重新抄写，必须按规定的方法进行更正。改错方法包括划线更正法、红字更正法、补充登记法（如图6-45所示）。

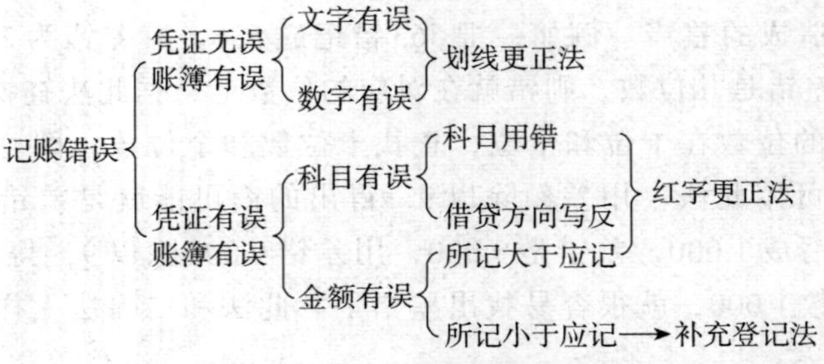

图6-45 记账错误与更正方法的联系图

（一）划线更正法

划线更正法，又称红线更正法。在结账前，会计人员发现账簿记录有文字或数字错误，而记账凭证没有错误，即纯属记账时文字或数字的笔误，就可以采用划线更正法。在更正操作时，会计人员可在错误的文字或数字上划一条红线，表示注销，在红线的上方填写正确的文字或数字：对于错误的数字，应全部划红线更正，不要只划掉其中的一个或几个写错的数字，只更正其中的错误数字；对于文字错误，可只划去错误的部分。无论何种方法，都必须使原有字迹仍可辨认，以备查考，并由更正人员在更正处盖章，以明确责任（如图6-46所示）。

最高存量：
最低存量：

原材料明细账

账号	总页数
页数	

明细科目　A　材料

类别______ 储存处所______ 规格______ 计量单位 千克 编号______

2023年		凭证号数	摘要	收入			发出			结存			核对号
月	日			数量	单价	金额（十万千百十元角分）	数量	单价	金额（十万千百十元角分）	数量	单价	金额（十万千百十元角分）	
12			承前页							152	10	1 5 2 0 0 0	
12	10	转1	购料	1345 ~~1435~~	10	1 3 4 5 0 0 0 ~~1 4 3 5 0 0 0~~			[孔子]	1497 ~~1587~~	10	1 4 9 7 0 0 0 ~~1 5 8 7 0 0 0~~	

图6-46　划线更正法示意图

（二）红字更正法

红字更正法是指由于记账凭证错误导致账簿记录发生错误，而用红字冲销原记账凭证，以更正账簿记录的一种方法。红字更正法适用于以下两种情况：

1.红字完全冲销法

记账以后，如果发现账簿记录的错误是因记账凭证中的应借、应贷会计科目或记账方向有错误而引起的，应用红字更正法进行更正。更正的方法是：先用红字金额填写一张会计科目与原错误记账凭证完全相同的记账凭证，在“摘要”栏中写明“冲销错账”以及错误凭证的号数和日期，并据以用红字登记入账，以冲销原来错误的账簿记录；然后，再用蓝字或黑字填写一张正确的记账凭证，在“摘要”栏中写明“更正错账”以及冲账凭证的号数和日期，并据以用蓝字或黑字登记入账。

【例6-1】大新有限责任公司购入行政管理部门用办公用品2 700元，款项用银行存款支付。在填制记账凭证时，误记入“库存现金”科目，并已据以登记入账，其错误记账凭证所反映的会计分录是：

借：管理费用　　2 700

　贷：库存现金　　2 700

该项业务正确的会计分录应贷记“银行存款”科目。

在更正时，应用红字金额填制一张记账凭证冲销原记账凭证，并据以登记入账，冲销原错误的账簿记录。

借：管理费用　　　　2 700

　　贷：库存现金　　　　2 700

然后用蓝字或黑字填制一张正确的记账凭证，并据以登记入账。

借：管理费用　　　　2 700

　　贷：银行存款　　　　2 700

2.部分红字冲销法

记账以后，如果发现记账凭证和账簿记录的金额有错误（所记金额大于应记的正确金额），而应借、应贷的会计科目没有错误，应用红字更正法进行更正。更正的方法是：将多记的金额用红字填制一张记账凭证，而应借、应贷会计科目与原错误记账凭证相同，在“摘要”栏写明“冲销多记金额”以及原错误记账凭证的号数和日期，并据以登记入账，以冲销多记的金额。

【例6-2】大新有限责任公司的生产车间领用一批工具，价值900元。在填制记账凭证时，误记金额为9 000元，但会计科目、借贷方向均没有错误，并已据以登记入账。其错误记账凭证所反映的会计分录是：

借：制造费用　　　　9 000

　　贷：低值易耗品　　　　9 000

更正时，应将多记的金额8 100元用红字编制如下的记账凭证，并登记入账。

借：制造费用　　　　8 100

　　贷：低值易耗品　　　　8 100

（三）补充登记法

补充登记法又称蓝字补记法。根据记账凭证所记录的内容记账以后，发现在记账凭证中应借、应贷的会计科目和记账方向都没有错误，记账凭证和账簿记录的金额相吻合，只是所记金额小于应记的正确金额，应采用补充登记法。更正方法是：按少记的金额用蓝字编制一张与原记账凭证应借、应贷科目完全相同的记账凭证，以补充少记的金额，求得正确金额，并据以记账。

【例6-3】大新有限公司预提本月银行借款利息400元，在填制记账凭证时，误记金额为40元，但会计科目、借贷方向均无错误，其错误记账凭证所反映的会计分录为：

借：财务费用　　　　40

　　贷：应付利息　　　　40

在更正时，应用蓝字编制如下记账凭证进行更正：

借：财务费用　　　　360

　　贷：应付利息　　　　360

根据更正错误的记账凭证以蓝字记账后，即可反映其正确的金额为400元。

第五节　账簿的更换与保管

一、会计账簿的更换

会计账簿的更换是指在会计年度终了，将上年旧账更换为次年新账。

更换新账的程序是：年度终了，在本年有余额的账户“摘要”栏内注明“结转下年”字样。在更换新账时，注明各账户的年份，在第一行“日期”栏内写明1月1日；“凭证字号”栏空置不填；将各账户的年末余额直接抄入新账余额栏内，并注明余额的借贷方向。过入新账的有关账簿余额的结转事项，不需要编制记账凭证。在新的会计年度建账并不是所有的账簿都更换为新的。一般来说，库存现金日记账、银行存款日记账、总分类账、大多数明细分类账应每年更换一次。但是有些财产物资明细账和债权债务明细账，由于材料品种、规格和往来单位较多，更换新账，重抄一遍，工作量较大，因此，可以跨年度使用，不必每年更换一次。第二年使用时，可直接在上年终了的双红线下面记账。固定资产卡片账、各种备查簿也可以连续使用。

二、会计账簿的保管

年度终了，各种账簿在结转下年、建立新账后，一般都要把旧账送交总账会计集中统一管理。会计账簿暂由本单位财务会计部门保管1年，期满之后，由财务会计部门编造清册移交本单位的档案部门保管。

会计账簿是各单位重要的经济资料，必须建立管理制度，妥善保管。账簿管理分为平时管理和归档保管两部分。

（一）账簿日常管理的具体要求

各种账簿要分工明确，指定专人管理，账簿经管人员既要负责记账、对账、结账等工作，又要负责保证账簿安全。会计账簿未经领导和会计负责人或者有关人员批准，非经管人员不能随意翻阅、查看。会计账簿除需要与外单位核对外，一般不能携带外出；对携带外出的账簿，一般应由经管人员或会计主管人员指定专人负责。会计账簿不能随意交与其他人员管理，以保证账簿安全并防止任意涂改账簿等问题的发生。

（二）旧账归档保管

年度终了更换并启用新账后，对更换下来的旧账要整理装订，造册归档。归档前旧账的整理工作包括：检查和补齐应办的手续，如改错盖章、注销空行及空页、结转余额等。活页账应撤出未使用的空白账页，再装订成册，并注明各账页号数。旧账装订时应注意：活页账一般按账户分类装订成册，一个账户装订成一册或数册；某些账户账页较少，也可以合并装订成一册。装订时应检查账簿扉页的内容是否填写齐全。装订后应由经办人员及装订人员、会计主管人员在封口处签名或盖章。旧账装订完毕应编制目录和编写移交清单，然后按期移交档案部门保管。各种账簿同会计凭证和会计报表一样，都是重要的经济档案，必须按照相关制度统一规定的保存年限妥善保管，不得丢失或任意销毁。

课后练习题

一、单项选择题

1.下列关于会计账簿的说法，不正确的是（　　）。

A.设置和登记账簿是连接会计凭证与会计报表的中间环节

B.会计账簿是以经过审核的记账凭证为依据，全面、系统、连续地记录各项经济业务的簿籍

C.各单位应该按照国家统一的会计制度的规定和会计业务的需要设置会计账簿

D.会计账簿是由一定格式的账页组成的

2.（　）是按照经济业务发生或完成时间的先后顺序逐日、逐笔进行登记的账簿。

A.总账账簿　　B.序时账簿　　C.分类账簿　　D.明细账簿

3.各账户之间最本质的差别在于（　）。

A.反映的经济内容不同　　B.结构不同

C.记账符号不同　　D.经济用途不同

4.不需要在会计账簿扉页上的启用表中填列的内容是（　）。

A.账簿名称　　B.记账人员　　C.账户名称　　D.启用日期

5.必须逐日结出余额的账簿是（　）。

A.库存现金总账　　B.银行存款总账　　C.库存现金日记账　　D.应收账款总账

6.对账即核对账目，其主要内容包括（　）几方面。

A.账实核对、账表核对、账账核对　　B.账账核对、账证核对、账表核对

C.账账核对、账证核对、表表核对　　D.账证核对、账账核对、账实核对

7.下列各项中，不属于账账核对内容的是（　）。

A.所有总账账户的借方发生额合计数与所有总账账户的贷方发生额合计数核对

B.本单位的应收账款账面余额与对方单位的应付账款账面余额之间核对

C.会计部门有关财产物资明细账余额与保管、使用部门的财产物资明细账余额之间核对

D.库存现金日记账和银行存款日记账的余额与其总账账户余额核对

8.下列对账工作中，属于账实核对的是（　）。

A.总分类账与序时账核对

B.总分类账与所属明细分类账核对

C.会计部门存货明细账与存货保管部门明细账核对

D.财产物资明细账账面余额与财产物资实有数额核对

9.凡结账前发现记账凭证正确而登记账簿时发生的错误，可用（　）更正。

A.划线更正法　　B.补充登记法　　C.涂改法　　D.红字更正法

10.收回货款20 000元存入银行，记账凭证错误填写为2 000元，并已入账。正确的更正方法是（　）。

A.采用划线更正法，借记“银行存款”科目18 000元，贷记“应收账款”科目18 000元

B.用红字借记“银行存款”科目20 000元，贷记“应收账款”科目20 000元

C.用蓝字借记“应收账款”科目18 000元，贷记“银行存款”科目18 000元

D.用红字借记“银行存款”科目18 000元，贷记“应收账款”科目18 000元

11.下列关于结账的说法中，错误的是（　）。

A.结账前，应将本期发生的经济业务全部记入有关账簿，若预计本期不会再发生任何业务可以提前结账

B.结账前应根据权责发生制要求调整有关账项

C.结账前要将损益类科目全部转入“本年利润”科目

D.在本期全部经济业务登记入账的基础上，需要结算出资产、负债和所有者权益类

科目的本期发生额和余额，并结转至下期

12.下列会计账簿中，可以跨年度连续使用的是（　　）。

A.总账　　B.日记账　　C.固定资产卡片账　　D.费用明细账

13.卡片式账簿一般适用于（　　）明细分类账。

A.预付账款　　B.库存现金　　C.固定资产　　D.银行存款

14.库存现金日记账的登记方法错误的是（　　）。

A.每日终了，应分别计算现金收入和现金支出的合计数，结出余额，同时将余额同库存现金实有数核对

B.库存现金日记账可逐月结出现金余额，与库存现金实存数核对，以检查每月现金收付是否有误

C.凭证栏系指登记入账的收、付款凭证的种类和编号

D.日期栏系指记账凭证的日期

15.关于银行存款日记账的具体登记方法，表述错误的是（　　）。

A.日期栏系指记账凭证的日期

B.金额栏系指银行存款实际收付的金额

C.对方科目系指银行存款收入的来源科目或支出的用途科目

D.摘要栏系指简要说明登记入账的经济业务的内容

二、多项选择题

1.数量金额式明细账适用于（　　）。

A.原材料明细账　　B.应收账款明细账

C.产成品明细账　　D.管理费用明细账

2.一般采用订本式账簿的有（　　）。

A.总分类账　　B.库存现金日记账

C.银行存款日记账　　D.应收账款明细账

3.对账的具体内容包括（　　）。

A.账账核对　　B.账证核对　　C.账实核对　　D.账表核对

4.在下列（　　）的情况下，可以用红色墨水。

A.记账　　B.结账　　C.更正结账　　D.冲销账簿记录

5.库存现金日记账的登记依据有（　　）。

A.银行存款收款凭证　　B.现金收款凭证

C.现金付款凭证　　D.银行存款付款凭证

6.出纳人员可以登记和保管的账簿有（　　）。

A.库存现金日记账　　B.银行存款日记账　　C.库存现金总账　　D.银行存款总账

7.下列符合登记会计账簿基本要求的有（　　）。

A.文字和数字的书写应占格距的1/2

B.登记后应在记账凭证上签名或盖章，并注明已经登账的符号

C.在登记各种账簿时，应按页次顺序连续登记，不得隔页、跳行

D.用蓝黑和碳素墨水书写，不得用圆珠笔（银行的复写账簿除外）或铅笔书写

8.账簿与账户的关系有（　　）。

A.账户存在于账簿之中，账簿中的每一账页就是账户的存在形式和载体

B.没有账簿，账户就无法存在

C.账簿序时、分类地记载经济业务，是在账户中完成的

D.账簿只是一个外在形式，账户才是它的真实内容

9.记账后，发现记账凭证中的金额有错误，导致账簿记录错误，不能采用的错账更正方法有（　　）。

A.划线更正法　　B.红字更正法　　C.补充登记法　　D.重新抄写法

10.三栏式明细分类账的账页格式，适用于（　　）。

A.“管理费用”明细账　　B.“原材料”明细账

C.“预收账款”明细账　　D.“短期借款”明细账

11.会计账簿的登记规则错误的有（　　）。

A.账簿记录中的日期，应该填写原始凭证上的日期

B.多栏式账页中登记减少数可以使用红色墨水

C.在登记各种账簿时，应按页次顺序连续登记，不得隔页、跳行

D.对于没有余额的账户，应在“借或贷”栏内写“平”字表示

三、判断题

1.会计账簿是指由一定格式账页组成的，以经过审核的会计凭证为依据，全面、系统、连续地记录各项经济业务的簿籍。（　　）

2.账簿按其用途可分为序时账、总账和明细账。（　　）

3.账簿中的每一账页是账户的存在形式和载体，而账户是账簿的具体内容，因此，账户与账簿的关系是形式与内容的关系。（　　）

4.启用会计账簿时，应当在账簿封面上写明账簿名称，并在账簿扉页上附启用表即可。（　　）

5.账簿记录发生错误，不准涂改、刮擦、挖补或者用药水消除字迹，但是可以重新抄写。（　　）

6.各种账簿必须按事先编好的页码，逐页逐行按顺序连续登记，不得隔页、跳行。如不慎发生这种状况，在空页或空行处用红色墨水划对角线注销，注明“此行空白”“此页空白”字样即可。（　　）

7.出纳员应在库存现金日记账每笔业务登记完毕时，即结出余额，并与库存现金进行核对。（　　）

8.银行存款日记账是由出纳人员根据审核后的收款凭证、付款凭证逐日逐笔序时登记的账簿。（　　）

9.明细账必须逐日逐笔登记，总账必须定期汇总登记。（　　）

10.账证核对就是指核对会计账簿的记录与有关会计凭证的时间、凭证字号、内容、金额是否一致，记账方向是否一致。（　　）

11.库存现金日记账和银行存款日记账期末余额与总分类账的库存现金、银行存款期末余额核对属于总分类账与序时账簿的核对。（　　）

12.结账前，某企业发现会计账簿记录有错误，经查确定相关记账凭证没有错误，只是过账时不慎，属于笔误，应采用划线更正法更正。（　　）

13.已经登记入账的记账凭证，在当年内发现科目、金额有误，可以用红字填写一张与原内容相同的记账凭证，在摘要栏注明冲销某月某日第某号凭证字样，再用蓝字做一张正确的记账凭证登记入账。（　　）

14.补充登记法适用于记账凭证中所记金额小于应记金额，并据以登记入账的情况。（　　）

15.月末结账时，对不需要按月结计本期发生额的账户，只需要在最后一笔经济业务记录之下划一单红线，不需要再结计一次余额。（　　）

16.备查账簿不必每年更换新账，可以连续使用。（　　）

四、核算题

1.目的：练习三栏式库存现金日记账和银行存款日记账的记账与结账（见表6–1、表6–2）。

表6–1　　**库存现金日记账　第　页**

2023年		凭证		摘要	对方科目	借方	贷方	结余
月	日	字	号					

表6–2　　**银行存款日记账　第　页**

2023年		凭证		结算凭证		摘要	对方科目	借方	贷方	余额
月	日	字	号	字	号					

资料：大新有限公司2023年8月发生下列经济业务（库存现金日记账借方期末余额为970元，银行存款日记账借方期初余额为46 350元）：

（1）3日，开出现金支票，从银行提现金2 600元。

（2）3日，采购员王山出差预借差旅费800元，以现金支付。

（3）3日，购买办公用品，支付现金200元。

（4）5日，采购员王山报销差旅费，交回现金50元。

（5）6日，开出转账支票支付宏克企业18 000元货款。

（6）6日，收到华丰公司所欠货款，款项16 750元已存入银行。

（7）9日，以银行存款支付广告费4 500元。

（8）16日，以银行存款支付借款利息370元。

（9）26日，以银行存款支付管理部门水电费1 700元。

（10）29日，向光明公司购入原材料一批，货款26 340元，开出转账支票一张。

要求：根据资料，登记三栏式库存现金日记账和银行存款日记账，并进行结账。

2.目的：练习错账更正方法。

资料：大新有限公司在将账簿记录与记账凭证进行核对时，发现下列经济业务内容的账簿记录有误：

（1）开出现金支票600元，支付企业管理部门的日常开支，原编的记账凭证会计分录为：

借：管理费用　600

　贷：库存现金　600

（2）签发转账支票3 000元预付本季度办公用房租金，原编的记账凭证会计分录为：

借：应付账款　3 000

　贷：银行存款　3 000

（3）结转本月实际完工产品的生产成本49 000元，原编的记账凭证会计分录为：

借：库存商品　94 000

　贷：生产成本　94 000

（4）结算本月应付职工工资，其中生产工人工资14 000元，管理人员工资3 400元，原编的记账凭证会计分录为：

借：生产成本　1 400

　　管理费用　340

　贷：应付职工薪酬　1 740

（5）结转本月商品销售收入48 000元，原编的记账凭证会计分录为：

借：本年利润　45 000

　贷：主营业务收入　45 000

（6）以现金支付采购人员差旅费2 000元，原编的记账凭证会计分录为：

借：其他应付款　1 000

　贷：库存现金　1 000

要求：根据资料，更正有关错账。

第七章

财产清查

学习目标

1. 了解财产清查的概念、种类、作用；
2. 掌握货币资金财产清查相关凭证的填制与核对方法；
3. 掌握实物资产财产清查相关凭证的填制与核对方法；
4. 掌握债权债务财产清查相关凭证的填制与核对方法；
5. 了解财产清查结果的处理原则、步骤。

依据会计循环的基本程序，经济业务的相关信息输入到会计信息系统后，在相应的账簿记录中已经如实反映，可以为生产经营提供所需的核算信息，在一定程度上，可以为经营决策提供决策依据。要切实提高决策的正确性和决策效率，应当保证会计信息系统中的数据真实、可靠，保证账实相符。因此，为保证会计信息的可靠度，必须依据一定的方法来保证账实相符，在会计核算系统中应该设置财产清查环节，为会计信息提供强有力的支撑。

第一节 财产清查概述

一、财产清查的含义

财产清查也叫财产检查，是指通过对货币资金、存货、固定资产、各种对外投资、各种债权和票据等的盘点或核对，查明其实有数与账存数是否相符，并查明账实不符的原因的一种会计核算专门方法。

企业单位各种财产物资的增减变动和结存情况，通过凭证的填制与审核、账簿的登记与核对，已经在账簿体系中得到了正确的反映，但账簿记录的正确性并不足以说明各种财产物资实际结存情况的正确与否。在具体会计工作中，即使是在账证相符、账账相符的情况下，财产物资的账面数与实际结存数仍然可能不相一致。根据资产管理制度以及为编制会计报表提供正确可靠的核算资料的要求，必须使账簿中所反映的有关财产物资和债权债务的结存数额与其实际数额保持一致，做到账实相符。因此，必须运用财产清查这一会计核算的专门方法。

二、财产清查的原因和意义

财产清查不仅是会计核算的重要环节，也是财产物资管理的客观要求。借助于财产清查环节，可以验证账簿记录与实际物资状况是否相符，从而及时对会计信息进行修正，保证会计信息的客观、真实。

（一）造成账实不符的原因

为了保证账簿记录的正确性，应加强对会计凭证的日常审核，定期核对账簿记录，做到账证相符、账账相符。但是，仅仅账簿记录正确还不能说明账簿所作的记录真实可靠，因为有很多主客观原因使各项财产物资的账面数额与实际结存数额发生差异，造成账实不符。造成账实不符的具体原因很多，概括而言，主要表现在以下几个方面：

（1）财产收发时，由于计量不准确而发生品种或数量上的差错；

（2）财产保管过程中的自然损耗或自然升溢；

（3）因管理不善而出现财产的腐烂变质及毁损；

（4）贪污盗窃、营私舞弊等违法行为造成的财产短缺；

（5）因未达账项而引起的数额不符。

（二）财产清查的意义

财产清查作为会计核算的一种专门方法，同时也是企业内部控制的一个重要组成部分，在企业的生产经营过程中发挥着十分重要的作用，主要表现在下列几个方面：

（1）保证会计核算资料真实可靠。通过财产清查，可以查明财产物资有无短缺或盈余以及发生盈亏的原因，确定财产物资的实有数，并通过账项的调整达到账实相符，保证会计核算资料的真实性，为编制会计报表奠定基础。

（2）充分挖掘财产物资的潜力。通过财产清查，可以查明财产物资的利用情况，发现有无超储积压或储备不足以及不配套等现象，以便采取措施，对储备不足的设法补足，对呆滞积压和不配套的及时处理，充分挖掘财产物资潜力，提高资产使用效率。

（3）强化财产管理的内部控制制度。通过财产清查，可以发现财产管理工作中存在的各种问题，诸如收发手续不健全、保管措施不得力、控制手续不严密等，以便采取对策加以改进，健全内部控制制度，保护资产的安全与完整。

（4）完善财产管理的岗位责任制，促使保管人员总结经验，吸取教训，不断学习先进的管理技术，提升敬业精神，提高业务素质。

三、财产清查的种类

财产清查是内部控制制度的一部分，它的功能在于定期确定内部控制制度执行是否有效。企业的日常工作中，在考虑成本、效益的前提下，可选择范围大小适宜、时机恰当的财产清查，也就是说，可按照财产清查实施的范围、时间间隔等对财产清查适当地进行分类（如图7–1所示）。

（一）财产清查按清查范围的不同，分为全面清查与局部清查

1.全面清查

全面清查是对企业单位的所有财产进行清查和核对，而且把受其他单位委托代管的财产列入清查的范围。企业一般在下列情况下进行全面清查：

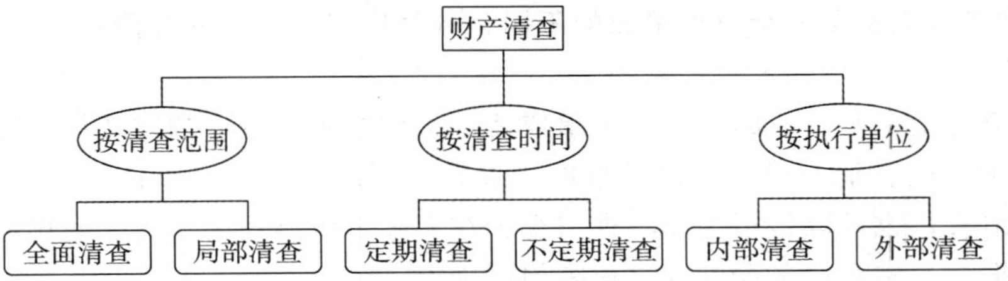

图7-1 财产清查的分类图

（1）年终编制决算会计报表前，确保年终决算资料真实、准确；

（2）企业关、停、并、转或改变隶属关系时；

（3）企业更换主要负责人时；

（4）开展清查核资时；

（5）中外合资、国内联营时。

2.局部清查

局部清查就是根据需要，对企业的部分财产进行盘点、核对。由于全面清查的范围广，清查工作量大，清查一次所用的时间比较长，因而，根据需要可只对企业的一部分财产进行清查。实际工作中，局部清查比较常见，企业一般在下列情况下进行局部清查：

（1）对于流动性较大的存货，如原材料、在产品、产成品、库存商品等，年内应轮流进行盘点或重点抽查；

（2）对于各种贵重物资，每月都应清查盘点一次；

（3）对于现金，应由出纳人员在每日业务终了清点核对；

（4）对于银行存款，应以银行发给企业的银行对账单为依据，每月进行核对；

（5）对于各种债权、债务，每年至少要同对方核对一次至二次。

（二）财产清查按照清查时间的不同，分为定期清查和不定期清查

1.定期清查

定期清查是指按计划预先安排的时间对财产进行清查，通常在月末、季末、年终结账时进行。清查的范围一般是年终决算前进行全面清查，在月末和季末对贵重财产及货币资金进行盘点和抽查，实施局部清查。

2.不定期清查

不定期清查是指根据实际需要，事前不规定清查时间，临时实施的财产清查。不定期清查的对象可以是全部财产物资，也可以是局部财产物资，一般说来，在存在以下几种情况下，可以进行不定期财产清查：

（1）更换财产、现金保管人员时，要对有关人员保管的财产、现金进行清查，以分清经济责任；

（2）发生自然灾害和意外损失时，要对受损财产进行清查，如企业遭受水灾、台风等自然灾害后，以查明损失情况；

（3）上级主管、财政、税务、银行、审计等部门对本单位进行会计检查时，应按检查的范围和要求进行清查，以验证会计资料的可靠性；

（4）进行临时性清产核资时，要对本单位的财产进行清查，以摸清家底。

（三）财产清查按照清查执行单位的不同，分为内部清查和外部清查

1.内部清查

内部清查是指由本企业的有关人员组成清查工作组对本企业的财产物资进行清查。内部清查又称为自查，清查形式可以是全面清查，也可以是局部清查；从执行时间上划分，可以是定期清查，也可以是不定期清查。至于在实际工作过程中，具体使用哪一种清查形式，应当根据企业实际情况和管理要求来加以确定。

2.外部清查

外部清查与内部清查相反，是由上级主管部门、审计机关、司法部门、注册会计师等根据国家的有关规定或情况的需要对企业实体所进行的财产清查。外部清查必须有内部清查工作人员参加。如中华人民共和国成立以来进行了多次的清产核资，以及企业中进行的资产评估，有些就属于外部清查。

四、财产清查的一般程序

财产清查是加强财务管理、发挥会计监督职能的一项重要工作，同时又是一项涉及面广、工作量大，既复杂又细致的具体工作。因此，在进行财产清查前，应当有计划、有组织地进行各项准备工作，包括组织上的准备和物资及业务上的准备，才能按科学管理的方法进行财产清查。财产清查的一般程序是：

（1）建立财产清查组织；

（2）组织清查人员学习有关政策规定，掌握有关法律、法规和相关业务知识，以提高财产清查工作的质量；

（3）确定清查对象、范围，明确清查任务；

（4）制订清查方案，具体安排清查内容、时间、步骤、方法，以及必要的清查前准备；

（5）清查时本着先清查数量、核对有关账簿记录等，后认定质量的原则进行；

（6）填制盘存清单；

（7）根据盘存清单，填制实物、往来账项清查结果报告表。

五、财产清查盘存制度

财产清查盘存制度一般有两种：永续盘存制和实地盘存制。

（一）永续盘存制

永续盘存制是指企业对各项财产物资收入和发出的数量和金额，都必须根据原始凭证和记账凭证在有关账簿中进行连续登记，并随时结出账面余额的一种盘存制度。因此，这种方法也叫账面盘存制。从永续盘存制的定义中可以看出，采用这种方法，对于存货的增加和减少，平时都要在账簿中进行记录，因而随时可以结算出各类存货的账面结存数。

在永续盘存制下，存货明细账能随时反映存货的结存数量和发出（销售）数量，其计算公式是：

账面期末结存存货成本=账面期初结存存货成本+本期存货增加数-本期存货减少数

上式中的“账面期初结存存货成本”和“本期存货增加数”是根据有关存货明细账的记录确定的。“本期存货减少数”则是根据发出存货的数量和单位成本加以确定。其中发出存货的单位成本的确定方法包括先进先出法、加权平均法、个别计价法等。

1.先进先出法

先进先出法假设先入库的存货先耗用或销售，期末存货就是最近入库的存货。根据对存货实物流动的这一假设，先耗用或销售的存货按先入库存货的单位成本计价，后耗用或销售的存货按后入库的单位成本确定。注意，这里的“先”是相对于发货当时来说的。下面举例说明永续盘存制下采用先进先出法确定发出存货成本的计算过程：

【例7-1】大新有限责任公司2023年6月份甲材料的购、销、存情况见表7-1。

表7-1　　**存货明细账**

存货类别：　　计量单位：件；元

存货编号：　　最高存量：

存货名称及规格：甲材料　　最低存量：

2023年		凭证编号	摘要	收入			发出			结存		
月	日			数量	单价	金额	数量	单价	金额	数量	单价	金额
6	1		期初结存							300	50	15 000
	5		购进	500	60	30 000				800		
	6		发出				300			500		
	16		购进	400	70	28 000				900		
	19		发出				700			200		
	27		购进	600	55	33 000				800		
	28		发出				600			200		
6	30		期末结存	1 500			1 600			200		

该企业采用先进先出法计算的甲材料本月发出成本和期末结存成本如下：

6月6日发出甲材料成本=300×50=15 000（元）

6月19日发出甲材料成本=500×60+200×70=30 000+14 000=44 000（元）

6月28日发出甲材料成本=200×70+400×55=14 000+22 000=36 000（元）

期末结存甲材料成本=200×55=11 000（元）

根据上述计算，本月甲材料的收入、发出和结存情况见表7-2。

表7-2　　**存货明细账（先进先出法）**

存货类别：　　计量单位：件；元

存货编号：　　最高存量：

存货名称及规格：甲材料　　最低存量：

2023年		凭证编号	摘要	收入			发出			结存		
月	日			数量	单价	金额	数量	单价	金额	数量	单价	金额
6	1		期初结存							300	50	15 000
	5		购进	500	60	30 000				800		45 000
	6		发出				300		15 000	500		30 000
	16		购进	400	70	28 000				900		58 000
	19		发出				700		44 000	200		14 000
	27		购进	600	55	33 000				800		47 000
	28		发出				600		36 000	200		11 000
6	30		期末结存	1 500		91 000	1 600		95 000	200	55	11 000

采用先进先出法进行存货计价，可以随时确定发出存货的成本，从而保证了存货成本计算的及时性，并且期末存货成本是按最近购货成本确定的，比较接近现行的市场价值。但采用该方法计价，有时对同一批发出存货采用两个或两个以上的单位成本计价，计算烦琐，对存货进出频繁的企业更是如此。从该方法对财务报告的影响来看，在物价上涨期间，会高估当期利润和存货价值；反之，会低估当期利润和存货价值。

2.加权平均法

加权平均法是指本月销售或耗用的存货平时只登记数量，不登记单价和金额，月末按一次计算的加权平均单位成本，计算期末存货成本和本期销售或耗用成本的方法。加权平均单位成本的计算公式为：

$$加权平均单位成本=\frac{期初库存存货成本+本期入库存货成本}{期初库存存货数量+本期入库存货数量}$$

沿用【例7-1】的资料，则该企业甲材料的计价计算过程如下：

$$加权平均单位成本=\frac{15000+30000+28000+33000}{300+500+400+600}=58.89（元/件）$$

期末结存甲材料成本=200×58.89=11 778（元）

本月发出甲材料成本=15 000+91 000−11 778=94 222（元）

根据上述计算，本月甲材料的收入、发出和结存情况见表7-3。

表7-3　　存货明细账（加权平均法）

存货类别：　　　　计量单位：件；元

存货编号：　　　　最高存量：

存货名称及规格：甲材料　　　　最低存量：

2023年		凭证编号	摘要	收入			发出			结存		
月	日			数量	单价	金额	数量	单价	金额	数量	单价	金额
6	1		期初结存							300	50	15 000
	5		购进	500	60	30 000				800		
	6		发出				300			500		
	16		购进	400	70	28 000				900		
	19		发出				700			200		
	27		购进	600	55	33 000				800		
	28		发出				600			200		
6	30		期末结存	1 500		91 000	1 600		94 222	200	58.89	11 778

采用加权平均法，只在月末一次计算加权平均单位成本并结转出发出存货成本即可，平时不对发出存货计价，因而日常核算工作量较少，简便易行，适用于存货收发比较频繁的企业。但也正因为存货计价集中在月末进行，所以平时无法提供发出存货和结存存货的单价和金额，不利于对存货的管理。

3.个别计价法

个别计价法也称个别认定法或具体辨认法，是指本期发出存货和期末结存存货的成本完全按照该存货所属购进批次或生产批次入账时的实际成本进行确定的一种方法。由于采用该方法要求各批发出存货必须可以逐一辨认所属的购进批次或生产批次，因此，需要对每批存货的品种规格、入账时间、单位成本、存放地点等作详细记录。

仍然沿用【例7-1】的资料，则该企业甲材料的计价计算过程如下：

经具体辨认，6月6日发出的300件甲材料中，有100件属于期初结存的材料，有200件属于6月5日第一批购进的材料；6月19日发出的700件甲材料中，有200件属于期初结存的材料，有100件属于6月5日第一批购进的材料，其余400件属于6月16日第二批购进的材料；6月28日发出的600件甲材料中，都属于6月27日第三批购进的材料。

6月6日发出甲材料成本=100×50+200×60=17 000（元）

6月19日发出甲材料成本=200×50+100×60+400×70=44 000（元）

6月28日发出甲材料成本=600×55=33 000（元）

期末结存甲材料成本=200×60=12 000（元）

根据上述计算，本月甲材料的收入、发出和结存情况见表7-4。

表7-4 **存货明细账（个别计价法）**

存货类别： 计量单位：件；元

存货编号： 最高存量：

存货名称及规格：甲材料 最低存量：

2023年		凭证编号	摘要	收入			发出			结存		
月	日			数量	单价	金额	数量	单价	金额	数量	单价	金额
6	1		期初结存							300	50	15 000
	5		购进	500	60	30 000				800		45 000
	6		发出				300		17 000	500		28 000
	16		购进	400	70	28 000				900		56 000
	19		发出				700		44 000	200		12 000
	27		购进	600	55	33 000				800		45 000
	28		发出				600		33 000	200		12 000
6	30		期末结存	1 500		91 000	1 600		94 000	200	60	12 000

个别计价法的特点是成本流转与实物流转完全一致，因而能准确地反映本期发出存货和期末结存存货的成本。但采用该方法必须具备详细的存货收、发、存记录，日常核算非常烦琐，存货实物流转的操作程序也相当复杂。

个别计价法适用于不能替代使用的存货或为特定项目专门购入或制造的存货的计价，以及数量不多、单位价值较高或体积较大、容易辨认的存货的计价，如房产、船舶、飞机、重型设备以及珠宝、名画等贵重物品。

永续盘存制的优点是：核算手续严密，能及时反映各项财产物资的收、发、存情况。在永续盘存制下，需要定期进行实物盘点，以查明各项财产物资的账面数与实有数是否相等，有利于加强企业对各项财产物资的管理。特别是在永续盘存制下，确定发出存货（材料、产成品）成本既方便又准确，适用于便于管理的财产物资的一种会计处理方法。永续盘存制的缺点是：对于大宗物资，用量过大，不便于计量，如燃料煤、建筑行业的材料（砖、石灰、水泥）等物资不适于采用此法处理。在永续盘存制下，由于企业期末存货的账面记录是根据公式计算确定的，可能与存货的实际库存实物不一致，因此需要进行财产清查，确定账存数与实存数是否一致。所以，采用永续盘存制仍需定期或不定期地、全部或局部地进行实地盘点，且至少每年实地盘点一次，以验证账实是否相符。

（二）实地盘存制

实地盘存制又称以存计耗制或以存计销制，是指企业对各项财产物资只在账簿中登记其收入数，不登记其发出数，期末通过实地盘点来确定财产物资的结余数，然后倒挤出本期发出数的一种盘存制度。实地盘存制下的计算公式如下：

期初结存存货成本+本期收入存货成本=本期发出存货成本+期末结存存货成本

期末结存存货成本=实际库存数量×存货单位成本

实际库存数量=实际盘点数量+已提未销数量-已销未提数量+在途数量

本期发出存货成本=期初结存存货成本+本期收入存货成本-期末结存存货成本

在实地盘存制下，关于存货单位成本的确定，可以采用先进先出法、加权平均法和个别计价法等。在实地盘存制下，采用先进先出法，由于平时对发出的存货不作记录，所以，应按照后入库的存货单位成本确定结存存货的成本，确定了结存存货成本后，再根据上述计算公式确定发出存货成本；采用加权平均法，其计算方法与永续盘存制下的加权平均法相同。

采用实地盘存制，关键问题是确定期末每种存货的实际库存数量。实际库存数量的确定一般可以分两个步骤进行：第一步，进行实地盘点，确定盘存数，盘存方法根据存货内容的不同而不同，盘存时间通常选在本期经营活动结束、下期经营活动开始之前；第二步，要对临近期末几天的购销凭证进行整理，调整盘存数量。具体而言，如果有已销售但未提运出库的存货，或已经提运出库但尚未作销售入账的存货，都要进行调整，以求得实际库存量。

下面举例说明实地盘存制下的先进先出法、加权平均法的计价过程。

【例7-2】大新有限责任公司对甲材料采用实地盘存制，本月甲材料的有关资料见表7-5。

表7-5　**大新有限责任公司6月甲材料的有关资料**

月	日	摘要	数量（件）	单价（元/件）	合计（元）
6	1	期初结存	300	8	2 400
	7	购进材料	600	7	4 200
	26	购进材料	200	9	1 800
合计			1 100		8 400

甲材料期末实地盘点结存300件。

（1）采用先进先出法，甲材料期末结存成本和发出成本的计算如下：

期末结存成本=200×9+100×7=1 800+700=2 500（元）

发出材料成本=2 400+（4 200+1 800）−2 500=5 900（元）

（2）采用加权平均法，甲材料期末结存成本和发出成本的计算如下：

$$加权平均单位成本=\frac{2400+4200+1800}{300+600+200}=7.64（元/件）$$

期末结存成本=7.64×300=2 292（元）

发出材料成本=2 400+（4 200+1 800）−2 292=6 108（元）

通过上述例子，我们可以清楚地看到，实地盘存制的优点是核算简单。其缺点是财产物资的收、发手续不严密；不能通过账簿记录随时反映和监督各项财产物资的收、发、存情况；反映的数字不够准确；对财产物资管理不善造成的不合理的短缺、霉烂变质、超定额损耗、贪污盗窃的损失不能反映和控制，而全部都算入本期发出数中，不利于加强对企业财产物资的保管。因此，除非特殊情况，一般不宜采用此种方法，但是大部分商品零售企业和建筑行业采用实地盘存制确定发出存货的成本。

永续盘存制与实地盘存制并不是财产清查的制度，而是用于确定存货的期末账面余额，并计算存货发出数额的两种不同的方法。永续盘存制以原始凭证为依据，对存货的增减变动如实地反映在账面上；实地盘存制只以存货收入的凭证为依据在账面上反映，而期末余额是按实地盘存数确定的，本期发出数额是倒轧出来的。

应当注意的是，不论是永续盘存制还是实地盘存制，每年至少对存货进行实物盘点一次，所以，在实际工作中一个企业往往不是单一地使用永续盘存制或实地盘存制，更为实际的选择是在永续盘存制的基础上对存货进行定期盘存，把两种盘存制结合使用，使之优势互补。

第二节 财产清查的内容与方法

由于财产物资的种类较多，各有其特点，为了达到财产清查工作的目的，针对不同的清查对象应采取不同的清查方法。

一、货币资金的清查

货币资金的清查主要包括对库存现金的清查和对银行存款的清查。

（一）对库存现金的清查

库存现金清查的基本方法是实地盘点法。它通过库存现金的盘点实有数与库存现金日记账的余额进行核对的方法来查明账实是否相符。具体可以分为以下两种情况：

（1）在日常的工作中，现金出纳员每日清点库存现金实有数额，并及时与库存现金日记账余额核对。

（2）由专门的清查人员进行的清查工作中，为了明确经济责任，清查时现金出纳员必须在场。清查人员要认真审核收、付款凭证的账簿记录，检查经济业务的合理性和合法性。此外，清查人员还应检查企业是否存在以“白条”或“借据”抵充库存现金的情况。

库存现金盘点结束后，应根据盘点的结果，编制“库存现金盘点报告表”，由检查人员和出纳员共同签章认可，否则无效。此表是明确经济责任的依据，也是调整账实不符的原始凭证，它具有实物财产清查的“库存单”的作用，又有实存账存对比表的作用。库存现金盘点报告表格式见表7-6。

表7-6　库存现金盘点报告表

单位名称：　年　月　日

实存金额	账存金额	实存与账存对比		备注
		盘盈（长款）	盘亏（短款）	
盘点后得到的实际金额	企业库存现金日记账的余额	实存金额多于账存的金额	实存金额少于账存的金额	

盘点人签章：　出纳员签章：

（二）对银行存款的清查

1.银行存款清查的含义

银行存款清查的基本方法是与开户银行核对账目，即将开户银行定期送达的“银行对账单”与企业的“银行存款日记账”逐笔进行核对，以查明银行存款收付及余额是否正确。一般地，在正式清查之前先检查本单位“银行存款日记账”的正确性和完整性。其次以每个银行账户为单位，将单位登记的“银行存款日记账”与银行送来的“银行对账单”逐笔核对增减额和同一日期的余额。如果两者余额不相符，首先查看双方是否有未达账项，如有则编制银行存款余额调节表，再进行核对是否相符；如无未达账项或编制银行存款余额调节表后仍不相符，就有可能发生了错账漏账，需检查并明确相关责任人的责任。银行存款的清查一般在月末进行。

2.银行存款清查账实不符的原因

一是双方或一方记账出现了差错。

二是在银行与企业双方的记账均无差错的情况下，未达账项的存在造成双方银行存款余额不一致。

3.未达账项的含义

未达账项是指在企业和银行之间，由于凭证传递时间的不同，而导致了记账时间不一致，即一方已经接到有关结算凭证并已经登记入账，而另一方由于尚未接到有关结算凭证尚未入账的款项。未达账项总的来说有两大类型：一是企业已经入账而银行尚未入账的款项；二是银行已经入账而企业尚未入账的款项，具体来说有下列四种情形：

（1）银行已收款记账，企业未收款未记账，如托收款项等。

（2）银行已付款记账，企业未付款未记账，如银行代企业支付公用事业费等。

（3）企业已收款记账，银行未收款未记账，如企业收到其他单位的购货支票等。

（4）企业已付款记账，银行未付款未记账，如企业开出付款支票，但持票人尚未到银行办理转账手续等。

上述任一种未达账项的存在都会使企业银行存款日记账的余额与银行开出的对账单的余额不符。在第（1）、（4）种情况下，企业银行存款日记账的余额将小于银行对账单的余额；在第（2）、（3）种情况下，则正好相反。为消除未达账项的影响，就需要编制“银行存款余额调节表”。

4.银行存款清查的基本程序

（1）将银行存款日记账与开户银行对账单逐日逐笔核对，包括日期、银行结算凭证种类、号码、金额，凡双方都有记录的用铅笔作“√”记号于金额边。

（2）将银行存款日记账中未打“√”记号的记入“银行存款余额调节表”的“企业已收，银行未收款”栏或“企业已付，银行未付款”栏，将开户银行对账单中未打“√”记号的分别填入“银行存款余额调节表”的“银行已收，企业未收款”栏或“银行已付，企业未付款”栏。

（3）核对时，要特别关注上月末银行存款余额调节表中的未达账项是否在本月的对账单中列入，以决定此笔款的下落，防止差错、贪污、挪用情况的发生。

（4）分别计算出“银行存款余额调节表”中调节后银行对账单余额以及调节后企业账面余额，二者相等，说明银行存款日记账基本正确。

（5）将填制完毕的“银行存款余额调节表”交由主管会计签章，之后呈报给开户银行，清查完毕。

5.银行存款余额调节表的编制

银行存款余额调节表是在企业银行存款日记账余额和银行对账单余额的基础上，分别加减未达账项，确定调节后余额的一种表式。如果调节后双方余额相符，就说明企业和银行双方记账过程基本正确，而且这个调节后余额是企业当时可以实际动用的银行存款的限额。如果调节后余额不符，就说明企业和开户银行双方记账过程可能存在错误，属于开户银行错误的，应当即由银行核查更正，属于企业错误的，应查明错误所在，区别漏记、重记、错记或串记等情况，分别采用不同的方法进行更正。其计算公式如下：

$$\text{企业的银行存款日记账余额} + \text{银行已收款，企业未收款的账项} - \text{银行已付款，企业未付款的账项} = \text{银行对账单的余额} + \text{企业已收款，银行未收款的账项} - \text{企业已付款，银行未付款的账项}$$

【例7-3】大新有限责任公司2023年6月30日核对银行存款日记账。6月30日银行存款日记账的账面余额为280 000元，同日银行开出的对账单余额为370 000元，经过银行存款日记账与银行对账单逐笔核对，查无错账，但有如下几笔未达账项：

（1）企业收到一张10 000元用于支付销货款项的支票，已记银行存款增加，银行尚未记增加。

（2）企业开出一张90 000元支票支付购料款，已记银行存款减少，而持票人尚未将支票送达银行，银行尚未入账记减少。

（3）银行收到外地某单位汇来的本企业销货款项50 000元，银行已登记增加，企业尚未接到收款通知，未入账。

（4）银行代企业支付电费40 000元，银行已登记减少，而企业尚未收到付款通知，未入账。

根据调节前的余额和查出的未达账项等内容，编制6月30日的银行存款余额调节表，确定调节后的余额。

本例编制的“银行存款余额调节表”见表7-7。

表7-7 银行存款余额调节表

2023年6月30日 单位：元

项　目	金　额	项　目	金　额
企业银行存款日记账余额	280 000	银行对账单余额	370 000
加：银行已收，企业未收款	50 000	加：企业已收，银行未收款	10 000
减：银行已付，企业未付款	40 000	减：企业已付，银行未付款	90 000
调节后的存款余额	290 000	调节后的存款余额	290 000

从表7-7可以看出，表中左右两方调节后的余额相等，这表明该公司的银行存款日记账记账过程基本正确（但这不是绝对的，如两个差错正好相等，抵销为零等），同时还表明该公司的银行存款既不是280 000元，也不是370 000元，而是290 000元。如果调节后的余额仍然不相等，则说明有错误存在，应进一步查明原因，采取相应的方法进行更正。

6.银行存款余额调节表的作用

（1）银行存款余额调节表是一种对账记录或对账工具，不能作为调整账面记录的依据，即不能根据银行存款余额调节表中的未达账项来调整银行存款账面记录，未达账项只有在收到有关凭证后才能进行有关的账务处理。

（2）调节后的余额如果相等，通常说明企业和银行的账面记录一般没有错误，该余额通常为企业可以动用的银行存款实有数。

（3）调节后的余额如果不相等，通常说明一方或双方记账有误，需进一步追查，查明原因后予以更正和处理。

（4）凡有几个银行户头以及开设有外币存款户头的单位，应分别按存款户头开设“银行存款日记账”。每月月底，应分别将各户头的银行存款日记账与各户头的“银行对账单”核对，并分别编制各户头的银行存款余额调节表。

二、实物财产的清查

实物财产是指具有实物形态的各种财产，包括原材料、自制半成品、在产品、产成品、周转材料和固定资产等。对于实物财产的清查，特别是对存货的清查，首先应确定实物财产的账面结存数额，再确定实际结存数额，然后对两者进行比较以确定差异并寻找产生差异的原因，进行相应的账务处理。

（一）实物财产的具体清查方法

实物财产清查主要是对有形财产物资，包括固定资产、原材料、在产品、产成品、周转材料及库存商品等的清查，由于各种实物财产的实物形态、体积、重量、堆放方式等方面各有不同，因而对其清查所采用的方法也有所不同。常用的实物财产清查方法有以下几种：

1.实地盘点法

实地盘点法是指通过点数、过磅、量尺等方式，确定财产物资的实有数量。该方法适用范围较广且易于操作，大部分实物财产均可采用。

2.技术推算法

技术推算法是指通过技术推算（如量方、计尺等）测定财产物资实有数量的方法。该方法适用于大堆存放、物体笨重、价值低廉、不便逐一盘点的实物资产。从本质上讲，它是实地盘点法的一种补充方法。

3.抽样盘点法

抽样盘点法是指对于数量多、重量均匀的实物财产，可以采用抽样盘点的方法，确定财产的实有数额。

4.函证核对法

函证核对法是指对于委托外单位加工或保管的物资，可以采用向对方单位发函调查，并与本单位的账存数相核对的方法。

（二）实物财产清查使用的凭证

对实物财产进行盘点时，实物保管人员必须在场，并与清查人员一起参与盘点，以明确经济责任。盘点时，有关人员要认真核实，及时记录在清查中发现的异常情况，如因腐烂、破损、过期失效等致使不能使用或销售的实物财产，应详细注明并提出处理意见。盘点结果应由有关人员如实填制“实物盘存单”，并由盘点人和实物保管人签字或盖章。实物盘存单是用来记录实物盘点结果，反映实物财产实存数额的原始凭证，其格式见表7-8。

表7-8 **实物盘存单**

单位名称： 盘点时间： 编号：

资产类别： 存放地点：

序号	名称	规格型号	计量单位	实存数量	单价	金额	备注

盘点人签章： 保管人签章：

盘点完毕，将实物盘存单中所记录的实存数量与账面结存数相核对，如发现实物盘点结果与账面结存结果不相符时，应根据实物盘存单和有关账簿记录，填制实存账存对比表，以确定实物财产的盘盈数或盘亏数。实存账存对比表是财产清查的重要报表，是调整账面记录的原始凭证，也是分析亏盈原因、明确经济责任的重要依据。实存账存对比表的格式见表7-9。

表7-9 **实存账存对比表**

单位名称： 年 月 日

类别及名称	计量单位	单价	实存		账存		对比结果				备注
							盘盈		盘亏		
			数量	金额	数量	金额	数量	金额	数量	金额	

（三）对存货的清查

存货是企业为销售或耗用而储存的各种资产，流动性较强，它随着企业生产经营活动不断购入，不断被消耗以生产产品，并不断被销售。在企业中，存货占流动资产的比重较大，易于流动，是企业日常管理的重点，主要包括商品、原材料、在产品、产成品、周转材料等；清查常用的方法是盘点法，有时也采用技术推算法，如施工企业对材料的清查；在清查中，不仅要关注存货的数量，也要关注存货的质量。存货的全部清查一般选择在年度终了时进行，平时有特殊情况时，可以随时进行清查。为了明确经济责任，盘点时，有关财产物资的保管人员应该在场参加盘点工作，对各项财产物资的盘点结果应逐一如实地登记在“存货盘存单”上。为了进一步查明实存数和账存数是否一致，还要根据盘存单中所记录的实存数额与有关账簿记录的账面结存余额相核对，填制存货盘盈盘亏报告表，以确定存货盘盈或盘亏的数额。存货盘存单及存货盘盈盘亏报告表格式分别见表7-10、表7-11。

表7-10 **存货盘存单**

单位名称：　　盘点时间：　　编号：

存货类别：　　存放地点：

编号	名称	规格型号	计量单位	实际盘点			备注
				数量	单价	金额	

盘点人签章：　　保管人签章：

表7-11 **存货盘盈盘亏报告表**

单位名称：　　年　月　日

类别及名称	计量单位	单价	实存		账存		差异				说明
							盘盈		盘亏		
			数量	金额	数量	金额	数量	金额	数量	金额	

编制人签章：　　报告人签章：

如果存货盘盈盘亏报告表中的实存数与账存数一致，则说明存货清查没有发现问题。如果存货盘盈盘亏报告表中的实存数与账存数不一致，则说明存货清查发现了问题，企业应根据存货盘盈盘亏报告表调账。

（四）对固定资产的清查

固定资产的清查一般在每年年末进行。清查时按固定资产的分类成立清查小组，分别清查房屋、建筑物、机器设备、交通工具等。清查时，由其中一人负责填表工作，其他人员清点固定资产实物，检查固定资产的编号、名称、型号、规格、制造厂家、出厂编号及日期，并向使用单位询问其技术状况，如完好、不完好、停机修理、需用、不需用、报废等。

固定资产清查时还必须通过会计记录查清固定资产的原始价值、净值、已提折旧数额，如发现账簿记录不健全，仅有固定资产净值，而没有原始价值时，应及时更正、补充。

租出固定资产由租出方负责清查，发现没有登记入账的固定资产要将清查结果与租入方进行核对后，登记入账。

对借出和未按规定手续批准转让出去的固定资产，要认真清查，及时收回或补办转让手续，防止固定资产被侵占和流失。清查固定资产应登记“固定资产清查报告表”，其格式见表7-12。

表7-12　　**固定资产清查报告表**

使用单位：　　　　清查日期：　　年　月　日　　　　编号：

<table>
<tr><td rowspan="2">资产编号</td><td rowspan="2">资产名称</td><td rowspan="2">规格型号</td><td rowspan="2">实存数</td><td rowspan="2">账存数</td><td colspan="3">盘盈</td><td colspan="3">盘亏</td><td rowspan="2">备注</td></tr>
<tr><td>数量</td><td>重估价</td><td>累计折旧</td><td>数量</td><td>原价</td><td>累计折旧</td></tr>
<tr><td></td><td></td><td></td><td></td><td></td><td></td><td></td><td></td><td></td><td></td><td></td><td></td></tr>
<tr><td></td><td></td><td></td><td></td><td></td><td></td><td></td><td></td><td></td><td></td><td></td><td></td></tr>
<tr><td></td><td></td><td></td><td></td><td></td><td></td><td></td><td></td><td></td><td></td><td></td><td></td></tr>
<tr><td rowspan="2">处理意见</td><td colspan="6">审批部门</td><td colspan="4">清查工作组</td><td>使用保管部门</td></tr>
<tr><td colspan="6"></td><td colspan="4"></td><td></td></tr>
</table>

固定资产清查报告表是调整账面记录的原始凭证，是分析盈亏原因、明确经济责任的重要依据。财产清查工作结束后，应认真整理清查资料，对清查工作中发现的问题，分析其原因并提出改革措施，并撰写财产清查报告，对财产清查中发现的成绩或问题作客观公正的评价。如果固定资产清查报告表中的实存数与账存数一致，则说明固定资产清查没有发现问题。如果固定资产清查报告表中的实存数与账存数不一致，则说明固定资产清查发现了问题，企业应根据固定资产清查报告表据以调账。

三、对债权债务的清查

债权债务清查是指对单位应收、应付项目及其他应收、其他应付项目等结算和债权债务所实施的清查，所采用的方法是查询法或核对法，或二者的结合。在清查过程中，不仅要查明债权债务的余额，还要查明形成的原因，以便加强管理。对于在清查中发现的坏账损失要按有关规定进行处理，不得擅自冲销账簿记录。其清查的程序大致为：

首先，检查、核对账簿记录。有关会计人员应对本单位的债权、债务业务全部登记入账，不得遗漏，以保证账簿记录的完整性。在此之后，清查人员应对有关账簿记录依据会计凭证进行核对，保证账簿记录的准确无误。

其次，编制“债权债务对账单”。单位将编制的对账单送至债权人或债务人处进行核对，确认债权或债务。对账单一般可采用一式两联形式，其中一联为回单联，由债权人或债务人确认并签章，如果不一致，则注明原因后，寄回本单位。收到对账单后，如存在不一致事项，应就不一致作进一步调查，如存在未达账项，进行余额调节（调节方法类似于银行存款余额调节），然后确认债权、债务余额。当然，在清查中，也可直接派人去对方单位面询，或利用电话、电报、传真、国际互联网络等手段进行核实。债权债务对账单的格式和内容如图7-2所示。

债权债务对账单

＿＿＿＿＿＿＿单位：

你单位20××年×月×日购入我单位×产品××台，已付款项×××元，有×××元款项尚未支付，请核对后将回单联寄回。

核查单位：（盖章）

20××年×月×日

沿此虚线裁开，将以下回单联寄回！

…………………………………………………………………………………………

债权债务对账单（回单联）

核查单位：

你单位寄来的“债权债务对账单”已经收到，经核对后无误（或不符，应注明具体内容）。

××单位：（盖章）

20××年×月×日

图7-2　债权债务对账单基本格式图

最后，编制“债权债务清查结果报告表”。在检查、核对并确认了债权、债务后，清查人员应根据清查中发现的问题和情况，及时编制债权债务清查结果报告表。对于本单位同对方单位或个人有争议的款项、收回希望较小和无法支付的款项，应当在报告中尽量详细说明，以便有关部门及时采取措施，减少不必要的坏账损失。债权债务清查结果报告表一般格式见表7-13。

表7-13　**债权债务清查结果报告表**

单位名称：　　　　　　　　　　年　　月　　日　　　　　　　　　　编号：

总账		明细账		发生日期	对方结存额	差异额	差异原因及金额			备注
名称	金额	名称	金额				未达账项	争议款项	无法收回（支付）款项	

清查人员：　　　　　　　　　　　　　　　　主管人员：

第三节　财产清查结果的处理

财产清查结果的处理一般是指对账实不符的内容即盘盈、盘亏（如图7-3所示）等有关内容的处理。通过财产清查而发现的账实不符，要以国家的法规、政策、制度为依据，严肃认真地加以处理。财产清查中发现的盘盈、盘亏、毁损和变质或超储积压物资等问题，应认真核准数字并按规定的程序上报批准后再行处理；对长期不清或有争议的债权债务，应指定专人负责查明原因，限期清理。

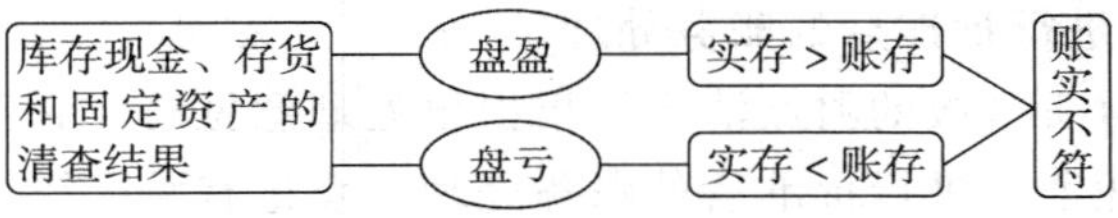

图7-3　财产清查的结果图

一、财产清查结果处理的基本原则

财产清查的结果不外乎三种情况：一是账存数与实存数相等；二是账存数大于实存数，表示财产物资发生短缺，即盘亏；三是账存数小于实存数，表示财产物资发生盈余，即盘盈。对于账存数与实存数相等的情况，说明企业财产清查没有发现问题，不需作任何账务处理。对于后两种情况，企业必须认真调查研究，分析原因，按规定的程序及时处理。财产清查结果的处理应当遵循如下原则：

（1）认真查明财产发生账实不符的原因和性质。无论是盘亏、盘盈或毁损，都说明企业在经营管理和财产物资的保管中存在着一定的问题，因此，一旦发现账存数与实存数不一致时，应该核准数字，并进一步分析形成差异的原因，明确经济责任，并提出相应的处理意见。

（2）积极处理超储积压物资，及时清理各种长期拖欠的应收款项。在清查中凡发现有积压的材料物资，要尽早处理，能用的尽量用；不需用的可销售，加速资金周转，提高资金的利用率。凡未使用、不需用的固定资产，如生产设备，也应尽早外销或用于对外投资，提高其利用率，进而提高经济效益。对积压的产成品、半成品，要积极寻找市场进行销售；对市场上无销路、滞销的产品，应找出原因后对产品的设计加以改进，以适应市场需要；对完全没有市场的产品，应通知生产部门停止生产。拖欠时间比较长的应收款项，应查明拖欠的原因，及时解决。如果对方确实出现了关、停、并、转的情况，应及时作坏账处理。

二、财产清查结果处理的基本步骤

为保证会计核算资料的准确性，对财产清查中发现的盘盈、盘亏及毁损的财产，应及时在账簿中予以反映，做到账实相符。财产清查结果的处理一般分成以下三个步骤：

（一）核准数字（包括金额和数量），查明原因

根据清查情况，我们已经将全部的清查结果填列在实存账存对比表等有关报表中。在进行具体的处理之前，应对这些原始凭证中所记录的货币资金、财产物资及债权债务的盈亏数字进行全面的核实，对各项差异产生的原因进行分析，以便明确经济责任，针对不同的原因所造成的盈亏余缺据实提出处理意见，呈报有关领导和部门批准。对于债权债务在核对过程中出现的争议事项应及时沟通、协调，对于超储积压物资应尽快提出处理方案。

（二）调整账簿记录，做到账实相符

在核准数字、查明原因的基础上，根据实存账存对比表等原始凭证编制记账凭证，并据以登记有关账簿，使各项财产物资、货币资金、债权债务做到账实相符。其调整账簿的原则是：以“实存”为准，当盘盈时，补充账面记录；当盘亏时，冲销账面记录。在调整

了账面记录并做到账实相符后，就可以将所编制的实存账存对比表和所撰写的文字说明按照规定程序一并报送有关部门和领导批准。

（三）报经批准，进行批准后的账务处理

当有关部门领导对所呈报的财产清查结果提出处理意见后，企业单位应严格按照批复意见编制有关的记账凭证，进行批准后的账务处理，登记有关账簿，并追回由于责任者个人原因造成的财产损失。

三、财产清查结果处理的内容

财产清查的结果在有关的原始凭证（库存现金盘点报告表、实物盘存单及实存账存对比表等）上进行反映之后，就要根据这些原始凭证进行相关的账务处理，以确保账实相符。

（一）审批之前的处理

根据清查结果报告表、盘点报告表等已经查实的数据资料，填制记账凭证，记入有关账簿，使账簿记录与实际盘存数相符，同时根据权限，将处理建议报股东大会或董事会，或经理（厂长）会议或类似机构批准。

（二）审批之后的处理

企业清查的各种财产的损溢，应于期末前查明原因，并根据企业的管理权限，经股东大会或董事会，或经理（厂长）会议或类似机构批准后，在期末结账前处理完毕，所以“待处理财产损溢”账户在期末结账后没有余额。

“待处理财产损溢”账户的结构如下（如图7-4所示）：

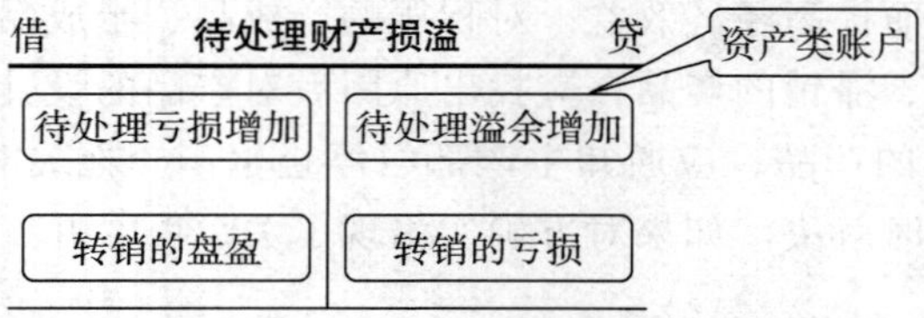

图7-4 “待处理财产损溢”账户结构

借方：登记财产物资的盘亏数、毁损数和批准转销的财产物资盘盈数；

贷方：登记财产物资的盘盈数和批准转销的财产物资盘亏及毁损数。

对于“待处理财产损溢”这个过渡性账户，需要注意以下三点：一是只有各种实物财产和库存现金清查结果盘盈或盘亏时才用到该账户，而债权债务的盈亏余缺不在该账户中核算；二是该账户的具体应用要分批准前和批准后两个步骤；三是盘盈或盘亏的实物财产如果在会计期末尚未经批准的，应在对外提供财务报告时先按有关规定进行处理，并在会计报表附注中作出说明，如果其后批准处理的金额与已处理的金额不一致，应按其差额调整会计报表相关项目的年初数。

（三）财产清查结果的账务处理

财产清查的对象内容不同，所采取的会计处理方法也不同。接下来，分别讲解库存现金和实物财产清查结果的会计处理。

1.库存现金清查结果的处理

库存现金清查过程中发现的长款（盘盈）或短款（盘亏），应根据“库存现金盘点报告表”以及有关的批准文件进行批准前和批准后的会计处理。库存现金长款、短款应通过“待处理财产损溢——待处理流动资产损溢”账户进行核算。

（1）库存现金清查结果批准前的处理。

库存现金长款、短款在得到最终批复意见之前，应按照如下程序进行相应的会计处理：当发生库存现金长款时，增加“库存现金”账户的记录，以保证账实相符，同时记入“待处理财产损溢”账户的贷方，等待批准处理；当发生库存现金短款时，应冲减“库存现金”账户的记录，以保证账实相符，同时记入“待处理财产损溢”账户的借方，等待批准处理。

（2）库存现金清查结果批准后的处理。

库存现金短款（或长款）在得到最终批复意见之后，应当区别不同的原因采取不同的处理方法。具体处理方法见表7-14。

表7-14 库存现金清查结果的处理方法

<table>
<tr><th>清查结果
原因</th><th>短款</th><th>长款</th></tr>
<tr><td>应付其他单位或个人款</td><td></td><td>记入“其他应付款——××单位或个人”账户</td></tr>
<tr><td>责任人赔偿</td><td>记入“其他应收款——××赔偿人”账户</td><td rowspan="4"></td></tr>
<tr><td>保险公司赔偿</td><td>记入“其他应收款——应收保险赔款”账户</td></tr>
<tr><td>经营管理不善</td><td rowspan="3">记入“管理费用”账户</td></tr>
<tr><td>非常损失</td></tr>
<tr><td>无法查明原因</td><td>记入“营业外收入”账户</td></tr>
</table>

【例7-4】大新有限责任公司在清查过程中发现库存现金短款1 500元，经查是由出纳员的责任造成的，请作出批准前和批准后的会计处理。

批准前：借：待处理财产损溢——待处理流动资产损溢　　1 500

　　　　贷：库存现金　　1 500

批准后：借：其他应收款——××出纳员　　1 500

　　　　贷：待处理财产损溢——待处理流动资产损溢　　1 500

【例7-5】大新有限责任公司在财产清查中发现库存现金长款4 000元，无法查明原因，请作出批准前和批准后的会计处理。

批准前：借：库存现金　　4 000

　　　　贷：待处理财产损溢——待处理流动资产损溢　　4 000

批准后：借：待处理财产损溢——待处理流动资产损溢　　4 000

　　　　贷：营业外收入　　4 000

【例7-6】大新有限责任公司在财产清查中发现库存现金短款500元，经反复查对，原因不明，进行批准前和批准后的会计处理。

批准前：借：待处理财产损溢——待处理流动资产损溢　500
　　　　贷：库存现金　500
批准后：借：管理费用——库存现金短款　500
　　　　贷：待处理财产损溢——待处理流动资产损溢　500

2.实物财产清查结果的处理

企业的实物财产主要包括流动资产和固定资产两部分。

（1）存货清查结果处理。

企业在财产清查过程中发现的存货盘盈、盘亏，报经批准以前应先通过“待处理财产损溢”账户核算。报经有关部门批准之后，再根据不同的情况进行相应的处理，见表7-15。

表7-15　**流动资产清查结果在批准意见确定后的处理**

原因＼清查结果	盘盈	盘亏
管理不善、收发计量不准确、定额损耗	冲减“管理费用”	增加“管理费用”
超定额损耗		记入“其他应收款——××赔偿人”账户
非常损失		扣除残值以及其他赔偿款后的净损失记入“营业外支出”账户
责任人过失		记入“其他应收款——××赔偿人”账户
保险公司赔偿		记入“其他应收款——应收保险赔款”账户

【例7-7】大新有限责任公司在清查过程中发现一批账外原材料500千克，结合同类原材料的单位成本确定其总成本为40 000元，进行批准前和批准后的会计处理。

批准前：借：原材料　40 000
　　　　贷：待处理财产损溢——待处理流动资产损溢　40 000
批准后：借：待处理财产损溢——待处理流动资产损溢　40 000
　　　　贷：管理费用　40 000

【例7-8】大新有限责任公司在财产清查过程中发现盘亏原材料3 000元（属于责任者失职造成），盘亏库存商品8 000元（属于收发计量不准确造成），进行批准前和批准后的会计处理。

在批准前，根据“存货盘盈盘亏报告表”所确定的原材料和库存商品盘亏数额，编制如下会计分录：

批准前：借：待处理财产损溢——待处理流动资产损溢　11 000
　　　　贷：原材料　3 000
　　　　　　库存商品　8 000

上述原材料和库存商品经批准后根据不同的原因进行不同的会计处理。对于盘亏的原材料，应由责任者赔偿，记入“其他应收款——××赔偿人”账户；对盘亏的库存商品，记入“管理费用”账户。根据以上处理原则，编制如下会计分录：

借：管理费用　　　　　　　　　　　　　　　　　　　　8 000
　　其他应收款——××赔偿人　　　　　　　　　　　　3 000
　贷：待处理财产损溢——待处理流动资产损溢　　　　　　11 000

（2）固定资产清查结果处理。

企业在财产清查过程中发现盘亏和毁损的固定资产，同样通过“待处理财产损溢”账户进行核算。

企业在财产清查过程中发现盘盈的固定资产，经查明确属企业所有，按管理权限报经批准后，应根据盘存凭证填制固定资产交接凭证，经有关人员签字后送交企业会计部门，填写固定资产卡片账，并作为前期差错处理，通过“以前年度损益调整”账户核算。

盘盈的固定资产通常按其重置成本作为入账价值，借记“固定资产”账户，贷记“以前年度损益调整”账户。通过“以前年度损益调整”账户调整到“利润分配”账户。

对于盘亏的固定资产，在批准前应按其账面净值借记“待处理财产损溢”账户，按其账面已提折旧借记“累计折旧”账户，按其账面原始价值贷记“固定资产”账户。对于盘亏的固定资产，应及时查明原因，按管理权限报经批准后，按过失人及保险公司应赔偿额，借记“其他应收款”账户，按盘亏固定资产的原价扣除累计折旧和过失人及保险公司赔偿后的差额，借记“营业外支出”账户，按盘亏固定资产的账面价值，贷记“待处理财产损溢”账户。

【例 7-9】大新有限责任公司在财产清查过程中发现盘亏机器一台，账面原价 140 000 元，已提折旧 60 000 元。在批准前，根据“固定资产清查报告表”所确定的机器盘亏数字，编制如下会计分录：

批准前：借：待处理财产损溢——待处理固定资产损溢　　　　80 000
　　　　　　累计折旧　　　　　　　　　　　　　　　　　60 000
　　　　贷：固定资产　　　　　　　　　　　　　　　　　　140 000

盘亏的固定资产的净值 80 000 元应当作为营业外支出，记入“营业外支出”账户的借方。根据以上处理原则，编制如下会计分录：

批准后：借：营业外支出　　　　　　　　　　　　　　　　80 000
　　　　贷：待处理财产损溢——待处理固定资产损溢　　　　　80 000

课后练习题

一、单项选择题

1. 财产清查是通过实地盘点、查证核对来查明（　　）是否相符的一种方法。

A. 账证　　B. 账账　　C. 账实　　D. 账表

2. 下列各种情况，不需要进行全面财产清查的是（　　）。

A. 更换仓库保管人员　　B. 单位主要负责人调离工作时

C. 企业股份制改造　　D. 企业改变隶属关系时

3. 下列各项对财产清查的表述中，不正确的是（　　）。

A. 对于债权和债务，应每月至少核对一次

B. 现金应由出纳人员在每日业务终了时清点

C. 对于银行存款和银行借款，应由出纳人员每月同银行核对一次

D. 对于材料、在产品和产成品除年度清查外，应有计划地每月重点抽查，对于贵重

物品，应每月清查盘点一次

4.对库存现金进行盘点时，应对盘点结果编制的原始凭证是（　　）。

A.盘存单　　B.账存实存对比表

C.库存现金盘点报告表　　D.银行对账单

5.银行存款余额调节表中调节后的余额是（　　）。

A.银行存款账面余额

B.对账单余额与日记账余额的平均数

C.对账日企业可以动用的银行存款实有数额

D.银行方面的账面余额

6.（　　）是用以调整财产物资账簿记录的重要原始凭证，也是分析产生差异的原因，明确经济责任的依据。

A.盘存单　　B.实存账存对比表

C.银行对账单　　D.收料单

7.下面对于财产清查结果的处理要求表述错误的是（　　）。

A.积极处理多余积压财产，清理往来款项

B.分析账面数与实存数产生差异的原因和性质，立即进行账务调整

C.总结经验教训，建立健全各项管理制度

D.及时调整账簿记录，保证账实相符

8.为了记录、反映财产物资的盘盈、盘亏和毁损情况，应当设置（　　）科目。

A.“固定资产清理”　　B.“待处理财产损溢”

C.“长期待摊费用”　　D.“营业外支出”

9.某企业原材料盘亏，现查明原因，属于定额内损耗，按照规定予以转销时，应编制的会计分录为（　　）。

A.借：待处理财产损溢
　　贷：原材料

B.借：待处理财产损溢
　　贷：管理费用

C.借：管理费用
　　贷：待处理财产损溢

D.借：营业外支出
　　贷：待处理财产损溢

10.某企业在财产清查中，盘亏现金1 000元，其中400元应由出纳员赔偿，另外600元无法查明原因。现经批准后，转销现金盘亏的会计分录为（　　）。

A.借：待处理财产损溢　1 000
　　贷：库存现金　1 000

B.借：管理费用　600
　　营业外支出　400
　　贷：库存现金　1 000

C.借：管理费用　600
　　其他应收款　400
　　贷：库存现金　1 000

D.借：管理费用　600
　　其他应收款　400
　　贷：待处理财产损溢　1 000

11.现金清查中，发现现金短缺300元，研究决定由出纳员赔偿200元，余额报损，则批准处理后的会计分录为（　　）。

A.借：库存现金　300
　　贷：待处理财产损溢　300

B.借：待处理财产损溢　300
　　贷：库存现金　300

C.借：其他应收款	200	D.借：其他应收款	200
营业外支出	100	管理费用	100
贷：待处理财产损溢	300	贷：待处理财产损溢	300

二、多项选择题

1.全面清查是指对企业的全部财产进行盘点和核对，包括属于本单位和存放在本单位的所有财产物资、货币资金和各项债权债务。其中的财产物资包括（　　）。

A.在本单位的所有固定资产、库存商品、原材料、包装物、低值易耗品、在产品、未完工程等

B.属于本单位但在途中的各种在途物资

C.委托其他单位加工、保管的材料物资

D.存放在本单位的代销商品、材料物资等

2.造成账实不符的原因主要有（　　）。

A.财产物资的自然损耗　　B.财产物资的收发计量错误

C.财产物资的毁损被盗　　D.账簿的漏记、重记

3.国家统一的会计制度和单位内部控制制度对于财产清查结果处理的规定和要求包括（　　）。

A.分析产生差异的原因和性质，提出处理建议

B.积极处理多余积压财产，清理往来款项

C.总结经验教训，建立健全各项管理制度

D.及时调整账簿记录，保证账实相符

4.编制“银行存款余额调节表”时，应调节企业银行存款日记账余额的业务有（　　）。

A.企业已收，银行未收　　B.企业已付，银行未付

C.银行已收，企业未收　　D.银行已付，企业未付

5.采用技术推算法清查的实物资产应具备的特点有（　　）。

A.数量大　　B.逐一清点有困难

C.不便于用计量器具计量　　D.价值低

6.库存现金盘亏的账务处理中可能涉及的科目有（　　）。

A.“库存现金”　　B.“管理费用”　　C.“其他应收款”　　D.“营业外支出”

7.企业的库存材料发生盘亏或毁损，应先记入“待处理财产损溢”账户，待查明原因后按情况可能记入（　　）账户。

A.“管理费用”　　B.“营业外支出”　　C.“财务费用”　　D.“其他应收款”

8.大新有限责任公司在财产清查中发现甲商品溢余50件，每件单价20元，乙商品盘亏100千克，每千克30元，则（　　）。

A.借记“库存商品——甲商品”科目1 000元

B.贷记“待处理财产损溢”科目1 000元

C.借记“待处理财产损溢”科目3 000元

D.贷记“库存商品——乙商品”科目3 000元

三、判断题

1.企业财产的全面清查必须定期进行，局部清查则根据需要不定期进行。（　）

2.造成账实不符的原因很多，如财产物资的自然损耗、收发差错或计量误差、贪污盗窃等，因此需要进行定期、不定期的财产清查。（　）

3.企业对财产进行全面清查时，清查范围应包括存放在本单位内部的全部财产物资，不包括放在本单位之外的财产物资。（　）

4.“银行存款余额调节表”编制完成后，可以作为调整企业银行存款余额的原始凭证。（　）

5.为便于反映财产清查盘盈盘亏情况，企业会计上应设置“待处理财产损溢”账户，借方登记财产的盘亏、毁损数以及盘盈的转销数，贷方登记财产的盘盈数以及盘亏的转销数。（　）

6.某企业在财产清查时查明盘亏固定资产一项，原价为60 000元，累计折旧为20 000元，报经批准处理后将导致营业利润减少40 000元。（　）

7.固定资产盘盈、处置固定资产净收益、罚款净收入都属于营业外收入。（　）

8.企业财产清查中，发现账外设备一台，报经批准后，应冲减营业外支出。（　）

四、核算题

1.目的：练习未达账项的确定与银行存款余额调节表的编制。

资料：大新有限公司2023年7月31日银行存款日记账的账面余额为691 600元，银行对账单上企业存款余额为681 600元，经逐笔核对，发现以下未达账项：

（1）7月26日，企业开出转账支票3 000元，持票人尚未到银行办理转账，银行尚未转账；

（2）7月28日，企业委托银行代收款项4 000元，银行已收款入账，但企业未接到银行收款通知，未登记入账；

（3）7月29日，企业送存购买单位签发的转账支票15 000元，企业已登账，银行尚未登记入账；

（4）7月30日，银行代企业支付水电费2 000元，企业尚未接到银行通知，未登记入账。

要求：根据以上有关内容，编制银行存款余额调节表，并分析调节后是否需要编制有关会计分录。

2.目的：练习错账更正和银行存款余额调节表的编制。

资料：大新有限公司2023年5月最后三天银行存款日记账与银行对账单的记录如下（假定以前的记录是相符的）：

（1）大新有限公司银行存款日记账的记录如下：

日期	摘要	金额（元）
5月29日	开出转账支票＃2416预付下半年报刊订阅费	102.00
5月29日	收到委托银行代收山东泰利厂货款	10 000.00
5月30日	开出转账支票＃2417支付车间机器修理	98.00
5月31日	存入因销售产品收到的转账支票一张	6 300.00
5月31日	开出转账支票＃2418支付钢材货款	84 700.00

（2）大新有限公司银行对账单的记录如下：

日期	摘要	金额（元）
5月29日	代收山东泰利厂货款	10 000.00
5月30日	代付电费	2 700.00
5月31日	代收安徽东皖厂货款	3 500.00
5月31日	支付＃2416转账支票	120.00
5月31日	支付＃2417转账支票	89.00
	月末余额	80 591.00

（3）经核对查明，大新有限公司账面记录有两笔错误：

①5月29日，开出转账支票＃2416支付保险费应为120元，错记为102元。

②5月30日，开出转账支票＃2417支付车间机器修理费应为89元，错记为98元。

上述两笔错误均系记账凭证编制错误。

要求：

（1）编制更正会计分录，更正以上两笔错账后，计算银行存款日记账更正后的余额。

（2）查明未达账项后，编制银行存款余额调节表。

3. 目的：掌握各项资产清查结果的会计处理。

资料：大新有限公司在财产清查中发现以下问题：

（1）业务部门盘缺电子计算机一台，原值19 000元，已提折旧9 500元；

（2）服装组盘点库存商品，发现女装账面余额为128箱，实际存量为126箱，每箱进价为400元；

（3）家电组实地盘点库存商品，发现25寸电视机存量28台，账面余额为27台，进价2 100元；

（4）出纳处库存现金经盘点短缺36.8元；

（5）核对部门往来账目，查明A公司已撤销，所欠货款540元无法收回，报经批准作坏账处理；

（6）上述盘点溢缺原因已经查明，报请批准，处理意见如下：

第一，盘亏电子计算机系搬迁中遗失，列作营业外支出；

第二，服装短缺2箱系保管人员丢失，由过失人赔偿；

第三，25寸电视机盘盈一台，系供货单位多发，已由供货单位收回；

第四，库存现金短缺36.8元，应由过失人赔偿。

要求：根据上述情况，编制有关会计分录。

五、案例分析题

案例一：大新有限公司采购员王晓娅出差回来报销差旅费。旅馆开出发票记载单价为50元，人数1人，时间为10天，金额为500元。而王晓娅却将单价50元直接改为350元，小写金额改为3 500元，将大写金额前加了一个“叁仟”，报销后贪污金额为3 000元。

要求：

（1）出纳员对此应承担什么责任？

（2）对采购员王晓娅应怎样处理？

（3）出纳员应如何审核这类虚假业务？

案例二：大新有限公司出纳员张秋收到B单位签发的3 000元转账支票一张后，同时签发了一张金额为3 000元的现金支票，然后一并到银行办理银行存款进账业务和提取现金的业务。

要求：

（1）出纳员的这种做法是否属于正常的经济业务范畴？

（2）对这两笔经济业务如何进行账务处理？

（3）你作为一名审计人员，对这类经济业务应如何查处？

第八章

财务报告

学习目标

1.理解企业财务报告的概念及构成;

2.掌握企业资产负债表的概念、内容、结构及编制;

3.掌握企业利润表的概念、内容、结构及编制;

4.理解企业现金流量表及所有者权益变动表的概念、内容、结构;

5.了解财务报表附注的作用。

会计是以提供具有决策有用性的会计信息为目的的经济信息系统，要求对企业的经济活动与资金运动的原始数据及其他信息进行加工，据此编制财务报表。所以，确认、计量、记录和报告是会计信息系统对企业经济交易或事项进行处理的基本环节。而财务报告作为会计信息系统运行的最后一个环节，也是最为重要的环节，其担负着满足会计信息使用者需要、实现会计目标的“重任”。

第一节　财务报告概述

一、财务报告的概念及意义

（一）财务报告的概念

财务报告是根据账簿记录和日常核算资料编制的，反映企业某一特定日期的财务状况和某一会计期间的经营成果、现金流量等会计信息的总括性文件。财务报告包括会计报表和其他应当在财务报告中披露的相关信息和资料。

（二）财务报告的意义

财务报告的目标是向财务报告使用者提供与企业财务状况、经营成果和现金流量等有关的会计信息，反映企业管理层受托责任履行情况，有助于财务报告使用者作出经济决策，改善经营管理，提高经济效益，为国民经济宏观调控提供依据。财务报告的使用者如图 8-1所示。

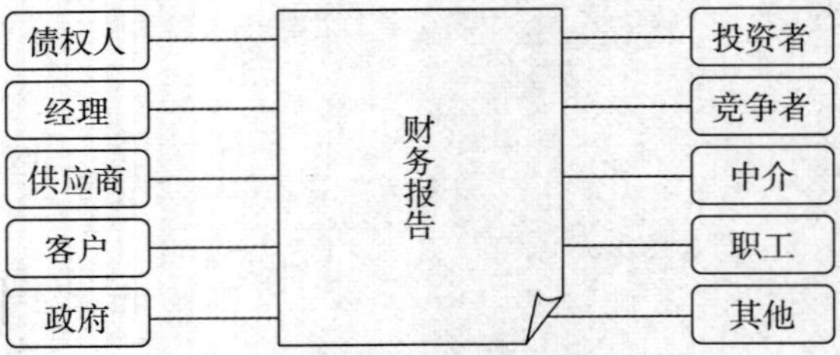

图8-1 财务报告的使用者示意图

二、财务报告体系

（一）财务报告的构成

财务报告的构成如图8-2所示。

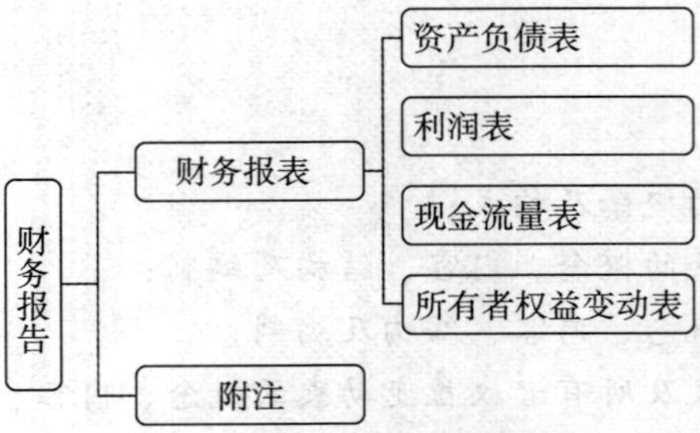

图8-2 财务报告的构成图

（二）财务报表

1.财务报表的概念及编制过程

财务报表是财务报告的主要内容，是对企业财务状况、经营成果和现金流量的结构性表述。编制财务报表也是会计核算的一种专门方法。其编制过程如图8-3所示。

图8-3 企业会计信息加工与财务报表的产生过程图

2.财务报表的分类

财务报表可按不同标准进行分类：

（1）按财务报表所反映的经济内容，其可以分为资产负债表、利润表、现金流量表、所有者权益变动表及附注。

资产负债表反映企业一定时点所拥有的资产、需偿还的债务以及股东拥有的净资产情况；利润表反映企业一定期间的经营成果即利润或亏损的情况，表明企业运用所拥有的资产的获利能力；现金流量表反映企业在一定会计期间现金和现金等价物流入和流出的情况；所有者权益变动表反映构成所有者权益的各组成部分当期的增减变动情况；附注是对资产负债表、利润表、现金流量表和所有者权益变动表等报表中列示项目的文字描述或明细资料，以及对未能在这些报表中列示项目的说明等。

（2）按财务报表所反映的内容，其可以分为动态财务报表和静态财务报表。

动态财务报表是反映一个企业一定时期内资金耗费和资金收回的报表。例如，利润表是反映企业在一定时期内经营成果的报表，现金流量表是反映企业在一定时期内现金的流入和流出情况的报表。静态财务报表则是指综合地反映企业在某一时点资产总额和权益总额的财务报表。例如，资产负债表是反映企业在一定日期资产、负债和所有者权益的报表。

（3）按财务报表的编报时间，其可以分为月报、季报和年报。

其中月报要求简明扼要、及时反映，如资产负债表、利润表等；年报要求揭示完整、反映全面，如所有者权益变动表等；季报在会计信息的详略程度方面，介于月报和年报之间。

（4）按财务报表各项目所反映的数字内容，其可以分为个别财务报表和合并财务报表。

个别财务报表各项目数字所反映的内容仅仅包括单个企业的会计数据；合并财务报表是由母公司编制的，一般包括所有控股子公司财务报表的数字，通过编制和提供合并财务报表，可以向财务报表使用者提供公司集团总体的财务状况和经营成果。

在本章，我们将着重介绍四大基本报表，即资产负债表、利润表、现金流量表和所有者权益变动表。

三、财务报告的编制要求

（一）以持续经营为基础编制

企业应当以持续经营为基础，根据实际发生的交易和事项，按照《企业会计准则——基本准则》和其他各项会计准则的规定进行确认和计量，在此基础上编制财务报表。

如果以持续经营为基础编制财务报表不再合理，企业应当采用其他基础编制财务报表，并在附注中声明财务报表未以持续经营为基础编制的事实，披露未以持续经营为基础编制的原因和财务报表的编制基础。

（二）按正确的会计基础编制

除现金流量表按照收付实现制原则编制外，企业应当按照权责发生制原则编制财务报表。

（三）至少按年编制财务报表

企业至少应当按年编制财务报表。年度财务报表涵盖的期间短于一年的，应当披露年度财务报表的涵盖期间、短于一年的原因以及报表数据不具可比性的事实。

（四）项目列报遵守重要性原则

在合理预期下，如果财务报表某项目的省略或错报会影响使用者据此作出经济决策，那么该项目就具有重要性。

重要性应当根据企业所处的具体环境，从项目的性质和金额两方面予以判断，且对各项目重要性的判断标准一经确定，不得随意变更。

判断项目性质的重要性，应当考虑该项目在性质上是否属于企业日常活动，是否显著影响企业的财务状况、经营成果和现金流量等因素。

判断项目金额大小的重要性，应当考虑该项目金额占资产总额、负债总额、所有者权益总额、营业收入总额、营业成本总额、净利润、综合收益总额等直接相关项目金额的比重或所属报表单列项目金额的比重。

性质或功能不同的项目，应当在财务报表中单独列报，但不具有重要性的项目除外。

性质或功能类似的项目，其所属类别具有重要性的，应当按其类别在财务报表中单独列报。

某些项目的重要性程度不足以在资产负债表、利润表、现金流量表或所有者权益变动表中单独列示，但对附注具有重要性的，则应当在附注中单独披露。

（五）保持各个会计期间财务报表项目列报的一致性

财务报表项目的列报应当在各个会计期间保持一致，下列情况除外：

（1）会计准则要求改变财务报表项目的列报；

（2）企业经营业务的性质发生重大变化后，变更财务报表项目的列报能够提供更可靠、更相关的会计信息。

（六）各项目之间的金额不得相互抵销

各项目之间的金额不得相互抵销，主要包括：

（1）财务报表中的资产项目和负债项目的金额；

（2）收入项目和费用项目的金额；

（3）直接计入当期利润的利得项目和损失项目的金额不得相互抵销，但其他会计准则另有规定的除外。

（七）至少应当提供所有列报项目上一个可比会计期间的比较数据

当期财务报表的列报，至少应当提供所有列报项目上一个可比会计期间的比较数据，以及与理解当期财务报表相关的说明，但其他会计准则另有规定的除外。

财务报表的列报项目发生变更的，应当至少对可比期间的数据按照当期的列报要求进行调整，并在附注中披露调整的原因和性质，以及调整的各项目金额。对可比数据进行调整不切实可行的，应当在附注中披露不能调整的原因。

（八）应当在财务报表的显著位置披露编报企业的名称等重要信息

企业应当在财务报表的显著位置（如表首）至少披露下列各项：

（1）编报企业的名称；

（2）资产负债表日或财务报表涵盖的会计期间；

（3）人民币金额单位；

（4）财务报表是合并财务报表的，应当予以标明。

四、财务报表编制前的准备工作

在编制财务报表前，需要完成下列工作：

（1）严格审核会计账簿的记录和有关资料。

① 检查相关的会计核算是否按照国家统一的会计制度的规定进行；

② 检查是否存在因会计差错、会计政策变更等原因需要调整前期或本期相关项目的

情况等。

（2）进行全面财产清查、核实债务，并按规定程序报批，进行相应的会计处理。

（3）按规定的结账日进行结账，结出有关会计账簿的余额和发生额，并核对各会计账簿之间的余额。

第二节 资产负债表

一、资产负债表的概念及意义

（一）概念

资产负债表是反映企业在某一特定日期（如月末、季末、半年末、年末）财务状况的会计报表，它是根据资产、负债和所有者权益之间的相互关系，按照“资产=负债+所有者权益”这一基本会计恒等式，依照一定的分类标准和一定的顺序，把企业在某一时点上的资产、负债、所有者权益反映出来的静态报表。

（二）意义

1.有助于分析、评价、预测企业的短期偿债能力

企业的短期偿债能力主要反映在资产或负债的流动性上。流动性是指资产转换为现金或负债到期偿还所需要的时间。企业资产的变现能力越强，流动性就越强；而负债到期日越短，流动性也越强。企业的短期偿债能力越弱，破产的可能性越大。资产负债表中的流动资产与流动负债及报表中相关附注所提供的信息有助于信息使用者分析、评价、预测企业的短期偿债能力。

2.有助于分析、评价、预测企业的长期偿债能力和资本结构

企业的长期偿债能力取决于其获利能力和资本结构。资本结构指企业资产、负债和所有者权益之间的相对比例，该比例直接影响债权人和所有者的相对投资风险以及企业的长期偿债能力。负债比重越大，债权人的风险越高，企业偿债能力就越弱；反之，负债比重越小，债权人的风险越低，企业偿债能力越强。资产负债表提供的信息有助于信息使用者分析、评价、预测企业的长期偿债能力和资本结构。

3.有助于分析、评价、预测企业的变现能力和财务弹性

财务弹性是指企业应付各种变化的能力，即抓住各种突如其来的获利机会的能力和财力，以及在经营危机中生存的能力。财务弹性强的企业不仅能从有利可图的经营中获得大量资金，而且也能借助债权人的长期资金和所有者追加的资本获利。财务弹性来源于资产的流动性、生产经营产生现金流入的能力、筹措资金的能力以及变现能力。资产负债表所反映的企业资源分布情况和企业对资源的索取权等信息有助于信息使用者分析、评价、预测企业的变现能力和财务弹性。

4.有助于分析、评价、预测企业的经营业绩

企业的经营业绩直接影响到投资者、债权人以及其他利益关系人的利益，也影响到企业继续经营和发展的能力。评价企业经营业绩的主要指标是获利能力，具体体现为各项利润指标；但同时，投资报酬率和资金利用率等指标也可以反映企业的经营业绩。因此，将资产负债表和利润表相结合，有助于信息使用者分析、评价、预测企业的经营业绩。

二、资产负债表的内容和结构

(一) 资产负债表的内容

资产负债表的内容如图8-4所示。

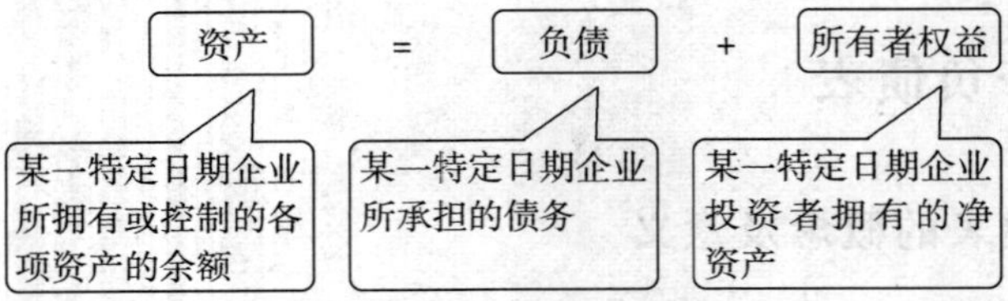

图8-4 资产负债表内容示意图

(二) 资产负债表的结构

资产负债表一般有表首、正表两部分。其中，表首概括地说明报表名称、编制单位、编制日期、报表编号、货币名称、计量单位等。正表则列示了用以说明企业财务状况的各个项目。在资产负债表中，资产按照其流动性分类分项列示，包括流动资产和非流动资产；负债按照其偿还期限分类分项列示，包括流动负债和非流动负债等；所有者权益按照重要性分项列示，包括实收资本、其他权益工具、资本公积、其他综合收益、盈余公积、未分配利润等。

它一般有两种格式：报告式资产负债表和账户式资产负债表。

报告式资产负债表是上下结构，上半部列示资产，下半部列示负债和所有者权益（见表8-1）。具体排列形式又有两种：一是按“资产=负债+所有者权益”的原理排列；二是按“资产-负债=所有者权益”的原理排列。

表8-1 资产负债表（报告式）

编制单位： 年 月 日 单位：元

项目	行次	年初余额	期末余额
资产			
流动资产			
长期投资			
固定资产			
无形资产及其他资产			
资产合计			
负债			
流动负债			
非流动负债			
负债合计			
所有者权益			
实收资本			
资本公积			
其他综合收益			
盈余公积			
未分配利润			
所有者权益合计			

账户式资产负债表是左右结构，左边列示资产，右边列示负债和所有者权益（见表8-2）。

表8-2 资产负债表（账户式）

编制单位： 年 月 日 单位：元

资产	行次	年初余额	期末余额	负债及所有者权益	行次	年初余额	期末余额
流动资产				流动负债			
长期投资				非流动负债			
固定资产				负债合计			
无形资产				所有者权益			
其他非流动资产				实收资本			
				资本公积			
				其他综合收益			
				盈余公积			
				未分配利润			
				所有者权益合计			
资产总计				负债及所有者权益总计			

不管采取什么格式，资产各项目的合计等于负债和所有者权益各项目的合计这一等式关系是不变的。在我国，资产负债表采用账户式结构。

三、资产负债表的编制方法

（一）资产负债表项目的填列方法

资产负债表各项目均需填列"年初余额"和"期末余额"两栏。其中："年初余额"栏通常根据上年年末有关项目的期末余额填列，且与上年年末资产负债表"期末余额"栏一致。

如果企业上年度资产负债表规定的项目名称和内容与本年度不一致，应当对上年年末资产负债表相关项目的名称和数字按照本年度的规定进行调整，填入"年初余额"栏。"期末余额"栏主要有以下几种填列方法：

1.根据总账科目余额填列

如"交易性金融资产""短期借款""应付票据""应付职工薪酬"等项目，根据"交易性金融资产""短期借款""应付票据""应付职工薪酬"各总账账户的余额直接填列；有些项目则需要根据几个总账账户的期末余额填列，如"货币资金"项目，需根据"库存现金""银行存款""其他货币资金"三个总账账户的期末余额的合计数填列。

2.根据有关明细账科目余额计算填列

如"应付账款"项目，需要根据"应付账款"和"预付账款"两个科目所属相关明细账户的期末贷方余额计算填列。

3.根据总账科目和明细账科目余额分析计算填列

如“长期借款”项目，需要根据“长期借款”总账账户余额扣除“长期借款”所属明细账户中将在一年内到期的金额计算填列。

4.根据有关科目余额减去其备抵科目余额后的净额填列

如“应收票据”“应收账款”“长期股权投资”等项目，应当根据“应收票据”“应收账款”“长期股权投资”等账户的期末余额减去“坏账准备”“长期股权投资减值准备”等账户余额后的净额填列。“投资性房地产”“固定资产”项目，应当根据“投资性房地产”“固定资产”账户的期末余额减去“投资性房地产累计折旧”“累计折旧”“投资性房地产减值准备”“固定资产减值准备”备抵账户余额后的净额填列；“无形资产”项目，应当根据“无形资产”科目的期末余额减去“累计摊销”“无形资产减值准备”备抵账户余额后的净额填列。

5.综合运用上述填列方法分析填列

如资产负债表中的“存货”项目，需要根据“原材料”“委托加工物资”“周转材料”“材料采购”“在途物资”“发出商品”“材料成本差异”等总账账户期末余额的分析汇总数，再减去“存货跌价准备”账户余额后的净额填列。

（二）资产负债表项目的填列说明

1.资产项目的填列说明

（1）“货币资金”项目，反映企业库存现金、银行结算户存款、外埠存款、银行汇票存款、银行本票存款、信用卡存款、信用证保证金存款等的合计数。本项目应根据“库存现金”“银行存款”“其他货币资金”账户期末余额合计填列。

（2）“交易性金融资产”项目，反映企业持有的以公允价值计量且其变动计入当期损益的为交易目的所持有的债券投资、股票投资、基金投资、权证投资等金融资产。本项目应根据“交易性金融资产”账户的期末余额填列。

（3）“应收票据”项目，反映企业因销售商品、提供劳务等而收到的商业汇票，包括商业承兑汇票和银行承兑汇票。本项目应根据“应收票据”账户的期末余额，减去“坏账准备”账户中有关应收票据计提的坏账准备期末余额后的金额填列。已向银行贴现和已背书转让的应收票据不包括在本项目内。

（4）“应收账款”项目，反映企业因销售商品、提供劳务等经营活动应收取的款项。本项目应根据“应收账款”和“预收账款”账户所属各明细账户的期末借方余额合计减去“坏账准备”账户中有关应收账款计提的坏账准备期末余额后的金额填列。如“应收账款”账户所属明细账户期末有贷方余额的，应在资产负债表“预收款项”项目内填列。

（5）“预付款项”项目，反映企业按照购货合同的规定预付给供应单位的款项等。本项目应根据“预付账款”和“应付账款”账户所属各明细账户的期末借方余额合计数，减去“坏账准备”账户中有关预付款项计提的坏账准备期末余额后的金额填列。如“预付账款”账户所属明细科目期末有贷方余额的，应在资产负债表“应付账款”项目内填列。

（6）“其他应收款”项目，反映企业除应收票据、应收账款、预付款项等经营活动以外的其他各种应收、暂付的款项。本项目应根据“其他应收款”“应收利息”“应收股利”账户的期末余额，减去“坏账准备”账户中有关其他应收款计提的坏账准备期末余额后的金额填列。

（7）“存货”项目，反映企业期末库存、在途和加工中的各项存货的可变现净值。存货包括各种材料、商品、在产品、半成品、包装物、低值易耗品、委托销售商品等。本项目应根据“在途物资”（或“材料采购”）、“原材料”、“低值易耗品”、“库存商品”、“周转材料”、“包装物”、“委托加工物资”、“委托代销商品”、“生产成本”等账户的期末余额合计，减去“代销商品款”“存货跌价准备”账户期末余额后的金额填列。材料采用计划成本核算，以及库存商品采用计划成本核算或售价核算的企业，还应按加或减“材料成本差异”“商品进销差价”后的金额填列。

（8）“持有待售资产”项目，反映资产负债表日划分为持有待售类别的非流动资产及划分为持有待售类别的处置组中的流动资产和非流动资产的期末账面价值。该项目应根据“持有待售资产”账户的期末余额，减去“持有待售资产减值准备”账户的期末余额后的金额填列。

（9）“一年内到期的非流动资产”项目，反映企业将于1年内到期的非流动资产项目金额。本项目应根据有关账户的期末余额填列。

（10）“长期股权投资”项目，反映企业持有的对子公司、联营企业和合营企业的长期股权投资。本项目应根据“长期股权投资”账户的期末余额，减去“长期股权投资减值准备”账户余额后的金额填列。

（11）“固定资产”项目，反映资产负债表日企业固定资产的期末账面价值和企业尚未清理完毕的固定资产清理净损益。该项目应根据“固定资产”账户的期末余额，减去“累计折旧”和“固定资产减值准备”账户的期末余额后的金额，以及“固定资产清理”账户的期末余额填列。

（12）“在建工程”项目，反映资产负债表日企业尚未达到预定可使用状态的在建工程的期末账面价值和企业为在建工程准备的各种物资的期末账面价值。该项目应根据“在建工程”账户的期末余额，减去“在建工程减值准备”账户的期末余额后的金额，以及“工程物资”账户的期末余额，减去“工程物资减值准备”账户的期末余额后的金额填列。

（13）“无形资产”项目，反映企业持有的无形资产，包括专利权、非专利技术、商标权、著作权、土地使用权等。本项目应根据“无形资产”账户的期末余额，减去“累计摊销”“无形资产减值准备”账户期末余额后的金额填列。

（14）“开发支出”项目，反映企业开发无形资产过程中能够资本化形成无形资产成本的支出部分。本项目应根据“研发支出”账户中所属的“资本化支出”明细账户的期末余额填列。

（15）“长期待摊费用”项目，反映企业已经发生但应由本期和以后各期负担的、分摊期限在1年以上（不含1年）的各项费用。长期待摊费用中在1年内（含1年）摊销的部分，应在资产负债表“一年内到期的非流动资产”项目填列。本项目应根据“长期待摊费用”账户的期末余额减去1年内（含1年）摊销的数额后的金额填列。

（16）“其他非流动资产”项目，反映企业除长期股权投资、固定资产、在建工程、无形资产等以外的其他非流动资产。本项目应根据有关账户的期末余额填列。

2.负债项目的填列说明

（1）“短期借款”项目，反映企业从银行或其他金融机构等借入的期限在1年以下（含1年）的各种借款。本项目应根据“短期借款”账户的期末余额填列。

（2）“应付票据”项目，反映企业因购买材料、商品和接受劳务供应等而开出、承兑的商业汇票，包括银行承兑汇票和商业承兑汇票。本项目应根据“应付票据”账户的期末余额填列。

（3）“应付账款”项目，反映企业因购买原材料、商品和接受劳务供应等经营活动应支付的款项。本项目应根据“应付账款”和“预付账款”账户所属各有关明细账的期末贷方余额合计填列；如“应付账款”账户所属各明细账期末有借方余额，应在资产负债表“预付款项”项目内填列。

（4）“预收款项”项目，反映企业按照销货合同的规定预收的款项。本项目应根据“预收账款”和“应收账款”账户所属各有关明细科目的期末贷方余额合计数填列。如“预收账款”账户所属有关明细科目有借方余额的，应在资产负债表“应收账款”项目内填列。

（5）“应付职工薪酬”项目，反映企业根据有关规定应付给职工的工资、职工福利、社会保险费、住房公积金、工会经费、职工教育经费、非货币性福利、辞退福利等各种薪酬。外商投资企业按规定从净利润中提取的职工奖励及福利基金，也在本项目列示。

（6）“应交税费”项目，反映企业按照税法的规定计算应缴纳的各种税费，包括增值税、消费税、所得税、资源税、土地增值税、城市维护建设税、教育费附加等。企业代扣代缴的个人所得税，也通过本项目列示。企业所缴纳的税金不需要预计应缴数的，如印花税、耕地占用税等，不在本项目列示。本项目应根据“应交税费”账户的期末贷方余额填列；如“应交税费”账户期末为借方余额，应以“-”号填列。

（7）“其他应付款”项目，反映企业除应付票据、应付账款、预收款项、应付职工薪酬、应交税费等经营活动以外的其他应付、暂收的款项。本项目应根据“应付利息”、“应付股利”和“其他应付款”账户的期末余额合计数填列。

（8）“持有待售负债”项目，反映资产负债表日处置组中与划分为持有待售类别的资产直接相关的负债的期末账面价值。该项目应根据“持有待售负债”账户的期末余额填列。

（9）“一年内到期的非流动负债”项目，反映企业非流动负债中将于资产负债表日后1年内到期部分的金额，如将于1年内偿还的长期借款。本项目应根据有关科目的期末余额填列。

（10）“长期借款”项目，反映企业从银行或其他金融机构借入的期限在1年以上（不含1年）的各项借款。本项目应根据“长期借款”账户的期末余额填列。

（11）“应付债券”项目，反映企业为筹集长期资金而发行的债券本金和利息。本项目应根据“应付债券”账户的期末余额填列。

（12）“长期应付款”项目，反映资产负债表日企业除长期借款和应付债券以外的其他各种长期应付款项的期末账面价值。该项目应根据“长期应付款”账户的期末余额，减去相关的“未确认融资费用”账户的期末余额后的金额，以及“专项应付款”账户的期末余额填列。

（13）“预计负债”项目，反映企业预计负债的期末余额。本项目应根据“预计负债”账户的期末余额填列。

（14）“其他非流动负债”项目，反映企业除长期借款、应付债券等项目以外的其他非流动负债。该项目应根据有关科目期末余额减去将于1年内（含1年）到期偿还数后的余额填列。非流动负债各项目中将于1年内（含1年）到期的非流动负债，应在“一年内到期的非流动负债”项目内单独反映。

3.所有者权益项目的填列说明

（1）“实收资本（或股本）”项目，反映企业各投资者实际投入的资本（或股本）总额。本项目应根据“实收资本（或股本）”账户的期末余额填列。

（2）“资本公积”项目，反映企业资本公积的期末余额。本项目应根据“资本公积”账户的期末余额填列。

（3）“其他综合收益”项目，是指企业根据其他会计准则的规定未在当期损益中确认的各项利得和损失。本项目应根据“其他综合收益”账户的期末余额填列。

（4）“盈余公积”项目，反映企业盈余公积的期末余额。本项目应根据“盈余公积”账户的期末余额填列。

（5）“未分配利润”项目，反映企业尚未分配的利润。本项目应根据“本年利润”账户和“利润分配”账户的余额计算填列。未弥补的亏损在本项目内以“-”号填列。

【例8-1】大新有限责任公司2023年12月31日全部总账和有关明细账余额见表8-3。

表8-3　**大新有限责任公司全部总账和有关明细账余额**

2023年12月31日

单位：元

总　账	明细账	借方余额	贷方余额	总　账	明细账	借方余额	贷方余额
库存现金		20 000		短期借款			1 200 000
银行存款		300 000		应付账款			200 000
交易性金融资产		280 000			F		140 000
应收账款		460 000			H	100 000	
	A	200 000			W		160 000
	B		40 000	预收账款			20 000
	C	300 000			U		80 000
预付账款		94 000			V	60 000	
	D	100 000		其他应付款			180 000
	E		6 000	应付职工薪酬			694 000
其他应收款		160 000		应交税费			1 200 000
原材料		540 000		合同负债			0
生产成本		160 000		应付股利			400 000
库存商品		400 000		长期借款			1 280 000
合同资产		0		实收资本			5 600 000
长期股权投资		4 540 000		盈余公积			1 480 585
固定资产		14 000 000		资本公积			20 000
累计折旧			1 200 000	利润分配	未分配利润		9 190 145
无形资产		1 630 730					
长期待摊费用		80 000					

根据上述资料，编制该公司2023年12月31日的资产负债表，见表8-4。

表8-4　　　　　　　　　　　　　　资产负债表

编制单位：大新有限责任公司　　　　　　2023年12月31日　　　　　　　　　　　　单位：元

资　产	期末余额	年初余额	负债及所有者权益	期末余额	年初余额
流动资产：		略	流动负债：		略
货币资金	320 000		短期借款	1 200 000	
交易性金融资产	280 000		应付票据		
应收票据			应付账款	306 000	
应收账款	560 000		预收款项	120 000	
预付款项	200 000		其他应付款	580 000	
其他应收款	160 000		应付职工薪酬	694 000	
存货	1 100 000		应交税费	1 200 000	
合同资产	0		合同负债	0	
其他流动资产			其他流动负债		
流动资产合计	2 620 000		流动负债合计	4 100 000	
非流动资产：			非流动负债：		
债权投资			长期借款	1 280 000	
长期股权投资	4 540 000		应付债券		
固定资产	12 800 000		长期应付款		
在建工程			非流动负债合计	1 280 000	
无形资产	1 630 730		负债合计	5 380 000	
长期待摊费用	80 000		所有者权益：		
其他非流动资产			实收资本	5 600 000	
非流动资产合计	19 050 730		资本公积		
			其他综合收益		
			盈余公积	1 480 585	
			资本公积	20 000	
			未分配利润	9 190 145	
			所有者权益合计	16 290 730	
资产总计	21 670 730		负债及所有者权益总计	21 670 730	

第三节 利润表

一、利润表的概念及意义

（一）概念

利润表又称收益表、损益表，是反映企业在一定会计期间经营成果的报表。它是根据收入、费用和利润的相互关系，按照“收入-费用=利润”这一会计平衡公式和收入与费用的配比原则，依据一定的顺序，把企业在某一期间内的收入、费用和利润反映出来的动态报表。

（二）意义

利润表可以帮助会计报表使用者全面了解企业的经营成果，分析企业的获利能力及盈利增长趋势，预测未来收益水平，从而为其作出经济决策提供依据；是考核和评价企业经营管理者经营业绩和经营管理水平的重要依据；是税收部门课征所得税的依据；是计算国民收入的主要资料来源。

二、利润表的内容和结构

（一）利润表的内容

一般情况下，利润表主要反映以下几方面的内容（如图8-5所示）：

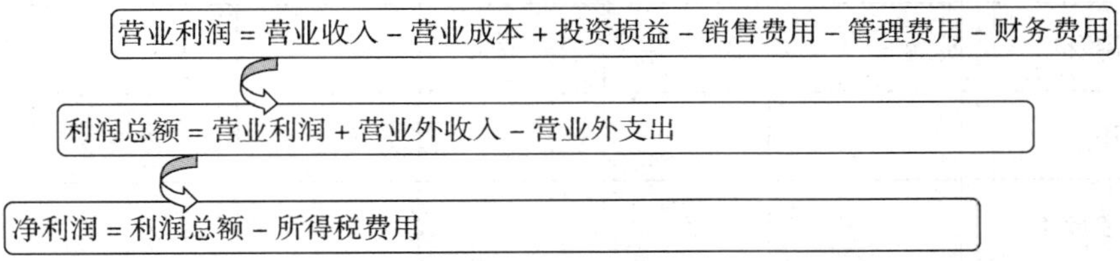

图8-5 利润表内容示意图

（1）构成营业利润的各项要素。从营业收入中减去营业成本、税金及附加、销售费用、管理费用和财务费用等项目后得出营业利润。

（2）构成利润总额的各项要素。在营业利润的基础上，加上营业外收入、减去营业外支出等后得出利润总额。

（3）构成净利润的各项要素。在利润总额的基础上，减去所得税费用后得出净利润。

利润表一般有表首、正表两部分。其中，表首概括地说明报表名称、编制单位、编制期间、报表编号、货币名称、计量单位等；正表反映形成经营成果的各个项目和计算过程。

利润表正表的格式一般有两种：单步式利润表和多步式利润表。单步式利润表是将当期所有的收入列在一起，然后将所有的费用列在一起，两者相减得出当期净损益。多步式利润表是通过对当期的收入、费用、支出项目按性质加以归类，按利润形成的主要环节列示一些中间性利润指标，如营业利润、利润总额、净利润，分步计算当期净损益。

（二）利润表的结构

1.单步式利润表（见表8-5）

表8-5 利润表（单步式）

编制单位： 年 月 单位：

项 目	本期金额	上期金额（略）
一、收入		
主营业务收入		
其他业务收入		
投资收益		
营业外收入		
收入合计		
二、费用		
主营业务成本		
税金及附加		
销售费用		
其他业务成本		
管理费用		
研发费用		
财务费用		
投资损失		
营业外支出		
所得税费用		
费用合计		
三、净利润		

2.多步式利润表

在我国，利润表一般采用多步式（见表8-6）。

表8-6　　利润表（多步式）

编制单位：　　年　月　　单位：

项　目	本期金额	上期金额（略）
一、营业收入		
减：营业成本		
税金及附加		
销售费用		
管理费用		
研发费用		
财务费用		
加：投资收益（损失以“-”号填列）		
公允价值变动收益（损失以“-”号填列）		
资产减值损失（损失以“-”号填列）		
二、营业利润（亏损以“-”号填列）		
加：营业外收入		
减：营业外支出		
三、利润总额（亏损总额以“-”号填列）		
减：所得税费用		
四、净利润（净亏损以“-”号填列）		
（一）持续经营净利润（净亏损以“-”号填列）		
（二）终止经营净利润（净亏损以“-”号填列）		
五、其他综合收益的税后净额		
（一）不能重分类进损益的其他综合收益		
1.重新计量设定受益计划变动额		
2.权益法下不能转损益的其他综合收益		
…		
（二）将重分类进损益的其他综合收益		
1.权益法下可转损益的其他综合收益		
2.可供出售金融资产公允价值变动损益		
3.持有至到期投资重分类为可供出售金融资产损益		
4.现金流量套期损益的有效部分		
5.外币财务报表折算差额		
…		
六、综合收益总额		
七、每股收益		
（一）基本每股收益		
（二）稀释每股收益		

三、利润表的编制方法

（一）利润表项目的填列方法

我国企业利润表的主要编制步骤和内容如下：

第一步，计算营业利润；

第二步，计算利润总额；

第三步，计算净利润（或净亏损）；

第四步，计算其他综合收益的税后净额；

第五步，计算综合收益总额；

第六步，计算每股收益。

利润表各项目均需填列“本期金额”和“上期金额”两栏。其中“上期金额”栏内各项数字，应根据上年该期利润表的“本期金额”栏内所列数字填列。如果上年该期利润表规定的各个项目的名称和内容同本期不相一致，应对上年该期利润表各项目的名称和数字按本期的规定进行调整，填入利润表“上期金额”栏内。

（二）利润表中各项目的填列说明

（1）“营业收入”项目，反映企业经营主要业务和其他业务所确认的收入总额。本项目应根据“主营业务收入”科目和“其他业务收入”科目的发生额分析填列。

（2）“营业成本”项目，反映企业经营主要业务和其他业务所发生的成本总额。本项目应根据“主营业务成本”科目和“其他业务成本”科目的发生额分析填列。

（3）“税金及附加”项目，反映企业经营业务应负担的消费税、城市维护建设税、资源税、土地增值税和教育费附加等。本项目应根据“税金及附加”科目的发生额分析填列。

（4）“销售费用”项目，反映企业在销售商品过程中发生的包装费、广告费等费用和为销售本企业商品而专设的销售机构的职工薪酬、业务费等经营费用。本项目应根据“销售费用”科目的发生额分析填列。

（5）“管理费用”项目，反映企业为组织和管理生产经营发生的费用。本项目应根据“管理费用”科目的发生额分析填列。

（6）“研发费用”项目，反映企业进行研究与开发过程中发生的费用化支出，本项目应根据“管理费用”账户下的“研发费用”明细账户的发生额分析填列。

（7）“财务费用”项目，反映企业筹集生产所需资金等而发生的财务费用。本项目应根据“财务费用”科目的发生额分析填列。

（8）“投资收益”项目，反映企业以各种方式对外投资所取得的收益。本项目应根据“投资收益”科目的发生额分析填列，如为投资损失，以“-”号填列。

（9）“公允价值变动收益”项目，反映企业应当计入当期损益的资产或负债公允价值变动收益。本项目应根据“公允价值变动损益”科目的发生额分析填列，如为净损失，本项目以“-”号填列。

（10）“资产减值损失”项目，反映企业各项资产发生的减值损失。本项目应根据“资产减值损失”科目的发生额分析填列。

（11）“营业外收入”项目，反映企业发生的与其经营活动无直接关系的各项收入。本项目应根据“营业外收入”科目的发生额分析填列。

（12）“营业外支出”项目，反映企业发生的与其经营活动无直接关系的各项支出。本项目应根据“营业外支出”科目的发生额分析填列。

（13）“利润总额”项目，反映企业实现的利润。如为亏损，本项目以“-”号填列。

（14）“所得税费用”项目，反映企业按规定从当期利润总额中扣除的所得税费用。本项目应根据“所得税费用”科目的发生额分析填列。

（15）“净利润”项目，反映企业实现的净利润。如为亏损，本项目以“-”号填列。

（16）“其他综合收益的税后净额”“综合收益总额”“基本每股收益”“稀释每股收益”等项目，此处略。

【例8-2】大新有限责任公司2023年的有关收入、费用类账户的发生额资料如下：

主营业务收入	1 200 000 元
主营业务成本	680 000 元
税金及附加	40 000 元
管理费用	96 000 元
其中：研发费用	20 000 元
财务费用	24 000 元
销售费用	60 000 元
投资收益	80 000 元
营业外收入	15 000 元
营业外支出	9 500 元
其他业务收入	90 000 元
其他业务成本	50 000 元

根据上述大新有限责任公司2023年有关资料，适用的所得税税率为25%。编制2023年度的利润表，见表8-7。

表8-7 **利润表**

编制单位：大新有限责任公司　　2023年度　　单位：元

项目	本期金额	上期金额（略）
一、营业收入	1 290 000	
减：营业成本	730 000	
税金及附加	40 000	
销售费用	60 000	
管理费用	76 000	
研发费用	20 000	
财务费用	24 000	
加：投资收益	80 000	

续表

项目	本期金额	上期金额（略）
公允价值变动收益	0	
资产减值损失	0	
二、营业利润	420 000	
加：营业外收入	15 000	
减：营业外支出	9 500	
三、利润总额	425 500	
减：所得税费用	106 375	
四、净利润	319 125	
五、其他综合收益的税后净额		
六、综合收益总额		
七、每股收益		
（一）基本每股收益		
（二）稀释每股收益		

第四节 现金流量表

一、现金流量表的概念及意义

（一）概念

现金流量表是反映企业一定会计期间现金和现金等价物流入和流出状况的报表，属于动态报表。

（二）意义

企业编制现金流量表，是为会计报表使用者提供企业一定会计期间内现金和现金等价物流入和流出的信息，以便于报表使用者了解和评价企业获取现金和现金等价物的能力，并据以预测企业未来现金流量。所以，现金流量表在评价企业经营业绩、衡量企业财务资源和财务风险以及预测企业未来前景方面，有着十分重要的作用。现金流量表有助于评价企业支付能力、偿债能力和周转能力；有助于预测企业未来现金流量；有助于分析企业收益质量及影响现金净流量的因素。

二、现金、现金等价物及现金流量的含义及范围

（一）现金

现金是指企业库存现金以及可以随时用于支付的存款，包括库存现金、银行存款和其他货币资金（如外埠存款、银行汇票存款、银行本票存款等）等。

（二）现金等价物

现金等价物是指企业持有的期限短、流动性强、易于转换为已知金额现金、价值变动风险很小的投资。期限短一般是指从购买日起3个月内到期。现金等价物通常包括3个月内到期的债券投资等。权益性投资变现的金额通常不确定，因而不属于现金等价物。企业应当根据具体情况确定现金等价物的范围，一经确定不得随意变更。

（三）现金流量

现金流量是指一定会计期间内企业现金和现金等价物的流入和流出。企业从银行提取现金、用现金购买短期到期的国债等现金和现金等价物之间的转换不属于现金流量。

三、现金流量表的内容及结构

（一）现金流量表的内容

企业产生的现金流量分为三类：

1.经营活动产生的现金流量

经营活动是指企业投资活动和筹资活动以外的所有交易和事项。经营活动主要包括销售商品、提供劳务、购买商品、接受劳务、支付工资和缴纳税款等流入和流出现金和现金等价物的活动或事项。

2.投资活动产生的现金流量

投资活动是指企业长期资产的购建和不包括在现金等价物范围内的投资及处置活动。投资活动主要包括购建固定资产、处置子公司及其他营业单位等流入和流出现金及现金等价物的活动或事项。

3.筹资活动产生的现金流量

筹资活动是指导致企业资本及债务规模和构成发生变化的活动。筹资活动主要包括吸收投资、发行股票、分配利润、发行债券、偿还债务等流入和流出现金及现金等价物的活动或事项。偿付应付账款、应付票据等商业应付款属于经营活动，不属于筹资活动。

需要注意的是，对于企业日常活动之外的特殊的、不经常发生的特殊项目，如自然灾害损失、保险赔款、捐赠等，企业应当将其归并到相关类别中，单独反映。

（二）现金流量表的结构（见表8-8）

表8-8 现金流量表

编制单位： 年度 单位：

项　目	本期金额	上期金额
一、经营活动产生的现金流量		
销售商品、提供劳务收到的现金		
收到的税费返还		
收到其他与经营活动有关的现金		
经营活动现金流入小计		
购买商品、接受劳务支付的现金		
支付给职工以及为职工支付的现金		

续表

项 目	本期金额	上期金额
支付的各项税费		
支付其他与经营活动有关的现金		
经营活动现金流出小计		
经营活动产生的现金流量净额		
二、投资活动产生的现金流量		
收回投资收到的现金		
取得投资收益收到的现金		
处置固定资产、无形资产和其他长期资产收回的现金净额		
处置子公司及其他营业单位收到的现金净额		
收到其他与投资活动有关的现金		
投资活动现金流入小计		
购建固定资产、无形资产和其他长期资产支付的现金		
投资支付的现金		
取得子公司及其他营业单位支付的现金净额		
支付其他与投资活动有关的现金		
投资活动现金流出小计		
投资活动产生的现金流量净额		
三、筹资活动产生的现金流量		
吸收投资收到的现金		
取得借款收到的现金		
收到其他与筹资活动有关的现金		
筹资活动现金流入小计		
偿还债务支付的现金		
分配股利、利润和偿付利息支付的现金		
支付其他与筹资活动有关的现金		
筹资活动现金流出小计		
筹资活动产生的现金流量净额		
四、汇率变动对现金及现金等价物的影响		
五、现金及现金等价物净增加额		
加：期初现金及现金等价物余额		
六、期末现金及现金等价物余额		

第五节 所有者权益变动表

一、所有者权益变动表的概念及意义

（一）概念

所有者权益变动表，又叫股东权益变动表，是反映构成所有者权益的各组成部分当期增减变动情况的报表。

（二）意义

所有者权益变动表既可以为报表使用者提供所有者权益总量增减变动的信息，也能为其提供所有者权益增减变动的结构性信息，特别是能够让报表使用者理解所有者权益增减变动的根源。

二、所有者权益变动表的内容和结构

按照《企业会计准则第30号——会计报表列报》的规定，所有者权益变动表至少应当单独列示下列信息的项目：（1）综合收益总额；（2）会计政策变更和差错更正的累积影响金额；（3）所有者投入资本和减少资本；（4）利润分配；（5）所有者权益内部结转；（6）实收资本、其他权益工具、资本公积、其他综合收益、盈余公积、未分配利润的期初和期末余额及调节情况。

所有者权益变动表以矩阵的形式列示：一方面，列示导致所有者权益变动的交易或事项，即所有者权益变动的来源，对一定时期所有者权益的变动情况进行全面反映；另一方面，按照所有者权益各组成部分（即实收资本、其他权益工具、资本公积、其他综合收益、盈余公积、未分配利润和库存股）列示交易或事项对所有者权益各部分的影响。

我国企业所有者权益变动表的格式见表8-9。

表8-9 所有者权益变动表（简表）

编制单位： 年度 单位：

项目	本年金额										上年金额（略）
	实收资本（或股本）	其他权益工具			资本公积	减：库存股	其他综合收益	专项储备	盈余公积	未分配利润	所有者权益合计	
		优先股	永续债	其他								
一、上年年末余额												
二、本年年初余额												
三、本年增减变动金额												
四、本年年末余额												

所有者权益变动表一般按会计年度编制。该表的设立和编报突出了所有者利益的重要地位，进一步满足了投资者等利益相关者的信息要求。

第六节 附　注

一、附注的概念

附注是对资产负债表、利润表、现金流量表和所有者权益变动表等报表中列示项目的文字描述或明细资料，以及对未能在这些报表中列示项目的说明等。

二、附注的编制原因及意义

（一）编制原因

之所以要编制会计报表附注，是因为：首先，它拓展了企业财务信息的内容，打破了三张主要报表内容必须符合会计要素的定义，又必须同时满足相关性和可靠性的限制；其次，它突破了揭示项目必须用货币加以计量的局限性；再次，它充分满足了企业财务报告是为其使用者提供有助于经济决策的信息的要求，增进了会计信息的可理解性；最后，它还能提高会计信息的可比性。比如，通过揭示会计政策的变更原因及事后的影响，可以使不同行业或同一行业不同企业的会计信息的差异更具可比性，从而便于进行对比分析。

（二）意义

通过附注与资产负债表、利润表、现金流量表和所有者权益变动表列示项目的相互参照关系，以及对未能在报表中列示项目的说明，可以使报表使用者全面了解企业的财务状况、经营成果和现金流量。

三、附注的主要内容

附注是财务报表的重要组成部分。《企业会计准则第30号——财务报表列报》规定，企业应当按照如下顺序披露附注的内容：

（1）企业的基本情况；

（2）会计报表的编制基础；

（3）遵循企业会计准则的声明；

（4）重要会计政策和会计估计；

（5）会计政策和会计估计变更以及差错更正的说明；

（6）重要报表项目的说明；

（7）或有和承诺事项、资产负债表日后非调整事项、关联方关系及交易等需要说明的事项；

（8）有助于财务报表使用者评价企业管理资本的目标、政策及程序的信息；

（9）其他。

在实际工作中，一般企业的报表附注包括五方面的内容：

（1）企业的一般情况，包括企业概况、经营范围和企业结构等内容，必要时，还可对诸如上市改组时资产的剥离情况进行说明。

（2）企业的会计政策，包括企业执行的会计准则、会计制度、会计期间、记账原则、计价基础、利润分配办法等内容，对于需要编制合并报表的企业来说，还要说明其合并报表的编制方法；对于会计政策与上年相比发生变化的企业，应说明其变更的情况、原因及对企业财务状况和经营成果的影响。

（3）会计报表主要项目附注，包括对主要报表项目的详细说明，例如，对应收账款的账龄分析、报表项目的异常变化及产生原因的说明等。

（4）分行业资料，如果企业的经营涉及不同的行业，且行业收入占主营业务收入的10%（含10%）以上的，应提供分行业的有关数据。

（5）重要事项的揭示，主要包括对承诺事项、或有事项、资产负债表日后事项和关联方交易等内容的说明。

随着报表内容的日益复杂化，以文字辅之以数字来表述的会计报表附注的内容也将进一步增加以下信息：

（1）有助于理解财务报表的重要信息；

（2）采用与报表不同基础编制的信息；

（3）对可以反映在报表内，但基于有效交流的原因而披露在其他部分的信息；

（4）用于补充报表信息的统计资料。

课后练习题

一、单项选择题

1.会计核算的最终成果是（　　）。

A.会计凭证　　B.总分类账　　C.财务报告　　D.明细分类账

2.按照规定，企业的财务报告一般应于（　　）报出。

A.年度终了后　　B.年度终了后1个月内

C.月份终了后3个月内　　D.年度终了后4个月内

3.根据我国现行会计制度的规定，下列不属于财务报告组成部分的是（　　）。

A.会计报表　　B.会计报表附注

C.财务分析报告　　D.财务情况说明书

4.资产负债表中，负债及所有者权益项目一般按（　　）顺序排列。

A.项目的重要性程度　　B.项目的金额大小

C.项目的支付性大小　　D.项目的求偿权先后

5.2023年6月30日，大新有限公司有关账户期末余额及相关经济业务如下："库存现金"账户借方余额2 000元，"银行存款"账户借方余额350 000元，"其他货币资金"账户借方余额500 000元。大新有限公司2023年6月30日资产负债表中"货币资金"项目"期末余额"栏的金额是（　　）元。

A.852 000　　B.2 000　　C.352 000　　D.502 000

6.大新有限公司年末"应收账款"所属明细科目的借方余额为1 000 000元，"预收账款"科目贷方余额为1 500 000元，其中，明细账的借方余额为150 000元，贷方余额为1 650 000元。"应收账款"对应的"坏账准备"期末余额为80 000元，该企业年末资产负债表中"应收账款"项目的金额为（　　）元。

A.1 650 000　　B.1 500 000　　C.1 150 000　　D.1 070 000

7.大新有限公司期末“固定资产”账户借方余额为2 000 000元，“累计折旧”账户贷方余额为800 000元。“固定资产减值准备”账户贷方余额为300 000元，“固定资产清理”账户借方余额为20 000元，则该企业资产负债表中“固定资产”项目的期末余额应是（　　）元。

A.2 020 000　　B.1 200 000　　C.920 000　　D.900 000

8.利润表中，与计算“营业利润”有关的项目是（　　）。

A.所得税费用　　B.投资收益　　C.营业外收入　　D.营业外支出

9.利润表项目的“本期金额”，填制依据是（　　）。

A.损益类账户的本期发生额　　B.损益类账户的期末余额

C.收入类账户的贷方余额　　D.收入类账户的借方余额

10.全部损益类账户的本月发生额如下：营业收入8 000 000元，营业成本5 000 000元，税金及附加860 000元，销售费用500 000元，管理费用400 000元，财务费用100 000元，营业外收入50 000元，所得税费用440 000元，则利润表中“营业利润”项目的本月数为（　　）元。

A.3 000 000　　B.1 140 000　　C.2 040 000　　D.1 600 000

二、多项选择题

1.财务报告可以提供（　　）信息。

A.财务状况　　B.现金流量　　C.经营成果　　D.劳动生产率

2.下列关于财务报表的说法正确的有（　　）。

A.按编报期间的不同，可以分为中期财务报表和年度财务报表

B.年度财务报表即为企业的年度决算报表

C.中期财务报表的附注披露可适当简略

D.对外财务报表有统一的格式和指标体系

3.下列各项中可以通过资产负债表反映的有（　　）。

A.某一时点的财务状况　　B.某一时点的偿债能力

C.某一期间的经营成果　　D.某一期间的获利能力

4.下列属于资产负债表“流动资产”项目的有（　　）。

A.应收账款　　B.预收款项　　C.应付账款　　D.预付款项

5.在资产负债表的编制过程中，需要根据账户余额减去其备抵项目后的净额填列的有（　　）。

A.固定资产　　B.无形资产

C.交易性金融资产　　D.存货

6.编制资产负债表时，下列（　　）项目，其对应账户出现借方余额时以负数填列。

A.应付职工薪酬　　B.应交税费

C.固定资产　　D.未分配利润

7.下列等式中正确的有（　　）。

A.营业收入=主营业务收入+其他业务收入

B.营业利润=营业收入-营业成本-税金及附加-销售费用-管理费用-财务费用-资产减值损失±公允价值变动收益（损失）±投资收益（损失）

C.利润总额=营业利润+投资收益+营业外收入-营业外支出

D.净利润=利润总额-所得税费用

8.利润表中的“营业收入”项目填列的依据有（　　）。

A.“营业外收入”发生额　　B.“主营业务收入”发生额

C.“其他业务收入”发生额　　D.“投资收益”发生额

三、判断题

1.财务报告包括财务报表及附注和其他应当在财务报告中披露的相关信息和资料。（　　）

2.财务报告分为年度财务报告和中期财务报告。中期财务报告一般包括月度报告、季度报告、半年度报告等。（　　）

3.如果期末赶编财务报表，则可以将本期发生的经济业务延至下期登账。（　　）

4.资产负债表是反映企业某一特定日期经营成果的静态会计报表。（　　）

5.资产负债表的格式主要有账户式和报告式两种，我国采用的是报告式，因此才出现财务报告这个名词。（　　）

6.资产负债表中的“长期待摊费用”项目应根据“长期待摊费用”科目的余额直接填列。（　　）

7.资产负债表中“货币资金”项目应根据“银行存款”账户的期末余额填列。（　　）

8.利润表是反映企业在一定会计期间经营成果的报表，属于静态报表。（　　）

9.我国企业利润表要求采用单步式。（　　）

10.利润表中“本期金额”栏的数字，应根据各损益类账户本期发生额填列。（　　）

四、计算分析题

1.目的：练习资产负债表中项目的计算。

资料：大新有限责任公司2023年12月31日的有关资料如下：

“原材料”账户余额50 000元；“库存商品”账户余额63 500元；“应收账款”借方余额100 000元，贷方余额3 000元；“坏账准备”贷方余额4 000元；“长期待摊费用”借方余额140 000元；“固定资产”账户余额360 000元；“累计折旧”账户余额56 000元；“本年利润”贷方余额200 000元；“未分配利润”借方余额126 600元。

要求：请根据资料计算资产负债表中下列项目的填列金额：

（1）存货；

（2）应收账款；

（3）长期待摊费用；

（4）预收款项；

（5）固定资产；

（6）未分配利润。

2.目的：练习资产负债表的编制。

资料：大新有限责任公司2023年12月31日总账科目和明细分类科目余额见表8-10。

表8-10　　　　　　　　　　科目余额表

编制单位：大新有限责任公司　　　　　2023年12月31日　　　　　　　　　　单位：元

总账科目	明细科目	借方余额	贷方余额	总账科目	明细科目	借方余额	贷方余额
应收账款		23 000		应付账款			10 000
	甲公司	25 000			丙公司		15 000
	乙公司		2 000		丁公司	5 000	
预付账款		4 700		预收账款			1 000
	A单位	5 000			C单位		4 000
	B单位		300		D单位	3 000	
原材料		27 000		应交税费			72 700
库存商品		20 000		利润分配	未分配利润		159 920
生产成本		8 000		盈余公积			48 780
固定资产		400 000		实收资本			200 000
库存现金		700		累计折旧			60 000
银行存款		69 000					

要求：

（1）计算资产负债表中的下列项目金额：货币资金、应收账款、预收款项、预付款项、存货、应交税费、所有者权益。

（2）计算大新有限责任公司的资产总额。

3.目的：练习现金流量表的编制。

资料：大新有限责任公司2023年发生以下经济业务：

（1）购入生产用设备一台，开出不带息商业承兑汇票一张，面值30 000元，另外10 000元以现金付讫；

（2）销售产品收到银行存款97 000元；

（3）购入3年期债券28 000元，作为债权投资；

（4）计提折旧10 000元；

（5）缴纳消费税28 000元；

（6）支付工人工资及福利费25 000元；

（7）出售不需用固定资产一台，净收益50 000元；

（8）发行股票取得现金90 000元；

（9）收到A企业发放的现金股利4 000元；

（10）支付前欠货款12 000元；

（11）发放现金股利8 000元；

（12）收到出租包装物押金5 000元；

（13）借入3年期的长期借款30 000元，存入银行；

（14）用银行存款支付前年发行的、现已到期债券本息25 000元。

要求：将上述经济业务按现金流量类别进行分类，并分别计算其现金净流量，填入表8-11。

表8-11 现金净流量表

项目	流入	流出	净流量
经营活动产生的现金流量			
投资活动产生的现金流量			
筹资活动产生的现金流量			

4.目的：练习利润表的编制。

资料：大新有限责任公司为一般纳税人，增值税税率13%，该公司于2023年12月发生如下业务：

（1）1日，从银行提取现金500元；

（2）2日，职工李某出差预借差旅费1 200元，以现金付讫；

（3）3日，销售A产品500件，每件1 000元，价款500 000元，同时结转产品成本250 000元；

（4）4日，用现金500元购买办公用品；

（5）5日，从B公司购入原材料100千克，价款80 000元，材料已入库，价款未付；

（6）6日，用现金支付生产车间租入设备的租金1 800元；

（7）7日，用银行存款105 000元归还短期借款本金100 000元及利息5 000元；

（8）12日，购入原材料1 000千克，货款680 000元，已通知银行付款，材料未到；

（9）14日，预付货款80 000元，准备购入原材料100千克；

（10）15日，基本生产车间领用材料500千克，原材料价款340 000元；

（11）17日，用银行存款支付5日购入材料价税合计款90 400元：

（12）19日，开出支票一张，支付前欠货款8 500元；

（13）20日，收到W公司前欠货款100 000元，存入银行；

（14）22日，预付明年保险费1 000元；

（15）24日，发生广告费用5 000元，已用银行存款支付；

（16）26日，本月12日购入的材料已运达并验收入库；

（17）28日，收到原材料100千克，价款95 000元，已于14日预付80 000元，剩余货款用银行存款补足；

（18）31日，计提本月固定资产折旧50 000元，其中生产部门30 000元，管理部门20 000元，并摊销无形资产2 000元；

（19）31日，分配员工工资，其中生产经营人员工资100 000元，车间管理部门人员工资5 000元，行政管理部门人员工资5 200元；

（20）31日，用银行存款支付工人工资。

期末将制造费用结转至生产成本，并结转各损益类账户，按实现利润的25%计缴所得税，按照净利润的10%提取法定盈余公积。

要求：编写相关会计分录，编制大新有限责任公司12月份的利润表。

|第九章|

会计核算组织程序

学习目标

1. 了解合理建立会计核算组织程序的意义和种类；
2. 理解各种会计核算组织程序的特点、优缺点及适用范围；
3. 了解计算机核算方式下的会计核算组织程序。

会计凭证、会计账簿和会计报表是组织会计核算的工具，而三者之间不是彼此孤立、互不联系的。为了使会计工作正常地进行，保证正确、及时、完整地提供管理上所需的会计信息，就必须明确规定各种凭证、账簿和报表之间的衔接形式，使其有机结合，形成一定的、适合于不同类型企业经营特点和管理要求的会计核算组织程序。

|第一节| 会计核算组织程序概述

一、会计核算组织程序的概念及意义

（一）会计核算组织程序的概念

会计核算组织程序亦称会计账务处理程序，是指会计凭证、会计账簿、会计报表和账务处理流程相互结合的方式。它规定了凭证、账簿、报表之间的关系，采用适当的会计核算形式，是提高会计核算工作质量和效率的重要前提（如图9-1所示）。

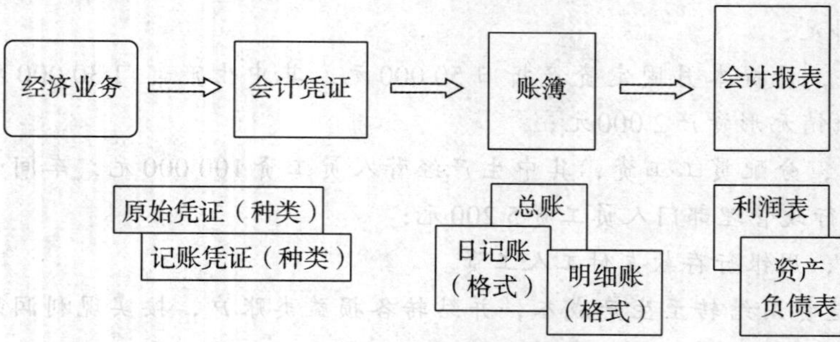

图9-1 会计核算组织程序基本含义图

（二）会计核算组织程序的意义

会计核算组织程序对提高会计核算工作质量有重大的意义。

（1）有利于会计工作程序的规范化，确定合理的凭证、账簿与报表之间的联系方式，保证会计信息加工过程的严密性，提高会计信息的质量。

（2）有利于保证会计记录的完整性、正确性，通过凭证、账簿及报表之间的牵制作用，增强会计信息的可靠性。

（3）有利于减少不必要的会计核算环节，通过井然有序的会计核算组织程序，提高会计工作效率，保证会计信息的及时性。

二、会计核算组织程序的种类、异同及特点

（一）会计核算组织程序的种类

任何企业、单位都必须从各自的实际情况出发，科学地组织本单位的会计核算组织程序，对于提高会计核算工作效率和质量、简化核算手续、节省核算费用等，具有重要的意义。根据我国会计核算工作的长期实践经验，目前一般采用的会计核算组织程序有以下几种：

（1）记账凭证会计核算组织程序；

（2）科目汇总表会计核算组织程序；

（3）汇总记账凭证会计核算组织程序；

（4）多栏式日记账会计核算组织程序。

上列四种会计核算组织程序都是在经济业务发生或完成后，根据原始凭证或原始凭证汇总表和记账凭证登记日记账和明细分类账，最后根据账簿记录编制会计报表的。各种会计核算组织程序的根本区别在于登记总账的依据和程序不同，企业可根据会计业务的繁简和管理上的需要选用其中一种。其中记账凭证会计核算组织程序和科目汇总表会计核算组织程序是手工会计核算组织程序中通常采用的两种基本的会计核算组织程序。

（二）四种会计核算组织程序的共同点和根本区别

我国四种会计核算组织程序的共同点包含以下几方面：

（1）都要根据原始凭证编制记账凭证。

（2）一般都是根据原始凭证（或原始凭证汇总表）和记账凭证来登记日记账和明细账的。

（3）都是根据账簿记录编制会计报表的。

我国四种会计核算组织程序的根本区别在于：登记总账的依据和程序不同。

（三）会计核算组织程序的特点

会计核算组织程序的特点如下：

（1）记账凭证会计核算组织程序的特点是直接根据各种记账凭证逐笔登记总账。

（2）科目汇总表会计核算组织程序的特点是根据所有记账凭证定期编制科目汇总表，再根据科目汇总表定期登记总账。

（3）汇总记账凭证会计核算组织程序的特点是根据所有记账凭证定期汇总编制各种汇总记账凭证，再根据各种汇总记账凭证登记总账。

（4）多栏式日记账会计核算组织程序的特点是根据收款凭证和付款凭证逐日逐笔序时

登记多栏式库存现金和银行存款“收入日记账”与“支出日记账”，根据转账凭证定期汇总编制转账凭证科目汇总表；根据多栏式库存现金和银行存款“收入日记账”与“支出日记账”，以及转账凭证科目汇总表依次登记总账。

三、选用会计核算组织程序的基本要求

选用合理的、适用的会计核算组织程序，一般应符合以下基本要求：

（1）要与本单位经济活动的性质、规模大小、业务繁简程度及经济管理的特点相适应，要有利于加强会计核算，有利于组织分工协作，有利于建立岗位责任制。

（2）要能够准确、及时、完整、系统地提供会计资料，全面系统地反映企业经济活动情况，以满足企业内部及外部各有关方面对会计信息的需要。

（3）既要保证会计资料的质量，又要简化会计核算的手续，节约人力物力，提高工作效率。

（4）要有利于建立会计工作的岗位责任制，要有利于会计人员的分工和协作。

第二节 记账凭证会计核算组织程序

一、记账凭证会计核算组织程序的概念

记账凭证会计核算组织程序是指对发生的经济业务，都要以原始凭证或原始凭证汇总表编制记账凭证，根据记账凭证逐笔登记总分类账的一种会计核算组织程序。其主要特点是：直接根据记账凭证逐笔登记总分类账。这种会计核算组织程序是会计核算组织程序中最基本的程序，其他会计核算组织程序一般是在这种会计核算组织程序的基础上发展形成的。

二、记账凭证会计核算组织程序下凭证、账簿的设置

记账凭证会计核算组织程序下采用的会计凭证与账簿种类如图 9-2 所示。

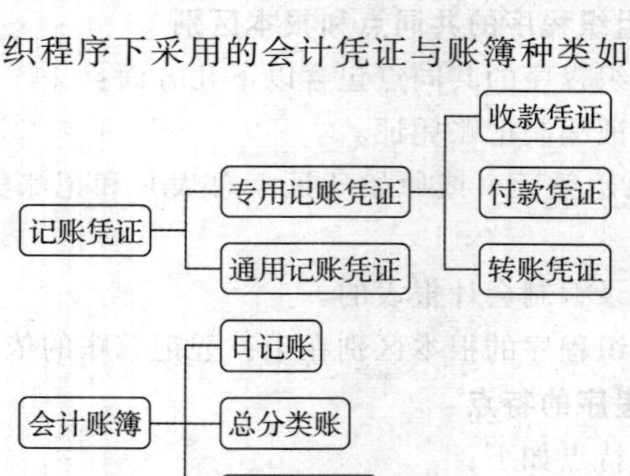

图9-2 记账凭证会计核算组织程序下采用的会计凭证与账簿种类图

凭证设置：记账凭证可以采用一种通用的格式，也可以采用收款凭证、付款凭证和转账凭证三种格式。

账簿设置：一般应设置库存现金日记账、银行存款日记账、总分类账和明细分类账。日记账和总分类账一般采用三栏式，明细分类账可根据需要采用三栏式、数量金额式或多

栏式等格式。

三、记账凭证核算形式的会计核算组织程序

记账凭证会计核算组织程序的基本过程如图9-3所示。

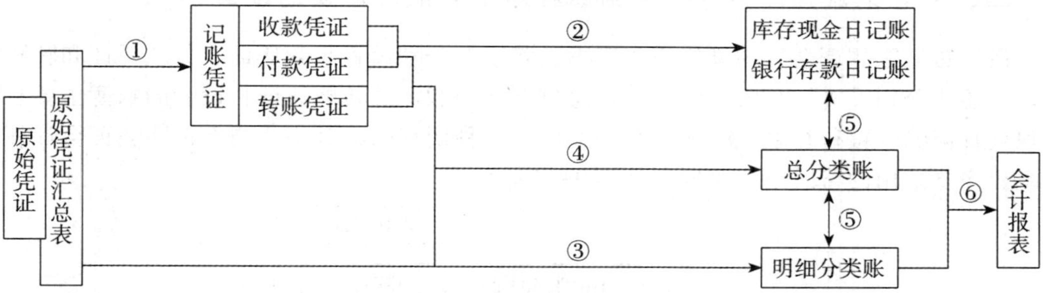

图9-3 记账凭证核算形式的会计核算组织程序图

记账凭证会计核算组织程序的步骤一般可归纳如下：

第一步：根据原始凭证或原始凭证汇总表按不同的经济业务类型分别填制收款凭证、付款凭证和转账凭证；

第二步：根据现金收、付款凭证逐笔序时登记库存现金日记账；根据银行存款收、付款凭证及所附的银行结算凭证逐笔序时登记银行存款日记账；

第三步：根据记账凭证及所附的原始凭证（或原始凭证汇总表）逐笔登记各种明细分类账；

第四步：根据各种记账凭证逐笔登记总分类账；

第五步：根据对账的具体要求，将库存现金日记账、银行存款日记账和各种明细分类账定期与总分类账相互核对；

第六步：期末，根据总分类账和明细分类账的有关资料编制会计报表。

四、记账凭证会计核算组织程序的优缺点及适用性

记账凭证会计核算组织程序简单明了，易于理解和运用；由于总分类账是直接根据各种记账凭证逐笔登记的，因此总分类账能比较详细和具体地反映各项经济业务，便于查账。但由于要根据记账凭证逐笔登记总分类账，故登记总分类账的工作量较大。此方法一般适用于规模较少、业务量较少及记账凭证数量不多的企业。

说明：此会计核算组织程序特别适用于计算机处理，因为利用计算机可以弥补工作量大的缺点。同时在手工记账下，为了减少记账凭证的数量和登记总账的工作量，可以尽量将同类经济业务的原始凭证进行汇总，编制原始凭证汇总表，再根据原始凭证汇总表编制记账凭证。

第三节 汇总记账凭证会计核算组织程序

一、汇总记账凭证会计核算组织程序的概念

汇总记账凭证会计核算组织程序是定期根据全部记账凭证，按照账户的对应关系分别

编制汇总记账凭证，并据以登记总分类账的一种会计核算组织程序。其主要特点是：定期（5天或10天）将所有记账凭证分别编制汇总收款凭证、汇总付款凭证和汇总转账凭证，然后再根据各种汇总记账凭证登记总分类账。

二、汇总记账凭证会计核算组织程序下凭证、账簿的设置

在汇总记账凭证会计核算组织程序下，除了要分别设置收款凭证、付款凭证和转账凭证外，还要分别设置汇总收款凭证、汇总付款凭证和汇总转账凭证；设置的账簿主要有库存现金日记账、银行存款日记账、总分类账和各种明细账，其格式与在记账凭证会计核算组织程序下采用的格式基本相同（如图9-4所示）。

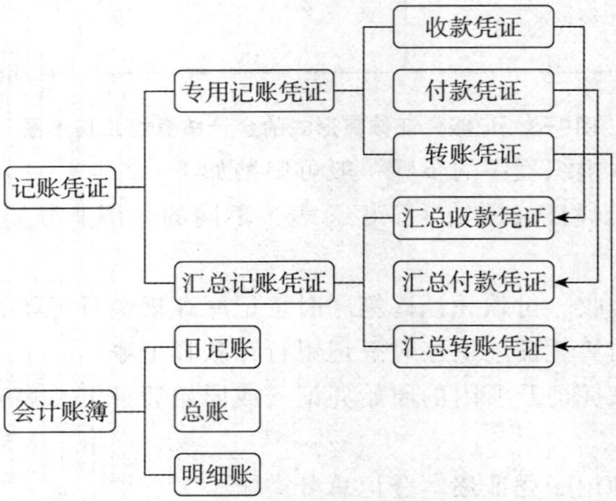

图9-4 汇总记账凭证会计核算组织程序下采用的会计凭证与账簿种类图

汇总记账凭证的编制方法：与科目汇总表会计核算组织程序相比，汇总记账凭证主要是按照会计科目的对应关系进行汇总的。因此，在这种会计核算组织程序下，应设置按对应关系反映的各种汇总记账凭证。

（1）汇总收款凭证，是按库存现金或银行存款科目的借方科目分别设置，按贷方科目加以归类汇总，5天或10天汇总填列一次，通常每月编制一张。月末结出汇总收款凭证的合计数，据以登记总分类账。

（2）汇总付款凭证，是按库存现金或银行存款科目的贷方科目分别设置，按借方科目加以归类汇总，5天或10天汇总填列一次，通常每月编制一张。月末结出汇总付款凭证的合计数，据以登记总分类账。

（3）汇总转账凭证，是按每一贷方科目分别设置，并根据转账凭证按借方科目加以归类汇总，5天或10天汇总填列一次，通常每月编制一张，月末结出汇总转账凭证的合计数，据以登记总分类账。

因为汇总转账凭证上的科目对应关系是一个贷方科目与一个或几个借方科目相对应，所以在汇总记账凭证会计核算组织程序下，为了便于编制汇总转账凭证，要求所有转账凭证只能按一个贷方科目与一个或几个借方科目相对应来填列，不得填制一个借方科目与几个贷方科目相对应的转账凭证，否则就不能以贷方科目为主进行汇总。

三、汇总记账凭证核算形式的会计核算组织程序

汇总记账凭证核算形式的会计核算组织程序如图9-5所示。

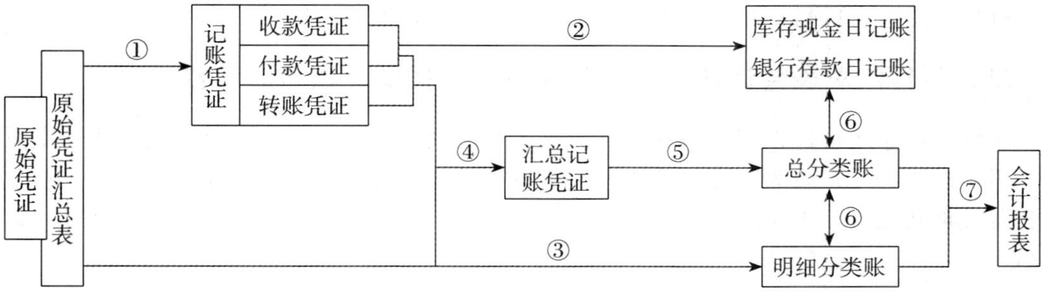

图9-5 汇总记账凭证核算形式的会计核算组织程序图

汇总记账凭证会计核算组织程序的步骤，一般可归纳如下：

第一步：根据原始凭证或原始凭证汇总表填制记账凭证。

第二步：根据收款凭证、付款凭证登记库存现金日记账和银行存款日记账。

第三步：根据记账凭证和原始凭证或原始凭证汇总表登记各种明细账。

第四步：根据收款凭证、付款凭证和转账凭证，定期编制汇总收款凭证、汇总付款凭证和汇总转账凭证。

第五步：根据各种汇总记账凭证登记总账。

第六步：月末，将日记账和明细账的余额与有关总分类账的余额相核对。

第七步：月末，根据总分类账和明细账的资料编制会计报表。

四、汇总记账凭证会计核算组织程序的优缺点及适用性

在汇总记账凭证会计核算组织程序下，登记总分类账的直接依据是汇总记账凭证，而汇总记账凭证是根据各种记账凭证按科目对应关系进行归类汇总编制的，因而在汇总记账凭证及总分类账中，可以清晰地反映出科目的对应关系，便于账目的查对和分析，并克服了科目汇总表会计核算组织程序的缺点；另外，汇总记账凭证会计核算组织程序相对于记账凭证会计核算组织程序而言，简化了登记总分类账的工作。但是，由于汇总转账凭证按每一贷方科目分别设置，与会计实务中按经济业务的内容进行分类处理的方式不同，因而不利于日常会计核算工作的合理分工；同时，汇总记账凭证的编制也是一项业务量较大的工作。因此，汇总记账凭证会计核算组织程序一般适用于规模较大、经济业务较多的大中型企业或单位。

第四节 科目汇总表会计核算组织程序

一、科目汇总表会计核算组织程序的概念

科目汇总表会计核算组织程序，又称记账凭证汇总表会计核算组织程序，同汇总记账凭证会计核算组织程序一样，也是在记账凭证会计核算组织程序的基础上，为简化总分类账的登记工作发展而来的。其主要特点是：定期（5天或10天）对记账凭证进行汇总，编

制科目汇总表，然后再根据科目汇总表登记总分类账。

科目汇总表的编制方法为：根据一定时期内的全部记账凭证，按相同的会计科目归类，定期汇总每一会计科目的本期借方发生额和贷方发生额，并将发生额填入科目汇总表内；科目汇总表可以每汇总一次编制一张，也可以按旬汇总一次，每月编一张。

二、科目汇总表会计核算组织程序下会计凭证、账簿的设置

在科目汇总表会计核算组织程序下，除了要分别设置收款凭证、付款凭证和转账凭证外，还要设置科目汇总表。设置的账簿主要有库存现金日记账、银行存款日记账、总分类账和各种明细账，其格式与在记账凭证会计核算组织程序下采用的格式基本相同（如图9-6所示）。

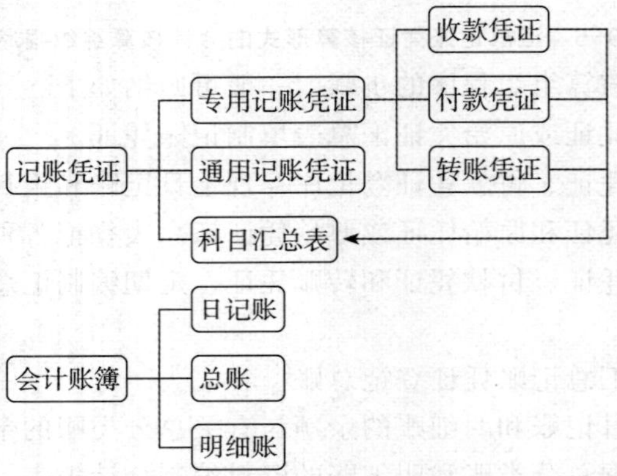

图9-6　科目汇总表会计核算组织程序下会计凭证与账簿设置图

在科目汇总表会计核算组织程序下，关键是编制科目汇总表。为了便于编制科目汇总表，必须注意以下几点：

（1）每一张收款凭证一般应填列一个贷方科目，每一张付款凭证一般应填列一个借方科目；转账凭证只填列一个借方科目和一个贷方科目，一式两联，一联作为借方科目的汇总依据，一联作为贷方科目的汇总依据。

（2）为了便于登记总账，科目汇总表上的科目排列应按总分类账上科目排列的顺序来定。

（3）科目汇总表汇总的时间不宜过长，业务量多的单位可每天汇总一次，一般间隔期为5至10天，以便对发生额进行试算平衡，及时了解资金运动情况。

三、科目汇总表的编制方法及会计核算组织程序

（一）科目汇总表的编制方法

科目汇总表是一种表格，定期将汇总的全部记账凭证按每一会计科目分别加总借方发生额和贷方发生额，填入科目汇总表相关科目的“借方”栏和“贷方”栏内。全部会计科目借方发生额合计数同贷方发生额合计数应当相等，格式见表9-1。每月编制科目汇总表的次数视业务量的大小而定，灵活掌握。

表9-1 科目汇总表 年 月 第 号

会计科目	账页	1—10日		11—20日		21—31日		合计	
		借方	贷方	借方	贷方	借方	贷方	借方	贷方

(二)科目汇总表会计核算组织程序的基本流程

科目汇总表核算形式的会计核算组织程序如图9-7所示。

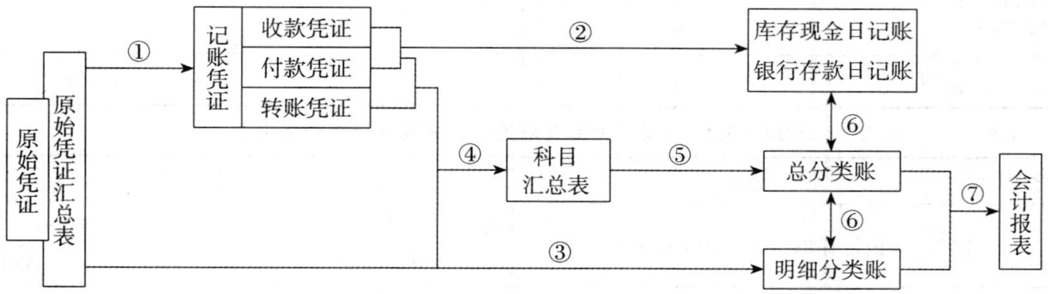

图9-7 科目汇总表核算形式的会计核算组织程序图

科目汇总表会计核算组织程序的步骤一般可归纳如下:

第一步:根据原始凭证或原始凭证汇总表填制记账凭证。

第二步:根据收款凭证、付款凭证登记库存现金日记账和银行存款日记账。

第三步:根据原始凭证、原始凭证汇总表和记账凭证登记各种明细账。

第四步:根据记账凭证定期编制科目汇总表。

第五步:根据科目汇总表登记总账。

第六步:月末,将日记账和明细账的余额与有关总账的余额相核对。

第七步:月末,根据总账和明细账的资料编制会计报表。

四、科目汇总表会计核算组织程序的优缺点及适用性

通过编制科目汇总表,既可以简化总分类账的登记工作,又可以对本期发生额进行试算平衡,并对记账凭证的填制和总分类账登记的正确性起到一定的作用。但是,由于科目汇总表的结构和编制方法与汇总记账凭证不同,它只能反映各科目汇总后的借方和贷方本期发生额,不能反映各科目之间的对应关系,因而难以通过总分类账了解企业经济业务内容,不便于对经济业务进行分析和检查。这种会计核算组织程序一般适用于规模较大、经济业务量较多的企业。

五、科目汇总表会计核算组织程序实例

(一)期初资料

大新有限责任公司2023年3月份期初总分类账户余额见表9-2。

(二)本月业务

2023年3月1—10日大新有限责任公司发生下列经济业务(见表9-3):

表9-2　**大新有限责任公司2023年3月份期初总分类账户余额**　单位：元

账户名称	借方余额	账户名称	贷方余额
库存现金	2 000	应付账款	52 000
银行存款	260 000	短期借款	200 000
应收账款	100 000	实收资本	540 000
其他应收款	3 000	盈余公积	170 000
原材料	57 000	利润分配	49 000
库存商品	13 000	累计折旧	130 000
长期待摊费用	71 000		
长期股权投资	230 000		
固定资产	405 000		
合计	1 141 000	合计	1 141 000

表9-3　**2023年3月1—10日大新有限责任公司发生经济业务汇总**

序号	业务	记账凭证（以会计分录代替）		
1	1日，从银行提取现金5 000元备用	借：库存现金	5 000	
		贷：银行存款		5 000
2	1日，向远华公司购入甲材料价值120 000元，增值税15 600元，款项及税款由银行存款支付，材料尚未验收入库	借：在途物资	120 000	
		应交税费	15 600	
		贷：银行存款		135 600
3	2日，采购员张某出差，暂借差旅费1 000元，以现金支付	借：其他应收款	1 000	
		贷：库存现金		1 000
4	2日，以现金支付1日向远华公司购入甲材料的运杂费1 000元	借：在途物资	1 000	
		贷：库存现金		1 000
5	3日，甲材料经验收入库，结转其采购成本	借：原材料	121 000	
		贷：在途物资		121 000
6	4日，从银行提取现金104 000元，其中100 400元备发工资，3 600元备用	借：库存现金	104 000	
		贷：银行存款		104 000
7	5日，以现金100 400元发放职工工资	借：应付职工薪酬	100 400	
		贷：库存现金		100 400
8	6日，以银行存款支付罚款2 000元	借：营业外支出	2 000	
		贷：银行存款		2 000
9	7日，领用甲材料120 000元，其中生产A产品用80 000元，生产B产品用25 000元，车间修理用8 000元，工厂行政管理部门用7 000元	借：生产成本	105 000	
		制造费用	8 000	
		管理费用	7 000	
		贷：原材料		120 000

实例操作：

（1）根据原始凭证编制记账凭证（见表9-3）。

（2）根据收款凭证、付款凭证、转账凭证编制科目汇总表（该公司每10日按照每科目的借方和贷方的发生额汇总，编制科目汇总表，见表9-4）。

表9-4

科目汇总表

2023年3月1—10日　　科汇字第01号

会计科目	账页	借　方	贷　方	备　注
库存现金		109 000	102 400	1—10日发生额
银行存款			246 600	
其他应收款		1 000		
在途物资		121 000	121 000	
原材料		121 000	120 000	
应付职工薪酬		100 400		
生产成本		105 000		
制造费用		8 000		
管理费用		7 000		
营业外支出		2 000		
应交税费		15 600		
合 计		590 000	590 000	

（3）根据科目汇总表登记总分类账（见表9-5至表9-9）。

表9-5

总分类账（1）

会计科目：库存现金

2023年		凭证		摘要	借方	贷方	借或贷	余额
月	日	字	号					
3	1			期初余额			借	2 000
	10	汇	1	1—10日发生额	109 000	102 400	借	8 600
				11—20日（略）				
				21—31日（略）				
3	31			本月发生额及余额				

表9-6

总分类账（2）

会计科目：银行存款

2023年		凭证		摘要	借方	贷方	借或贷	余额
月	日	字	号					
3	1			期初余额			借	260 000
	10	汇	1	1—10日发生额		246 600	借	13 400
				11—20日（略）				
				21—31日（略）				
3	31			本月发生额及余额				

表9-7 总分类账（3） 会计科目：其他应收款

2023年		凭证		摘要	借方	贷方	借或贷	余额
月	日	字	号					
3	1			期初余额			借	3 000
	10	汇	1	1—10日发生额	1 000		借	4 000
				11—20日（略）				
				21—31日（略）				
3	31			本月发生额及余额				

表9-8 总分类账（4） 会计科目：在途物资

2023年		凭证		摘要	借方	贷方	借或贷	余额
月	日	字	号					
3	1			期初余额				
3	10	汇	1	1—10日发生额	121 000	121 000	平	0
				11—20日（略）				
				21—31日（略）				
3	31			本月发生额及余额				

表9-9 总分类账（5） 会计科目：原材料

2023年		凭证		摘要	借方	贷方	借或贷	余额
月	日	字	号					
3	1			期初余额			借	57 000
	10	汇	1	1—10日发生额	121 000	120 000	借	58 000
				11—20日（略）				
				21—31日（略）				
3	31			本月发生额及余额				

其余科目的总分类账登记略（方法同上）。

第五节 多栏式日记账会计核算组织程序

一、多栏式日记账会计核算组织程序的特点

多栏式日记账会计核算组织程序的主要特点是：根据多栏式库存现金日记账和多栏式银行存款日记账登记总分类账。对于转账业务，可以根据转账凭证逐笔登记总分类账，也

可根据转账凭证编制转账凭证科目汇总表，再据以登记总分类账。

二、多栏式日记账会计核算组织程序下凭证、账簿的设置

在这种会计核算组织程序下，由于库存现金日记账和银行存款日记账都是按其对应账户设置专栏，起到了汇总收款凭证和汇总付款凭证的作用，在月终就可以直接根据这些日记账的本月收付发生额和各对应账户的发生额登记总分类账。登记时，应根据多栏式日记账“收入合计栏”的本月发生额，分别记入库存现金、银行存款总分类账户的借方，并将收入栏下各对应账户的本月发生额合计数记入有关总分类账户的贷方；同时，根据多栏式日记账“付出合计栏”的本月发生额，分别记入库存现金、银行存款总分类账户的贷方，并将付出栏下的每个对应账户的本月发生额合计数记入各有关总分类账户的借方。对于库存现金和银行存款之间相互划转的业务，因已分别包含在库存现金日记账和银行存款日记账的收入和支出合计数内，所以无须再根据有关对应账户的专栏登记总分类账，以免重复。对于转账业务，则根据转账凭证科目汇总表或直接根据转账凭证登记总分类账。

三、多栏式日记账核算形式的会计核算组织程序

多栏式日记账核算形式的会计核算组织程序如图9-8所示。

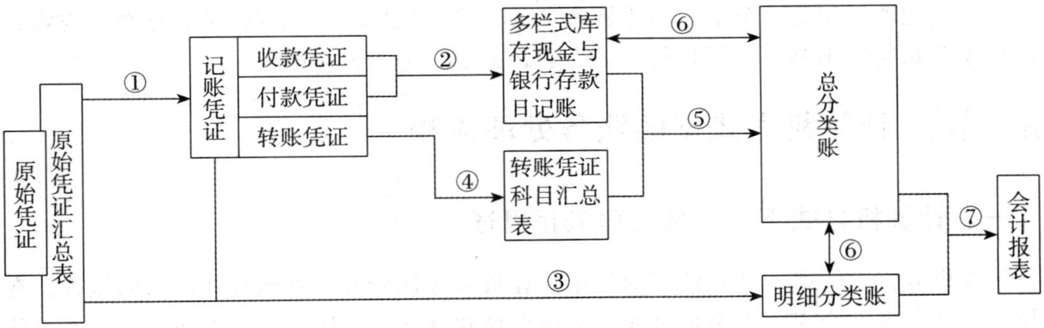

图9-8 多栏式日记账核算形式的会计核算组织程序图

多栏式日记账会计核算组织程序的步骤一般可归纳如下：

第一步：根据原始凭证或原始凭证汇总表填制记账凭证。

第二步：根据收款凭证、付款凭证登记库存现金日记账和银行存款日记账。

第三步：根据记账凭证和原始凭证或原始凭证汇总表登记各种明细分类账。

第四步：根据转账凭证逐笔登记转账凭证科目汇总表。

第五步：登记总分类账。

第六步：月末，将日记账和明细分类账的余额与总分类账的余额相核对。

第七步：月末，根据总分类账和明细分类账的资料编制会计报表。

四、多栏式日记账会计核算组织程序的优缺点及适用性

采用多栏式日记账会计核算组织程序，可以简化总分类账的登记工作。但是，如果企业经济业务繁杂，则必然会造成日记账栏目过多，账页过长，不便于登记。所以，该种会计核算组织程序只适用于企业规模虽大、业务虽多但所用会计科目较少的单位。

五、各种会计核算组织程序的特点及适用范围

任何企业、单位都必须从各自的实际情况出发，科学地组织本单位的会计核算组织程序，这对于提高会计核算工作的效率和质量、简化核算手续、节省核算费用等，具有重要的意义。

记账凭证会计核算组织程序是会计核算中最基本的一种会计核算组织程序，包括了会计核算组织程序的一般内容，其他各种会计核算组织程序基本上是在这种会计核算组织程序的基础上发展而成的。记账凭证会计核算组织程序的主要特点是，直接根据各种记账凭证逐笔登记总分类账。

科目汇总表会计核算组织程序，又称记账凭证汇总表会计核算组织程序。它是在记账凭证会计核算组织程序的基础上形成的。这种会计核算组织程序的主要特点是，先根据记账凭证定期编制科目汇总表（记账凭证汇总表），然后再根据科目汇总表登记总分类账。

汇总记账凭证会计核算组织程序是从记账凭证会计核算组织程序发展演变而来的。这种会计核算组织程序的主要特点是，先根据记账凭证填制汇总记账凭证，再根据汇总记账凭证登记总分类账。

多栏式日记账会计核算组织程序的主要特点是，根据多栏式库存现金日记账和多栏式银行存款日记账登记总分类账。对于转账业务，可以根据转账凭证逐笔登记总分类账，也可以根据转账凭证编制转账凭证科目汇总表，据以登记总分类账。

第六节 计算机方式下的账务处理流程

一、计算机方式下的账务处理流程概述

计算机方式下的账务处理流程即是用计算机软件代替人工处理会计信息的过程。在信息技术飞速发展的今天，大多数企业已经将会计软件充分应用于会计工作，这已经对传统会计的业务处理产生了深刻的影响。会计信息的处理由算盘发展到键盘，信息载体也从纸质材料发展到现在的电子数据文件，会计信息的处理与传输过程高度自动化，会计信息也呈现出电子化、无纸化和实时化的特点。

在电算化系统中，整个账务处理流程具有高度的连续性、严密性，呈现出一体化趋势。只要将分散于手工会计各个核算岗位的会计数据统一收集后集中输入计算机，此后的各种数据处理工作都由计算机按照会计软件的要求自动完成，需要的任何中间资料都可以通过系统提供的查询功能得到，真正实现了数据共享。系统可实时生成财务报表，极大地提高了财务报告的时效性。在电算化系统中只要一个简单的指令或动作，就能完成手工会计中烦琐的记账工作，大大降低了会计人员的工作量，从而降低企业的人力成本。

二、计算机方式下的会计核算组织程序

计算机方式下的会计核算组织程序实现了账簿体系与记账过程的虚拟化，编制记账凭证后的账务处理程序都由计算机自动生成，如图9-9所示。

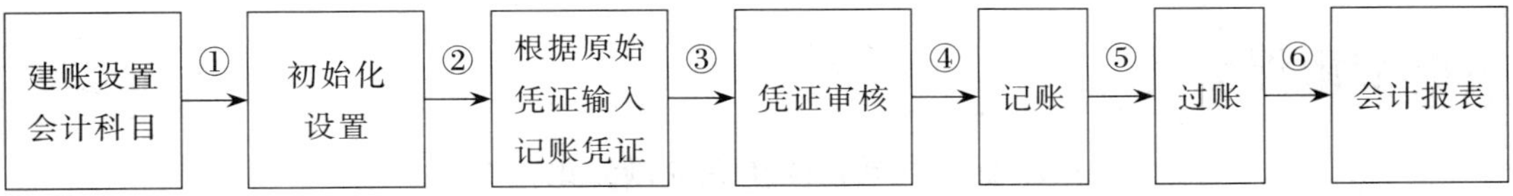

图9-9 计算机方式下的会计核算组织程序图

计算机方式下的核算组织处理流程归纳如下：

第一步，建立账户和科目代码，进行相关初始化设置：按照会计制度建立账户，设置会计科目及科目代码，对账户和科目代码进行维护。录入记账要用的基础数据，包括企业部门档案、人员信息、客商信息等。

第二步，根据原始凭证录入凭证：根据原始凭证，采用计算机输入设备（如键盘、鼠标、扫描仪等）输入凭证内容，包括借方科目、贷方科目、金额等信息。

第三步，对凭证进行审核：凭证信息录入完毕后，系统会根据设置的审批流程由相关人员进行凭证审核，保证凭证的合法性和准确性。

第四步，凭证过账：审核通过的凭证需要进行过账操作，将凭证中的借贷方金额分别记录到对应的科目余额中，此步骤由计算机自动完成。

第五步，生成账簿：根据不同的会计科目和账户，系统自动生成相应的会计账簿，如总账、明细账、科目余额表、利润表、资产负债表等，所有账表可在查询功能中直接查看。

第六步，生成财务报表：根据设置的会计期间的结束时间，系统可根据系统内已记账的数据实时生成相应的财务报表，如资产负债表、利润表、现金流量表等，用于企业经营决策和投资分析。

各种会计核算组织程序的特点、优缺点和适用范围比较见表9-10。

表9-10 **各种会计核算组织程序的特点、优缺点和适用范围比较表**

会计核算组织程序	特点	优点	缺点	适用范围
记账凭证会计核算组织程序	根据记账凭证登记总分类账	账户对应关系清晰明了，便于查账	登记总分类账的工作量大	规模小、业务量少、凭证不多的单位
科目汇总表会计核算组织程序	根据科目汇总表登记总分类账	简化登记总分类账的工作	模糊了账户之间的关系，不便于查账	大、中、小型各类单位
汇总记账凭证会计核算组织程序	根据汇总记账凭证登记总分类账	简化凭证整理归类，保证账户之间清晰的对应关系	编制汇总凭证的工作量大	规模较大、业务量较多的单位
多栏式日记账会计核算组织程序	根据多栏式日记账登记总分类账	简化总分类账的登记工作	日记账专栏设计较多，账页过长，登记不方便	规模大、业务多，但会计科目较少的单位
计算机会计核算组织程序	根据记账凭证计算机自动登记各类账簿	简化工作，减少会计人员工作量	前期初始化工作量大，出现指令错误会影响后期数据处理的正确性	各类企业

思政课堂

创新驱动发展，赋予企业顽强的生命力

党的二十大报告指出：坚持面向世界科技前沿、面向经济主战场、面向国家重大需求、面向人民生命健康，加快实现高水平科技自立自强。以国家战略需求为导向，集聚力量进行原创性引领性科技攻关，坚决打赢关键核心技术攻坚战。加快实施一批具有战略性全局性前瞻性的国家重大科技项目，增强自主创新能力。加强基础研究，突出原创，鼓励自由探索。提升科技投入效能，深化财政科技经费分配使用机制改革，激发创新活力。加强企业主导的产学研深度融合，强化目标导向，提高科技成果转化和产业化水平。

创新日益成为驱动信息技术企业发展的源泉，而技术创新更是企业创新的核心。关于企业的创新发展，华为公司可谓是佼佼者。华为从1992年开始，坚持将每年销售额的10%投入到研发中，可见对创新的重视。早在1997年，华为就已经从封闭式创新走向了开放式创新的发展模式。如今，开放式创新的思想已经被普遍接受，企业在执行创新战略时能够整合企业的内外部技术资源，维持并增强企业自身的市场竞争优势和创新发展的能力，华为就是最典型的例子。

在当下这个复杂多变的时代，企业生存举步维艰，创新和转型显得尤为重要。所以，企业想要在逆境中求得生存和发展，应该不拘泥于形式，敢于突破和创新，才是企业持续发展的不竭动力。

经济越发展，会计越重要。大智移云给会计带来深刻的变化，企业要敢于迎接挑战、抓住机遇。

资料来源：佚名. 华为精神的启示：突破和创新，才是企业持续发展的不竭动力［EB/OL］.（2022-10-11）. https：//www.jianshu.com/p/2a140ae1a41f.有改动。

课后练习题

一、单项选择题

1.各种会计核算程序最主要的区别是（　　）。

A.账簿组织不同　　B.记账程序不同

C.登记总账的依据和方法不同　　D.记账方法不同

2.科目汇总表的汇总范围是（　　）。

A.全部科目的借方余额　　B.全部科目的贷方余额

C.全部科目的借、贷方发生额　　D.部分科目的借、贷方发生额

3.汇总记账凭证会计核算组织程序适用于（　　）的企业。

A.规模较大、经济业务较多　　B.规模较小、经济业务不多

C.规模较大、经济业务不多　　D.规模较小、经济业务较多

4.科目汇总表会计核算组织程序的主要缺点是（　　）。

A.登记总账的工作量太大　　B.编制科目汇总表的工作量太大

C.不利于人员的分工　　D.看不出科目之间的对应关系

5.（　　）是直接根据记账凭证逐笔登记总分类账的。

A.记账凭证会计核算组织程序　　B.科目汇总表会计核算组织程序

C.汇总记账凭证会计核算组织程序　　D.多栏式日记账会计核算组织程序

6.使用会计科目少、业务量小的单位可以采用（　　）。

A.记账凭证会计核算组织程序　　B.科目汇总表会计核算组织程序

C.汇总记账凭证会计核算组织程序　　D.多栏式日记账会计核算组织程序

7.汇总记账凭证会计核算组织程序的特点是根据（　　）登记总账。

A.记账凭证　　B.汇总记账凭证

C.科目汇总表　　D.原始凭证

8.计算机会计核算处理程序下总分类账是依据（　　）生成的。

A.记账凭证　　B.汇总记账凭证

C.科目汇总表　　D.原始凭证

二、多项选择题

1.为了便于编制汇总转账凭证，平时编制转账凭证时，应使科目保持（　　）的对应关系。

A.一借多贷　　B.一借一贷　　C.多借多贷　　D.多借一贷

2.在各种会计核算形式中，共同的账务处理程序包括（　　）。

A.均应编制原始凭证　　B.均应编制记账凭证

C.均应编制汇总记账凭证　　D.均应设置总账

3.在多栏式日记账会计核算组织程序下，总分类账可以据（　　）登记。

A.多栏式库存现金日记账　　B.多栏式银行存款日记账

C.转账凭证　　D.转账凭证科目汇总表

4.在各种会计核算组织程序中，能够减少登记总账工作量的核算组织程序有（　　）。

A.记账凭证会计核算组织程序　　B.科目汇总表会计核算组织程序

C.汇总记账凭证会计核算组织程序　　D.多栏式日记账会计核算组织程序

5.在不同的会计核算组织程序下，登记总账的依据可以是（　　）。

A.记账凭证　　B.汇总记账凭证

C.科目汇总表　　D.原始凭证汇总表

6.科目汇总表会计核算组织程序的优点有（　　）。

A.反映内容详细　　B.简化登记总账的工作

C.便于试算平衡　　D.能反映账户的对应关系

三、判断题

1.科目汇总表会计核算组织程序下，总分类账均应依据科目汇总表登记。（　　）

2.在汇总记账凭证会计核算组织程序下，要求编制的记账凭证必须是一借一贷。（　　）

3.在记账凭证会计核算组织程序下，总账可以根据记账凭证逐笔登记，也可以定期汇总登记。（　　）

4.不论哪种会计核算组织程序，在编制会计报表之前，都要进行对账工作。（　　）

5.科目汇总表汇总了有关科目的借、贷方发生额和余额。（　　）

6.科目汇总表不仅是登记总账的依据，而且根据科目汇总表可以了解企业资金运动的来龙去脉。（　　）

7.在各种会计核算组织程序中，原始凭证都不能直接用来登记总账和明细账。（　　）

8.明细分类账的登记依据只能是记账凭证。 ( )

9.计算机下的会计核算处理程序中，财务报表一定要在月末生成 ( )

四、核算题

1.目的：了解会计核算组织程序。

要求：填列表9-11中的有关项目。

表9-11 **各种会计核算组织程序比较**

会计核算组织程序	特　点	优　点	缺　点	适用范围
记账凭证会计核算组织程序				
科目汇总表会计核算组织程序				
汇总记账凭证会计核算组织程序				
多栏式日记账会计核算组织程序				
计算机会计核算组织程序				

2.目的：练习登记总分类账。

资料：大新有限公司“管理费用”总账账户6月20日有借方余额18 500元，6月21日至30日发生下列经济业务：

（1）开出转账支票1 500元支付行政管理部门本月水电费。

（2）公出人员出差归来报销差旅费800元，付给现金。

（3）某职工因私事拨打长途电话，费用为100元，现收回现金（前已报销）。

（4）摊销应由本月负担的保险费600元。

（5）月末结转本月发生的管理费用21 300元。

要求：

（1）编制本月业务的会计分录，并说明其应编入何种汇总记账凭证。

（2）根据汇总记账凭证登记“管理费用”总分类账户（“T”形账户），并写明摘要。

3.目的：练习科目汇总表会计核算组织程序。

资料：大新有限公司2023年5月初各账户余额见表9-12。

表9-12 **大新有限公司2023年5月初各账户余额** 单位：元

账　户	借方余额	账户	贷方余额
库存现金	300	短期借款	160 000
银行存款	180 600	应付账款	92 000
应收账款	94 000	应交税费	31 000
原材料	320 000	长期借款	91 000
生产成本	297 000	累计折旧	1 031 000
库存商品	161 000	实收资本	4 762 000
其他应收款	100	盈余公积	77 000
固定资产	5 191 000		
合计	6 244 000	合计	6 244 000

5月份发生的经济业务见第五章课后练习题核算题。

要求：

（1）开设总分类账户，登记期初余额。

（2）根据所填制的记账凭证编制科目汇总表。每半月汇总填写一次，月终加计总额后过入总分类账。

（3）结算总分类账各账户的期末余额。

第十章

会计工作的组织

学习目标

1. 了解正确组织会计工作的重要性和应遵循的要求；
2. 熟悉会计机构的设置、组织方式和岗位责任制；
3. 了解会计人员的职责、权限和对会计人员的要求；
4. 熟知会计法规制度的构成；
5. 理解把各种会计核算方法付诸实施需要创造的条件。

所谓会计工作组织，是指如何安排、协调和管理好企业的会计工作。会计机构和会计人员是会计工作系统运行的必要条件，而会计法规是保证会计工作系统正常运行的必要的约束机制。

第一节 组织会计工作概述

会计工作组织就是根据会计工作的特点，制定会计法规制度，设置会计机构，配备会计工作人员，以保证合理、有效地进行会计工作。

一、组织会计工作的意义

（一）有利于提高会计工作质量

会计工作是一项细致复杂的工作，各个部门、各种程序、各项手续以及各项数字之间必须密切联系，要求会计机构和会计人员通过合理的手续制度和处理程序，有机地联系和沟通生产经营的各个环节，相互配合，协调一致，以保证会计工作质量，提高会计工作效率。

（二）有利于对企业各项计划、预算进行有效的控制和对各项制度的贯彻执行

会计核算和监督各单位的经济活动是否符合国家的方针、政策，是否符合企业的各项计划和预算。它所提供的各项指标又是编制和检查计划、预算，进行综合平衡的一种依据，因此按照国家的要求组织会计工作，有利于保证国家方针、政策和企业计划、预算的贯彻实施。这不仅是微观经济的需要，也是宏观经济的需要。

（三）有利于会计适应改革开放的要求

我国正在融入世界经济，要求会计工作开阔视野、转变思想、提高效率、加强经济核算，这就需要确定一定的会计法律法规，有一个相适应的工作机构和工作人员，根据实际情况和实际需要来组织会计工作，从而发挥会计工作应有的作用。

二、组织会计工作应遵循的要求

（一）组织会计工作要符合国家的统一要求

组织会计工作必须按照《会计法》对会计工作的统一要求，贯彻执行国家的有关规定。只有按照统一要求组织会计工作，才能发挥会计工作在维护社会主义市场经济秩序、加强经济管理、提高经济效益中的作用。

（二）组织会计工作要适应各单位生产经营的特点

会计工作的组织既具有规范性，又具有灵活性。它的规范性体现在这一组织工作必须遵循会计法、会计准则以及其他的法规对企业会计工作的要求；它的灵活性主要体现在企业在具体组织会计工作的时候，必须要结合本单位自身的管理经营特点，制定具体的会计制度、具体办法和补充规定等。

（三）组织会计工作要兼顾质量与效率

会计工作十分复杂，如果组织不好，就会造成重复劳动、资源浪费。组织会计工作既要保证贯彻整个单位的经济责任制，又要建立会计工作的责任制度。组织会计工作既要保证会计核算工作的质量，又要节约人力物力，以提高工作效率。因此，企业对会计管理程序的规定力求简捷适用，所有会计凭证、会计账簿、会计报告的设计，会计机构的设置以及会计人员的配备等都应力求精简。

（四）组织会计工作要做到专业核算与群众核算相结合

所谓专业核算是指由专职会计人员进行的核算；所谓群众核算是指由职工群众直接参加的单位内部各部门的经济核算。专业核算与群众核算相结合有利于增加会计工作的透明度，形成科学的运行机制。在保证贯彻整个企业单位的经济责任制的同时，建立健全和完善会计工作本身的责任制度，实现会计处理手续和会计工作程序的规范化。

（五）组织会计工作必须执行内部控制制度

通过内部控制制度的设计和运行，可使企业上下行动协调、目标一致。企业的会计机构设置和会计人员配备、会计凭证填制、会计账簿登记和财务报告编制等内容，都应体现内部控制制度的要求；而会计监督、内部会计管理制度的建立和完善，则充分反映了内部控制制度对遵从法律法规、提高经营效率效果方面的举措，以推动企业建立健全内部控制，提高企业内部控制与经营管理水平，这样组织会计工作才能促进企业的健康可持续发展。

三、会计模式

会计模式是指在一定社会环境下，企业对会计活动的各种要素按照一定逻辑进行综合描述，反映各种会计要素基本特征及内在联系与结构形式的有机整体。其组成要素包括：会计目标模式、会计管理模式、会计规范模式、会计核算模式、会计报告模式、会计监督模式和会计教育模式等。会计是社会经济发展的产物，经济、政治、法律、科技和社会等因素无不影响会计，并导致会计的变革与发展。不同的社会经济环境衍生出特定模式的会计。可以说，不同国家的会计采用不同的特定会计模式，并适应其本国经济发展的需要。

从比较会计的角度出发，我们可以将世界各国的会计大体划分为五种模式，即英国模式（“真实与公允”）、美国模式（“公认会计原则”）、法国-西班牙-意大利模式（保证国家税收）、北欧模式（维护企业利益）和计划经济体制模式。目前，我国正在进行会计改革，以美国模式为趋同目标，建立起具有中国特色的会计模式。

四、会计工作的管理体制

会计工作是指一项经济管理活动，为了规范会计工作，保证会计工作在经济管理中发挥作用，政府部门应在宏观上对会计工作进行必要的指导、监督和管理。

（一）会计工作的管理体制的概念

所谓体制是指国家、企业、事业单位等组成的组织制度。国家会计工作管理体制是指国家管理会计工作的组织形式和基本制度，包括管理机构的设置、职责范围的确定和管理职权的划分，是国家会计法律、法规、规章、制度和方针、政策得以贯彻落实的组织保障和制度保障。基于经济监管的要求，我国会计工作管理体制必须明确会计工作的主管部门、国家统一的会计法规的制定权限、对会计工作的监督检查部门和监督检查范围、对会计人员的管理等内容。会计法规体系与企业会计的关系如图10-1所示。

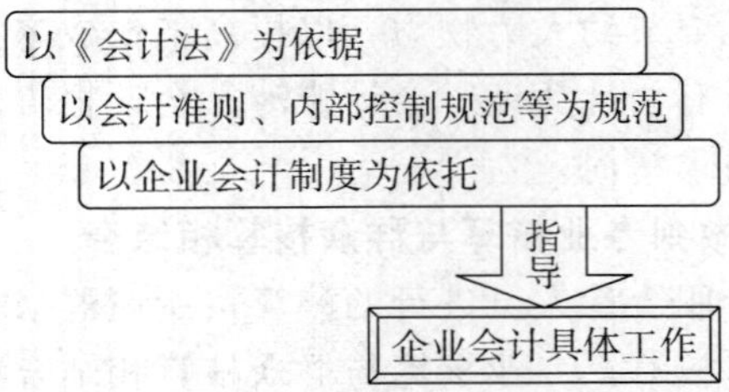

图10-1　会计法规体系与企业会计关系图

（二）统一领导、分级管理的管理体制

《会计法》规定：国务院财政部门管理全国的会计工作。县级以上地方各级人民政府的财政部门管理本地区的会计工作。自中华人民共和国成立以来，我国的会计工作一直由各级财政部门管理。会计工作最基本、最重要的任务是提供财政、财务收支信息，反映财政预算和财务收支计划的执行结果，增收节支，厉行节约，严格执行国家财政、财务制度和财经纪律，因此，由财政部门负责管理会计工作是合理的，也是必要的。

我国会计工作实行“统一领导，分级管理”体制。财政部设置了会计司作为财政部管理全国会计工作的办事机构。财政部会计司的主要职责有：

（1）了解、检查会计工作情况，总结、交流会计工作经验，研究、拟定改进会计工作的措施。

（2）拟定全国性的会计法令、规章、制度并组织贯彻实施，审查各地区、各部门拟定的会计制度、办法。

（3）制定全国会计干部培训规划，推动和协助各地区、各部门做好会计干部的业务培训工作。

（4）会同有关部门制定有关会计干部专业技术职务评定的办法，并贯彻实施。

（5）逐步授权于注册会计师协会来管理、监督会计师事务所的业务，组织注册会计师资格考试，批准注册会计师资格，颁发注册会计师证书。

（6）管理报批外国会计公司在华设立常驻代表机构，并依法对其业务进行管理、监督。

第二节 会计机构

会计机构是贯彻执行党和国家方针政策，制定和执行会计制度，组织领导和处理会计工作的职能机构。企业合理设置会计机构、明确工作任务，是保证会计工作顺利进行的重要条件。

一、企业会计机构的设置

《会计基础工作规范》中指出：各单位应当根据会计业务的需要设置会计机构；不具备单独设置会计机构条件的，应当在有关机构中配备专职会计人员。各个企业和行政、事业单位原则上都要单独设置专职的会计工作机构。由于会计工作（主要是会计核算）同财务工作（主要是财务管理）都是综合性的经济管理工作，它们之间的关系又非常密切，因此，通常把二者结合起来，设置一个财务会计机构（如财会处、科、组）来统一办理财务工作和会计工作。企业和机关、事业单位都应当单独设置财务会计机构。财务会计机构是各单位内部组织领导和直接从事财务工作的职能部门。

目前，我国应逐步推行财务与会计分设机构，以利于相互监督、互相促进，防止职责不清、相互扯皮和“重会计核算轻财务管理”的现象出现。对规模小、人员少、业务简单的单位，可以在有关机构中设置会计人员，并指定会计主管人员。不具备条件的，可以委托经批准设立的会计咨询、服务机构进行代理记账（如图10-2所示）。

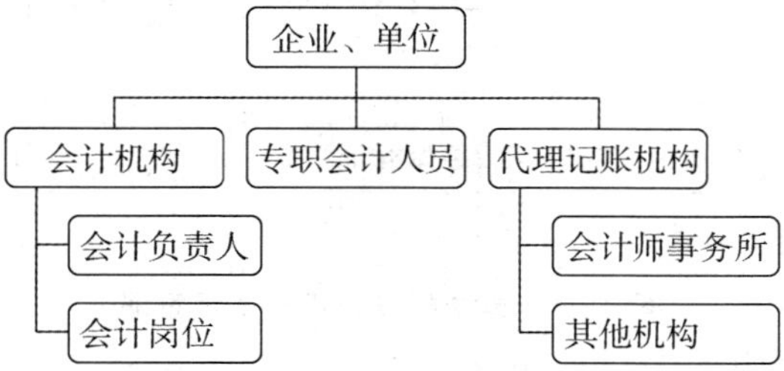

图10-2 企业会计机构设置方式图

国家投资占控股地位或者主导地位的大中型企业必须设置总会计师。事业单位和业务主管部门经批准可以设置总会计师。总会计师由取得会计师任职资格后，主管一个单位内一个重要方面的财务会计工作时间不少于3年的人员担任。会计机构内部应当建立稽核制度。同时，应当根据业务的繁简进行合理分工。规模较大的企业在财务会计机构内还分设若干职能组（如图10-3所示）。例如，有些工业企业的财务会计科分设材料组、工资组、成本组、财务组、费用组，分别负责有关业务的核算、分析和检查工作；不属于各职能组的财务会计工作以及全科的各项综合性工作，则另设综合组负责办理。

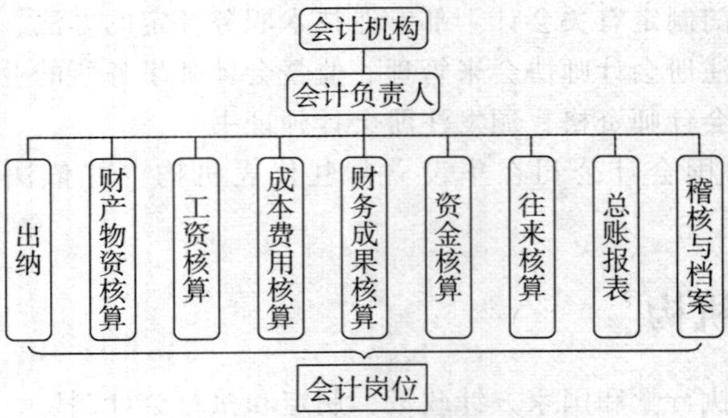

图10-3　企业会计岗位设置示意图

二、会计工作的组织形式

会计工作的组织形式根据企业的具体情况不同而分为集中核算和非集中核算两种。

（一）集中核算组织形式

集中核算组织形式是财务工作全部在会计部门进行，各车间、部门一般不进行单独核算，而只是对所发生的经济业务进行原始记录，办理原始凭证手续，并对原始凭证进行适当汇总，定期将原始凭证或原始凭证汇总表送交财务会计部门进行总分类核算和明细分类核算（如图10-4所示）。集中核算组织形式的优点是可以减少核算环节，简化核算手续，有利于及时掌握全面的经营情况和精减人员，一般适用于中、小型企业。

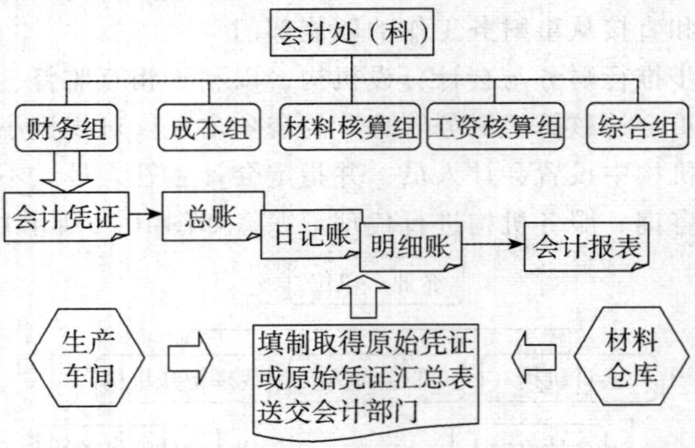

图10-4　集中核算组织形式示意图

（二）非集中核算组织形式

非集中核算组织形式就是把某些业务的凭证整理、明细核算、有关会计报表，特别是适应企业内部单位日常管理需要的内部报表的编制和分析，分散到直接从事该项业务的车间、部门进行，如材料的明细核算由供应部门及所属的仓库进行，但总分类核算、全厂性会计报表的编制和分析仍由厂级会计部门集中进行（如图10-5所示）。厂级会计部门还应对企业内部各单位的会计工作进行业务上的指导和监督。这种组织形式一般适用于大型企业。

三、会计工作岗位的设置

以大中型工业企业为例，一般都在厂一级设置会计科（或将财务工作与会计工作合并

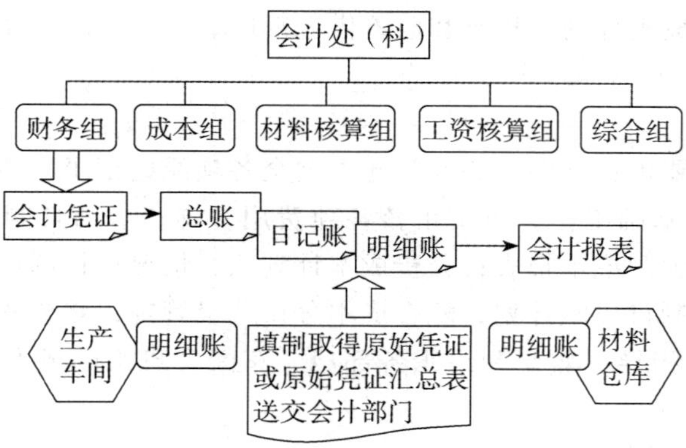

图10-5 非集中核算组织形式示意图

在一起，设置一个财会科），科内按业务分设财务组、成本组、材料核算组、工资核算组、综合组等。组织健全工作岗位，建立会计工作岗位责任制，即将每一项会计工作都定人定岗，都由专人负责。会计工作的合理分工必须体现内部牵制制度的要求，并建立稽核制度，以利于防止或发现工作中的差错或失误。每个组的职责和要求如下：

（一）综合组

综合组的职责和要求：负责总账的登记，并与有关的日记账和明细账相核对；进行总账余额的试算平衡，编制资产负债表，并与其他会计报表进行核对；保管会计档案，进行企业财务情况的综合分析，编写财务情况说明书；进行财务预测，制订或参与制订财务计划，参与企业生产经营决策。

（二）财务组

财务组的职责和要求：负责货币资金的出纳、保管和日记账的登记；审核货币资金的收付凭证；办理企业与供应、购买等单位之间的往来结算；监督企业贯彻执行国家现金管理制度、结算制度和信贷制度的情况；分析货币资金收支计划和银行借款计划的执行情况，制订或参与制订货币资金收支和银行借款计划。

（三）工资核算组

工资核算组的职责和要求：负责计算职工的各种工资和奖金；办理职工的工资结算，并进行有关的明细核算；分析工资总额计划的执行情况，控制工资总额支出；参与制订工资总额计划。在由各车间、部门的工资员分散计算和发放工资的组织方式下，还应协助企业劳动工资部门负责指导和监督各车间、部门的工资计算和发放工作。

（四）固定资产核算组

固定资产核算组的职责和要求：负责审核固定资产购建、调拨、内部转移、租赁、清理的凭证；进行固定资产的明细核算；参与固定资产清查；编制有关固定资产增减变动的报表；分析固定资产的使用效果；参与制订固定资产重置、更新和修理计划；指导监督固定资产管理部门和使用部门的固定资产核算工作。

（五）材料核算组

材料核算组的职责和要求：负责审核材料采购的发票、账单等结算凭证，进行材料采购收发结存的明细核算；参与库存材料清查；分析采购资金使用情况及采购成本超支、节约情况和储备资金占用情况，参与制订材料采购成本和材料资金占用计划；参与制订材料采购资金计划和材料成本计划；指导和监督供应部门、材料仓库和使用材料的车间部门的材料核算情况。

（六）成本组

成本组的职责和要求：会同有关部门建立健全各项原始记录、消耗定额和计量检验制度；改进成本管理的基础工作；负责审核各项费用开支；参与自制半成品和产成品的清查；核算产品成本，编制成本报表；分析成本计划执行情况；控制产品成本和生产资金占用；进行成本预测，制订成本计划，配合成本分口分级管理，将成本指标分解、落实到各部门、车间、班组；指导、监督和组织各部门、车间、班组的成本核算和厂内经济核算工作。

（七）销售和利润核算组

销售和利润核算组的职责和要求：负责审核产成品收发、销售和营业收支凭证；参与产成品清查；进行产成品、销售和利润的明细核算；计算应交税费，进行利润分配，编制利润表；分析成品资金占用情况，销售收入、利润及分配计划的执行情况；参与市场预测，制订或参与制订销售和利润计划。

（八）资金组

资金组的职责和要求：负责资金的筹集、使用、调度；随时了解、掌握资金市场动态，为企业筹集资金，以满足生产经营活动的需要，不断降低资金成本，提高资金使用的经济效益；还应负责编制财务状况变动表或现金流量表。

四、会计机构的组织形式

会计机构的组织形式是由企业的规模和它所担负的任务决定的，一般可分为独立核算机构和非独立核算机构。非独立核算机构又可分为半独立核算和报账单位。

（一）独立核算

企业实行独立核算必须具备一定的条件，通常要有一定的自有资金，有独立经营的自主权，能单独编制计划，单独计算盈亏，单独在银行开户并经市场监督管理部门注册登记。独立核算单位必须全面地进行记账、独立对外结算和定期编制财务报告。

实行独立核算单位的记账工作组织形式又可分为集中核算和分散核算两种。一个企业实行集中核算还是分散核算，应视企业规模大小和经营管理的要求而决定。往往一个企业对某些会计业务采用集中核算，而对另一些业务采用非集中核算。但无论采用哪种组织形式，企业对外的现金往来、物资购销、债权债务和结算都应由财务会计部门集中办理。

（二）半独立核算

半独立核算是指独立核算企业的分厂、车间或生产、业务单位，其规模比较大，在生产、经营上有一定的独立性，但不具备完全独立核算的某些必要条件，如不能在银行单独开户、没有独立的资金等。这些单位配备一定的会计人员，单独编制会计凭证、记账和编制财务报告，然后送会计部门汇总编表。其优点是部门负责人和职工能及时掌握部门的生产成本、经营情况和财务成果，能动员职工参加企业管理。这种核算组织更需要实行经济责任制。

（三）报账单位

报账单位是指企业内部各部门本身不单独计算盈亏，只记录和计算几个主要指标，进行简易核算，以考核其工作质量。这些单位如商品流通企业所属的门市部和分销店，平时只向上级领取备用金，定期向上级报销，所有收入全部解缴上级，由财会部门集中进行核算。

第三节 会计人员

会计人员是决定会计工作质量的关键。明确会计人员的职责和权限，是充分发挥会计人员积极性的有效措施。会计部门必须配备适当的会计人员，提高会计人员的政治素质和业务水平，深入贯彻《会计法》，保障会计人员行使职权，为会计人员更好地发挥会计职能作用创造条件。

一、会计人员的职责与权限

会计人员是从事会计工作、处理会计业务、完成会计任务的人员。企业、事业、行政机关等单位都应根据实际需要配备一定数量的会计人员。会计人员的职责概括起来就是及时提供真实可靠的会计信息，认真贯彻执行和维护国家财经制度和财经纪律，积极参与经营管理，提高经济效益。

（一）会计人员的职责

根据《会计法》的规定，会计人员的主要具体职责是：

（1）进行会计核算。会计人员要以实际发生的经济业务为依据，记账、算账、报账，做到手续完备、内容真实、数字准确、账目清楚、日清月结、按期报账，如实反映财务状况、经营成果和财务收支情况。进行会计核算，及时地提供真实可靠的、能满足各方需要的会计信息，是会计人员最基本的职责。

（2）实行会计监督。各单位的会计机构、会计人员对本单位实行会计监督。会计人员对不真实、不合法的原始凭证，不予受理；对记载不准确、不完整的原始凭证，予以退回，要求更正补充；发现账簿记录与实物、款项不符的时候，应当按照有关规定进行处理；无权自行处理的，应当立即向本单位行政领导人报告，请求查明原因，作出处理；对违反国家统一的财政制度、财务制度规定的收支，不予办理。

（3）拟定本单位办理会计事务的具体办法。

（4）认真编制、执行和考核、分析财务计划、预算，参与制定企业预测、决策，参与拟订经济计划、业务计划，参与改善企业经营管理的各项活动，考核、分析预算、财务计划的执行情况，推动增产节约、增收节支，提高企业经济效益。

（5）办理其他会计事项。

（二）会计人员的权限

会计人员的主要权限如下：

（1）会计人员有权要求本单位有关部门、人员认真执行国家批准的计划、预算，即督促本单位有关部门严格遵守国家财经纪律和财务会计制度。如果本单位有关部门有违反国家法规的情况，会计人员有权拒绝付款、拒绝报销或拒绝执行，并及时向本单位领导或上级有关部门报告。

（2）会计人员有权参与本单位编制计划、制定定额、对外签订经济合同及参加有关的生产、经营管理会议和业务会议，即会计人员有权以其特有的专业地位参加企业的各种管理活动，了解企业的生产经营情况，并提出自己的建议。

（3）会计人员有权对本单位各部门进行会计监督，即会计人员有权监督、检查本单位有关部门的财务收支、资金使用和财产保管、收发、计量、检验等情况，本单位有关部门要大力协助会计人员的工作。

二、单位负责人和会计人员的法律责任

《会计法》进一步明确了会计人员的职责和法律责任，尤其突出了单位负责人对会计工作的法律责任，主要有以下几个方面：

（一）国家加强监管

财政、审计、税务、中国人民银行、证券监管、保险监管等部门应当依照有关法律、行政法规规定的职责，对有关单位的会计资料实施监督检查。有关监督检查部门已经作出的检查结论能够满足其他监督检查部门履行本部门职责需要的，其他监督检查部门应当加以利用，避免重复查账。单位负责人、会计人员和其他人员伪造、变造、故意毁灭会计凭证、会计账簿、财务报告和其他会计资料的，或者利用虚假的会计凭证、会计账簿、财务报告和其他会计资料偷税或损害国家利益、社会公众利益的，由县级以上财政、审计、税务机关或者其他有关主管部门依据法律、行政法规规定的职责负责处理并追究责任，具体包括：责令限期改正、通报、罚款；属于国家工作人员的，还可以由其所在单位或者有关单位依法给予行政处分；情节严重的，五年内不得从事会计工作；构成犯罪的，依法追究刑事责任。

（二）单位负责人的责任

单位负责人对本单位的会计工作和会计资料的真实性、完整性负责。会计机构、会计人员依照《会计法》进行会计核算，实行会计监督。任何单位或者个人不得以任何方式授意、指使、强令会计机构、会计人员伪造、变造会计凭证、会计账簿和其他会计资料，提供虚假财务报告。任何单位或者个人不得对依法履行职责、抵制违反《会计法》规定行为的会计人员实行打击报复。单位负责人和其他人员对依法履行职责的会计人员进行打击报复的，给予行政处分；构成犯罪的，依法追究刑事责任。

（三）遵守《企业会计准则》

企业的会计凭证、会计账簿、财务报告和其他会计资料必须符合相关的规定。使用电子计算机进行会计核算的，其软件及生成的会计凭证、会计账簿、财务报告和其他会计资料，也必须在《企业会计准则》的规定下进行会计信息的制作。任何单位和个人不得伪造、变造会计凭证、会计账簿及其他会计资料，不得提供虚假的财务报告。会计机构、会计人员必须按照国家统一的规定对原始凭证进行审核，对不真实、不合法的原始凭证有权不予接受，并向单位负责人报告；对记载不准确、不完整的原始凭证予以退回，并要求按照国家统一的规定进行更正、补充。各单位应当建立、健全本单位内部会计监督制度。会计机构、会计人员对违反《会计法》和国家统一的会计制度规定的会计事项，有权拒绝办理或者按照职权予以纠正。任何单位和个人对违反《会计法》和国家统一规定的行为，有权检举。收到检举的部门有权处理的，应当依法按照职责分工及时处理；无权处理的，应当及时移送有权处理的部门处理。收到检举的部门、负责处理的部门应当为检举人保密，

不得将检举人姓名和检举材料转给被检举单位和被检举人个人。

（四）强化注册会计师审计

有关法律、行政法规规定，须经注册会计师进行审计的单位，应当向受委托的会计师事务所如实提供会计凭证、会计账簿、财务报告和其他会计资料及有关情况。任何单位或者个人不得以任何方式要求或者示意注册会计师及其所在的会计师事务所出具不实或者不当的审计报告。财政部门有权对会计师事务所出具的审计报告的程序和内容进行监督。

（五）实行行业准入制度

会计人员应当具备从事会计工作所需要的专业能力。担任单位会计机构负责人（会计主管人员）的，应当具备会计师以上专业技术职务资格或者从事会计工作三年以上经历。会计人员应当遵守职业道德，提高业务素质。

因提供虚假财务报告，做假账，隐匿或者故意销毁会计凭证、会计账簿、财务报告，贪污，挪用公款，职务侵占等与会计职务有关的违法行为被依法追究刑事责任的人员，五年内不得从事会计工作。

（六）严格会计人员的调整

国家投资企业、事业单位的会计机构负责人、会计主管人员的任免应当经过主管单位同意，不得任意调动和撤换；会计人员忠于职守、坚持原则，受到错误处理的，主管单位应当责成所在单位予以纠正。

会计人员调动工作或者离职，必须与接管人员办清交接手续。一般会计人员办理交接手续，由会计机构负责人、会计主管人员监交。会计机构负责人、会计主管人员办理交接手续，由单位领导人监交，必要时可以由主管单位派人会同监交。交接双方及监交人均应签字以示负责。

三、会计人员的任职要求

与从事任何技术工作一样，从事会计工作的人员要在专业素质方面具备一定的条件。《会计基础工作规范》对此提出了以下要求：

（一）应具备必要的专业知识、专业技能和良好的职业道德

《会计基础工作规范》第十四条规定："会计人员应当具备必要的专业知识和专业技能，熟悉国家有关法律、法规、规章和国家统一会计制度，遵守职业道德。"这是对会计人员最基本的要求。至于如何考核和确认会计人员的专业知识和业务技能，从目前来说，主要是通过设置会计专业职务和会计专业技术资格考试来进行的。

（二）要按照规定参加会计业务培训

《会计基础工作规范》第十四条规定："会计人员应当按照国家有关规定参加会计业务的培训。"这是因为，受我国会计学历教育规模的限制，目前会计人员中具备规定学历的比例还不高，要使会计人员具备必要的政治和业务素质，进行在职培训是重要途径之一。此外，即使是具备了规定学历的，也还有知识更新的问题，有适应法律的、经济的、政治的或者是技术上新的要求的问题，这些只有通过在职培训才能解决。一般说来，会计人员大多是认识到这一点的，在这个问题上，需要强调的是单位的支持。对此，《会计法》第三十九条规定："对会计人员的教育和培训工作应当加强。"《会计基础工作规范》第十四条还作了进一步有针对性的规定："各单位应当合理安排会计人员的培训，保证会计人员每年有一定时间用于学习和参加培训。”这是对会计人员的关心和爱护，也是与各单位的根本利益一致的。

四、会计专业职务

会计专业职务是区别会计人员业务技能的技术等级。会计专业职务分为高级会计师、会计师、助理会计师。高级会计师为高级职务，会计师为中级职务，助理会计师为初级职务。

国家对不同级别会计专业职务的任职条件及基本职责都有明确规定。

会计专业职务、会计专业技术资格是不同的概念。会计专业职务是一种技术职称；会计专业技术资格是担任会计专业职务的任职资格。

五、会计职业道德

会计职业道德是会计职业活动中遵循的一种行为准则和规范，会计职业道德规范是根据会计职业的特点提出的，贯穿于整个会计规范体系之中。按照财政部《会计基础工作规范》的规定，会计人员职业道德的内容可具体为以下几点：

1. 爱岗敬业

爱岗敬业是指忠于职守的事业精神，这是会计职业道德的基础。

2. 诚实守信

诚实是指言行思想一致，不弄虚作假，不欺上瞒下，做老实人、办老实事。守信就是遵守自己所作出的承诺，讲信用，重信用，信守诺言，保守秘密。诚实守信是做人的基本准则，也是会计职业道德的精髓。

3. 廉洁自律

廉洁就是不贪污钱财，不收受贿赂，保持清白。自律是指自律主体按照一定的标准，自己约束自己、自己控制自己的言行和思想的过程。廉洁自律是会计职业道德的前提，也是会计职业道德的内在要求。

4. 客观公正

客观是指按事物的本来面目去反映，不掺杂个人的主观意愿，也不为他人意见所左右。公正就是平等、公平、正直，没有偏失。客观公正是会计职业道德所追求的理想目标。

5. 坚持准则

坚持准则是指会计人员在处理业务过程中，要严格按照会计法律制度办事，不为主观或他人意志所左右。

6. 提高技能

提高技能是指会计人员通过学习、培训和实践等途径，持续提高会计职业技能，以达到和维持足够的专业胜任能力的活动。作为一名会计工作者，不断地提高职业技能，既是会计人员的义务，也是在职业活动中做到客观公正、坚持准则的基础，是参与管理的前提。

7. 参与管理

参与管理是指间接参加管理活动，为管理者当参谋，为管理活动服务。

8.强化服务

强化服务就是要求会计人员具有文明的服务态度、强烈的服务意识和优良的服务质量。

思政课堂

《会计人员职业道德规范》发布 推进会计诚信体系建设

财政部发布的《会计人员职业道德规范》(以下简称《规范》),对推进会计诚信体系建设、提高会计人员职业道德水平具有重要意义。

《规范》内容包括:一是坚持诚信,守法奉公。牢固树立诚信理念,以诚立身、以信立业,严于律己、心存敬畏。学法知法守法,公私分明、克己奉公,树立良好职业形象,维护会计行业声誉。二是坚持准则,守责敬业。严格执行准则制度,保证会计信息真实完整。勤勉尽责、爱岗敬业,忠于职守、敢于斗争,自觉抵制会计造假行为,维护国家财经纪律和经济秩序。三是坚持学习,守正创新。始终秉持专业精神,勤于学习、锐意进取,持续提升会计专业能力。不断适应新形势新要求,与时俱进、开拓创新,努力推动会计事业高质量发展。

会计人员在处理业务过程中,应该坚持准则,不仅是会计准则,而且包括会计法律、会计行政法规、国家统一的会计制度等。上市公司会计人员,更应该具备高度的社会责任感和过硬的专业能力,保证财务报告的真实性,承担起对企业和广大会计信息使用者的责任和使命。党的二十大报告中强调"广泛践行社会主义核心价值观",作为会计专业的大学生,要树立"诚信为本、操守为重、坚持准则、不做假账"的职业理念,提高技能、坚守公正,实现自身价值。

第四节 会计法规制度

我国会计法规制度体系由三个层次构成:

第一层次是基本法,即《会计法》,它是会计核算工作最高层次的法律规范。《会计法》是会计工作的基本法,是制定其他一切会计法规、制度的法律依据。因此,《会计法》也被称为一切会计法规制度的"母法"。在基本法的指导下,财政部等中央部委以及地方政府可以出台相应的法规,形成完整的会计法律法规体系(如图10-6所示)。

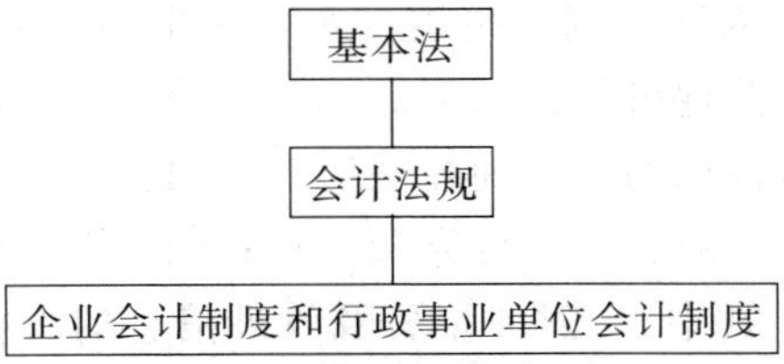

图10-6 会计法律法规体系示意图

第二层次是会计法规,包括《企业会计准则》《企业会计制度》《预算会计制度》《民间非营利组织会计制度》《村集体经济组织会计制度》《会计师事务所审批和监督暂行办法》《代理记账管理办法》《注册会计师注册办法》等一大批专门法规,其中核心是《企业会计准则》。《企业会计准则》又分基本准则和具体准则两个层次(如图10-7所示)。

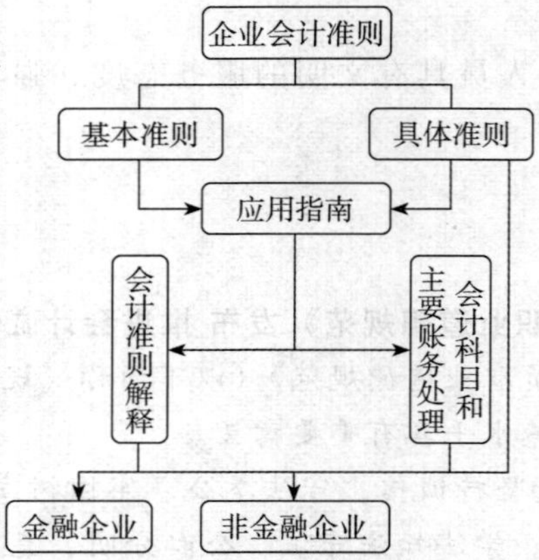

图10-7 企业会计准则结构示意图

基本准则是会计核算工作必须共同遵守的基本要求，一般包括会计核算的前提条件、一般原则、会计要素准则以及会计准则等几个方面。它体现了会计核算的基本规律，具有覆盖面广、概括性强等特点。

具体准则则是根据基本准则的要求对会计业务处理的过程中，一些特定的会计处理问题作出具体规定。一般来说，具体准则由各行业共同经济业务的准则、特殊经济业务的准则、会计报表的基本准则等三大类别组成。它的特点是操作性强，可以根据其直接组织该项业务的核算。

除了《企业会计准则》以外，还有像《会计人员职权条例》《注册会计师法》《总会计师条例》《企业内部控制基本规范》《会计基础工作规范》《会计档案管理办法》等法规。

第三层次是指根据国家法律法规制定的企业会计制度或行政事业单位会计制度。企业会计制度是指导各单位会计核算工作的具体要求，是使会计工作科学、正常秩序进行的根本保证。其中具体规定了会计工作的基本规则；会计凭证的填制和审核；会计科目的设置及核算内容；账簿组织和记账方法；会计事务处理方法程序；会计报表的编制方法。执行《企业会计准则》的企业可以依据自己企业的状况，独立设计本企业的会计制度，用以规范本企业的具体会计工作。

第五节 企业内部控制

企业内部控制规范所称内部控制，是指由企业董事会（或者由企业章程规定的经理、厂长办公会等类似的决策、治理机构，以下简称董事会）、管理层和全体员工共同实施的、旨在合理保证实现以下基本目标的一系列控制活动：（1）企业战略；（2）经营的效率和效果；（3）财务报告及管理信息的真实、可靠和完整；（4）资产的安全完整；（5）遵循国家法律法规和有关监管要求。其中，“财务报告及管理信息的真实、可靠和完整”是企业内部控制核心内容之一。

一、企业内部控制制度的建设与发展

国际上对企业内部控制的研究与实践已经有很长的时间了，经历了内部会计控制、管理控制、内部控制结构以及内部控制整体框架四个阶段。美国根据自身的实际情况，先后

制定了COSO（内部控制框架）、《萨班斯–奥克斯利法案》等重要法律法规，引领了内部控制体系建设。

我国的内部控制制度的建设和发展源于20世纪90年代，主要从三个层面着手：政府层面、证券监督管理机构层面、行业监管机构层面，分别通过制定有关的法律、法规、指引等来推动内部控制建设。2008年5月，财政部等五部委共同制定了《企业内部控制基本规范》，内部控制框架中的五要素将内部控制组合起来，与企业的目标、作业要求相互融合，转化为可操作的体现内部控制要求的管理制度。26个具体规范正在建设之中。

二、内部控制制度体系的基本框架

我国的内部控制制度体系的基本框架设计为：以防范风险和控制舞弊为中心、以控制标准和评价标准为主体的内部控制制度体系，以及以监管部门为主导、以各单位具体实施为基础、以会计师事务所等中介机构咨询服务为支撑的政府监管和社会评价相结合的内部控制实施体系，推动公司、企业和其他非营利组织完善治理结构和内部约束机制，不断提高经营管理水平和可持续发展能力。

在这个基本框架中，控制标准体系和评价体系建设是工作重点，其中，控制标准体系建设又是基础和前提。控制标准体系主要包括基本规范、具体规范和应用指南（如图10–8所示）。基本规范规定内部控制的基本目标、基本要素、基本原则和总体要求，是制定具体规范和应用指南的基本依据，在内控标准体系中起统驭作用。具体规范是根据基本规范，对企业办理具体业务与事项从内部控制角度作出的具体规定。应用指南是根据基本规范和相关具体规范制定的详细解释和说明，主要是为某些特殊行业、特殊企业、特定内控程序提供操作性强的指引。

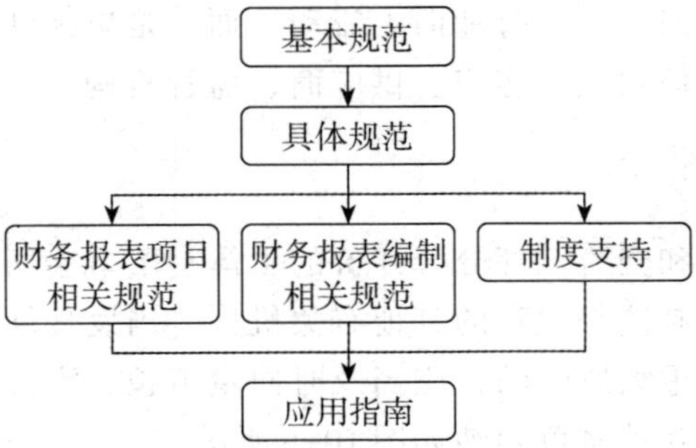

图10–8　我国内部控制规范体系框架图

三、企业内部控制的基本要素

企业内部控制涵盖企业经营管理的各个层级、各个方面和各项业务环节。不同所有制形式、不同组织形式、不同行业、不同规模的企业可以结合实际情况，从不同的角度入手建立健全内部控制。但是，建立有效的内部控制至少应当考虑以下基本要素：

（一）控制环境

控制环境定位为内部控制的基础，涉及的内容有：组织结构设置和权责分配、人力资源政策、内部审计机构。美国的COSO特别突出强调董事会的作用，认为它是控制环境的关键部分，它的独立性、其成员的经验和才干、对活动参与和审查的程度、行动的适当性都具有举足轻重的作用。而目前我国“内部控制人”等弊端存在下的公司治理结构不健全正是理论界和实务界关注的焦点。因此认为，有效的反舞弊机制是优化内部环境的重要制度安排。

（二）风险评估

风险是对实现内部控制目标可能产生负面影响的不确定性因素。风险评估一般应当按照目标设定、风险识别、风险分析、风险应对等程序进行。企业内部控制目标应当关注的风险分为内部和外部两大部分，在进行风险识别时可以采取座谈讨论、问卷调查、案例分析、咨询专业机构意见等定性和定量相结合的方法，管理层应当从风险发生的可能性和影响程度两个方面进行分析等。

为了与我国企业所处的具体环境和发展状况相协调，基于我国企业信息化发展现状，《企业内部控制基本规范》明确提出“重视风险评估的持续性，及时收集风险及与风险变化相关的各种信息，定期或者不定期地开展风险评估，适时更新、维护风险数据库”。

（三）控制活动

控制活动亦称控制措施，是建立在风险评估基础上的，以确保目标的实现。除了要做到业绩评价、信息处理、实物控制、职责分离四部分具体控制活动外，我国的控制措施还涉及授权控制、审核批准控制、预算控制、会计系统控制、内部报告控制、经济活动分析控制等方面。这种细化更有利于我国企业在实践过程中的操作，体现了控制活动是贯穿于各个层级和各个职能机构的整个组织的行为。

（四）信息与沟通

为了使职员能执行其职责，企业必须识别、捕捉、交流来自外部渠道和内部生成的信息。对于信息的质量，《企业内部控制基本规范》认为应当满足真实性、准确性、完整性、及时性和相关性，要求高质量信息是恰当的、及时的、准确的、易获得的和最新的，强调有效的沟通应当在组织间向下、平行和向上流动，而不是单纯地自上而下或自下而上。与外部方面，例如投资者、债权人、客户、供应商、监管机构、中介机构之间的有效沟通也是不可忽视的。

（五）监控

监控包括评价、报告和交流三部分。评价的主体是董事会所属审计委员会、内部审计机构或者实际履行内部控制监督职责的其他有关机构。当发现缺陷时，首先判断缺陷的性质，认为是重大缺陷或者重大风险的，应当及时向董事长、审计委员会和经理汇报。

内部控制五要素及相互关系可归纳如图10-9所示。

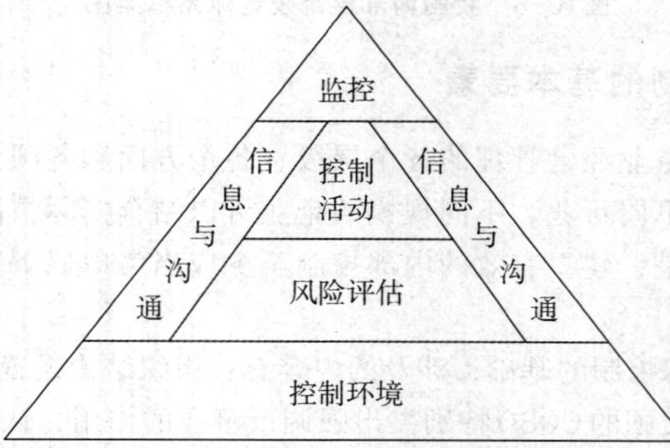

图10-9　内部控制五要素及相互关系图

四、企业建立和实施内部控制的基本原则

企业建立和实施内部控制应当遵循以下基本原则：

（1）合法性原则。内部控制应当符合法律、行政法规的规定和有关政府监管部门的监管要求。

（2）全面性原则。内部控制在层次上应当涵盖企业董事会、管理层和全体员工，在对象上应当覆盖企业各项业务和管理活动，在流程上应当渗透到决策、执行、监督、反馈等各个环节，避免内部控制出现空白和漏洞。

（3）重要性原则。内部控制应当在兼顾全面的基础上突出重点，针对重要业务与事项、高风险领域与环节采取更为严格的控制措施，确保不存在重大缺陷。

（4）有效性原则。内部控制应当能够为内部控制目标的实现提供合理保证。企业全体员工应当自觉维护内部控制的有效执行。内部控制建立和实施过程中存在的问题应当能够得到及时的纠正和处理。

（5）制衡性原则。企业的机构、岗位设置和权责分配应当科学合理并符合内部控制的基本要求，确保不同部门、岗位之间权责分明和有利于相互制约、相互监督。履行内部控制监督检查职责的部门应当具有良好的独立性。任何人不得拥有凌驾于内部控制之上的特殊权利。

（6）适应性原则。内部控制应当合理体现企业经营规模、业务范围、业务特点、风险状况以及所处具体环境等方面的要求，并随着企业外部环境的变化、经营业务的调整、管理要求的提高等不断改进和完善。

（7）成本效益原则。内部控制应当在保证内部控制有效性的前提下，合理权衡成本与效益的关系，争取以合理的成本实现更为有效的控制。

企业内部控制框架如图10-10所示。

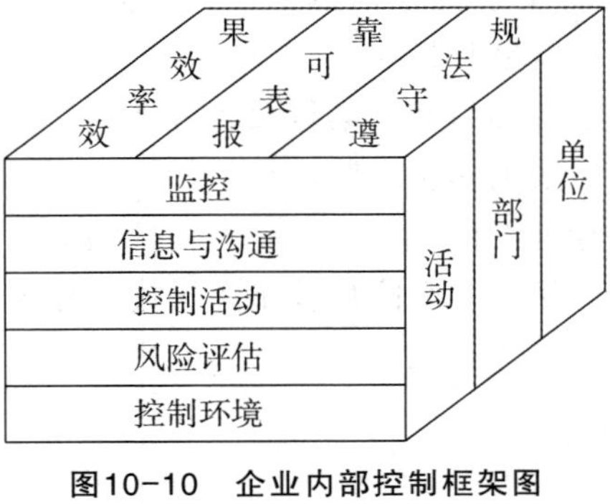

图10-10　企业内部控制框架图

五、企业内部控制评价

企业内部控制需要进行动态评价，跟踪、监督评价与反馈是主要手段，沟通是主要渠道。

（一）开展内部控制评价

虽然我国现有的法律法规和一些行政规范都要求对企业内部控制的完整性、合理性及

有效性进行评价，但对评价活动本身怎样进行并无明确规范，也缺乏对企业内部控制有效性进行评价的实质性指导和具体的评价标准。企业内部也缺乏对自身内部控制进行自我评价的理念和具体标准，只有少数企业对本企业的内部控制效果进行了分析评价和控制修复。为此，我们可以从出资人角度建立框架性的粗线条的企业内部控制评价标准，开展企业内部控制评价工作，从外部推动企业内部控制体系的建立与完善。

（二）跟踪、监督评价与反馈

企业内部控制责任部门应当通过对内部控制执行情况和执行结果进行跟踪了解，监督并评价内部控制是否得到有效执行。跟踪、监督评价与反馈是企业营运过程中的持续活动，包括例行的管理和监督活动，对内部控制执行结果与预算、计划、设定目标等的比对和运行差异分析，及时反映缺陷的所在并予以修正，进行业绩考核，内、外部稽核等。

（三）信息与沟通

作为内部控制基本要素之一的信息与沟通，在内部控制中发挥着不可替代的作用，为内部控制的其他要素有效发挥作用提供了信息支撑，也为企业整个内部控制的有效运行提供了信息支持。企业要以一定的形式、在一定的时间范围内识别、获取和沟通相关信息，以使企业内部各层次员工能够顺利履行其职责。

第六节　会计档案管理

经财政部部务会议、国家档案局局务会议修订通过，修订后的《会计档案管理办法》自2016年1月1日起施行。本办法所称会计档案是指单位在进行会计核算等过程中接收或形成的，记录和反映单位经济业务事项的，具有保存价值的文字、图表等各种形式的会计资料，包括通过计算机等电子设备形成、传输和存储的电子会计档案。

财政部和国家档案局主管全国会计档案工作，共同制定全国统一的会计档案工作制度，对全国会计档案工作实行监督和指导。

县级以上地方人民政府财政部门和档案行政管理部门管理本行政区域内的会计档案工作，并对本行政区域内会计档案工作实行监督和指导。

单位应当加强会计档案管理工作，建立和完善会计档案的收集、整理、保管、利用和鉴定销毁等管理制度，采取可靠的安全防护技术和措施，保证会计档案的真实、完整、可用、安全。

一、会计档案的范围

会计档案具体包括：

（1）会计凭证，包括原始凭证、记账凭证。

（2）会计账簿，包括总账、明细账、日记账、固定资产卡片及其他辅助性账簿。

（3）财务报告，包括月度、季度、半年度、年度财务报告。

（4）其他会计资料，包括银行存款余额调节表、银行对账单、纳税申报表、会计档案移交清册、会计档案保管清册、会计档案销毁清册、会计档案鉴定意见书及其他具有保存价值的会计资料。

（5）同时满足下列条件的，单位内部形成的属于归档范围的电子会计资料可仅以电子形式保存，形成电子会计档案：

① 形成的电子会计资料来源真实有效，由计算机等电子设备形成和传输；

② 使用的会计核算系统能够准确、完整、有效接收和读取电子会计资料，能够输出符合国家标准归档格式的会计凭证、会计账簿、财务报表等会计资料，设定了经办、审核、审批等必要的审签程序；

③ 使用的电子档案管理系统能够有效接收、管理、利用电子会计档案，符合电子档案的长期保管要求，并建立了电子会计档案与相关联的其他纸质会计档案的检索关系；

④ 采取有效措施，防止电子会计档案被篡改；

⑤ 建立电子会计档案备份制度，能够有效防范自然灾害、意外事故和人为破坏的影响；

⑥ 形成的电子会计资料不属于具有永久保存价值或者其他重要保存价值的会计档案。

二、会计档案的保管

当年形成的会计档案，在会计年度终了后，可由单位会计管理机构临时保管一年，再移交单位档案管理机构保管。因工作需要确需推迟移交的，应当经单位档案管理机构同意。

单位会计管理机构临时保管会计档案最长不超过三年。临时保管期间，会计档案的保管应当符合国家档案管理的有关规定，且出纳人员不得兼管会计档案。

单位会计管理机构在办理会计档案移交时，应当编制会计档案移交清册，并按照国家档案管理的有关规定办理移交手续。

纸质会计档案移交时应当保持原卷的封装。电子会计档案移交时应当将电子会计档案及其元数据一并移交，且文件格式应当符合国家档案管理的有关规定。特殊格式的电子会计档案应当与其读取平台一并移交。

单位档案管理机构接收电子会计档案时，应当对电子会计档案的准确性、完整性、可用性、安全性进行检测，符合要求的才能接收。

单位应当严格按照相关制度利用会计档案，在进行会计档案查阅、复制、借出时履行登记手续，严禁篡改和损坏。

单位保存的会计档案一般不得对外借出。确因工作需要且根据国家有关规定必须借出的，应当严格按照规定办理相关手续。

会计档案借用单位应当妥善保管和利用借入的会计档案，确保借入会计档案的安全完整，并在规定时间内归还。

会计档案的保管期限分为永久、定期两类。定期保管期限一般分为10年和30年。

会计档案的保管期限，从会计年度终了后的第一天算起。

企业和其他组织会计档案保管期限见表10-1。财政总预算、行政单位、事业单位和税收会计档案保管期限见表10-2。

表10-1 **企业和其他组织会计档案保管期限表**

序号	档案名称	保管期限	备注
一	会计凭证		
1	原始凭证	30年	
2	记账凭证	30年	
二	会计账簿		
3	总账	30年	
4	明细账	30年	
5	日记账	30年	
6	固定资产卡片		固定资产报废清理后保管5年
7	其他辅助性账簿	30年	
三	财务报告		
8	月度、季度、半年度财务报告	10年	
9	年度财务报告	永久	
四	其他会计资料		
10	银行存款余额调节表	10年	
11	银行对账单	10年	
12	纳税申报表	10年	
13	会计档案移交清册	30年	
14	会计档案保管清册	永久	
15	会计档案销毁清册	永久	
16	会计档案鉴定意见书	永久	

表10-2 **财政总预算、行政单位、事业单位和税收会计档案保管期限表**

序号	档案名称	保管期限			备注
		财政总预算	行政单位事业单位	税收会计	
一	会计凭证				
1	国家金库编送的各种报表及缴库退库凭证	10年		10年	
2	各收入机关编送的报表	10年			

续表

序号	档案名称	保管期限			备注
		财政总预算	行政单位事业单位	税收会计	
3	行政单位和事业单位的各种会计凭证		30年		包括原始凭证、记账凭证和传票汇总表
4	财政总预算拨款凭证和其他会计凭证	30年			包括拨款凭证和其他会计凭证
二	会计账簿				
5	日记账		30年	30年	
6	总账	30年	30年	30年	
7	税收日记账（总账）			30年	
8	明细分类、分户账或登记簿	30年	30年	30年	
9	行政单位和事业单位固定资产卡片				固定资产报废清理后保管5年
三	财务报告				
10	政府综合财务报告	永久			下级财政、本级部门和单位报送的保管2年
11	部门财务报告		永久		所属单位报送的保管2年
12	财政总决算	永久			下级财政、本级部门和单位报送的保管2年
13	部门决算		永久		所属单位报送的保管2年
14	税收年报（决算）			永久	
15	国家金库年报（决算）	10年			
16	基本建设拨、贷款年报（决算）	10年			
17	行政单位和事业单位会计月、季度报表		10年		所属单位报送的保管2年
18	税收会计报表			10年	所属税务机关报送的保管2年
四	其他会计资料				
19	银行存款余额调节表	10年	10年		
20	银行对账单	10年	10年	10年	
21	会计档案移交清册	30年	30年	30年	
22	会计档案保管清册	永久	永久	永久	
23	会计档案销毁清册	永久	永久	永久	
24	会计档案鉴定意见书	永久	永久	永久	

注：税务机关的税务经费会计档案保管期限，按行政单位会计档案保管期限规定办理。

三、会计档案的移交

单位之间交接会计档案时，交接双方应当办理会计档案交接手续。

移交会计档案的单位，应当编制会计档案移交清册，列明应当移交的会计档案名称、卷号、册数、起止年度、档案编号、应保管期限和已保管期限等内容。

交接会计档案时，交接双方应当按照会计档案移交清册所列内容逐项交接，并由交接双方的单位有关负责人负责监督。交接完毕后，交接双方经办人和监督人应当在会计档案移交清册上签名或盖章。

电子会计档案应当与其元数据一并移交，特殊格式的电子会计档案应当与其读取平台一并移交。档案接受单位应当对保存电子会计档案的载体及技术环境进行检验，确保所接收电子会计档案的准确、完整、可用和安全。

四、会计档案的销毁

经鉴定可以销毁的会计档案，应当按照以下程序销毁：

(1) 单位档案管理机构编制会计档案销毁清册，列明拟销毁会计档案的名称、卷号、册数、起止年度、档案编号、应保管期限、已保管期限和销毁时间等内容。

(2) 单位负责人、档案管理机构负责人、会计管理机构负责人、档案管理机构经办人、会计管理机构经办人在会计档案销毁清册上签署意见。

(3) 单位档案管理机构负责组织会计档案销毁工作，并与会计管理机构共同派员监销。监销人在会计档案销毁前，应当按照会计档案销毁清册所列内容进行清点核对；在会计档案销毁后，应当在会计档案销毁清册上签名或盖章。

电子会计档案的销毁还应当符合国家有关电子档案的规定，并由单位档案管理机构、会计管理机构和信息系统管理机构共同派员监销。

(4) 保管期满但未结清的债权债务会计凭证和涉及其他未了事项的会计凭证不得销毁，纸质会计档案应当单独抽出立卷，电子会计档案单独转存，保管到未了事项完结时为止。

(5) 单独抽出立卷或转存的会计档案，应当在会计档案鉴定意见书、会计档案销毁清册和会计档案保管清册中列明。

(6) 单位因撤销、解散、破产或其他原因而终止的，在终止或办理注销登记手续之前形成的会计档案，按照国家档案管理的有关规定处置。

(7) 单位分立后原单位存续的，其会计档案应当由分立后的存续方统一保管，其他方可以查阅、复制与其业务相关的会计档案。

单位分立后原单位解散的，其会计档案应当经各方协商后由其中一方代管或按照国家档案管理的有关规定处置，各方可以查阅、复制与其业务相关的会计档案。

单位分立中未结清的会计事项所涉及的会计凭证，应当单独抽出由业务相关方保存，并按照规定办理交接手续。

课后练习题

一、单项选择题

1. 会计工作岗位设置中不相容的业务不得由同一会计人员执行，其依据的原则是（　　）。

A.权责发生制原则　B.内部牵制原则　C.谨慎性原则　D.重要性原则

2.企业在会计核算中对各项会计要素进行确认、计量、记录和报告时所应遵循的基本要求是（　　）。

A.会计核算的基本前提　B.会计核算的一般原则

C.会计要素准则　D.财务报告体系的规定

3.我国会计核算工作最高层次的规范是（　　）。

A.《企业会计准则》　B.《会计法》

C.《注册会计师法》　D.《会计基础工作规范》

4.按照《会计档案管理办法》的规定，企业会计凭证、会计账簿的保管期限为（　　）。

A.25年　B.30年　C.15年　D.10年

5.企业库存现金和银行存款日记账的保管期限为（　　）。

A.30年　B.15年　C.25年　D.永久

6.下列不属于会计人员专业技术职称的是（　　）。

A.会计师　B.总会计师　C.高级会计师　D.助理会计师

二、多项选择题

1.会计工作岗位，可以（　　）。

A.一人一岗　B.一人多岗

C.一岗多人　D.出纳兼会计档案保管工作

2.我国会计规范体系包括以下层次内容（　　）。

A.会计法　B.行政法规

C.部门规章　D.单位会计管理具体办法

3.下列属于会计档案的是（　　）。

A.会计凭证　B.财务报表　C.银行对账单　D.经济合同

4.下列会计档案应保管30年的有（　　）。

A.总账　B.会计档案移交清册

C.原始凭证　D.年度会计报告

5.会计档案鉴定工作应当由单位档案管理机构牵头，组织单位（　　）及纪检监察等机构或人员共同进行。

A.审计　B.统计　C.财政　D.会计

三、判断题

1.不具备会计机构设置条件的单位，可以委托会计师代理记账。（　　）

2.银行存款余额调节表也属于会计档案。（　　）

3.会计档案保管期限届满后，会计人员便可销毁会计档案。（　　）

4.当出纳因公出差不在时，为了不影响工作，由会计暂时代替出纳工作。（　　）

5.会计档案保管期满，需要销毁时，由本单位档案机构会同会计机构提出销毁意见，并共同鉴定，严格审查，编造会计档案销毁清册。（　　）

四、实务题

目的：了解会计职业道德。

资料：李明在某电子公司任会计，其丈夫吴科则担任另一家电子企业的总经理，经吴科的多次请求，李明将在工作中接触到的公司新产品研发计划及相关会计资料复印提供给吴科，给公司带来一定的损失。公司经调查后，发现该损失是因李明泄密所致，遂认为李明不宜继续担任公司的会计工作。

要求：

（1）李明违反了哪些会计职业道德？

（2）哪些单位或部门可以对李明违反职业道德的行为进行处理？

第十一章

大数据会计概论

学习目标

1. 理解大数据、大数据会计的概念；
2. 掌握大数据会计相较于传统会计的新职能；
3. 掌握大数据会计的核心要素；
4. 了解大数据会计的应用。

第一节 大数据与大数据会计概述

一、大数据

近年来，“大数据”这个词汇开始频繁出现在公众视野，大数据逐渐给人们的生活各方面带来了影响。大数据这一术语产生于全球数据爆炸式增长的背景下，用来形容庞大的数据集合。随着互联网技术的不断发展，大数据在各行各业得到了广泛应用。会计行业作为一个重要的行业，自然受其影响。关于大数据概念的提法有很多，目前没有统一的定义。一般来说，大数据是指无法在一定时间内用常规软件工具对其内容进行抓取、管理和处理的数据集合。

最早提出“大数据”时代到来的是全球知名咨询公司麦肯锡，它给出的定义是：一种规模大到在获取、存储、管理、分析方面大大超出了传统数据库软件工具能力范围的数据集合，具有海量的数据规模、快速的数据流转、多样的数据类型和价值密度低四大特征。

大数据包括结构化、半结构化和非结构化数据，且非结构化数据越来越成为数据的主要部分。结构化数据是高度组织和整齐格式化的数据，是指按照规律组织成可以查询、检索、统计的数据，简单来说就是数据库。结合到典型场景中更容易理解，比如企业ERP、财务系统，教育一卡通等。它是可以放入表格和电子表格中的数据类型。而非结构化数据本质上是结构化数据之外的一切数据，数据结构不规则或不完整，没有预定义的数据模型，不方便用数据库二维逻辑表来表现的数据。它可能是文本的或非文本的，也可能是人为的或机器生成的，包括所有格式的办公文档、文本、图片，各类报表、图像和音频/视频信息等。半结构化数据是介于完全结构化数据和完全无结构的数据之间的数据。结构化数据相对于非结构化数据是“小量”数据，更容易使用，处理起来简便。对用户而言，并不是基于某种结构就是好数据，而是基于所使用的应用程序。例如，关系数据库应用需要结构化数据，而大多数其他类型的应用程序需要半结构化或非结构化数据。

二、大数据技术

马克思主义唯物史观认为，科学技术是人类社会发展的重要动力，每一次科学技术革命，都不同程度地引起生产方式、生活方式和思维方式的变化。只有科学技术发展，才能促进生产发展，推动人类社会进步。1988年，邓小平同志提出了“科学技术是第一生产力”的重要论断，科学技术越来越成为推动经济社会发展的主要力量。2015年，我国发布了《中国制造2025》规划，提出了建设智能制造的目标，大数据技术被认为是实现这一目标的关键技术之一。大数据技术基于互联网信息技术，可以利用计算机工具对海量的数据集合进行搜索、提取和共享。在大数据时代，大数据技术已经与企业日常生产经营紧密相关，深刻地影响与改变着企业的经营理念与管理方式，在企业决策中扮演着重要角色。

随着互联网和移动设备的普及，数据量呈现爆炸式增长，这也促进了大数据技术的快速发展。大数据技术包括数据采集、存储、处理、分析和应用等环节，在财经领域的应用非常广泛。首先，大数据技术可以帮助企业进行市场分析和预测。通过对大量数据的分析，企业可以了解消费者的需求和趋势，并作出更准确的决策。其次，大数据技术可以帮助企业进行风险管理。通过对海量数据的提取和分析，企业可以及时发现潜在风险，并采取相应措施。最后，大数据技术可以帮助企业提高运营效率。通过对生产和销售等环节的数据进行分析，企业可以发现流程中存在的问题，并采取优化措施。例如，在电商领域，随着大数据技术的发展，电商领域的运营模式随之改变，各种电商平台通过海量的用户数据分析用户的购买需求、购买能力等方面的数据信息，从而对未来的销售情况进行有效的预测，并且可以根据预测的结果调整自身的经营方向，从而提升企业的经营利润。

虽然我国大数据发展起步较晚，但我国在大数据技术领域取得了飞速发展，如大数据挖掘技术、大数据筛选技术、大数据存储技术、大数据分析技术、机器学习技术、云计算技术、分布式计算技术、大数据可视化技术、物联网技术等。这一系列大数据技术涵盖了从大数据生产、传输、存储、筛选、运算、分析到大数据展示等各个阶段。例如，大数据筛选技术有助于在海量非结构化、碎片化的非财务信息中找到价值密度较高的数据；大数据分析技术为构建大数据价值分析模型提供了分析手段；数据可视化技术为“大数据会计”的信息披露提供了更为直观的视觉体验。这些大数据技术为大数据融入会计体系提供了技术支持，为传统会计向“大数据会计”转变铺平了前进的道路。

总之，大数据技术已经成为财经领域不可或缺的工具，正在改变传统会计赖以存在的环境。随着技术的不断发展和应用场景的不断扩大，相信大数据技术将会在未来发挥更加重要的作用。另外，经过近些年大数据技术的积累与沉淀，我国在大数据算法、算力和算料等方面都取得了重要突破，大数据在会计体系中的应用已经越过了“不能用”到“可以用”的技术拐点，来到了“必须用”和“怎么用”的应用探索阶段。大数据技术与会计的深度融合将成为未来会计体系的发展方向，以大数据技术作为会计计量、确认与分析核心技术手段的“大数据会计”体系时代必然到来。因此，大数据技术已成为“大数据会计”的技术引擎。①

三、大数据思维

大数据不仅仅是一场科技领域的技术革命，更是一场思维革命。大数据思维是指在处理大数据问题时所采用的思维方式和方法，它可以帮助人们更好地理解和利用大数据。大数据思维是一种综合性思维，需要在数据、技术、业务等多个方面兼顾，从而达到更好的数据利用和决策支持。大数据思维的主要内容包括：

（一）定量思维

大数据思维现状的直接体现是数字化信息，而量化思维是数字化特征引发的必然思维的结果。定量思维是思维过程中分析与综合的一个基本依据，其基本的要求是提供更多描述性的信息，提供的描述性信息越多，其内在规律越接近完全揭示。

（二）全样思维

大数据采用全样思维方式，即对全体数据进行分析，而不强调抽样。受技术和成本的约束，过去无法便利地获取全样数据，也不可能存储和分析全样数据，但这其实是一种基于数字技术发展的人为限制。随着大数据技术的发展和日趋成熟，所有与分析对象相关的数据都可被挖掘、处理和分析，而不再依赖随机采样。

（三）容错思维

过去，我们习惯了用抽样的方式来处理数据，抽样的一丁点错误，就容易导致结论的“失之毫厘，谬以千里”，因此，为保证抽样得出的结论相对可靠，人们对抽样的数据精益求精，容不得半点差错。在大数据时代，我们优先取用全样数据的方式，而并非对一部分数据进行分析，然而在现实中数据不完美、不完全是正常的，经常存在异常、纰漏、疏忽，甚至错误，我们没有必要过多的纠结，其最终的结果仍然是最接近客观现实的结果。

（四）相关思维

由于在大数据时代，我们采用全样思维，对全部数据进行分析，由于只要有一个反例，因果关系就不成立，所以在大数据时代，因果关系几乎不可能存在，我们更应该寻找事物之间的相关关系。被誉为“大数据之父”的数据科学家维克托·迈尔·舍恩伯格在他的著作《大数据时代》中明确指出，大数据时代最大的转变就是，放弃对因果关系的渴求，而取而代之关注相关关系。也就是说，只要知道“是什么”，而不需要知道“为什么”。相关关系也许不能准确地告诉我们某件事情为何会发生，但是它会提醒我们这件事情正在发生，这会给我们提供非常新颖且有价值的思路。

---

① 夏红雨，刘艳云. 论大数据会计［J］. 财会月刊，2022（1）：97-104.

四、大数据环境

2012年末，著名的数据科学家维克托·迈尔·舍恩伯格所著的《大数据时代》一书横空出世，开启了系统研究大数据的先河。各国政府相继认识到大数据的重要战略意义，纷纷将开发运用大数据作为夺取新一轮竞争制高点的重要抓手，把大数据相关产业作为未来社会经济发展的新增长点。同时，越来越多的企业把大数据视作重要的生产要素。大数据已经成为最重要的时代标志，我们已经进入大数据时代，时刻处于大数据环境之中。传统会计体系也是一样，在大数据环境下，会计的技术发展十分迅速，正在进行一次全新的“工业革命”。

谢德仁教授等认为“会计环境是我国当代社会会计理论体系的逻辑起点”，这也说明了会计环境对于会计体系的重要性。所谓会计环境，是指会计赖以存在的政治环境、经济环境、法律环境、文化环境等客观环境。会计在特定环境下随着客观环境的变化而不断发展变化。会计环境可分为外部环境和内部环境。其中，外部环境是指存在于会计主体外部并对会计信息系统产生影响的经济、政治、法律、社会、文化、教育、科学技术等方面；而内部环境是指会计主体内部影响会计工作的各种因素的总和，包括企业管理体制、企业整体管理水平、企业生产规模、会计人员的素质等方面。外部环境与内部环境对会计体系的影响是相辅相成的。纵观会计的发展史，会计总是依存于一定的社会环境而发展的，是为了满足当时社会经济环境的需要而人为构造出来的一个信息系统与管理工具，而社会环境的巨大变革必然会对会计产生巨大的冲击。可以说，社会环境决定了会计环境，而具体的会计环境又决定了会计理论、会计实务等的发展。进入大数据时代后，会计体系需要适应大数据时代环境的变化，并在会计实践中得到检验和验证。

与传统会计环境相比，大数据会计环境发生了巨大的变化，包括但不限于以下方面：从外部环境看，数据技术变革使政府管理、监督模式创新，逐渐向科学化、精准化、高效化发展；大数据成为重要的生产要素，改变了我们的经济模式和产业结构；思维方式从重因果关系的机械思维向重相关关系的大数据思维转变。从内部环境看，企业组织结构扁平化发展，企业边界变得模糊；商业生态呈现出开放、共赢、智能化、数字化的特征；财务数字的重要性在下降，大量的非财务数据成为企业决策与控制的关键。

会计环境的变化将对传统会计体系的思维方式、会计目标、会计数据、会计假设、会计信息质量等产生深远的影响，传统会计体系向“大数据会计”体系的转变已不可避免。大数据环境赋予了“大数据会计”体系产生、生存与发展的会计环境，也成为发展“大数据会计”理论体系的逻辑起点。[①]

五、大数据会计

近年来，随着大数据技术的飞速发展，人们的生产和生活发生了翻天覆地的变化。有些人相信，随着时间的推移、科技的发展，以及人工智能与大数据的发展，最终会取代人们的工作，而会计也将逐渐淡出人们的视野。但是，也有一些学者则认为，作为经济活动中的一项功能，必须进行核算和计量，只要市场经济还在，它就不会消亡。当

① 夏红雨，刘艳云．论大数据会计［J］．财会月刊，2022（1）：97-104.

前，大数据的发展使得会计信息化得到了迅猛的发展，传统产业必须转变观念，进行系统建设，以满足信息的新需求。在会计工作方面，运用大数据技术，可以为企业提供更多的信息，更好地进行信息的分析和分享，从而提高会计工作的效率，提高企业的价值。①

大数据会计是指将大数据技术应用于会计领域，通过对海量数据进行收集、存储、处理和分析，提高会计决策的精度和效率，为企业提供更有效的管理支持。大数据会计可以帮助企业实现更准确的财务报告，提高企业的风险管理水平和业务决策质量。借助大数据技术，我们可以更轻松地将各种信息整合起来，并使用算法和模型对数据进行分析和预测，从而实现对企业财务状况、管理效率、风险控制等方面的深度分析。

大数据会计是建立在大数据计算基础上的、以互联网为媒介，由专门的服务商提供软件、硬件及其维护等服务，客户利用电脑等终端设备实现会计核算、财务分析等功能的在线会计信息系统。它利用大数据技术在互联网上构建虚拟会计信息系统，完成企业的会计核算和会计管理等内容。

在大数据会计环境下，会计信息共享在“云端”。通过手机、平板和电脑等终端，会计人员可以随时随地对会计业务进行处理，大大提高了会计人员的工作效率。企业管理者则可以实时通过财务信息与非财务信息融合后的挖掘分析，对企业的经营风险进行全面、系统的预测、识别、控制和应对，实现企业对市场变化的柔性适应。

第二节　大数据会计的职能与核心要素

一、大数据会计的职能

从会计的发展过程来看，会计的两项传统职能是核算职能和监督职能，仅限于核算各种财务信息。随着大数据带来的互联网商业模式不断创新，算法和数据成为商业的基础。在大数据时代，财务人员不仅能获得各种财务信息，而且能获得许多非财务信息，这些非财务信息在某种程度上甚至比财务信息更重要。大数据所带来的会计信息化，使会计从传统的、单一的凭证处理转变成了多元化的数据收集、处理和分析的过程。大数据颠覆了传统会计的职能，使会计职能从单纯的核算和监督逐渐向管理方向发展。大数据会计除了对外提供财务报表，更重要的是面向未来，对内履行预测、决策、控制和考核的职能。相较于传统会计，大数据会计的新职能主要体现在以下几个方面：

（一）预测职能

在大数据时代背景下，财务人员可以比较容易获得各种信息。大数据技术可以帮助会计师更加全面、深入和准确地进行财务分析和预测，从而使企业进行有针对性、有方向的生产，降低企业的经营风险。大数据预测所得出的结果不仅仅得到处理现实业务简单、客观的结论，还可以增强公司的竞争力，预测公司的财务风险，监督公司的运营，更能用于帮助企业作出经营决策。

（二）决策职能

传统会计的人工核算职能正在逐渐被会计信息化所取代，作为新型会计人员，应该充

① 石旦．浅析大数据会计的主要问题及对策［J］．商业观察，2022（12）．

分利用所获得的信息积极参与到企业的决策管理中。在新形势下，会计人员可以利用大数据技术获得海量信息，从这些非结构化、模糊的实际数据中挖掘出有用的知识和信息，分析宏观环境、产业环境、竞争环境、企业资源与能力及业务组合等，为企业的运营提供有力的支持，帮助企业制定战略，降低企业的风险，减少企业的成本，增加企业的利润。大数据技术的出现，极大地增强了会计的功能，基于大数据的会计系统可以更好地为企业服务，为企业的发展提供可靠的信息，从而有效地提高企业的决策效率，减少企业的决策风险。比如，利用大数据技术，分析企业的内部管理流程、市场环境、客户、供应商等因素，从而为企业赢得市场竞争优势提供新的思路。

（三）控制职能

大数据时代将财务、销售、人力资源、生产等各个部门紧密结合在了一起，数据的共享使财务人员可以实时获得各部门最新信息。

在这方面比较典型的例子就是ERP管理系统。在ERP的环境下，财务就不是一个单独的部门，而是一个公司大环境下的一部分。通过ERP系统的使用，财务人员可以实时获得企业的各方面信息，企业的资金流、信息流集成共享，使得现代企业更多的是事前事中控制，大大减少了事后进行内部审计的错报风险，降低了业务人员舞弊及侵占公司财产的可能性。[①]

二、大数据会计的核心要素

（一）大数据会计的核算目标

大数据背景下，业财融合不断推进，财务会计全面向管理会计转型，会计的管理功能日益凸显。借助海量数据和分析技术，挖掘更多数据，涉及智力成本、企业社会责任、环境资源等重要领域并对其进行计量，通过核算提高财务决策和预测的准确性和效率成为大数据会计的主要目标。

（二）大数据会计的核算原则

随着大数据的发展进步，我国许多企业非结构化数据在会计信息中所占的比重不断扩大，会计人员需要额外对非结构化数据进行分析。大数据时代信息化技术的发展加快了数据传播的速度，企业财务信息能够更加及时地传递到企业相关人员的手上，保障了数据的安全。随着信息技术的不断发展，数据传递的方式也更加多样，并且信息的种类也更加丰富，企业会计人员可以利用图片或者其他方式进行信息传递。大数据背景下，企业对会计人员传递数据的要求越来越高，会计人员需要在保证数据精准的前提下，将信息变得更容易理解。[②]在大数据背景下企业进行核算时需要减少数据的准确性，提高自身处理信息的效率并且扩大重要性的范围，对所得的信息进行合理的筛选；对企业可能面临的风险收益进行清晰的掌握，并且对未实现的资产收益进行合理核算；可以根据市场的新价格，对资产进行衡量，利用科学的市场价值对资产价值开展合理的评估，促进企业的发展。

（三）大数据会计的核算对象

传统会计核算的对象是指企业的经济业务活动，包括企业的资产、负债、所有者权

---

① 宋春杰. 大数据下的会计［J］. 中国管理信息化，2019（3）：52-54.
② 黄剑萍，刘伟，蔡元忠. 大数据对会计核算原则的影响与应对［J］. 中国储运，2022（5）.

益、收入、成本、费用等方面的信息。这些信息基本为定量描述的结构化数据，以货币为主要计量单位，而大量的非结构化、碎片化数据由于无法进行价值转换与判断，不能在传统会计核算系统中进行核算和计量，无法直观还原企业生产经营的全过程。而大数据时代，万物互联，大量非结构化、碎片化数据生成，其中蕴含了丰富的企业价值信息。随着大数据计算、存储、分析等技术的发展，大数据会计在结构化、定量描述、单纯反映经济业务的基础上，可以加入与价值相关的定性描述数据以及非结构化、碎片化数据，通过算法建立起此类数据与企业经济活动的价值关联，能够帮助会计体系更全面、准确地反映企业价值，提供高质量会计信息。

（四）大数据会计的核算方式

在大数据时代，会计核算工作可以实现自动化、精细化、高效化。首先，大量单调、重复、程序式的会计核算工作可以通过人工智能来完成，这大大降低了财务人员的工作量和出错率，提高会计数据的处理效率，也提高了会计数据的准确性和及时性。其次，利用信息技术和大数据技术可以构建智能会计信息平台，提供财务共享服务，利用网络信息平台设置相关账单数据，会计服务更加灵活、自主、便捷。同时，共享程度的提高、响应速度的加快，也促进会计服务模式的完善和标准化程度不断提高。最后，利用大数据技术将复杂业务细化分解，建立模型，借助信息系统的自动整理和测算功能，可以将传统会计的事后核算工作模式转变成事中甚至事前。①

（五）大数据会计的核算安全

大数据时代的来临，不仅使会计工作的效率得到了提升，而且对会计信息的安全性也产生了影响。在数据存储上，海量信息使得存储方式变为线上，企业经营者将企业的财务信息存储到云端，通过互联网进行数据的传输，但是企业在享有存取方便、存储空间大等便利的同时，也面临着可能会遭到网络不法分子毁损、篡改和蓄意窃取的风险，而如果其中含有重大商业机密，将会给企业带来巨大的损失。大数据会计核算信息的安全已经成为企事业单位运营过程中面临的重大挑战。

第三节　大数据会计的应用

大数据会计应用范围极广，包括财务分析和预测、风险管理、成本控制和税收筹划等方面。

一、财务分析和预测

借助大数据技术分析企业历史数据和现有数据，可以更清晰地了解企业的财务状况，并根据数据预测企业未来的盈利、成本和投资趋势。大数据会计可以实现更加精确的财务分析和预测。通过对大量数据进行统计和分析，可以快速发现问题和趋势，减少统计误差，提高财务报告的可靠性。同时，大数据会计还可以提供更加详细和全面的财务信息，从而帮助企业作出更加准确和科学的决策。

---

① 王慎龙．大数据会计：核心要素、建设要点、职责协同［J］．商业会计，2023（10）：112-114．

二、风险管理

大数据给企业带来了新的机遇，很多企业利用大数据的优势与便利创造了很多利益，但数据的共享与暴露也带来了很多弊端，威胁着企业的生存。企业的财务风险管理在企业管理中有着十分重要的地位，是企业资金管理的命脉，在大数据环境下，企业的财务风险管理也应持续加强。

借助大数据分析等工具，大数据会计可以对消费者的消费习惯和消费内容进行分析研究，发现消费者潜在的消费需求，为消费者精准推送其需要的商品，从而提高企业的经营业绩和应对风险的能力；通过对数据信息特点展开详细的整体性分析，还能全面深入地了解客户的信用情况以及可能存在的风险隐患，并针对可能发生的风险及时采取应对措施，将风险控制在一定范围内。总之，大数据会计可以帮助企业在未来发生损失之前发现并评估可能的风险，并及时进行调整和优化。

三、成本控制

大数据会计可以跟踪每个项目的成本，并在项目进行期间进行深度分析，进而帮助企业减少不必要的支出并实现更有效的成本控制。以往企业若想开发新产品，需要进行大量的市场调研，全面了解市场中同类型产品的质量、价格、潜在客户等，往往耗费大量的时间和人力，增加调研环节的成本，同时也无法保证收集到的数据是否准确、有效。而利用大数据技术，企业可以依托信息化系统，快速准确地获取产品相关信息数据，减少了考察时间和成本，为企业提高成本控制效率提供了有力支持。

四、税收筹划

税收筹划有利于提高企业经济效益、增强企业竞争力，大数据时代的到来为企业税收筹划方案的优化提供了良好的机会。大数据会计通过信息技术可以为企业量身定制最优的税收筹划方案，减少企业税收负担，为纳税筹划提供重要的支持。

企业经营的各项活动都会产生税负，税收筹划方案设计重点考虑的内容就是保证企业经济活动的收益最大化，使纳税流程更加规范，这就需要大量信息作为支撑。大数据会计可以利用互联网技术收集大量的信息，并从中提取出有效的数据，将企业的各项工作所产生的经济活动信息集中到一起。通过大数据技术，会计人员能够更加及时地了解国家税收政策的变更，更好地把握纳税的时间节点，利用整合的数据来制订更加合理的税收筹划方案，进而达到提高企业经济活动收益、保证企业各方利益最大化。

大数据会计的应用可以帮助企业完成财务和业务决策的合理化，提高各个层面的效率，是一个非常有前途的领域，将在未来得到更广泛的应用。总的来说，大数据会计是一个逐渐兴起的趋势，将会影响到整个会计行业和企业财务管理的发展。未来，大数据会计将会更加普及，成为企业财务管理的必备工具之一。

课后练习题

一、多项选择题

1. 大数据思维的主要观点包括（　　）。

A.大量思维　　B.全样思维　　C.容错思维　　D.相关思维

2.大数据会计相较于传统会计的新职能有（　　）。

A.预测职能　　B.决策职能　　C.内部控制职能　　D.监督职能

二、判断题

1.大数据会计应用范围极广，包括财务分析和预测、风险管理、成本控制和税收筹划等方面。（　　）

2.大数据会计的职能与传统会计一致，包括核算和监督。（　　）

主要参考文献

［1］中华人民共和国财政部．企业会计准则［M］．上海：立信会计出版社，2022.

［2］中华人民共和国财政部．企业会计准则——应用指南［M］．北京：中国财政经济出版社，2022.

［3］财政部注册会计师考试委员会办公室．2023年度注册会计师全国统一考试指定辅导教材——会计［M］．北京：中国财政经济出版社，2023.

［4］财政部会计司编写组．企业会计准则讲解2022［M］．上海：立信会计出版社，2022.

［5］财政部会计司编写组．企业会计准则第9号——职工薪酬［M］．北京：中国财政经济出版社，2017.

［6］财政部会计司编写组．企业会计准则第30号——财务报表列报［M］．北京：中国财政经济出版社，2018.

［7］财政部会计司编写组．企业会计准则第14号——收入［M］．北京：中国财政经济出版社，2018.

［8］企业会计准则编审委员会．企业会计准则案例讲解［M］．上海：立信会计出版社，2022.

［9］企业会计准则研究组．企业会计准则案例实解：主要经济业务操作指南［M］．北京：中国宇航出版社，2022.

［10］陈国辉，迟旭升．基础会计［M］．7版．大连：东北财经大学出版社，2021.

［11］李晖，刁艳华，张程薇．会计学：理论与方法［M］．成都：西南交通大学出版社，2018.

［12］吴国萍．基础会计学［M］．5版．上海：上海财经大学出版社，2019.

［13］刘永泽，陈文铭．会计学［M］．7版．大连：东北财经大学出版社，2021.

［14］史玉凤，程志刚，李秀彬．会计学基础［M］．北京：机械工业出版社，2022.

［15］陈国辉．基础会计实训教程［M］．7版．大连：东北财经大学出版社，2022.

［16］臧红文．会计学基础［M］．3版．北京：北京大学出版社，2020.

［17］甄阜铭．大数据与智能会计［M］．大连：东北财经大学出版社，2023.

［18］石旦．浅析大数据会计的主要问题及对策［J］．商业观察，2022（12）.

［19］宋春杰．大数据下的会计［J］．中国管理信息化，2019（3）：52-54.

［20］王慎龙．大数据会计：核心要素、建设要点与职责协同［J］．商业会计，2023（10）：112-114.

［21］夏红雨，刘艳云．论大数据会计［J］．财会月刊，2022（1）：97-104.

［22］黄剑萍，刘伟，蔡元忠．大数据对会计核算原则的影响与应对［J］．中国储运，2022（5）.